汉语追梦之路

——邵敬敏教授八秩华诞文集

赵春利 税昌锡 周静 主编

杨海明 周娟 马喆 副主编

上海教育出版社

图书在版编目（CIP）数据

汉语追梦之路：邵敬敏教授八秩华诞文集 / 赵春利，税昌锡，周静主编；杨海明，周娟，马喆副主编.上海：上海教育出版社，2024.8. — ISBN 978-7-5720-2801-4

Ⅰ.K825.5-53

中国国家版本馆CIP数据核字第2024B7Z154号

责任编辑　毛　浩

封面设计　郑　艺

汉语追梦之路：邵敬敏教授八秩华诞文集

赵春利　税昌锡　周　静　主编

杨海明　周　娟　马　喆　副主编

出版发行	上海教育出版社有限公司
官　网	www.seph.com.cn
地　址	上海市闵行区号景路159弄C座
邮　编	201101
印　刷	上海展强印刷有限公司
开　本	787×1092　1/16　印张 24.75　插页 2
字　数	519 千字
版　次	2024年9月第1版
印　次	2024年9月第1次印刷
书　号	ISBN 978-7-5720-2801-4/H·0083
定　价	268.00 元

如发现质量问题，读者可向本社调换　电话：021-64373213

目　录

序　言

花开花落云舒卷,斗转星移甲辰年,
梅花腊月岭南聚,贺庆恩师杖朝诞。
汉语梦,路漫漫,语法学史与词典,
志远奋进多磨炼,通论星火正燎原!

　　曾记否?垂髫悠悠,随母别鄞州,华亭成少年;风华正茂,群书博览,三国红楼水浒传,一夜翻遍翌日还;怀揣梦想上北大,岂料语言班;未名畔,书声朗朗,名师授业助成长,学识积淀;文学梦,难了断,风云骤变解诗篇,文化部,胶州湾,潜底浦江文化馆,各类文体皆试遍,漫漫十二年,枕戈待旦,殷殷期盼!

　　曾记否?而立歆歆,读研进临安,凤凰终涅槃;斗志昂扬,人生苦短,如饥似渴读万卷,谋事乐观成事天;回沪遇阻峰回转,贵人一线牵;西湖边,杨柳依依,追梦汉语遍天下,初心不变;丽娃河,起风帆,海派君子纳百川,博领衔,香江岸,全球视野尽了然,激扬论著数百篇,倏忽二十年,南邵北马,盛传语坛!

　　曾记否?花甲锵锵,孔雀飞东南,谈笑暨南园;雄姿英发,通论三版,供享师生尽欢颜,语义语法创理念;形式意义辩证观,勇当排头雁;明湖苑,红棉艳艳,著书立说育桃李,德才倾传;语法界,起波澜,风云激荡逢新冠,语学史,编词典,国际会议捐百万,阴霾散尽艳阳天,一晃又廿年,三驾马车,指点江山!

　　岁月如斯夫!花儿香,鸟儿欢,最喜会后舞翩跹;散散步,打打拳,伏案多日正酣眠;一词一语逐一看,腰酸背痛乱花眼!师徒几人郊游去,风和日丽半日闲,拍拍照,聊聊天,景醉荔湖畔!康乐充实与富裕,学术人生四经验,沪穗弟子代代传!待到学史出五卷,举杯共庆追梦圆!

赵春利、周静、税昌锡等弟子拜题

2024 年 3 月 10 日

第一章

注事如潮

几回回梦里回北大

对母校北大的感情,套用贺敬之《回延安》中的一句诗,就是:几回回梦里回北大……往事如泉,点点滴滴流心头;情谊似绵,丝丝缕缕暖胸口。

报考北大,是我中学快毕业时坚定不移的理想。母亲劝我报考上海的大学,复旦啦,华东师大啦,她说:"你如果觉得能够考取北大,那上海的大学还会有问题吗?"我知道,上海的中学生大多不愿意离开上海。但是我一心向往的是北京大学,在我的心目中,没有一所大学能够取而代之。高中毕业那年我才 16 岁,可人小主意大。谁劝都没用,可以说是"一意孤行",最后皇天不负苦心人,如愿以偿拿到了北大的入学通知书。1961 那年,我成了母校上海敬业中学(具有两百多年历史的名校)的骄傲,北大呢,自然成了我的自豪。

北大是一个海,深邃莫测,充满神秘和向往;北大是一片天,清澈蔚蓝,可以让你自由飞翔;北大是一座山,满山的鲜花和果实,带给你的不仅是美味和芬芳;北大是一首气势宏伟磅礴的交响乐,那美妙的乐章一辈子在我的耳边回荡……

1961 年的我,还是一个初出茅庐的小孩子,在班里我是最小的,也是最不懂事的。记得有一天张起旺兄(也是我的入团介绍人)严肃地找我谈心,语重心长地指出,你半夜里上厕所,寝室的门,出去"乒"的一声,进来又是"乓"的一声,人家怎么睡觉啊?这是集体宿舍啊!不是你自己家里。说得我脸都红了。顾着别人的感受,这是给我上的第一堂做人的课——我至今记忆犹新。起旺兄不仅言传,而且身教。我手脚比较笨拙,一直到大学才开始学骑自行车,当时借的正是起旺兄的,而且还是辆新车!没想到,那天我在燕园里骑着,正好碰到一个比较陡的下坡,人一紧张,竟然忘记刹车了,自行车笔直撞到了大图书馆的墙上!车子的横杠都弓起来了。可是起旺兄一来,只是问人伤着没有,根本就没提车的事儿。那辆坏车后来他自己悄悄推去修理了,都没跟我要过修埋费。这件事,让我一直很是内疚,也让我看到起旺兄可贵的品质。原谅别人的过错,尤其是无意的过错,是一种美德。

一年级的寒假,我没回上海,这是我第一次不在家里过年,不过我并不感到孤单,因为我有热情好客的同学啊!张普兄是本地人,他考虑特别周全,叫上我和唐瑞伦到他位于西城区白塔附近的家里过年。在那里,我吃上了北京人家最地道的水饺,白菜猪肉馅儿,那个美滋滋的味道,可能是我一辈子吃过的水饺里最最美味可口的了。说起我们班的大帅哥张普,我还要特别感谢他,因为他不但自己是运动健将,还连带把我也发动起来了。中学时我最怕的功课就是体育,差一点因为体育不及格毕不了业。张普当时出任北京大学男排队长,一到下午他就把我拉去帮他练习扣球——我自然充当了他的接球手。一来二去的,我就爱上了排球,后来在他鼓励下,居然还考取了国家排球三级裁判证书,遗憾的是,那只是一纸证书,没有真正派上用场。

我们班曾经一起去关外宣化学农,一起去北京光华棉纺厂学工,一起去通县马驹桥搞四清,一起去江陵滩桥搞社教;还一起去山西太谷做方言调查,一起去晋南万荣进行拼音识字的调查;我们还一起去访问社科院语言研究所,一起去人大看望老前辈吴玉章先生。大学生活也许没有现在这样丰富多彩,可也算得上是充实的。也许那时的许多做法不是非常明智的,不少想法带有"左"的特点,但是我们作为年轻学生的求知求学求发展的愿望是真诚的,同学之间的友谊也是可贵的。我们确实吃过不少苦头,确实也浪费了不少宝贵的光阴,也做过一些无聊的可能是不值得一说的事情,但那是历史的局限,我们的青春是火热的,滚烫的,值得回味的。

考北大中文系,几乎人人都有一个梦,那就是当作家。结果我是作家没当成,却成了个语言工作者。正像有人说的:你想进这扇门,历史却跟你开了个玩笑,进了另外一扇门。所以我常常跟我的学生说:搞语言学,我是"误上贼船",上了就下不来了。这要感谢我们语言专业众多优秀的老师,他们为我开启了这扇藏宝大门:王力、高名凯、岑麒祥、袁家骅、朱德熙、林焘先生,还有当时比较年轻的唐作藩、郭锡良、曹先擢、裘锡圭、石安石、徐通锵、叶蜚声、陆俭明、王福堂、陈松岑等老师。他们教导我怎么做人,怎么做事,怎么做学问。前些年,朱德熙、石安石、林焘、徐通锵先生先后去世,我都写了纪念文章,回忆起他们对我的帮助和教诲,回忆起我们的深情厚谊。我一直认为,我能够在语言学研究这块土地上获得一点点成果,跟老师们的谆谆教导是分不开的。吃水不忘打井人,对我们的老师,我怀有深深的敬意和感激之情。近年来每当我在演讲时,提起我的老师,说到王力、朱德熙的名字时,下面的学生几乎都是掌声雷动。那时,我深深地感动了,我为我的老师们感到无比的骄傲,我为北京大学语言专业感到无比的自豪!

说起跟老师们的感情,有几位是不能不特别提到的。第一位是朱德熙先生。他的语法思想影响了我们一代学人,其实我早就打算报考他的研究生,只是阴差阳错,没能够实现,但是他的研究思路、研究方法、研究风格对我的影响极为深刻。80年代我多次去他家看望,他也曾经到华东师大来开会讲学,几次娓娓长谈,让我受益无穷,启发极大,尤其是他对从事专业研究工作的体会,从中感悟到许多真知灼见。记得那年朱先生到华东师大来开会,我去看望他,聊了整整一晚,谈得那么深入,那么全面,那么有启迪,每句话都深深地烙在我的心里,至今我还保留了谈话的全文记录。比如人生的追求有三个层次:第一层次是职业,第二层次才是事业,第三层次是习惯,那些研究工作真正成了你生活中的有机的不可分割的组成部分,那才是最高层次。什么叫作与君一席话,胜读十年书?那次谈话就是一个例证。

另一位是袁行霈先生。1967年初天地两派斗得死去活来,我们实在不愿意卷进去,又不甘心做彻底的逍遥派,结果我打算为毛主席诗词做注解,并且成立了"为人民战斗队",我出任队长,记得成员有李剑雄、张向华同学等,老师有袁行霈、曹先擢、段宝林等。至于朱德熙、倪其心两位先生,在当时的历史条件下只能做"编外队员"。袁兄去福建新华印刷厂校稿返程路过上海,就住在我简陋的家里,后来还跟我一起参加了毛主席诗词交响组歌创作组,患难见真情,两人从此结下了深厚的情谊。那段特殊的经历,成了我们永远的话题。历史可以过去,友情却成永恒。最为难得的就是没有丝毫利害关系的纯洁的友情。

再一位是陆俭明老师,他也是我跨入语言学界的启蒙老师。1961年刚刚留校年轻的陆老师被派到上海招生,这批新生中恰好也包括我,所以,我常常说,有缘。缘分,这是可遇而不可求的,无法预测,也无法回避,陆老师跟我就特别有缘。其实,陆老师跟我们班的友谊不是一天两天的,他是我们一年级现代汉语的任课老师,虽然不是政治辅导员,不是级主任,可是一直跟我们一起下厂下乡,关系特别亲密。陆老师是继朱德熙先生之后我国汉语语法学界的领军人物,我在1995年为《陆俭明自选集》写书评时,就以"道路和榜样"为题。我的研究主攻方向也是语法,所以这些年来,我们俩交往特别多。20世纪80年代以来,我们在一起开会的次数可能不下几十次了,几乎每年都要相聚几次。后来我教过的一个本科生考取了他的博士,我的一个博士则做了他的博士后,这是不是叫"有缘"? 我并不信佛,但是,我相信有缘分。

"文五一班"在中文系1961级是颇为出名的。那是因为1966年5月25日,我们班集体去保卫校党委,去跟哲学系所谓的"左派"聂元梓辩论。结果到了6月1日晚上,我们全班突然就成了全国闻名的"一小撮暴徒",成了"反革命"了! 危难之中见真情,我感到欣慰的是,我们班并没有出现分裂,也没有去出卖任何人,也没有去责怪别人。我们表现得比较团结,比较理智。也正因为如此,我们班没有在政治漩涡里卷得很深,派性也不算太强。在当时特定的历史条件下,"左"的色彩尽管还很浓,两派对峙还很严重,但我们还是在1967年底心平气和地坐在一起顺利完成了毕业分配。

我们毕业分配结束不久,北大就跌入了最疯狂的武斗黑洞。不巧的是,我那时正带着简单的行李准备离开北大住处32斋去文化部报到,结果被另外一派误判为运送机密文件而被武斗分子半路劫持。当时张普兄得知消息,焦急力分,只好求助出身上海纺织女工的前党总支书记华秀珠老师,华秀珠老师极力担保我是刚刚从上海回京,从来也没参加过武斗,我这才幸免于难。我感激华老师的救援之恩,也感谢张普兄关键时刻挺身而出的勇气。中国有句老话:大难不死,必有后福。是不是真的有后福,我不清楚,不过后来几次关键时刻都有贵人相助,也许是应了那句老话。

1968年残春,在迷惘、失落、痛苦中,我们班同学先后离开了北大。这一去就是几十年的天南海北,各奔东西。多少次梦里回北大,可那毕竟是梦。一直到1981年春,我作为新时期第一届研究生(1978年考取了杭州大学中文系的研究生)访学又踏进了北大。一走入南门口的林荫道,就看到一个俏丽的女学生骑着自行车突然在我面前停住,没想到的是,那就是文四一的江蓝生同学,十三年的岁月几乎没在她身上留下什么影子,虽然她已经是一个小学生的妈妈了。她当时也被录取为中国社科院吕叔湘先生的研究生。同学重逢,那个高兴劲儿就甭提了!记得在她家里吃的面条,说啊说的,大有劫后余生、重出江湖的味道。后来我又陆续见到了同在干语言学本行的同学:钟敬华、张起旺、张普、杨淑璋、傅永和、顾士熙、王昌茂、郭启明,并且有机会先后跟达应麟、徐恒进、于继华、施友丰、黄敬林、周明理、唐瑞伦等老同学重逢。从十六岁的少年,步入六十多岁的老年,我深深地感受到,同学的情谊是最真诚的,是最无私的,也是最经得住时间考验的。

最近这三十年来,因为工作的关系,我几乎每年都有机会到北大。1993年,我有幸跟着我的研究生导师王维贤先生应邀到北大中文系讲学。1995年我来到五院中文系参加第一届汉语配价语法研讨会,1998年为申报一级学科博士点专程到北大寻求帮助和支持……90年代初,陆俭明和王理嘉老师根据教学需要,主动征求我的意见,希望我能够调到北大来工作,虽然最后因为个人原因未能应承,但我还是心怀带有歉意的感激之情。我感到欣慰的是,现在我有三个学生在北大任教:第一位沈阳教授,是我教的本科生,第二位是我的硕士生朱晓亚副教授,第三位是我的博士生朱彦副教授。两位在中文系,一位在对外汉语学院。我的学生能够为北大服务,为北大中文系效劳,也缓解了我的这段歉意。

1998年,北大华诞100周年。同学们、老师们如潮水般涌向北大。当然,也有一部分校友因为种种原因没能回去,我就是其中之一。那年我应聘为香港商务印书馆编写一套叫《学好普通话》的中小学教材,一共11本。5月份正是向香港特区政府送审的关键时刻,我作为这套教材的编审,责无旁贷必须坚守岗位,保证这套教材获得通过。5月4日那天,我在写字楼(办公室)里,好像热锅上的蚂蚁,坐立不安。我仿佛看到燕园人山人海,看到同学们欢聚一堂,看到老师们一个个神采奕奕向我们走来……那时,我的心实际上已经飞到了燕园。是的,不论我们走到哪里,走到天涯海角,我们都没有忘记,我们是北大的学子!

五十年的风风雨雨,就这么过去了。我上至中央文化部艺术局工作过,下至山东胶县部队军垦农场学过军,1970年重新分配下放到了浙江金华地区的浦江县,在那里一沉就是八年!1978年幸运之神又一次眷顾了我,我被录取为"文革"后第一届研究生,来到了景色顶尖的西湖之滨,从此开始了我学术追求之路。1981年研究生毕业,又如愿以偿进了华东师大,这意味着我告别上海整整二十载之后终于重返故土。当我的两个兄弟一起到上海北火车站来迎接我时,我仿佛有隔世之感。母亲上海,阔别多年的游子终于又回来了!80年代初期,我们在上海组织了全国第一个语言学青年沙龙"现代语言学研讨会"(简称XY)。这一独特的活动方式和取得的丰硕成果在当时风靡全国,直到现在不少人还津津乐道。上海为我们提供了一个一展身手的舞台,在这个舞台上,我们上演了一出出精彩的戏剧,为中国的语言学事业的繁荣,为中国语言学走向国际舞台进行了彩排……

1996 年一个偶然的机遇找上了我,我先是在香港城市大学做了一年的访问教授,接着又在香港商务印书馆担任两年多编审,后来又在香港浸会大学、香港理工大学、香港中文大学等校任教、合作研究。从前我一无所知的香港,现在成了我最熟悉的城市;以前我粤语是一句都听不懂,现在居然跟人合作撰写了《港式中文与标准中文的比较》一书。世界上的事情往往就是这么奇妙,你压根儿做梦也没有想过的,后来却成了你的骄傲;你孜孜不倦追求的,却反而变成泡影。2002 年在我将近花甲之年,毅然南下广州重启学术第二春。许多人不能理解,尤其是上海人历来被认为有着死也不愿离开上海的情结,而我却潇洒挥别华东师大,挥师南下。我戏称是"孔雀东南飞",是"投奔革命军"。八年就这么一晃眼地过去了,我没有后悔,我庆幸自己这一步又走对了。

从宁波乡下走出来,在上海长大,到北京求学,下金华锻炼,进杭州读研,再回上海拼搏,出香港求发展,调广州开新路……风风雨雨六十余年,留给我的有甜蜜的回忆,也有辛酸的往事;有成功的喜悦,也有遭受不公正待遇的伤痛。不过,这一切毕竟都过去了。当我们过了耳顺之年,到我们可以享受"65 岁长者优惠"的时候,我们看一切都比较平和,比较宽容,比较豁达。也许,这就是我们宝贵的精神财富。

一条大江大河,必定有众多的源头。一个人的成长,也会有许多源头。对我来说,北大是我最重要的源头,在这里,我基本上确立了我的人生价值,树立起真善美的标准,懂得了做人的道理,开启了做学问的诀窍。我不能不感激北大,在我一生中,北大对我的影响和熏陶是源源不绝的,是方方面面的,是难以用言语来表述的。我爱北大,我思念北大,几回回梦里回北大……北大,在我的心目中,你是一朵永不凋零的鲜花,你是一条川流不息的江河。

风风雨雨六十年,历程坎坷难尽言。

回首重温北大梦,化作彩虹谱蓝天。

原载于《未名湖之恋》(吉林人民出版社,2008 年)

我与《汉语学习》三十年

一、《汉语学习》的靓丽特色

《汉语学习》创刊于 1980 年,开始的时候,只是一棵生长在东北边陲的默默无闻的小草,经过三十年风风雨雨,在发展中成长,在考验中成熟,三十年后已经成长为茁壮的参天大树。

《汉语学习》,不必像《中国语文》,也不必像《语言教学与研究》等其他杂志,《汉语学习》就是《汉语学习》,有自己鲜明靓丽的特色,有自己清晰准确的定位,有自己独特的可持续的发展方向。以下六点,我认为是《汉语学习》最有价值的特色:

第一,致力于现代汉语的研究和学习,旗帜鲜明地张扬中国特色。

第二,对汉语语法的研究尤为重视,占有最多的篇幅,给以独特的地位。

第三,始终结合对外汉语教学,注重应用,注重实践,注重社会的需求。

第四,对汉语语言学的评论情有独钟,发表众多综述与书评,起到指路引领的特殊作用。

第五,文章大多短小精悍,像短剑,像匕首,生动活泼,新鲜青春。

第六,在培养年轻学者方面不遗余力,是青年语言学者的良师益友。

二、读者、作者、编者,三者合一

我是《汉语学习》忠实的读者、积极的作者、热心的编者。

首先我是个忠实的读者,三十年来,每期必读,从中受到很大的启发。我要求我的硕士生、博士生必须认真阅读这本杂志,从中往往可以摸到汉语语法研究鲜活跳动的脉搏。可以这样说,《汉语学习》是我们的良师益友,伴随着我们这一代人一起茁壮成长。

其次我是个积极的作者,从 1983 年开始,我在《汉语学习》发表了第一篇论文《"把"字句与"被"字句合用小议》,将近三十年来,我在《汉语学习》一共发表论文 26 篇(《汉语学习》编辑部的统计是 29 篇,其中 3 篇是报道或者问题征答)。这 26 篇文章可以分为四类:

(1)数量最多、分量最重的是语法研究9篇,比如《"句法向"与"语义价"及其相互关系》;(2)语用研究、应用研究、动态变化研究6篇,比如《广告语言研究的现状与我们的对策》;(3)综述论文4篇,比如《说中国文化语言学的三大流派》;(4)书评、序言7篇,比如《汉语虚词研究的新起点——评现代汉语虚词丛书》。除了少数年份,几乎每年1篇,可能是所有作者中发表论文最多的。对此我感到十分荣幸,非常骄傲,也特别开心! 我可以说是《汉语学习》的超级粉丝!

最后我还是个热心的编者,有幸成为这本杂志的编委之一,当然也是个热心的编委,把《汉语学习》看作是自己的杂志,关心她的质量,关心她的销量,也关心她的前景与发展趋势。虽然我身处南国边疆,跟远在祖国最北方的《汉语学习》,相隔千山万水,但是,我们的心是连在一起的,我们的血是流在一起的。你们的成功,也是我们的成功;你们的骄傲,也是我们的骄傲。

读者、作者、编者,三者合一。何其幸也!

三、三十年的交情,三十年的合作

我跟《汉语学习》的渊源关系,可以一直追溯到1982年。那年主编吴葆棠先生(也是我的大师兄)专程来上海,我们上海的现代语言学沙龙的成员陆丙甫、陆致极、钱乃荣、谢天蔚、余志鸿、林立和我在衡山公园聚会,并且款待吴先生。从此,《汉语学习》跟上海的语言学界建立了良好的合作关系。1990年《汉语学习》还发表了我介绍上海现代语言学沙龙的专论《"XY"的学术研究风格和创学派意识》。

1984年,中年语法学家召开的"第三届现代汉语语法讨论会"第一次在延边大学举行,吴葆棠先生曾经希望我能够作为正式代表参加会议,后来尽管由于某种原因,未能成行,但是会后,《汉语学习》编辑部给我寄来了会议的全套论文,让我至今感激不已。千里送珍品,礼重情意浓。

《汉语学习》对我也是非常信任的,1995年当这一杂志创刊15周年之际,特邀我撰写专题评论。我感到特别荣幸,很快就完成了这一光荣的任务,对我们的杂志进行专题评论:《春江水暖鸭先知——从〈汉语学习〉看90年代汉语语法研究的新趋势》。

2006年,我第一次应邀来到延吉,参加对外韩语教学的一次会议。延边大学的热情好客给我留下深刻印象。我跟《汉语学习》的各任主编、副主编吴昌、吴葆棠、刘明章、金钟泰、崔健、金基石、曹秀玲、崔雄权,以及崔奉春、柳英绿、徐国玉、周刚等先生都有长期的交往,结下了深厚的友谊。

我要特别感谢现任主编崔雄权教授。我的新著《新时期汉语语法学史》即将由商务印书馆出版,陆俭明、邢福义两位先生为该书写了序言,加上我自己的自序,一共三篇,崔先生毅然决定同一期里刊登,而且从稿件寄出到正式发表,才两个月,速度空前,让我深为感动与敬佩。

我必须特别指出,《汉语学习》不仅对老朋友关照,而且对年轻学子的培养也付出极大的心血。当年轻人刚刚起步的时候,他们是最需要得到呵护和关照、提携的。我的许多学生的论文就是在《汉语学习》发表的,有不少还是处女作。所以大家,尤其是年轻学者对《汉语学习》怀有一种特殊的亲近感,好像是自己的"娘家"。

四、希望与祝福

当然,《汉语学习》作为一家核心期刊,还是有一些地方可以改进的。存在的问题比如:

（一）网站建设严重滞后。基本上没有任何信息。

（二）投稿系统不健全,处理还不够及时。

（三）对年轻的博士、硕士支持力度还不够大。

（四）审稿有时还不够严格。有一期发现两篇论文抄袭我的论文和观点。

《汉语学习》三十年了,孔子曰:"三十而立。"今年是《汉语学习》的而立之年。我真诚地祝愿:《汉语学习》为中国语言学的繁荣昌盛,为中国语言学登上国际舞台,不遗余力地摇旗呐喊,祝愿她在新的三十年里更上一层楼,取得更为辉煌的胜利!

于延边大学

2010 年 9 月 15 日

上海现代语言学讨论会(XY)活动给我们的启示意义

一、概　况

　　整整 30 年前,20 世纪 80 年代初,1982 年的春天,这是个百废待举的年代,是个春意勃发的季节;上海,在这个刚刚睡醒还混混沌沌的国际大都市里,一批雄心勃勃的年轻人正摩拳擦掌蓄势待发。他们自发成立了一个语言学沙龙,这就是后来大名鼎鼎的"现代语言学讨论会",简称 XY。

　　最早是从杭州大学硕士毕业刚刚分配到华东师范大学工作的我,跟已经毕业并留校工作的复旦大学研究生陆致极以及即将毕业的研究生陆丙甫,商议如何开展语言学研究活动。三人一致同意把上海各高校的青年教师和研究生联合起来,定期举行学术沙龙讨论,每次都有几个人做专题发言,并且开展讨论,还可以交流全国各地的有关学术信息。

　　赞同这一倡议并且热心参与活动的最早有七个人,俗称"七君子"。他们是陆致极、陆丙甫、邵敬敏、谢天蔚、钱乃荣、余志鸿、林立。开始时在陆致极的家里(武康路的别墅,陆致极的丈人家)活动,后来人数增加了,就转而轮流到各大学,最后由于杭州大学的任芝锳调到上海教育学院工作,该校区位于上海市中心,淮海西路的东头,占据了地理之便,大家都感到很方便,就固定在每月的第一个星期天的下午 2 点准时举行,雷打不动,这一活动坚持到 90 年代中期才慢慢停止。

　　XY 除了每月定期举办的沙龙,还有两个特色:第一,从一开始就筹办了自己内部编辑出版的刊物《现代语言学》。第二,不定期举办全国性的语言学学术研讨会。第一届 1988 年 8 月在太原;第二届是 1990 年 5 月跟第二届现代汉语语法研讨会一起办的,是在华东师范大学;第三届是 1992 年在上海大学;第四届是 1994 年在北京理工大学。本人 1996 年之后因为去了香港工作,以后就再也没有参加了(据说,1996 年 7 月第五届在上海;1998 年 8 月第六届在山东荣成市;2000 年第七届在安徽;2003 年第九届在上海大学;2009 年第十届在南京师大。其余详情未知)。

　　XY 这一活动坚持多年,早期主要是陆致极、陆丙甫和我负责。后期由于二陆和谢天蔚先后去了美国,就由余志鸿、钱乃荣和我,再加上吴为善、左思民、刘大为、金立鑫、黄锦章等为骨干。这一活动不仅得到上海语言学界的广泛认同,而且还有许多外地朋友来参加,还有不少地方仿效,纷纷组织起类似的学术沙龙。大约到了 20 世纪 90 年代中期以后,当年的年轻人渐渐进入中年,大多晋升为教授、副教授,并且开始招收研究生,乃至于博士生,情况发生了很大变化,XY 慢慢开始解体,逐渐淡出人们的视线。

二、启 示

1990 年我曾经发表过一篇文章《"XY"的学术研究风格及创学派意识》(《汉语学习》,1990 年第 6 期),指出 XY 当时的许多做法明显走在全国语言学界的前列。这主要是三点:

1. 强烈的创新意识。

2. 对"解释"的自觉追求。

3. 多姿多彩的多元研究。

XY 的活动在中国现代语言学的历史上留下了可贵的值得纪念的一页,对我们的学术研究、学术发展具有不少有益的启示作用。

启示之一:我们必须有对语言学事业的一种献身精神。

活动开始的时候,我们的想法比较单纯,就是需要有一个交流研究心得的平台,需要尽快提升自己的研究水平,需要尽快跟国际接轨,需要尽快地脱颖而出。所以,我们愿意每月骑车、乘车赶到一个地方进行交流,风雨无阻,雷打不动。甚至于自己出钱出力自编杂志,包括印刷、装订、寄发《现代语言学》。坦率地说,正是这一点执着和精神感动了许多人,包括我们的老前辈。结果,吕叔湘、朱德熙、胡裕树、王维贤等许多老先生都纷纷捐钱资助。这是什么?这就是一种对语言学事业的献身精神。我们现在就需要这样的一种精神。人是不能没有一点精神的。我们自然要赚钱,要养家糊口,要改善生活,但是,同样我们绝对不能忘记我们的历史使命,我们的责任感。中国的语言学研究必须无愧于我们这个伟大的国家,无愧于我们这个伟大的时代。

启示之二:我们必须有排除各种困难的坚强决心。

客观上,我们存在许多困难,比如有人工作忙,有人路途远,有人经济困窘,等等,这些都还容易克服。最挠头的是有人风言风语,不被理解。我清楚地记得,当时还是有一些人不仅不支持,还在背后讲了一些风凉话,有个别老先生甚至于关照自己的学生不许参加我们的讨论会。也有人不但泼冷水,还泼脏水。流言蜚语,甚嚣尘上。什么"这些人迫不及待想出风头""想成名成家",甚至于还有个别人说"他们想抢班夺权!"事实证明,这些完全是诬陷,是不实之词。当时我们听到这些议论,也很气愤,但是我们并不泄气,并不计较,而是更加用心,更加努力。我们要用铁的事实回答那些不理解、不支持我们的人;也要用进步和成果来向世人证明我们的努力是值得的。

启示之三:必须有一个有活动能力、组织能力并且热心而坚强的核心。

首先,"现代语言学讨论会"是一个松散的学术沙龙,来去自由,没有章程,也无须交纳会费,也没有领导班子(尽管1989年之后根据民政厅的要求,必须进行"社团登记",但是其实也不是严密的组织)。到底有多少会员,不知道,所谓的会长副会长也是自封的,从来也没有举行过所谓的选举或任命。但是我们能够坚持多年,靠的就是实际上形成了一个组织上比较松散,但是精神上却相对紧密的核心。它具有几个鲜明的特点:(1)热心,(2)坚强,(3)不谋求权欲,(4)有一定的活动能力和组织能力。这可以称之为"现代语言学的核心成员"。

启示之四:必须有自己的核心价值观,对语言学有自己的超前思考。

当时,我们提出了许多很有价值的理念。例如描写与解释的关系,强调不仅要描写更要解释。例如事实与理论,不仅要事实,还需要理论的追求。例如如何处理"创新"与"务实"。这些观念在当时都是比较前沿的。我们有时还有激烈的辩论,例如科学主义与人文主义,以哪个为主? 再如我们跟申小龙为代表的"文化语言学"的大辩论。尽管没有得出最后的结论,却大大开阔了我们的视野,增强了我们的现代意识。

启示之五:必须有自己的发表园地,交流研究成果。

《现代语言学》开始只是油印的,后来改为铅印的,一共出版40余期。发表了几百篇论文,在全国产生了相当深远的影响。其中几乎一半论文后来在正式刊物上发表,有的还是相当不错的。比如鲁川的《语义角色》,刊登于我们杂志的头版头条,不但引起了《中国语文》编辑部的注意,而且还邀请他参加了中年语法讨论会。再如陆丙甫的板块结构理论最早也是在这一杂志上发表的。本人关于汉语语法学史的理论阐述刊登于创刊号,后来不仅全文发表,而且也是我的《汉语语法学史稿》的导论。

启示之六:必须坚持多元意识,允许各种不同的流派、观点的交锋和碰撞。

"现代语言学讨论会"不是一个学术流派,没有完全相同的学术师承和理论背景。成员也是五花八门,不仅专业各异,而且师承不同。所以"多元"是必然的选择。尽管我们的辩论可能很激烈,但是我们却能够和平共处。而且由于学术观点的碰撞,推动了我们的学术进步。一言堂,肯定是没有出路的。多元互补是唯一的出路,也是XY得以发展的关键。

三、感　言

三十年一晃就这么过了,我们正在变老,这是一种必然,现在的语言学界人才辈出,新一代年轻人开始登上历史舞台。回顾历史,我们当年的现代语言学沙龙也许还有一定的借鉴意义。我以为,最重要的是这么几条:

第一,笑到最后才能笑得最好。在语言学界坚持到现在的,基本上都成了语言学教授。例如陆丙甫、余志鸿、金立鑫、刘大为、黄锦章、谢天蔚、钱乃荣、左思民、吴为善等一大批人。少数改行从商了,少数出国了。事实告诉我们:做事业就需要坚持,坚持到底就是胜利。半途而废就太可惜了。而且不能指望小本钱来做大买卖,我们必须全身心地投入才能够获得丰收。

第二,语言学研究必须与时俱进,要走在时代的前沿。不要吃老本,不要故步自封。

第三,语言学研究要淡泊名利,提倡兴趣主义。这是我喜欢的,而不是作为敲门砖。

第四,中国的语言学必须坚持引进开放,跟国际接轨,又要提倡中国特色。两者不可偏废,两者的结合才是我们的希望。

第五,中国的语言学要繁荣,要走向世界,就必须重视对人才,尤其是对年轻人的培养和支持。我们的"现代汉语语法国际研讨会"每次都有 20 个资助名额给年轻人,还评出一等奖,还发奖金,而且还颁发奖状,就是这个信念的实践。

21 世纪是充满希望的新世纪,我们的汉语正在走向世界,中国的现代语言学也正在登上国际舞台。我们希望更多的年轻朋友加入我们的队伍,为中国语言学的繁荣和发展贡献自己的一份力量。

"现代语言学沙龙(XY)活动三十周年纪念会"上的发言,2012 年 3 月 24 日(复旦大学)

原载于《东方语言学》(2012 年第 11 期,上海教育出版社)

追 梦 琐 记

——现代汉语语法国际研讨会三十年回眸

　　"现代汉语语法国际研讨会"是我国两个著名的语法研讨会之一,21 世纪初(2001年)开始举办,计划 2015 年在浙江大学举办第 8 届,如果从其前身 1986 年召开的"首届青年现代汉语(语法)学术讨论会"算起,那就将近 30 年了。人到 30 岁叫作"而立之年",应该说开始成熟了,我们的汉语语法研讨会也正在走向成熟。

一、80 年代汉语语法一代新秀开始崛起

　　1981 年,我作为中国新时期第一届语言专业硕士从杭州大学(今浙江大学)毕业,幸运地分配到华东师范大学中文系工作,阔别 20 年之后我又回到了第二故乡上海,那心情之激动难以言表。我是 1949 年从老家宁波来到上海的,那年才 4 周岁。1961 年考取北京大学中文系,"误上贼船"无意中撞进语言专业。1966 年毕业后第一份工作却是在跟语言学完全不搭界的中央文化部艺术局,后下放到浙江金华浦江县文化馆工作,直到 1978 年考取杭州大学的现代汉语研究生,12 年转了一圈还是回到原点,这也许就是命运!上海为我提供了一个可以一展身手的大舞台。

　　1984 年,远在延边大学担任《汉语学习》主编的师兄吴葆棠来函邀请我参加语言研究所和《中国语文》主办的"第三次现代汉语语法讨论会",那个会当时都是点名邀请的,与会的除了吕叔湘、朱德熙两位先生,多是 1965 年以前毕业的中年学者,例如陆俭明、邢福义、范继淹、李临定、徐枢、施关淦、廖秋忠、饶长溶、龚千炎、孟琮、吴为章、沈开木、史有为、刘叔新、范晓、卞觉非、刘月华等。接到这一邀请,我自然非常兴奋,早就想参加了,这可是一个难得的好机会啊!于是就迫不及待地满口答应。但是好事多磨,万万没有料到,葆棠兄马上又来函说,他们《汉语学习》只是会议的承办方,主办方不同意我作为正式代表参加,理由是当时我还没有在《中国语文》杂志上发表过文章。吴师兄觉得挺对不住我的,提出一个折中方案:是不是愿意作为列席代表参加会议。那时我也是年少气盛,居然断然拒绝,说既然如此,那就不去了。事后我得知有一批研究生跟随其导师旁听了这次讨论会,包括李宇明、萧国政、徐杰、孔令达、李向农、吕明臣、左思民等。据说会议期间,这批研究

生商讨要合办一个非正式的为语言学界年轻学子服务的内部刊物,性质跟"上海现代语言学讨论会"(XY)主办的《现代语言学》类似,请华中师范大学的萧国政、李宇明、徐杰负责,并得到邢福义先生的大力支持。不负众望,他们果真办起了《语言学通讯》(《汉语学报》前身),而且一开始就是铅印的,在当时的条件下,太了不起了! 据徐杰回忆,萧、李、徐三位受到中年学者创办现代汉语语法讨论会的启发,突发奇想,也试图举办一个以年轻人为主的语法研讨会。这一构想得到了吕叔湘、朱德熙、邢福义先生以及好多位中年学者的热情支持,"首届青年现代汉语(语法)学术讨论会"就定于 1986 年 9 月 1 日至 5 日在华中师范大学举行。一封封热情洋溢的邀请函飞向全国,我和我的两位师妹徐静茜和任芝锳都收到邀请,并且也都兴冲冲地答应参加。

1986 年 9 月 1 日,我从上海踏上征途,而且还是平生第一次搭乘飞机,这次起飞或许还有些象征意味,那个心情真是难以形容,喜悦、期盼,加上激动。当我们来到桂子山,一踏进华中师大招待所(旧楼早已拆除,现为桂园所在地)门厅,两个个子不高但身材壮实的年轻人笑容可掬地迎了上来,相互握手询问之下才得知,他俩正是萧国政和李宇明。两位虽然早就大名贯耳,可是由于我错过了 1984 年的延边会议,所以一直无缘相识。这次见面,真是恨识太晚。萧、李的热情和坦率给我留下深刻印象,徐杰没见到,据说是到美国夏威夷大学留学去了,真是欢乐中留下一点点遗憾。这次研讨会来了 100 多人,涌现了一大批青年才俊,招待所好像有四层,住得满满当当的。按照地区来看,"上海军团"最庞大,有申小龙、左思民、余志鸿、金立鑫、吴为善、周刚、唐发饶、齐沪扬、方经民、竟成等。"武汉军团"有萧国政、李宇明、陶红印、郎大地、范先钢、黄国营、唐志东、吴振国、王志、白丁等。"北京军团"来了朱晓农、哈伟、梁伯枢、项梦冰、薛红等。"东北军团"也蔚然成军,有吕明臣、张黎、李勉东、陈一、崔健、缑瑞隆、邱广军等。"广州军团"则有周小兵、张林林、杨启光、庄义友、方小燕等。"江苏军团"有郭熙、刘宁生、吴继光、李葆嘉、李申等。"浙江军团"有徐静茜、任芝锳、王建华、任海波等。"安徽军团"有李向农、周国光、孔令达等。真是人才荟萃、群星闪耀。不少人后来成为汉语语法研究的中坚力量。

我和齐沪扬(那时他还是华东师大在读研究生)住一间。傍晚,萧、李二位专程来找我,希望我在第二天开幕式上发个言,我自以为资格不够,所以谢绝了。理由很简单,我虽然是上海现代语言学讨论会的发起人之一(另外两位是陆致极和陆丙甫),但是,我真的不能代表所有的与会代表,我只能代表我自己。两位反复劝说,我还是不答应。这倒不是矫情,而是感到自己确实没这个实力,还是不要出丑了。后来他俩只好跟我摊牌了,实话实说,原来当年风头正健的号称"申旋风"的复旦大学申小龙一报到就主动要求在大会开幕式发言,并要跟中年老师"对话",口气比较张扬。那时所谓的对话,实际上就是辩论。这次会议邀请了《光明日报》《湖北日报》,好像还有香港的《大公报》以及当地的电视台、电台。如果在开幕式上真的对起话来,场面很难控制,那不就添乱了。主办单位商量的结果就是希望我代表所有的代表来发这个言,他俩最后还亮出了一个撒手锏:老兄,你是邢福义老师亲自点的名。这下子,我哑口无言,只能乖乖就范。第二天开幕式上我主要讲了三代人确实有代沟,但要相互理解、沟通、支持,这才是我们语言学事业发展的可靠保证。发言完了,朱德熙先生马上表态:"说得好!"邢福义先生也拍拍我的肩膀连声说:"不错!不错!"

那次会上,我跟申小龙的辩论相当激烈,但还算友好。申小龙是个奇才,思路敏捷,很有文采。我有时跟他开玩笑说,你实在是投错行了,你不应该搞语言学,应该去搞文学,那就可以天马行空,随心所欲了;可惜语言学都是需要证明的,尤其是语法学,不是拍脑袋拍出来的。他主张文化语言学,那个我其实是支持的,但是他提出的语法观,要害在于只要意义诠释,不要形式验证,实在是我无法欣赏的。小龙文笔很犀利,有时还颇为尖刻,比如《走出麻木与悲凉》(《书林》,1989年第2期),实在不敢恭维。他人长得高大挺拔,用现代流行语来形容,够得上"高富帅"了,粉丝一大堆,美中不足是口才欠佳。所以1986年武汉、1991年广州、1992年西安跟他三次大辩论,他都是高挂"免战牌",自我辩解说:"对我的批评,一律不予回答。"我们的交锋当然不会当场有结论,所以,武汉会议上,最后我就打了个圆场说:"算了,谁都说服不了谁,咱们出水才看两腿泥,十年以后再来看!"当然不到十年,汉语语法学界就看不到他的身影了。

吕叔湘先生没来,不过他专门让人带来了书面讲话,强调"实事求是",发来贺信的还有正在日本访学的陆俭明先生。朱德熙先生亲临大会指导,发表重要演讲《现代汉语语法研究的对象是什么?》,引起轰动和争论。出席这一研讨会的中年学者还有陈章太、邢福义、饶长溶、龚千炎、于根元等。晚上还专门举办了"京海对话",即北京与上海的青年学者交流信息,事实上各地年轻朋友几乎都来了,教室里灯火通明、高朋满座,盛况空前。那种弥漫的激情,那种喷涌的朝气,那种渴望的眼神,自由自在的漫谈,锋芒毕露的交锋,思想碰撞的灵光,尽管过去了将近三十年,我还是记忆犹新,历历在目。我的母校北京大学中文系来了十多位,据说是还在读研究生班的,记得有崔希亮、张伯江、张敏、黄河等等,因为是母校的学生,我感到特别亲切,还专门跟他们座谈了一次。虽然说了些什么话几乎都忘了,但是心里却充满了对母校的感激之情和对年轻校友的眷眷之恋。

这次会议,我还有一个意外的收获是《中国语文》副主编饶长溶先生跟我约稿。他说,编辑部希望我为《语法研究和探索(二)》写个书评。也许是这几年我连续发表了好几篇综述和评论,主要是发表在杭州大学的《语文导报》上,可能产生了一定的反响。我不禁沾沾自喜,当然嘴巴还挺硬的,回答说:"没问题,不过有两个要求:第一,要有批评的权力;第二要有自己的看法,不要给我定调子。"饶先生豪气万丈,爽快地答应了,后来这个长篇书评发表在《中国语文》1987年第2期,这也是我第一次正式在这本杂志上发表的署名文章。更加让我开心的是《中国语文》邀请我作为正式代表参加当年10月在北京著名的八大处举行的"第四次现代汉语语法讨论会"。这个语法讨论会当时是点名邀请的,以中年学者为主,人员基本固定,吸收新成员更是成熟一个发展一个。1984年第一次扩编,吸收的幸运儿是陆丙甫与尹世超;1986 年应该是第二次扩编,吸收的年轻学者是马庆株、邹韶华和我。所以 1986 年对我来讲,是至关重要的一年,是我真正登上中国语法学舞台关键性的一年。

二、90 年代在探索中前进

"首届青年现代汉语(语法)学术讨论会"落下了帷幕,我们期盼着下一届再聚首,可惜的是等来等去,等到 1989 年,还是杳无音讯。那年夏天,由辽宁师范学院张玉金博士承办的"语言与文化第一届学术年会"在大连黑石礁举行,到会的有申小龙、苏新春、潘文国、齐沪扬、沈阳、王云璐、徐子亮等好几十人。会后我们江浙一带的朋友一起坐海轮回上海。在轮船的晃动中,大家高谈阔论,有人提到一直没有人自告奋勇承办这个青年语法研讨会。不知是哪位起哄说,邵兄你来主办,怎么样?那时可能因为 1988 年我刚刚晋升副教授,加上上海的学术地位,上海的现代语言学讨论会(XY)的影响,有点众望所归的味道。我也是蠢蠢欲动,心想在华东师大开一次也不失为一件好事,于是当场就拍板定局。

"中青年第二届现代语言学现代汉语语法研讨会"决定于 1990 年 5 月 16 日至 19 日在华东师大举办,上海现代语言学讨论会也参与协办。我拉了同教研室的刘大为来帮忙筹备。那时大家都很穷,没钱,也没科研经费,我千方百计找赞助,中文系、科研处、出版社,甚至于校办厂,凡是有一丝希望的都去找了。最后皇天不负苦心人,会议总算如期召开。在开幕式上,陆俭明先生宣读了吕叔湘和朱德熙两位先生给大会的贺信。吕先生提出要关注"语法的静态研究与动态研究";朱先生那时已在美国,也特地写来贺信,提出著名的"不要妄自尊大,也不要妄自菲薄"的企盼。胡裕树、张斌、王维贤、林祥楣、濮之珍、温端政、史有为、范开泰、董振东、常敬宇、濮侃以及华东师大郭豫适副校长、齐森华系主任都出席了。会议代表 83 人,例如崔希亮、刘丹青、戴昭铭、张国宪、郭锐、易洪川、王菊泉、陈炯、沈明、张建民、杨启光、李向农、孔令达、周国光、王艾录、李铁根、邱广军、范继华、俞咏梅、邢欣、林立、沈慧云、徐子亮、萧国政、何伟渔、吴勇毅、马庆株、钱乃荣、齐沪扬、周刚、黄自由、黄锦章、方经民、金立鑫、戴耀晶、余志鸿、任芝锳、杨宁、刘汉城、左思民、张宁、徐国玉、陈妹金、石毓智等。研讨会开得相当成功,我自己因为第一次操办这样大规模的高层次的研讨会,战战兢兢,如履薄冰,累得嗓子哑了,双眼通红,会后躺了好几天才缓过气来。说老实话,累是累,心里却乐滋滋的。万万没料到,我跟这个研讨会居然会结缘一辈子!我可能是唯一一个迄今为止全部十三届会议都参加了的学子。

我不想第二届开完又停好几年或者夭折,所以会议一结束就联络了南京师范大学的"二刘":刘宁生与刘丹青,希望他们能够承办第三届。大刘是武汉开会时就认识了的,他文静睿智,望之可亲,给我印象极好。小刘聪明绝顶,很有个性。我还联系了国家对外汉办,办公室副主任程棠和科研部部长张德鑫二位都答应在经费上支持,这就解决了后顾之忧。"第三届现代汉语语法研讨会"1992 年 4 月 10 日至 13 日顺利在南京举行,由南京师范大学中文系和留学生部主办、中国对外汉语教学学会协办,主题是"汉语语法的应用研究",来自全国各地的八十余名学者与会,除了老朋友周国光、郭熙、戴耀晶、张国宪、孙德坤、吴继光、齐沪扬、李向农、金立鑫、萧国政、吴振国、余志鸿、周小兵、方小燕之外,还有张爱民、杨亦鸣、王政红、袁毓林、沈阳、常玉钟、李宇明、李晓琪、肖奚强、黄南松、王明华、赵守辉、段业辉、马啸、储诚志、丁力、贺又宁、莫彭龄、潘文国、石汝杰、苏新春、吴继章、张旺熹等。吕叔湘先生为会议写来贺信,呼吁加强语言的应用研究,重视语言研究的社会效益,并提出建立"语文事务所"的构想。吕必松、程棠、胡明扬、陆俭明、王希杰和我自己先后做了专题报告,张拱贵、张德鑫、卞觉非等分别在开幕式上讲话。会议集中讨论了以下问题:(1)对外汉语教学领域是否可以建立自己的语法体系。(2)语法研究如何才能更好地适应时代发展的需要。这次研讨会开得很成功,最重要的是开始重视语法的应用研究。开会前夕,刘宁生因为家庭缘故移民美国,千斤重担就由刘丹青来承担了,会议成功,要数他的功劳最大。

安徽师范大学是汉语语法研究的重镇,当时崭露头角的是号称"语法三杰"的孔令达、周国光和李向农。所以"第四届现代汉语语法研讨会"就理所当然地落实在安师大了。为此,我必须为他们拉赞助。真是无巧不成书,1993 年 8 月在北京香山饭店参加世界汉语教学讨论会时,巧遇师姐田小琳女士,她当时是香港文化教育出版公司董事长兼总编辑。我们聊天时说起国内的两个语法讨论会,我就试探着问她有没有可能资助,没料到老田快人快语,直截了当地问:"你想要多少钱?"那时国内工资水平很低,月薪大约四五百元,我也不好意思狮子大开口,就吞吞吐吐地说:"大约五千块人民币吧。"老田哈哈一笑:"行!"我心里一颤,心想:"是不是说少了?"后来好多年过去了,老田还拿这件事开我玩笑,嘲笑我眼皮子太浅,才五千个大洋!(后来才知道香港教授一个月的工资就超过十万港币!)真的感激老田,我老夸她是女中豪杰,义胆侠骨。她的慷慨解囊,保证了下一届研讨会得以顺利举行。"第四届现代汉语语法研讨会"于 1994 年 4 月 25 日至 28 日在安徽芜湖举行,陆俭明和邢福义两位因事没能到会,但都写来了贺信,胡明扬、王维贤、龚千炎三位做了学术报告。会议主题是"句法结构中的语义问题"。语法研讨会从武汉到上海,再到南京,还到芜湖,沿着长江溯源而上,这也许只是一种巧合,也许另有深意。

第五届本来商定由沈阳牵头在北京大学举办,没想到,1996 年夏沈阳到香港城市大学做博士后,我也于同年 9 月应徐烈炯先生之邀到香港城市大学做专题研究。这样,语法研讨会就临时改为由华中师范大学主办了,名称叫作"新时期语法学者学术讨论会(国际)"。我跟萧国政开玩笑:"如果这次不算第五届,那我们下一届再开才算第五届了。"老萧一愣马上解释说:"当然是第五届!"我理解,在华中师大点燃的火炬,怎么可能自己放弃呢?其实名称并不需要斤斤计较,重要的是实质,到底想干什么。感谢萧国政、李宇明、吴振国、李向农和吴继光几位的援手,研讨会的一切事务我几乎都没有操心,而且开得热烈隆重。时任国家语委主任的许嘉璐先生以及世界汉语教学学会会长陆俭明先生发来贺信,陈章太、程棠、张德鑫、张振兴、于根元、赵金铭等多位中年学者出席研讨会,而且还第一次有境外学者与会,例如古川裕、方经民、张黎、徐杰、张敏、郑定欧、蒋平。语法研讨会第一次增添了国际色彩,让初冬的东湖变得更为楚楚动人。

两年后,沈阳终于兑现了他的承诺,1998年9月26日至31日,两个语法讨论会同时在北京大学举行:以中老年学者为主的"第十次现代汉语语法讨论会"和以中青年为主的"第六届现代汉语语法学术研讨会",第一次也可能是唯一的一次同时同地一起举办。这次会议有几个鲜明的特点:一是规模空前,人数众多,两个语法会参与者前后有部分交叉重叠,一共有220人。二是境外学者,包括港澳台的特别多,有61人。三是协办单位,除了国内的一些大学与出版社,还第一次包括了香港城市大学、香港大学、香港中国语文学会等。四是吕叔湘与季羡林两位著名学者担任名誉主席。五是接受个人资助,主要是境外学者(大多原是中国国籍的),例如方经民、郭春贵、张敏、张黎、刘一之、刘勋宁、鲁晓琨、刘敦仁以及日本学者杉村博文。大会报告的有陆俭明、邢福义、徐烈炯、屈承熹、舆水优、董振东、黄昌宁、马庆株、沈家煊、邵敬敏、崔永华、张敏等。真是盛况空前,精彩纷呈。从1986年到1998年,整整12年,我们的现代汉语语法研讨会在艰难地、悄悄地、顽强地成长,丑小鸭要蜕变为白天鹅了!

三、新时期国际研讨会横空出世

从1996年9月起,我有机会在香港长期工作,先在香港城市大学中文、翻译及语言学系访问,主要是跟徐烈炯先生合作研究,并且撰写出版了《上海方言语法研究》。一年后应聘到香港商务印书馆担任《学好普通话》香港中小学11本教材的编审。这一难得的机遇为我打开了国际视野,并有机会结交了香港语言学界、出版界和普通话教学界的一大批朋友,并有幸目睹了香港历史性的回归。当1998年国内两个语法研讨会一起举办之际,我感到两个会议合并的时机也许已经成熟,原先那个以语言研究所为主的俗称"中老年语法讨论会",我们那个以各高校联合为主的就相应地叫作"中青年语法研讨会",经过近20年风风雨雨的洗礼,老一辈除了少数健在,大多已经陆续谢世;中年一代以陆俭明、邢福义为代表的,除了少数还坚持之外,也大多退居二线。而且原来的会议操办模式也变了,两个语法会都不再是点名邀请,改为跟国际接轨的匿名审稿了;两个会的内容、宗旨、风格更是趋于一致,又都是逢双年举办,如果一年里参加两个语法讨论会,确实有点疲于奔命,我个人也希望有更多的精力和时间来做一些自己感兴趣的研究。思前想后,我就真的想"淡出",最好的办法就是两个会议干脆"京海合流",让语言所全面负责。我这一想法得到了陆俭明和邢福义两位老师的首肯。张伯江、方梅是1996年起开始负责操办语言所的语法讨论会的,我就正式向他俩提出这一构想,他俩态度还是积极合作的,只是后来据说有个别先生不太支持,话是说得比较客气,不过言外之意还是可以感觉到的,好像是他们那个会议档次比较高一点。呵呵,人各有志,何必勉强;多元竞争,也是好事。

既然有人不太认同,那好吧。两个语法会议并存,有点竞争意识,未必是坏事。我跟语法学界几个朋友反复商议后,逐步形成一些共识,决定我们这个原来的"青年语法研讨会"要做出一些相应的变革:第一,继承1986年创办的"青年现代汉语(语法)研讨会"的优良传统,从21世纪开始,改成国际会议,正式向境外学者开放,与国际接轨,匿名审稿,并争取把会议开到境外乃至国外去。第二,主动协调,会期改为逢单年举行,跟语言所的同类型会议错开,为语法学界朋友提供更多的选择。我们这个会跟语言所主持的语法讨论会的关系定位为:"相互支持,携手共进,良性竞争。"第三,成立以中国若干著名高校为主的核心组,实行会员制,每届(两年)会议每个成员都出少量经费(境内1万人民币,境外2万港币),以保证会议经久不衰。第四,每届资助20名青年代表,评选"语法新秀",一等奖3—4名,并颁发奖金。第五,每届尽可能特邀若干海内外著名学者与会,进一步提高研讨会的学术水平。第六,继续出版论文集,统一定名为《汉语语法研究的新拓展》,并排列序号。这一重大改革被证明是非常关键的,也是比较成功的。

1998年在北京大学参加会议期间,许多语法学界的朋友就提出希望下一届会议能够到香港去开。香港是1997年回归祖国的,大家对香港的热爱之情我完全理解,香港是我国通向世界的一座重要桥梁,具有特殊的意义,而且当时我正在香港工作,我就找香港朋友商量,并且得到了他们的无私支持。"21世纪首届现代汉语语法国际研讨会(暨第七届现代汉语语法研讨会)"2001年2月1日至3日在香港举行,由香港城市大学主办,香港大学、香港中国语文学会、香港语言学会、北京大学和华东师范大学协办,汉语语法学界的精英几乎倾巢而出,盛况空前。来自美国、英国、荷兰、日本、新加坡以及中国的代表90余人与会,包括陆俭明、邢福义、徐烈炯、詹伯慧、单周尧、陆镜光、姚德怀、石定栩、顾阳、何元建、潘海华、邓思颖、史有为、陈渊泉、郑锦全、罗仁地、鲁晓琨、郭锐、李向农、尹世超、张伯江、张国宪、陈昌来、卢英顺、刘大为、方梅、张先亮、沈阳、王珏、周国光、崔希亮、方小燕、齐沪扬、杨凯荣、戴耀晶、詹卫东、袁毓林、张旺熹、胡建华、花东帆、张谊生、刘丹青、古川裕、木村英树、萧国政、石毓智、黄月圆、杨素英、任芝锳、盛玉麒、周小兵等。应该特别指出,对这次研讨会,徐烈炯先生的贡献特别大,我们筹得将近30万元港币,其中香港城市大学占了大头。这次的接待规格是一流的,不仅不收取会务费,提供全部住宿、餐饮和参观的费用,而且还发放用于市内交通等的零花钱。坦率地说,那是我所参加过的最慷慨的一次大型研讨会,可以说是空前绝后的。会议结束后,我还组织从内地来香港工作的朋友个人出钱集体宴请与会的内地代表。会议取得圆满成功,留下令人难忘的记忆。这也是我们的研讨会第一次在境外举办,具有历史性和开创性意义。

　　"新世纪第二届现代汉语语法国际研讨会(暨第八届现代汉语语法研讨会)"原定在华东师范大学举办,因为我本人于2002年正式调入位于广州的暨南大学,所以理所当然地改为由暨南大学中文系和香港大学语言学系主办,确定以"焦点"与"否定"为专题。当时我是特聘一级教授,正掌管中国语言文学211工程建设第二期资金,还得到香港大学、香港理工大学、香港城市大学、北京大学的大力资助,会议经费应该没有问题。但是千算万算,人算不如天算。2003年春,一场SARS灾难突袭中国,香港、广州先后成为"疫区",许多朋友无法前来,我们顿时陷入困境。开还是不开?真是纠结啊!最后下决心:开!会议于2003年4月11日至14日在暨南大学如期举行。没料到,陆俭明先生带领北京一批学者,如沈阳、郭锐、詹卫东,风尘仆仆地赶到了广州,起到了镇住大局稳住军心的巨大作用,还有尹世超、李葆嘉、陆丙甫、戴耀晶、陈昌来、张谊生、张亚军、石定栩、潘海华、胡建华、萧国政、黄河、张宝胜、吴长安等等都来了,加上广州本地的沈开木、傅雨贤、詹伯慧、黎运汉、唐钰明、周小兵、周国光、彭小川、伍巍、邵宜、施其生、岳中奇、曾毅平、刘街生等,最后虽然只到了60多位,人数是历届来最少的一次,但是大家的勇气,对这一研讨会的忠诚度有目共睹。连我太太都说:"你们陆老师真是够意思,这么险恶的情况下还能够赶来参加研讨会,太了不起了!"从这一届开始,我们实施对语法新秀的评选与资助,开我国语法学界对青年学子会议专项资助的先河。

　　2005年6月3日至5日,"新世纪第三届现代汉语语法国际研讨会"在金华如期召开,由张先亮具体负责,那时他还是人文学院院长。浙江师范大学语言学科这些年在张先亮教授带领下,不断引进人才,强化学科建设,生机勃勃,成果累累。王维贤、詹伯慧、陆俭明、邢福义(提交论文,未到会)、范晓等做大会报告。与会代表超过100人,有陆丙甫、尹世超、石定栩、潘海华、王建华、周小兵、崔希亮、齐沪扬、胡建华、石毓智、岳中奇、郭熙、张谊生、吴长安、王红旗、陈昌来、吴为善、彭小川、方小燕、李葆嘉、张亚军、金立鑫、史金生、屈哨兵、税昌锡等。浙江师范大学地处金华,此地以出产火腿著称,其他物产也极为丰富,所以这次会议可能是历次会议中吃得最好的了。闭幕式上,由张先亮致闭幕词,他生动诙谐朴实精彩的讲话,赢得大家一致好评,难怪他屡次被评为优秀教师,口才确实非同凡响。会后最让人难忘的是去了千岛湖,面对碧波万顷,千岛林立,真的感到心旷神怡,物我两忘。从这一届开始,真正开始实行"大家筹款,轮流主办"的方针,并且形成了核心组成员,他们是著名的八大高校:北京大学、复旦大学、暨南大学、华中师范大学、上海师范大学、浙江师范大学、香港理工大学和香港大学。

　　"第四届现代汉语语法国际研讨会"是2007年8月3日至6日举办的,夏天的青海湖,凉爽、幽美、舒坦。青海民族学院文学院谷晓恒院长毅然承担了这一重任。我们这个研讨会第一次走进西部,让我们感受到了浓浓的西域风情。陆俭明先生因出国访问发来贺信,邢福义寄来论文并委托汪国胜代为宣读,主持大会或演讲的有詹伯慧、马庆株、沈家煊、石定栩、潘海华、戴耀晶、范开泰、郭锐、齐冲、邵敬敏、石毓智、尹世超、沈阳、周小兵、齐沪扬、张伯江等。会后,大家还参观了著名的青海湖和塔尔寺,真是百闻不如一见,蔚蓝的青海湖水与灿黄的油菜花儿相映成趣,奇特的古塔转盘在朗朗的诵经声涛中显得神秘莫测,汉语语法研究的乐趣在这里似乎转化为一种精神,一种氛围。

开成国际会议的目的就是要让汉语走向世界,让汉语语法研究登上国际舞台,就是要让我们的研讨会建设成为一个能够跟世界汉语语法研究对话的平台,这就是我们的汉语梦!因此我们必须要与时俱进,有实质性的改变。我的理解,最重要的就是观念的改变,那就是要具有开放意识、现代意识、宏观意识、多元意识与动态意识。我们必须进一步开放,学习国外一切优秀的理论与方法,同时也绝不迷信,绝不盲目亦步亦趋,而是经过消化吸收,在与汉语乃至汉藏语结合起来研究的基础上,亮出自己的绝活与特色。为了逐步达到这一点,我们就需要请进来走出去,一是邀请海外同行参加会议,二是逐步把会议开到境外去。为此,2009年11月27日至12月1日"第五届现代汉语语法国际研讨会"在香港理工大学举行,由石定栩教授操办。石兄能力超强,深谋远虑,实力雄厚,会议开得十分成功。报名的人数达到167位!还有英文提要或全文11篇!这都是前所未有的。2001年在香港城市大学是第一届,2009年是第五届,八年过去了,我们又回来了!香港,久违了!这次会议的国际意味非常浓烈,从匿名审稿、参会成员,乃至日程安排以及讨论焦点都体现了这一特色。特色之一是境外代表众多,尤其是好几位来自台湾;二是层次很高,很具代表性,例如陆俭明、徐烈炯、邢福义(代读)、黄居仁、陈瑞端、李行德、蔡维天、沈家煊、邵敬敏、顾阳、徐杰、潘海华、张谊生、沈阳、石定栩、石毓智、陈瑞端、尹世超、萧国政、张先亮、陈昌来、刁晏斌、何元建、李葆嘉、吴为善、彭小川等。三是议题前沿而且广泛,涉及理论与方法、功能词与特色词、构式、焦点等,还包括历史语法以及方言语法。研讨会的成功形成一股向心力,代表们,尤其是青年学子对我们的研讨会充满了深情,热切地盼望着两年后再次相聚。

青海会议让大家对祖国的西部留下深刻印象,简直入了迷,有人提议是不是干脆进军甘肃兰州。兰州城市学院的朋友倒是颇为积极,南京师范大学也愿意主办,复旦大学、上海师范大学也都有这个意愿,看来开始形成良性循环了。如果一个研讨会大家都抢着办,这绝对是一件大好事!没料到,经由台湾华语拓进会会长王幼华老师牵线搭桥,位于宝岛高雄的义守大学表示希望承办下一届语法研讨会。为此,我在2010年10月专程前往该大学与华语中心黄宝珊主任商谈落实该项计划。义守大学是台湾著名的私立大学,是义联集团创办人林义守先生创办的,虽然位置远离高雄市区,但是校区新颖、美观、现代,让人赏心悦目,流连忘返,如果跟英美的一些高校相比绝不逊色。条件如此之好,而且黄主任他们表现出来的热忱也让我深受感动,实在是出乎我的意料,我当即拍板,就是它了!2011年12月3日至7日,"第六届现代汉语语法国际研讨会"将要在宝岛台湾而且是在南部高雄举办的消息不胫而走,一石激起千层浪,询问、报名的人源源不断,提出申请的是破纪录的190多位,最后发表论文110篇,其中境外有美国、法国、日本、韩国、新加坡,还包括港澳台的学者 25 人。戴浩一、沈阳、顾阳、陆镜光、张黎、戴耀晶、徐杰、陆丙甫、石毓智、黄宝珊、郭锐、张旺熹、张谊生、田小琳、齐冲、邵敬敏等做大会发言。会议开得朝气勃勃、生动活泼,各种观点和思潮在碰撞,交融,产生了激情的火花。会后会议组织赴古城台南、台湾第二大都市高雄以及垦丁考察,大家对宝岛留下极为深刻的美好印象。我们创办的汉语语法研讨会居然开到台湾去了!而且还是在高雄!这绝对是前几年做梦都不可能想到的!心里那个爽啊!简直无法用言语来形容,真的感到有一点点成就感。

尽管我们的研讨会开到了香港,开到了台湾,但是还没有真正走出国门。下一站去新加坡!老朋友陆镜光教授当年还是香港大学语言学系的主任,从新世纪第一届研讨会开始就坚定不移地支持这一会议,后来他应聘去了新加坡南洋理工大学。他曾经应承我,如果他还继续在新加坡工作,并且担任一定的行政职务,他就来操办"第七届现代汉语语法国际研讨会"。现在他准备兑现他的承诺了!坦率地说,这一喜讯比前年到台湾开会还要兴奋。报名者达到 170 多人,最后因为住宿条件限制,只邀请了 100 来名。来自法国、新加坡、日本、韩国、俄罗斯、中国等国家的 91 位学者参加,江蓝生、周清海、邵敬敏、沈阳、陆镜光、郭锐、徐杰、张先亮、张谊生、张黎、石毓智、彭小川、姜春华、齐冲和任鹰作大会报告。当我们圣诞前夜,漫步在新加坡的圣淘沙、牛车水、乌节路,我们像是在做梦似的,简直不敢相信这一切都是真的!改革开放的中国终于起飞了,我们也终于跨出国门,在国际上展现我们汉语语法研究的实力。我们为此感到骄傲,感到自信。

四、追梦的步伐正在加速

"第八届现代汉语语法国际研讨会"本来计划在日本举办,也已经有东京某大学表态愿意承办,但由于中日关系最近出现异常,这一计划不得不推迟。经过多方商议,决定下一届研讨会 2015 年秋天在杭州举行,由我的母校浙江大学主办,人文学院黄华新院长、语言研究所方一新所长和彭利贞教授表现出极大的热忱。因为我们这个研讨会的首届是 1986 年在武汉华中师范大学举办的,2015 年恰逢 30 年纪念,我们计划同时举行"现代汉语语法(国际)研讨会 30 周年庆典",真诚欢迎历届"黄埔 X 期"的老朋友积极参加。准备工作正在紧锣密鼓地进行中……

30 年来,我们的语法研讨会开始成熟了,并且开创了一种新颖的办会模式,形成了一种独特的培养机制。其特点就是:众人拾柴火焰高,大家的事情大家办,不成立什么学会,不设立什么会长副会长,可以称之为"会员制模式"。目前已经或即将成为核心组会员的已经发展到 12 家,包括北京大学、复旦大学、南京大学、中山大学、武汉大学、暨南大学、华中师范大学、上海师范大学、浙江师范大学、北京语言大学、香港理工大学、香港中文大学。

成员进出完全自由,不是个人参与,而是单位参与。曾经是成员并且为这一研讨会作出过贡献的还有:华东师范大学、南京师范大学、安徽师范大学、青海民族学院、香港大学、香港城市大学、台湾义守大学、新加坡南洋理工大学。

这一模式的特点是:(1)提倡奉献。办会目的只有一个:繁荣汉语语法研究事业。不成立学会,这就避免了有人为了虚名钩心斗角,避免了内讧或者拉帮结派。所谓的召集人,只是有为大家无偿服务的义务。(2)众志成城。每个会员单位两年出资1万元左右,不构成负担,而且完全自由,这次出资了,下一次不想出了,或者没钱,就不出。进出自由,完全自愿。(3)财务透明。筹措的经费全部集中在暨南大学财务处的专项账户上,专款专用。全部需要发票报销,财务处监管。每次资助3—4万元左右给主办单位,还包括论文集(40万字左右)的出版费,20名"语法新秀"的资助以及一等奖的奖金,还有研讨会的筹办费用、印刷费、邮电费、车旅费、评审费等。我们精打细算,每次保证不亏,略有盈余就滚入这一专项资金。(4)多元意识。提倡学术思想的多元,主张各种理论、各种观点的争鸣,绝不独尊一家,压制百家。提倡"以文会友",研讨会不仅是学术交流,更重要的是增进学术友谊,培育一种良好的健康的和谐的风气,不仅争论,还要合作,从而保证研讨会顺利进行,与会人员开心舒畅。(5)培养梯队。实施"语法新秀"的培养途径,积极帮助年轻学者尽快成长,为他们登上国际舞台助一臂之力。(6)提倡五好:论文好、讨论好、吃得好、住得好、心情好。按照国际惯例,全部匿名审稿,在学术上人人平等,但是也在坚持原则的前提下,允许一定的有限的灵活性。

我们坚信:我们的现代汉语语法国际研讨会一定会越办越兴旺。我们是一代追梦人,追的就是汉语走向世界之梦,追的就是汉语语法研究登上国际舞台之梦,追梦的步伐,像高铁似的正在提速……

原载于《现代汉语语法国际研讨会30周年纪念文集》(上海教育出版社,2015年)

附记:第八届现代汉语语法国际研讨会按时于2015年10月在魅力四射的杭州西湖畔召开,并举办该会30周年庆典,由浙江大学主办(彭利贞负责)。第九届于2017年10在韩国首尔举办,由延世大学主办(金炫哲负责)。第十届于2019年10月在日本大阪举办,由关西外国语大学和大阪产业大学主办(靳卫卫、张黎负责)。第十一届2021年7月在黑龙江哈尔滨召开,由黑龙江大学主办(殷树林负责)。第十二届于2023年11月在澳门举办,由澳门大学主办(徐杰、袁毓林负责)。第十三届将于2025年秋天在重庆师范大学举办。

柔性语法的奠基人

我与史有为教授,可以说是"有缘人",而且不是一般的有缘,而是相当有缘。

第一,我们是老乡,同为上海人。第二,我们是双重校友:首先,都是上海具有两百多年历史的名校敬业中学的校友,不过史先生毕业那年(1955年),我才刚刚跨进那所中学的大门上初一,属于前后脚的校友。其次,更巧的是1961年史先生从北京大学中文系毕业那年(他因病休养一年,因此在北大待了6年),我也跟着考取了北大中文系,而且居然阴差阳错也进了语言专业。这么说吧,我简直是追随着他的脚印,紧赶慢赶、亦步亦趋的。

说起我跟史先生的缘分,还挺有趣的。史先生1960年入北大时,跟我的启蒙老师陆俭明同班,从这一点说起来,理所当然属于我的师长辈;不过当年我入北大时,他已经分配到中央民族学院教书去了,我没有这个荣幸听过他的课,所以也可以算是师兄弟辈。

我真正认识他可能还是1986年10月在北京八大处参加第四次现代汉语语法讨论时,他长得瘦骨伶仃的,像上海人晒衣服的长竹竿,背影跟陆俭明老师颇为相似,只是他的研究风格却跟陆老师大相径庭。陆老师在我们的印象里是朱德熙先生的衣钵传人,那时是正宗的汉语结构主义语法学家。而史先生给人的印象则是时出怪论,常常跟主流派的观点不那么一致,但却新颖脱俗,别具一格,因而博得了一个"怪球手"的雅号,往往被看作一匹"黑马"。

不过,我在心底里还是很欣赏、很佩服他的,因为他思想的活跃,理念的新颖,常常能够发人之未发,说人之未说,绝对不是人云亦云,即使不是所有的观点我都认同。也许是因为我们双重校友的关系,也许是因为我们俩"臭味相投",常常发出一些跟主流观点不吻合的看法,所以我有时称呼他为史先生、史老师,有时则直呼为史兄、老史,这就形成了亦师亦友的格局。史先生自己也坦诚,他跟年轻学者有着更多的共同语言,因此也跟80年代刚刚研究生毕业的许多青年学者交上了朋友。在中年学者中,跟年轻一代关系最为密切的当属史先生。这不仅仅是因为他没有架子,跟年轻学者能够打成一片,更重要的是他的思想特别接近年轻人,敢于破旧立新,敢于标新立异,敢于挑战权威。

一、共建"文化语言学中国潮"

20世纪80年代中,以上海复旦大学申小龙为代表的一批学者主张"文化语言学",在中国大地上刮起了一股"申旋风"。几年里,中国文化语言学迅速崛起,我把它分为三大流派,代表人物分别是申小龙、游汝杰和陈建民。他们很是活跃,还出版了"文化语言学丛书"(吉林教育出版社),作者包括了申小龙、苏新春、王建华、姚亚平、冯蒸、吴长安、张黎等,其中也有史有为的《异文化的使者——外来词》。光是以文化语言学命名的书籍的作者就有:申小龙、邢福义、张公瑾、苏新春、戴昭铭、高长江、邓晓华、游汝杰、宋永培等。当时在中国大地上,文化语言学的潮流蒸蒸日上,大放异彩。

对这一研究新潮流,我的态度是积极支持的,当然也提出了一些批评意见。即使是批评申小龙的,也是颇为克制,而且是在给予一定肯定的基础上给出必要的善意的批评。为此,我专门撰文《说中国文化语言学的三大流派》(《汉语学习》,1991年第2期,人大复印资料1991年第2期全文转载)。该文相对比较客观公正,方方面面都涉及到了,因而获得语言学界很多人的赞同。但是,我对申小龙的语法观及其方法论是基本不同意的,并且特地撰写了《关于中国文化语言学的反思》(《语言文字应用》,1992年第2期)、《汉语的结构句型和功能句型》(《语言文化多学科研究》,北京语言学院出版社,1993年),提出了尖锐的批评。大概正是因为这一原因,语文出版社特地邀请我来选编一本书,计划收录当时最有影响的中国文化语言学代表作。我在阅读大量文献的基础上,考虑到应该反映各种观点,各种流派,从而遴选了将近30篇论文,基本囊括了当时最著名的代表作。书名比较时尚,叫作《文化语言学中国潮》(语文出版社,1995年)。为保证质量,我还特邀史有为先生担任审订,对篇目内容进行评审。这本书学界的反响还不错,这也是我与史先生的一次比较成功的合作。

二、"柔性语法"登台亮相

1990年我在华东师范大学,决定举办"第二届现代汉语语法研讨会",在考虑特邀代表时,史有为先生是我优先考虑的邀请者之一。他的大会报告就是一举成名的《语言研究中的柔性观念》(后来我们就简称之为"柔性语法"),这篇论文博得大家的高度认同。柔性的含义,包括语法本身是柔性的,还包括语法研究也需要采取柔性的处理。柔性语法与柔性处理的二元论,给我们打开了一个新的思路。因为当时的语法研究,还是结构主义语法理论占主导地位,采取的是相对刚性的处理,比如:词类划分,不是名词就是动词,要么就是形容词,这样往往无法解释某些处于中间状态,或者处于变化过程中的语言现象。柔性语法的提出,为我们提供了合理的巧妙的理论解释。这一研究新思路立即引起热烈的反响。在会议上,我就把该文向与会的《汉语学习》编辑隆重推荐,并且得到积极回应,很快就发表在该杂志当年的第3期上。我深知,该文也是史先生的得意之作,他的第一本论文集就以此命名:《呼唤柔性——汉语语法研究探索》(海南出版社,1992年)。

可以说,这次研讨会为史先生提供了一个舞台,他登台展示,并且引起轰动;而我们的研讨会也因为有像史先生那样精彩的论文而大放异彩,给人们留下深刻的印象。

要说起史先生的语言学研究,他有几个鲜明的特点:

第一,兴趣爱好广泛,是个多面手。

语法当然是主攻的,但是同时在语音、词汇(尤其是外来词)、汉字改革、语文现代化、语言教学、国际汉语教学等各个方面都有涉猎。

第二,新意迭出,是个"怪球手"。

他信奉"语不惊人死不休",常常发出一些似乎是奇谈怪论,但是里面往往含有一定的道理,而且往往会先行一步。

第三,语法研究方面,确实是个高手。这里我想引用我在《新时期汉语语法学史》里的一段评价:"史有为的语法研究往往给人另辟蹊径的感觉,常常采取逆向思维、多向思维,是一位勇于进取、善于思索、不断创新的优秀学者。"这段评价,他是当之无愧的。

三、现代汉语的教学讨论与教材编写

现代汉语的教材编写以及教学理念,历来是高校中文系的热门话题。史先生在《语文建设》1987 年第 1 期上发表了著名的批评文章《十字路口的"现代汉语"》,尖锐地指出现代汉语教学的困境,并且提出了一些新的解决思路。可以说一石激起千层浪,在现代汉语学界产生强烈反响,许多报刊转载,语言学界也议论纷纷。对史先生的勇气我是十分敬佩的,对他的基本观点也是很欣赏的,尽管并非完全同意。后来上海的朋友钱乃荣、游汝杰发表了《建设新的"现代汉语"教材》,为他们新编写的《现代汉语》(高等教育出版社,1990 年)造势。我当时在华东师范大学教现代汉语十多年了,也出版了现代汉语自学考试的辅导书,对现代汉语教材的编写慢慢形成了自己的想法,于是就撰写了《〈现代汉语〉教材改革向何处去?》(《语文建设》,1988 年第 5 期),对钱、游的看法提出商榷意见,同时也对史先生的文章做出回应。

许多朋友建议我应该挺身而出,组织队伍来编写一部新颖的现代汉语教材。说实话,我自己心底里也蠢蠢欲动。当时的现代汉语教材主要有三本在全国很有影响:胡裕树主编的,黄伯荣与廖序东主编的,张静主编的。尤其是前两本,更是脍炙人口。我也是初生之犊不怕虎,雄心勃勃想主编一本现代汉语教材。但是,我当时还只是副教授,自己感觉底气不足,所以希望找人合作。

那应该是 1991—1992 年间,我环顾全国现代汉语学界,寻找志同道合者,结果发现还是史有为先生最合适。我们两人都是北大出身,学术背景相同,而且对教材的编写理念比较认同,学术品位相近。当我征求他的意见时,他欣然应允,这让我喜出望外,也充满信心。万万没想到,正当我俩兴致勃勃开始设计章节、网罗编写团队的成员时,华东师大中文系著名语法学家林祥楣先生(语法学界大名鼎鼎的"林裕文",实际上是林祥楣、胡裕树和张斌三个人的笔名)接到教育部的一项特别任务,准备主编全国师范院校中文系专业用的现代汉语教材。林先生似乎对我很感兴趣,有意栽培,就向我建议,让我担任该教材的副主编。老先生如此青睐,如此抬举,我怎么可以拒绝呢? 怎么舍得拒绝呢? 这显然是不能不接受的任务,这样一来,我跟史先生的约定就被迫取消了,对此我一直怀着深深的歉意。据说史兄后来又找了马庆株教授合作,但是不知什么原因最后没有启动起来,再后来,史兄自己远渡扶桑教学去了……而我的任务却半途而废,因为尚未正式启动,林祥楣先生骤然病发谢世而中止,据说后来就转交给邢福义先生接盘了。就这样,我和史先生这一合作夭折了。编写现代汉语教材的这一念想也无限期地推迟了。这可以说是人算不如天算。尽管如此,我对史兄当年毅然决然接受我的邀请,心存感激之情。合作虽然未成,但情谊却是永存的。正由于这个契机,我在 21 世纪初还是重整旗鼓,主编了《现代汉语通论》(上海教育出版社,2001 年第一版),并且获得一定的成功。回想起来,还是当年跟史先生的合作计划开了个好头。

四、东京之行,硕果累累

2002 年初秋,就在我即将"孔雀东南飞",从华东师范大学正式调动到广州暨南大学工作前夕,史先生邀请我访问位于日本东京的明海大学。史先生当时在明海大学很有影响,他第一次邀请的是中国人民大学的胡明扬先生,胡先生对史兄有知遇之恩,对他青眼有加。所以史兄第一个邀请胡先生是理所当然的,史先生第二个邀请的是我,我当然喜出望外,感到荣幸,也感受到了他浓浓的情谊。

这是我第一次到日本,印象极为深刻。街道干净,天空蔚蓝,人与人亲近,服务态度好,商品质量高……俗话说,不比不知道,一比吓一跳。走出国门,看到那么多,你就不能不思索,就会发现自己的问题与不足。什么叫作国际眼光? 就是用国际标准来衡量、要求,用国际视野来思考问题。

我在东京见到了许多汉语学界的日本朋友,比如明治大学的守屋宏则教授,也见到了在日本客居的中国朋友,比如鲁晓琨、周刚,还见到了我的日本进修生森山美纪子,见到了我大学时的同班同学钟敬华教授(时任日本神田外国语大学中文系主任)。史兄亲自到成田机场接我,安排了我的住所,也给了我许多建议与指点。我真的很感谢他精心安排。我先后在明海大学以及中国语学会演讲,那次正赶上他们学会的年会,所以有幸跟许多朋友相聚。此外,还顺访了横滨的神奈川大学,那里正巧有我的同事徐峰博士在教学。前后将近 20 天的访问,给我留下深刻而美好的回忆。

史兄为我提供了这一难得的机会,近距离地接触到日本的汉语学界,见到了真实的日本社会。这次东京之行,可以说是硕果累累,满载而归。

五、多次交往,情谊绵长

20世纪八九十年代,尤其是1988年到1996年间,我跟史先生有过多次交集,多角度的接触给我留下深刻印象,并且滋润了我们的绵绵情谊。

史兄去了日本,一去就是二十多年。但是他的汉语情结深厚。他身在日本,先在大阪外国语大学,后又去东京的明海大学任教,为中日之间的汉语教学友好合作做出了不懈的努力。其中最有代表性的当数跟在日本的中国学者创办《现代中国语研究》杂志(2000年创办,每年一期。先是日本朋友书店出版,后改为朝日出版社,史有为先生任主编,后来由于他退休回国改任顾问,主编由刘勋宁教授继任)。这本杂志,史先生邀请我担任编委,同时也为它撰写过论文。这本杂志成了在日本工作的中国语言学家跟国内语言学家联系的一座桥梁,也是团结旅日华裔语言学家的一个重要平台。史先生作为创刊主编发挥了重要的作用。

2001年2月,我当时正在香港商务印书馆担任编审,跟香港城市大学曾任中文、翻译与语言学系主任的徐烈炯先生合作策划举办"新世纪第一届现代汉语语法国际研讨会",在讨论代表名单时,我自然而然想到了史有为先生。事先我已经专门发电邮告知他这一研讨会的重要性,特别说明我们非常希望他能够出席,并且发表大会演讲。果然史先生不负众望,在研讨会上宣读了他的另一篇著名的论文:《概括范畴:"类"和"例"》(该文发表于《汉语学报》2001年上卷,题目改为《概括范畴:"类"和"例"及其相关问题》),提出了如何正确处理"类"与"例"的关系,并且触及"概括"范畴。应该说,这一观点还是很有新意的,这也是史先生多年思考后的一种理论上的升华。

更为有意思的是,同年8月,我们俩又在新加坡"第一届肯特岗语言类型学研讨会"上相聚,这一研讨会是新加坡国立大学中文系徐杰先生创办的,而且更为巧合的是,主办方把我和史先生分在一个客房里,这就为我们提供了秉烛夜谈的好机会。我俩是"臭味相投",又是"老乡知己",还是"同门好友",所以,话题是一个接着一个,绵绵不绝。我们一起在乌节路上漫步,一起去新加坡国立大学参观,一起出席主办方的宴请……

这些年来,我们断断续续常来常往,尤其是史先生从日本明海大学正式退休后,基本上长住在北京,我们见面的机会就更多了。1999年7月我去青岛为石锋教授主持的"现代语言学讲习班"讲课,史有为先生也受到了邀请,我们还同游栈桥、崂山,留下好多美好的回忆。2013年4月10日,我应中央民族大学语言研究所丁石庆、罗自群两位教授邀请去演讲,题目是"汉语语法的战略思考",主办方还特邀史有为先生担任"点评",得到了他的充分肯定,史先生真是我的学术知己啊!2015 年 10 月金秋,我们在杭州举办"第八届现代汉语语法国际研讨会暨 30 周年庆典",史先生当然是我们的重要嘉宾,不仅仅在于我们几十年的交情,更重要的是他与我们这代人的情分,在于他对现代汉语语法研究的杰出贡献,在于他对中日汉语语法学界沟通所做出的奉献。

苦难的日子总觉得越过越慢,快乐的日子却是越过越快。不知不觉,从 1978 年我攻读研究生至今,已经快 40 年了。40 年来,我跟史有为先生是情谊笃笃,是经受住历史考验的。这次史有为先生八十大寿,是一件大喜事。我拉拉杂杂地回忆了跟史先生交往的趣事,感到缕缕暖意,深切感受到友情的可贵、可亲与可爱。谨以此文祝贺史兄青春常驻,学术之水绵绵不绝,永远流淌。

原载于《语言学研究的多元视野》(商务印书馆国际有限公司,2017 年)

汉语学界一侠女

——记语言学家田小琳教授

说起香港的田小琳先生,在中国语言学界,尤其是汉语语法学界和语文教育界,可谓大名鼎鼎。她是西安人,颇有西北人士的豪爽和侠义。关键是,她是我的师姐,我的知己好友。

一、有 缘 相 识

虽说她是我师姐,可我踏进北大大门时,还是个青涩的乳臭未干的毛孩子(那年我才16周岁),只知道有空就跑图书馆,上课抢占第一排座位,接触的系友极为有限,根本就不知道我们中文系还有老田这号人物,虽然同属一个语言专业。当然,她比我高几届,1963年就毕业离校了,没机会碰到一起。中间居然一晃二十多年,天南海北,当然是不可能相识的。到我真正认识她的时候,已经是20世纪80年代后期了。具体在哪次会议上见面,确实已经记不清了,反正应该是一次学术研讨会上,最有可能的是在世界汉语教学讨论会上,当时她已经移居香港了,记得她送我的名片上,赫然印着"香港文化教育出版社有限公司董事长兼总编辑"。那时,"董事长"再加上"总编辑"的头衔,确实吓我一跳。那不是香港老板嘛!而且还是老总!开始,我对老田是"敬而远之",但是接触多了,才发现她实际上不是那种人!她的热心,她的豪爽,她的坦率,她的快言快语、立场鲜明,给我留下了极为深刻的印象。

我一直以为,这以前我没缘见过老田。没想到,有一次整理老照片,忽然翻出一张来,那是1980年春天,我和杭州大学本专业的师弟师妹们跟随修辞学大家倪宝元先生到北京访学,北京大学、语言所之外,我们还顺访了人民教育出版社的张志公先生。那张发黄的黑白照片,除了张先生、倪先生和我们之外,在后排最左边还站着一个身材比较高大的女同志,似曾相识却又陌生……突然间我想起老田说起过,她80年代初就在人民教育出版社做张志公先生的助手,那个身材高大的女编辑,不正是田小琳先生吗?后来一问她本人,果然如此!老天爷真是厉害!有缘千里来相会,我居然跟老田早在十几年前就已经认识了。你说,这是不是有缘!

二、慷 慨 解 囊

1991年在厦门大学举办的"中国语言学会第六届年会"上,我跟随我的研究生导师王维贤先生去南普陀散步,邂逅田小琳先生,无意之中,我说起我们年轻人正在筹办青年语法研讨会〔1990年起,我正式接手组织全国的"青年现代汉语语法研讨会",第二届在华东师范大学由我操办,1992年,我出面从国家对外汉办要到了赞助,在南京师范大学由"二刘"(刘宁生与刘丹青)操办,再下一届1994年计划到安徽师范学院(芜湖)举办,号称"三剑客"的我的好朋友孔令达、周国光和李向农,已经应承操办,但那时各校都比较穷,需要我出面去"筹钱"。可谓"万事俱备,只欠东风"〕,老田对此好像颇有兴趣,仔细询问了这个研讨会的来龙去脉。我心里一激灵,忽然想到她不是出版公司"董事长"嘛,又是做语法研究的,不知道肯不肯慷慨解囊相助呢?反正"为公要钱"不丢人,又不是为我自己私利,我大着胆子就问:"田老师,不知道你可不可以资助我们的青年语法研讨会啊?"没想到老田居然应口说:"那你想要多少钱?"我心里一阵狂喜,也不好意思多要,也怕狮子大开口被拒绝,试探着说:"大约五千元吧。"(那时我们的月工资也就几百元,五千元,对我们这些"穷书生"来说,显然已经是"天文数字"了!)没料到老田居然立即点头应允:"没问题!"啊呀,我心里一阵狂喜,一边还真有点后悔,她那么爽快,我是不是要少了?后来老田真的兑现了,那次研讨会也如期顺利举行,而且她还半真半假地嘲笑我:眼皮子太浅。因此,我真心诚意地总是夸老田"颇有古风""豪爽仗义"。这以后,我们就真的成了好朋友了。

三、贵 人 相 助

老田不愧是个西北人,脾气豪爽坦率,常常仗义执言,而且见解敏锐,直来直去,她对我这个师弟也是呵护有加。1995年香港中国语文学会在香港中文大学举行"1997与香港中国语文研讨会",邀请不少内地学者参会,我很幸运,也收到了邀请函。后来才知道,正是老田热情推荐了我。这样,我获得了有生以来第一次出境机会,第一次见识了香港的风土人情。那时候,内地在物质上与香港还是有明显差距的,这次可以说是开了眼界。而且还由于香港商务印书馆副总编,我的师弟王涛的邀请,会后专程去商谈了《汉语语法浅说》和《汉语标点符号》两本小册子在香港的出版事宜。从此,我就跟香港商务印书馆开始了长期的合作,一直担任顾问。这里显然也有老田的一份功劳。

1996年我应香港城市大学中文、翻译及语言学系主任徐烈炯教授的邀请,去他们学校访问一年,合作研究并撰写《上海方言语法研究》。因此,我和老田见面的机会就更多了。在香港中国语文学会,通过老田,我认识了一大批同行朋友,包括会长姚德怀,以及普通话研习社的胡百华、冼锦维等先生,还有教普通话的孙文冬老师、鲍茂振老师等。1997 年香港回归祖国前夕,因为老田是北京大学香港校友会的理事,我们还一起参加了校友会组织的庆祝活动,以及在湾仔展览中心举行的香港著名的慈善酒会。这些活动,这些交往,这些会议,最最重要的是会议等都让我受益匪浅。由于她的推荐介绍,我还认识了陆陈汉语国际教育集团的董事长陆陈女士和她的先生香港惠记集团主席、路劲地产集团联席主席单伟彪先生。由于我也从事汉语研究和教育,从此我跟"陆陈汉语"也结下了深厚的友谊,和田小琳教授一起长期担任他们的学术顾问,陪伴他们一起前进。我还应邀担任了商务印书馆的编审,为香港回归祖国后的中小学开设"普通话"课程,编写了教材《学好普通话》(共 11 本),田小琳因此担任了该套教材的顾问,我们又一次并肩战斗,创下不俗的战绩。直到现在,我俩还是香港商务印书馆的顾问。可以毫不夸张地说,我在香港能够认识那么多的朋友,能够在香港打开局面,老田的功劳是不容置疑的,是当之无愧的。一句话,老田人缘好,讲义气,够朋友。一个人要想获得成绩,除了自己的努力,必须有"贵人相助",老田就是我的贵人之一!

四、做啥是啥

老田还有个显著的特点,就是可塑性强,不断与时俱进,做啥是啥。她从北大毕业后,去了山东大学中文系跟随俗称"小殷"的殷孟伦先生攻读硕士研究生,专业方向是古代汉语。由于众所周知的原因,她一直到 1973 年才从福建调到北京市教育局教材编写组中语编辑室工作,主要是编写北京市中学语文课本和教学参考书。1977 年全国教材编写会议(哈尔滨会议)之后,又调到人民教育出版社中学语文编辑室工作,担任著名语言学家张志公先生的助手。从此,她就投身到汉语语法的教学与研究中来了,不仅为汉语语法教学系统的修订出谋划策,而且对有关问题做了潜心研究。这里不得不提到她和吴为章教授合作的《汉语句群》(商务印书馆,2000 年),这是当时有关汉语句群研究中最有深度的一本专著。因为传统的语法体系往往只涉及语素、词、短语和句子(单句与复句)。再往上似乎是个禁区。句群这一重要概念的提出,实际上就打通了句子和段落,乃至于文章之间的隔阂。这不能不说在语法研究领域,是个相当重要的突破。

五、推普功臣

老田是 1985 年移居香港的,开始时主要是从事有关出版以及跟汉语教学和研究有关的商务经营工作。她和她先生许九星于 1986 年就创办了"香港文化教育出版社有限公司",自己出任董事长兼总编辑,出版印刷了文化教育方面的各种精美的图书、期刊和大型画册,在促进内地出版社和香港出版社的交流,在宣传中华文化方面做了大量工作。

我印象比较深刻的是她主编并出版了独一无二的《普通话》杂志。这虽然是一本小开本杂志,但是由于它的撰稿人多为著名语言学家以及战斗在第一线的普通话教师,所以很接地气,图文并茂,相当活泼。我记得也应主编之邀在上面发过一篇短文《评香港的色情暧昧广告》(《普通话》,1997 年)。

老田曾经长期在香港大学做普通话培训和普通话教师的培训工作,积极参与香港特区的语文评审工作。所以,在香港,田小琳教授的口碑是相当出色的,尤其在中国语文学界和普通话学界,2004 年起她出任岭南大学中国语文教学与测试中心主任。应该说岭南大学的校长还是很有眼光的,因为老田不仅学问好,见识广,而且她在中国语言学界以及在国家语委的人缘也是第一流的。她朋友多,人脉广,大家都愿意帮她做事。因此很快就在岭南大学开设了"普通话培训与测试中心",每年好多香港学生和居民接受培训并获得有关考试证书。坦率地说,岭南大学在中国语文教学方面以及普通话培训方面,之所以做出比较好的成绩,跟老田的领导有方、能量大是密不可分的。

六、眷 眷 之 心

老田对香港充满了爱心,对香港的语言状况特别关心。这主要表现在她根据语言接触和变异的理论,早在 1993 年就提出了"社区词"这一新的理念。内地人到香港会发现,香港有不少词语非常特别,或者说意思跟内地的理解完全不一样,它们既不是方言词,也不是外来语,这就是香港地区特有的社区词。所谓"社区词"就是社会区域词,由于社会制度的不同,政治、经济、文化体制的不同,以及不同社区人们使用语言的心理差异,在使用现代汉语的不同社区,流通一部分社区词。香港的社区词例如:白马王子、金鱼缸、海滩老鼠、夹心阶层、廉政公署、特首、煲电话粥、发烧友等等。她潜心研究了几十年,2009 年出版了《香港社区词词典》(商务印书馆),并且还出版了研究专著《香港社区词》(商务印书馆,2014 年),在中国语言学界产生了相当大的反响。

我是老田的粉丝和挚友,那些年正好也在香港工作,于是就也关心起香港这些特殊的词语现象来了,在上海的《语言文字周报》上发表了系列短文"港词趣谈",还发表了《香港词语比较研究》《香港社区英文词语夹用现象剖析》以及《汉语社区词的典型性及其鉴定标准》等论文,大多是直接或间接受到老田的影响或熏陶。更为重要的是,在我主编的高校教材《现代汉语通论》第二版(教育部"十一五""十二五"规划教材)修订时,正式引进这一术语并给以解释。当我把这一消息告诉老田时,她真的非常开心,露出了真诚的、欣慰的微笑。

不仅如此,老田还积极在香港普及现代汉语的有关知识,她和原澳门语言学会会长、澳门大学原中文系主任,也是我们的学长程祥徽教授一起合作,撰写了面向港澳台的《现代汉语》教材,1993年在香港三联书店出版,2016年再次出版了修订本。有一天,我的师妹、中国社会科学院学部委员江蓝生教授忽然打电话来说,她想给这本教材写个书评,因为我编过现代汉语相关教材,所以希望跟我合作撰写。我一听马上答应,不仅仅是因为两位编者是我的师长,更在于这本教材自身的价值,当年还是吕叔湘先生亲自写的序言,并有利于推动港澳台的汉语教学。最后,江先生和我合写的书评《时代性与针对性的有机结合——简评一部通行于港澳台地区的现代汉语教材》发表在《中国语文》2014年第5期上,对这部教材给予充分的肯定。

老田生于1940年,长我四岁。明年(2020年)是她八十大寿。老田这一辈子活得有滋有味,跌宕起伏,很有情趣,很有特色,很有价值,她一直在做自己喜欢做的事情,一直坚持自己的信念和追求,为中国内地也为香港贡献了自己的青春和智慧。她的为人,她的处世,她的拼搏,都是值得我们好好学习的。我真诚地祝愿我的老朋友健健康康,开开心心!活过一百岁!喜迎国庆一百年!

2019年10月1日　国庆七十周年

原载于《田小琳先生八秩荣庆纪念文集》(香港和平图书有限公司,2020年)

《中国语文》伴我追逐汉语梦
——为《中国语文》创刊七十周年而作

　　《中国语文》作为中国境内享有盛誉的一本顶尖语言学杂志,在我追逐汉语梦的征途中,不仅是一位亲切的严师,更像是一个贴心的战友。不过,与其说是"亦师亦友",不如说是我命中的"贵人"。一本杂志编得好不好,关键在于人,在于编辑的眼光和为人,在于他们对事业的忠诚以及对作者、读者的热情和帮助。如今,当我年迈之时,回忆起跟《中国语文》的交往,最最让我感动难忘的,是跟编辑部诸位先生的深情厚谊以及他们对工作的无私奉献。

一、饶长溶先生的信任与提携

　　20世纪80年代初,我尽管开始在语言学界初露头角,也在《语言教学与研究》《汉语学习》《杭州大学学报》上发了几篇论文,特别是在当时极为活跃的《语文导报》上刊登了好几篇有关汉语语法研究的综述或评论。但是,让人非常遗憾的是,还没能在大家最看好的《中国语文》上露面。做汉语研究的,哪个不想在《中国语文》上发文章? 我当然也不例外。没想到,1986年,那年对我而言,是个幸运之年,是个机遇之年! 机会突然不期而遇,从天而降……

　　那年给我提供了两个做梦也想不到的好机会:第一个机会,9月我参加了在华中师范学院举办的"首届青年现代汉语语法研讨会"(即"现代汉语语法国际研讨会"前身),并且应东道主萧国政与李宇明之邀,作为全体会议代表的代表在大会开幕式上表态致辞,也就是在全国青年语言学家面前亮了一次相。第二个机会更是出乎意外。那是会议期间的一个晚上,《中国语文》饶长溶先生约我谈心,他温文尔雅,笑容满面,跟他谈话,就像沐浴在冬日阳光下,感到说不出的亲切与温馨,身心都暖洋洋的。聊着聊着,忽然他提出想约我为刚刚出版的《语法研究和探索(二)》写一篇书评。我知道那是"现代汉语语法讨论会"的论文集,是语言研究所和《中国语文》杂志主办的,作者都是我的师辈学者,还包括我特别尊敬的吕叔湘先生与朱德熙先生。我一个刚出道不久的后生小辈,能对他们的论文"评头论足"吗? 饶先生显然看出我的惴惴不安,开导说:"没关系的,学术研究面前,人人平等。这些年,你不是写了不少关于汉语语法研究的评述吗? 好几个人推荐你呢,你有啥说啥,不必顾忌。"说到这里,我自然就不便推脱了。当时我还真是初生之犊不怕虎,居然说:"能不能满足我两个要求:第一,不要给我定调子;第二,给我批评的权利。"没想到,饶先生听完淡然一笑:"这两条都没问题,尽管大胆写。"最后,这篇书评比较顺利地完成了,发表在 1987 年第 3 期上,这也是我在《中国语文》上发表的第一篇文章。直到现在,我还是非常感谢编辑部的青睐,非常感念饶先生的宽容与厚爱。显然,这也是编辑部考察培养青年作者的一种特殊方式,就看看你有没有底气与眼光,有没有勇气和胆略。

二、两大高手:侯精一先生与徐枢先生

20 世纪 80 年代和 90 年代,我几乎每次去北京开会或出差,总是准备到社科院语言研究所去转一转,至于《中国语文》编辑部,那是必须去拜访的"风水宝地"。编辑部的成员,可以说没有不认识的,我也熟门熟路,快人快语,不论年龄大还是年龄小,都是朋友。主编侯精一先生是我北京大学的校友,说起来也是我的师长了,可他一点架子都没有,看见我总是亲切地叫着:"敬敏,敬敏!"他人高马大,国字脸,英俊潇洒,外形很像当年著名的上海电影演员达式常,我们常常没大没小地跟他开玩笑,他则宽厚地笑笑,从不生气。侯先生是平遥人,对晋方言特有研究;他还身兼中国语言学会会长,引领学会的发展和活动;他为人宽厚,特别能团结大家,对我们这些小字辈更是关爱有加。

记得那年我的《比字句替换规律刍议》正在编辑部审稿,侯先生看到我就打趣说:"敬敏,你这篇文章那么多的替换格式,把我都看晕了!"我一听吓了一跳,以为拙文不入他的法眼,马上询问:"发现什么问题? 行不行?"侯先生哈哈一笑回答:"问题倒是没有,只是读起来比较费劲。"当然,批评是批评,最后还是发表了。90 年代,我连续在《中国语文》发表了好几篇研究论文,涉及名量词与动量词跟名词与动词的双向选择,还有疑问范畴研究、句式探讨,都得到了《中国语文》编辑部几位先生无私的帮助。

另一位给我留下深刻印象的是徐枢先生,《中国语文》的常务副主编。他大概是身材太高了,跟我们说话,不得不低下头,显得有点儿伛偻。他说话声音轻声细气,但往往眼光独到,一针见血。大约是 1994 年吧,我在南开大学参加第七次现代汉语语法讨论会,会议休息时,徐先生叫住了我,专门对我在会上报告的论文《"怎么"疑问句的语法意义及功能类型》说了自己的看法,提醒我:"当'怎么'询问原因时,是不是可能有'实用'和'虚用'两种功能的混合?"尽管只有几分钟的交谈,但显现出徐枢先生对汉语语法的独到见解,他语重心长且又和风细雨的分析,让我受益匪浅。后来,该文修改后收录在《语法研究和探索(七)》中。

三、老乡关淦兄前瞻性的建议

当时编辑部的施关淦先生相对而言,还比较年轻,比我大了 5 岁,个子也比我高那么一点点。跟我算是大老乡(他是浙江富阳人,我是浙江宁波人),还有一层关系,他是复旦大学 65 年毕业的,我是北京大学 66 年毕业的,南北呼应;他对语言研究的三个平面很有造诣,而我正好运用这一理论在研究现代汉语疑问句。因此,两个老乡"共同语言"比较多,不仅"臭味相投",而且"酒逢知己千杯少",一见面就交谈甚欢。印象最为深刻且难以忘怀的,是那次在王府井附近一家饭店聚餐,关淦兄挨着我坐,谈着谈着,不知什么因素触动了他的兴奋点,他忽然对我说:"敬敏,你不是写了好几篇介词、副词、语气词的文章,有没有兴趣编本汉语虚词词典啊?"我一听连忙推辞:"那个工程太大,我可不敢!"没想到施兄却执着地继续给我打气:"现在不行,将来也行啊!"我当时只好打个马虎眼:"那就以后再说吧。"没想到,施兄这个具有前瞻性的建议,悄悄地、深深地铭刻在我的心头,一直没敢忘怀。直到 2012 年,我居然申请到了一个国家社科项目"汉语虚词词典编撰的创新性研究及其实践",就是想实现当年施关淦先生对我的提议以及我的承诺。今天,能告慰关淦兄在天之灵的是,我主编的《新编现代汉语虚词词典》十年磨一剑,即将杀青,并且已经跟商务印书馆签订了出版合同。

四、在现代汉语语法讨论会上摸爬滚打

现代汉语语法讨论会始于 1981 年,当时是由一批中年语法学家,在吕叔湘和朱德熙两位先生鼓励和支持下举办的小型会议,两年一次,并出版会议论文集。后来由语言研究所"现代汉语研究室"跟《中国语文》编辑部联手举办,并产生相当大的影响。这个系列会议早期由饶长溶、徐枢、施关淦三位先生主要负责,从 1994 年苏州大学举办的第八届开始,改由张伯江、方梅负责。会议初期对与会者是点名邀请的,所以能够被邀出席的朋友都有一份荣幸之感,因为这意味着学术界对你有一份认可。

我是 1986 年第一次受邀参与,会议地点在北京的八大处。那年,吕先生和朱先生都出席了会议。除了陆俭明、邢福义、范晓、范开泰早就认识,会议期间我还有幸结识了一批著名中年语法学家,例如李临定、孟琮、沈开木、龚千炎、刘月华、刘叔新、史有为、吴为章、徐思益等,可谓群星璀璨。记得那年被邀请的年轻人还有马庆株、尹世超、邹韶华、陆丙甫等人。我报告的论文是《形式与意义四论》。大概是因为第一次参加这样高层次的研讨会,我们年轻人个个都不敢贸然发言。一天会议下来,饶长溶、徐枢先生就亲切地问我们

了:"你们怎么不发言呢?"大家都不好意思地笑了,他俩猜到了我们的顾虑,就给我们打气:"别怕! 学术讨论,有啥说啥。"结果,第二天,我们就开始积极参与讨论,并与与会者建立起良好的关系。会议开得很成功,与会者都感受到了活跃、开放、民主、平等的会议风格。休息时,我们在月洞口台阶上跟吕先生等前辈一起拍照留念。这张珍贵的照片,我一直保留至今,成为我永恒的纪念。

应该说现代汉语语法讨论会确确实实培养了许多语法学界的精英,好比是语法学界的"黄埔军校",按第一次被邀请参会的时间算,我应该算第四期学员。随着参会的次数和会议给我带来的收获日益增长,在我的内心深处萌生了一个愿望:我不能仅仅做一名积极的参与者,还应该为这一学术盛会出一把力。

机会终于来了! 在即将举行第二十次现代汉语语法讨论会前夕,《中国语文》副主编方梅教授跟我联系,问我暨南大学能不能承办这次会议。说实话,我们早就答应过一次了。那是 2006 年上海财经大学举办的讨论会后,张伯江、方梅教授就征求过我的意见,我非常爽快地应承了,只是后来他们因故临时决定去延边大学举办。从某种意义上讲,我们还欠他们一次承诺。这样,在赵春利教授的支持下,2018 年研讨会如期在花团锦簇的暨南大学举办,而且开得比较成功,得到了大家的认可,也了却了我的一个心愿。

五、难忘的《中国语文》两次纪念会

《中国语文》创刊于 1952 年,对我国的语言学事业贡献极大,比如 50 年代的三次语法问题大讨论为语言学研究发展立下了汗马功劳;60 年代关于"语言"与"言语"的讨论在理论上有所突破;到了 80 年代初,关于"汉语语法教学系统"以及句子分析法的讨论,更是对语文教学有着特殊贡献。可惜,这些讨论活动,因为历史原因,我都没机会参与其中。但让我引以为荣的是,1992 年的《中国语文》四十周年纪念会以及 2002 年的五十周年纪念会,我都有幸参加,并留下极为深刻的印象。

四十周年的纪念会,来了许多老朋友,作者、编者济济一堂。会议氛围很有朝气,晚上还举行了联欢会。侯主编委托江蓝生先生和我组织节目,还兼做节目主持人。记得我们联系了不少精彩节目,印象比较深的是上海师大的张斌老先生的京剧清唱,没想到平时看起来比较严肃的张先生,唱起京戏来,竟然神采飞扬,有板有眼,赢得满场掌声。江先生的主持也是轻松自然,妙语连珠。我和江先生虽然第一次充当节目主持人,竟然也配合得相当默契。表演结束,还举行交谊舞会,侯精一、赵世开等舞林高手纷纷下场献技。一时间,满场欢声笑语,中国语言学界的朋友们,在这充满友谊和激情的纪念会上,尽情享受着改革开放以来所积累起来的暖暖情谊。

五十周年的纪念会在江西南昌大学举行。会后,编辑部为我们提供了一次难得的机会,组织大家去革命圣地井冈山。这可是大家多年向往的地方,从那个年代走过来的人,几乎人人都能背诵毛泽东著名的七律《井冈山》。记得那天春雨霏霏,我们一行来到黄洋界,那英雄纪念碑高高耸立在蒙蒙雨雾中,仰望间,我们的耳边似乎再次响起隆隆的炮声和此起彼伏的冲锋号,升腾起"当年鏖战急"的历史情怀。

这次会议人数远远超过了上一次,我再次见到了暨南大学詹伯慧先生和徐州师大廖序东先生等一大批著名学者。两位老先生思路敏捷,神采奕奕,谈笑间与我们一起登上了黄洋界,领略当年"山下旌旗在望,山头鼓角相闻"的壮志豪情。

六、吕叔湘先生待我恩重如山

吕先生对我有恩。因为当年我把《汉语语法学史稿》(上海教育出版社,1991年)寄给他,很快就收到了先生的亲笔回信。他对该书给予充分肯定,指出"取材宏富,分析细密,评论恰当,在近年出版的语法论著中不可多得"。这显然对我这个语法学界的新兵是极大的鼓舞和支持。在1992年的《中国语文》四十周年纪念会上,我终于有机会第一次跟吕叔湘先生近距离接触,那次请教给我留下极其难忘的回忆。记得会议是在北京紫薇宾馆举办的,借中午休息之际,我非常有幸地得到允许,由吕老的嫡传弟子江蓝生先生陪同,去老人家的房间拜访了吕先生,并且表达了对他老人家真挚的谢意。应我的请求,吕先生和我合了两张影:一张是他坐在椅子上,我和蓝生兄分别站在老人家背后,还有一张是我单独跟吕先生的合影,这两张照片成了我极为珍贵的人生纪念(收录在我的《汉语追梦人》摄影集里)。吕先生尽管没有给我上过课,但我一直认为我是他的学生,特别欣赏他主张从语义切入去研究形式的语法研究理论和思路。我认认真真、反反复复读过他的文章和著作,尤其是《中国文法要略》以及《汉语语法分析问题》,从中汲取到了极大的启迪与收获。

更让我无限感慨的是,这次见面后不久,语言研究所正式发函,询问我是否愿意从华东师范大学调到语言研究所去工作。说实话,能够调入中国社科院语言研究所工作和研究,我当然是非常向往的,但是由于家庭原因,我不得不婉言谢绝。对此,我一直感到某种难以言表的遗憾。直到过了二十多年,2019年我在广州见到澳大利亚昆士兰大学来讲学的陈平先生(吕先生的得意弟子之一),谈话间他突然提到吕先生当年要调我进京的事,陈兄半开玩笑半认真地说:"邵兄,你辜负了吕先生当年对你的期望。"听了陈平兄的"解密",我内心久久不能平静,这难道是真的?真的是吕先生的意思?那么,我当年的拒绝进京的决策到底是对还是错?如果当时我知道这是吕先生的意思,我也许真的会改变主意,那么,我的命运是否也会随之改变……当然,世界上是没有那么多"如果"的。虽然阴差阳错,我还是深深感激吕先生对我的知遇之恩,提携之举。

不知不觉,距离《中国语文》创刊五十周年纪念会,又是二十年过去了!坏日子一定是越过越慢,好日子总觉得越过越快。近几十年,中国发生了翻天覆地的巨变,我们的祖国从站起来,到富起来,再到强起来。我们的汉语,包括汉语研究,正在走出国门,走向世界,我们的汉语梦正在实现之中。

2022 年来了,我们欣喜地迎来了《中国语文》创刊七十周年! 我作为伴随着这一杂志成长起来的同代人,为她感到骄傲! 祝愿《中国语文》永葆青春! 祝愿《中国语文》所有的编者、作者、读者年年丰收! 岁岁如愿!!

于暨南大学

2022 年 1 月 14 日

我与商务好有缘
——为庆祝商务印书馆创立125周年而作

我与商务印书馆确实很有缘。不仅仅因为我在商务出版了好几本学术著作，也不仅仅是商务的几任老总跟我都是好朋友，也不仅仅出于我对商务的热爱和信任，更在于我也曾经是商务这个大集体中的一员。

一、加盟香港商务

1996年金秋，我应徐烈炯先生之邀，去香港城市大学中文、翻译及语言学系做访问教授，参与港英政府的一个重大研究课题，并且有幸亲眼见证了香港回归祖国的历史性时刻。就在我即将结束一年的访学行程前夕，突然有一天香港商务印书馆来电，说是因为香港回归祖国，中小学即将推出学习普通话的必修课程，他们正准备编写有关的配套教材，负责人李家驹经理将率领一批编辑来拜访我，听听我的意见。李先生当时似乎才30岁左右，温文尔雅，风华正茂，才交谈一个小时，他就表态说："邵教授，我们完全认同你关于'语言、功能、文化'三结合的编写理念，如果你同意，我们想聘请你担任这套教材(11本)的编审，城大的研究工作一结束，就请您到我们商务走马上任。"

李家驹，行如其名，目光锐利，快人快语，当机立断。从此，我跟李先生就成为了好朋友。1997年9月，我开始到香港商务印书馆上班，一干就是近两年，我们编写的《学好普通话》系列成为一个畅销的著名品牌。不过，我很纳闷，香港商务怎么会知道我的情况呢？后来我才得知，原来杳港商务的副总编就是我北大的师弟王涛先生(退休后还任职商务国际出版社)，因他和另外几个香港朋友的推荐，才促成了我和香港商务这段缘分。后来尽管我调到广州暨南大学工作了，但还一直担任香港商务的教材顾问。

李家驹先生当时主管我们这套教材的编写和发行，他一边工作一边还在香港中文大学攻读博士，真的很辛苦。但是他咬紧牙关，坚持数年，终于修得正果，顺利获得博士学位。其洋洋洒洒近二十万字的博士论文(《商务印书馆与近代知识文化的传播》，香港商务印书馆，2005年)，研究对象就是商务印书馆的历史和贡献。我当时就半开玩笑半认真地说："李先生，你是只潜力股，我要投资就投你这只股。"后来还真的给我说中了，这几年李家驹博士一路凯歌,现在已经是香港联合出版集团的副总裁、香港商务印书馆总经理了。

让我喜出望外的是,我才加盟香港商务一个月,就赶上了商务印书馆创立一百周年的纪念活动。总经理陈万雄博士开玩笑对我说:"邵教授,我们等这一天等了那么多年,你来了不到一个月,就赶上了这一庆典,真是好福气啊!"是的,我确实很幸运,喜事来了挡都挡不住!这还不算,更巧的是,在香港商务举办的庆祝宴会上,我怎么也没有想到,居然巧遇专程从北京赶来香港参加庆典的北京商务印书馆总经理杨德炎先生!杨总,不,我以前一直叫他"小杨"!他则称我"小邵"!当时,我们都是 1966 年毕业的年轻大学生,1968 年底,我们作为分配到中央文化部的大学毕业生,一百多人集体到山东胶县沽河军垦农场劳动锻炼,编成一个"文化连"。我和小杨,还有小赵(赵有亮,国家一级演员,后任中央实验话剧院院长),三个"上海年轻人","臭味相投",很快就成了"一个战壕里的战友"。一年的风风雨雨、起早摸黑、摸爬滚打、插秧割稻……这战斗情谊一辈子都难以忘怀。1970 年初夏,由于当时的历史环境,我们身不由己,各奔东西,就好像几只孤雁各自在大海、在高山、在草原随风飘荡,只知道小杨下放到湖北咸宁的"五七干校"去了,这一分别就是山高水远将近三十年,没有任何音讯,也不曾有过任何联系。没想到,这一天,当年的小杨和小邵,居然在称为东方明珠的维多利亚海港边,在华丽盛大的商务印书馆的纪念酒会上,作为北京商务的老总和香港商务的编审重逢了!我们俩紧紧地握着双手,一句话都说不出来,只是傻傻地笑着。青年时代情谊的断线在这一瞬间又接上了,通电了。

二、杨总和我两相知

商务印书馆应该是 1897 年在上海闸北创立的。后来由于历史的动荡,几起几落,命运坎坷。1949 年以后,上海商务迁到了首都北京,并成为文化教育出版界的领军者;此外,在香港和宝岛台湾还有两个有着血缘关系但经济独立的商务,俗称"商务三驾马车"。不过要论规模、讲影响,那当然非北京商务莫属,大名鼎鼎的《新华字典》《现代汉语词典》都发行过亿,是国家出版物中的佼佼者。

2002 年 1 月我参加了商务印书馆"语言学出版基金发布会暨青年语言学论坛",会后又一次与老朋友杨德炎总经理会晤。在他的办公室里,我们畅谈这些年曲折跌宕的人生经历,分外珍惜现在的工作和前景。这时我才得知,这些年来,德炎兄得到出版界元老陈原的赏识,在商务印书馆做了多年编辑、助理总编,积累了丰富的编辑经验,还从事过外事工作,外派到联邦德国(西德)和瑞士大使馆出任一秘,因而具有国际视野,往往能够识高见远,胜人一筹。我不禁为老朋友的成就感到由衷的欣慰和赞赏。临行时,老杨送了我一本厚厚的新版《辞源》,富有深意地说:"邵兄,什么时候也让我们商务能够出版你主编的词典呢?"当时我没敢回答,但这句话却深深地铭刻在我的心坎上,一直不敢忘怀,总盼望着能在将来的某一天实现老朋友杨总的期盼。

这以后,只要我到北京开会,有机会就联系德炎兄,尽管有时只是通个电话。但是,万万没想到,2010年冬竟然传来噩耗,老朋友杨德炎总经理积劳成疾,不幸在上海猝然去世。想起我俩一起下部队农场,扛过枪,插过秧,加上多年亲如手足的情谊,不禁悲从心来,热泪盈眶。我深知,德炎兄是当代著名的出版家、文化活动家,他执掌商务印书馆十二年间,正是我国处于世纪之交的关键性时刻,他注重品牌建设,为商务拓展了不少新的发展空间,不愧被誉为"商务印书馆第二个百年基业的引领者"。作为四十多年的老朋友,我深切地、永远地怀念他。

三、我和北京商务的情谊

老天爷对我还是比较眷顾的。20世纪90年代,我在香港商务除了主编《学好普通话》11本系列教材(香港教育制度规定,小学6个年级,中学5个年级)之外,还出版了《汉语语法浅说》和《标点符号要诀》两本书。这都是王涛师弟(香港商务副总编)当年来华东师范大学见我时特约的,主要是用于普及教育,据说卖得不错,一版再版。

让我特别感动的是北京商务对我的厚爱。20世纪90年代初期,我在上海教育出版社出的《汉语语法学史稿》有幸获得了首届全国高等学校人文社会科学研究优秀成果奖著作类二等奖(1995),而且得到了吕叔湘先生的首肯;还有在华东师范大学出版社出的《现代汉语疑问句研究》(1992年我第一个国家社科项目的结题成果),也是全国关于汉语疑问句研究唯一的一本专著,这两本书都得到了商务的青睐,在原版问世十年之后,经过修改补充重新由商务印书馆推出(2006年、2014年)。我深深记得商务原总编周洪波对我推心置腹说的一句话:"我们商务有一个愿望,那就是希望语言类的好书,都能够集中到商务的麾下。"这是爱才、爱书、爱精品的极为明智的举措,我要为商务点赞! 不仅如此,商务还出版了我另外三本著作。一本是《史稿》的姊妹篇《新时期汉语语法学史》(2011),另外两本是我的论文集:《汉语语法的立体研究》(2000)、《汉语语法的动态研究》(2013)。

可以毫不夸张地说,商务对我有恩,我于商务有情。这些年来,商务印书馆大力打造"工具书王国"与"学术出版重镇",在全国乃至国际上都产生了巨大而深远的影响。在我国学术界,学人对商务印书馆有着浓郁的"商务情结",特别是我们语言学界,能够在商务出书,那是莫大的幸运,更是作者的骄傲!

四、周总的眼光和支持

2004年6月,我赴京参加纪念吕叔湘先生一百年诞辰的纪念会,会后再次拜访了位于王府井大街的商务印书馆。这次,我不仅跟着杨总去品尝了"涵芬楼"香喷喷的咖啡,还非常高兴地再次见到了他的助理周洪波先生。看得出,杨总对他很是欣赏,有意培养提携。其实我早在1988年就认识洪波了,他很幸运,居然是吴为章先生的硕士生,跟着导师来参加在槐树岭举办的第五届现代汉语语法讨论会;更巧的是他的博士生导师还是陈章太先生,当年国家语委副主任,也是我尊敬的师长和忘年交。记得当我还在华东师大工作的时候,洪波也刚刚接手商务的部分管理工作。他知道我是北大语言学科班出身,在杭州、武汉、香港有不少学界好友,还从事汉语语法学史、中国语言学史的研究,认识的人比较多,知道的事也比较宽,所以,他一碰到问题就会打电话来向我咨询。我也是快人快语,知无不言,言无不尽,我们也就自然而然地成了忘年交。

周洪波,给人的印象是思路清晰,精明能干,执行力强,是编辑业务和管理的一把好手。最让我感动的是那年,应该是2011年底吧,我申报了教育部哲学社会科学研究重大课题"汉民族共同语在两岸的现状比较研究"。因为这是我深思熟虑后的选题,而且我自以为对台湾的语言情况比较熟悉,这些年几乎每年都去台湾各高校访问讲学,有不少学术界朋友;再加上我们暨南大学是侨校,还有不少台湾来的博士生硕士生;更重要的是我在香港曾跟香港理工大学的讲座教授石定栩合作,撰写了《港式中文与标准中文的比较》(香港教育图书公司,2006年,其母公司就是香港商务),有从事语言接触和变异的研究经验,这一课题也是我设计并获得立题的,如果按照常理,当然应该是我们中标。但是最后居然因为匪夷所思的原因而花落他家,煮熟的鸭子飞了!获知该消息的第二天一清早,我一个人独自到北海散心,想静下心来好好想想下一步到底怎么办。我围着北海溜达,不甘心但也很无奈。思前想后,突然灵机一动,好!既然人家不愿意让你做,那我就知趣一点,干脆放弃!塞翁失马,焉知非福?!我就不信英雄无用武之地!我要另做一个好项目,既有学术品位又有社会效应!我想起已故好友,当年《中国语文》副主编施关淦兄向我提出过的建议:你有没有兴趣编一部汉语虚词词典?对,就选这个题目来做!我要编一本有创意的带检验方法的虚词新词典!这时,我突然有一种柳暗花明又一村的奇妙感觉,西方不亮东方也会亮!可是,我在北京又可以跟谁商量呢?……我站在北海公园大门口发呆,不由自主地想起了商务印书馆,想起了洪波老弟。对,王府井大街就在不远处!

我当机立断立即赶到了商务,还真的找到了洪波(那时他大概是老总了),兴奋地把我的整体构想跟他这么一说,洪波立即表态坚决支持:"你想编,我们商务就给你出!"这句话在当时,真的给了我极大的勇气和鼓舞!我历来就是这个脾气,越是受挫越是勇,用香港话来说就叫"打不死的小强(蟑螂)"。

结果,第二年我就申报到了国家社科项目,获批"汉语虚词词典编撰的方法论创新及其实践"。我集结了我的已经毕业工作的博士生为主的研究团队,历时四年,发表了37篇研究论文,撰写了二十多万字的词条样章,最后结题被评为"优秀"。我很感谢周总,他在关键时刻,在我遭遇"滑铁卢"的至暗时刻,毅然决然给了我强有力的支持!有意思的是,在 2016 年底,我还顺利拿到了国家社科的重大项目"境外汉语语法学史及数据库建设",比起前面没有申报成功的两岸汉语对比的课题,视野更宽,目标更高,无论从哪个角度看,都可谓"退一步海阔天空"!

五、企盼合作谱新曲

2021 年春,我应商务印书馆之邀,参加了由中国社科院学部委员江蓝生先生主编的《现代汉语大词典》的审读会议。会上,不仅见到了刚刚退休的周总和新晋副总余桂林,而且还有幸结识了走马上任的总编辑顾青先生。交谈中才得知,顾总不仅是我老乡,都是上海人,还是我校友,同为北大人,真是喜出望外。两人一见如故,相谈甚欢。据说,他是从中华书局调过来的,其实那里还真有我不少老同学,比如熊国祯、王国轩等等。顾总精明强干,登上商务这个大舞台,相信一定会大有作为。

从 2012 年到 2021 年,十年磨一剑,《新编现代汉语虚词词典》即将杀青了。对从事汉语研究的人来说,写一本教材,或编一部词典,几乎都是最最辛苦的差事了,即使编好了,差不多人人都可以品头论足。但是,我们做语言研究的最终目的,还不是要为社会服务,为大众服务?汉语要走向世界,我们要关注汉语的本体研究,更要关注应用研究。当年我主编的《现代汉语通论》(上海教育出版社,第一版,2001 年)发行近 20 年,收获了比较好的社会效应和经济效应。现在,我主编的虚词新词典即将交付商务印书馆,我内心既充满了憧憬,也有些不安。憧憬的是希望能为汉语教学,包括国际汉语教学出一把力,希望为汉语走向世界摇旗呐喊;不安的是,不知我们的新词典是否能够得到国内外读者的理解和欢迎?不管如何,我都要真诚地感谢商务印书馆一贯的支持,特别是周总的青睐、顾总的决策、余总的理解以及汉语中心朱俊玄主任的布局。

我与商务好有缘,商务待我也多情。青年时看着商务出版的书籍成长,中年时跟商务的合作很愉快,老年时想起跟商务的情谊好温馨。祝愿商务百年老馆开新枝,精品源源,恰似长江滔滔奔东海。

原载于《商务印书馆一百二十五年》(2022 年)

细说上教社与我四十年深情厚谊

这些年来,因为工作的缘故,我跟不少出版社打过交道。其中,关系最密切的当数商务印书馆和上海教育出版社两家。这两家出版社不仅给我出版了好几本书,而且跟我还结下了深厚长久的交情,包括他们的领导和编辑。前年因为商务一百二十五周年大庆,我特地撰写了《我与商务好有缘》一文。今年,上教社准备出版我的《汉语追梦之路——邵敬敏八秩华诞文集》,我是不是也应该说说我跟上教社的悠悠交情了呢?

一、《语文学习》《语言文字周报》伴我成长

其实,我最早知晓上海教育出版社是因为它出版的一本杂志,叫《语文学习》,在20世纪50—60年代挺有名的。那时我还是个乳臭未干的中学生,不知天高地厚,居然突发奇想,给这家杂志投了稿,当然不出所料是"泥牛入海无消息"。一转眼到了80年代,我研究生毕业分配到华东师大工作,1986年有幸参与了上海高考的语文试卷命题。结果这本杂志主动来约稿,命题组组长何伟渔老师(上海师大)就跟我合写了《1986年上海市高考语文试题总体设计》一文。另外,我还单独写了一篇《两份高考语文试卷得失谈》同期刊出(第7期)。这下圆了少年时我想在《语文学习》发文章的梦。以后更是一发不可收拾,一方面在这本杂志上先后发表了两篇关于广告语创作的文章《广告标题中成语谚语的妙用》(1990年第2期)、《广告视点移动带来的变化》(1994年第8期);另一方面开始发表语言学短文,比如《"省略句"与"非主谓句"新说》(1991年第7期)、《仿造词与生造词》(1992年第4期)等等。有意思的是,那时上教社发行的《汉语拼音小报》改名为《语言文字周报》,承蒙编辑徐川山先生不弃,那些年陆陆续续发表了好几篇文章,例如《关于描绘流水的拟声词比较》《胡裕树先生走了……》,特别是发表了我的系列短文"港词趣谈系列"(2002),据说还有不少人很感兴趣。更让人想不到的是,几年后我的一个本科学生(华东师大)王为松分配到《语文学习》编辑部工作了。他在校期间就对语言文字很感兴趣,是个品学兼优的学生,给我留下了深刻印象。90年代中期,他还多次跟我约稿,可惜我那时去香港工作了。据说他进步挺快,现在已经是上海哲学社会科学联合会党组书记了。

八九十年代打交道的主要是文科第二编辑室主任唐发铙先生,他还是我们"现代语言

学讨论会"(简称 XY)的积极成员,对语言学颇有研究,我们挺熟悉的。2010 年以来徐川山任室主任,他为人忠厚、工作认真,让人觉得是个特别可靠、值得信任的朋友。在他俩的身上,我深深感受到了上教社的"社风",既通达又敦厚,够敏锐还扎实。

二、姚芳藩、陆莘庭两位先生独具慧眼

1981 年冬,我在北京、金华、杭州闯荡二十年之后,命运之神再次眷顾了我。我终于排除千难万险回到第二故乡上海,而且以新时期第一届硕士生的身份,一脚跨进了华东师范大学的校门! 在杭州大学读研究生快毕业时(1980 年),我在恩师王维贤先生的支持下已经开始撰写《汉语语法学史稿》的初稿了。到了上海,我有机会接触更多的学界前辈和同仁,加快了撰写进度,大约 1983 年就完成了全稿,并且专程送到位于永福路 123 号上教社的资深编辑姚芳藩先生手中。姚先生天性沉稳,神情严肃,好在我与他曾经在上海语文学会的年会上有过一面之交,他比较客气地说:"等我们审稿后会通知你的。"那时我初出茅庐,哪敢多问,就乖乖地回去了。好在不久姚先生叫我去听取修改意见,他说基本还可以,当然还需要认真改一遍。我满口答应,连声说是。回去用了大半年时间,白天黑夜地修改,自以为不错了,再次信心满满地送到出版社。结果没想到等了又等,一等就是两年,石沉大海,杳无音信,心里那个着急呀! 想来想去,无奈只好硬着头皮再进上教社,想问个究竟。这次姚先生似乎客气多了,他笑眯眯地说:"我们没有说不给出版啊!"又补充说,他还请了陆莘庭先生(1925—2003)审阅,他建议:"你最好再拿回去从头到尾大改一遍。"说着就把一大沓稿子还给了我。我一听没说退稿,还有门! 赶紧拿回去认真仔细地从头到尾翻了一遍。结果,可能是人过四十,思想成熟了,眼光也变了,真的发现还有不少问题。

那是 1986 年,我在国内语言学界已经初露头角,不仅参加了青年语法研讨会(武汉),还参加了中年语法讨论会(北京),人脉广了,了解的内情也多了,对汉语语法研究的历史、现状以及发展趋势有了不少新的想法。我认认真真、踏踏实实地从头到尾将书稿修改了两遍,并且补充了大量材料,特别是涉及 1978 年后的第六、七两章全部推倒重写。那时哪有电脑,连打印机都没有,光是作废的草稿就装了满满一麻袋! 整整改了三年,1989 年终于杀青,并且于 1990 年 11 月正式出版。上教社挺重视的,出乎意料,还出了个精装本,硬壳装帧。这是我第一本正经八百的学术著作,捧在手里,心里那个美滋滋,真是说不出来的高兴! 后来由于胡裕树、张斌等先生的大力推荐和吕叔湘先生的厚爱,此书获得了首届全国高等学校人文社会科学研究优秀成果奖著作类二等奖。除了对我的老师们的感谢,我打心眼里特别感谢姚芳藩编审、陆莘庭教授两位的慧眼和力挺!

三、张荣与徐川山助力《现代汉语通论》问世

1996 年到 1999 年，我有机会先后在香港城市大学和香港商务印书馆工作。后者是我第一次直接任职出版社的编审。因为香港 1997 年回归祖国，我们负责为香港中小学生编撰《学好普通话》教材(小一到高二，共 11 本)。由于这一比较特殊的经历和磨炼，让我意外获得了编写教材以及如何进行书籍出版发行的商业运作经验。坦率地说，一个学者一般情况下是很难获得这方面的体验的。此外，我长期从事现代汉语课程的教学，90 年代我还曾担任上海市自学考试现代汉语辅导课的主讲，并编写过四本有关现代汉语自学考试的辅导教材(全部正式出版，销量颇佳)，还担任过《中文自学指导》杂志语言版的主编(华东师大是全国自学考试委员会的挂靠单位，徐中玉先生是主任委员，朱德熙先生是副主任委员)。更重要的是我一直在积极摸索现代汉语教学的改革，早在 90 年代初，因为理念相近，我约了史有为先生一起编写现代汉语教材，但没料到当时因华师大林祥楣教授接到教育部委派出任全国师范院校的现代汉语教材主编，承蒙他抬举，邀请我担任该教材的副主编。老先生的邀约我当然义不容辞，所以只好主动退出与史先生的合作，希望来日再续前缘。只可惜史先生不久东渡东瀛教学，而且一去二十年。更没料到，我们的教材还没起步，林先生就不幸病故，这一计划黯然下马。1994 年我晋升教授后，刚计划重起炉灶，又出现了变化，我自己也受徐烈炯先生邀请，于 1996 年去了香港工作，一直到 1999 年才返回上海。水流千转归大海，变化无穷回正道。我一回上海，现代汉语教材的编写就再次提上了议事日程，并且得到我们教研室主任刘大为先生的全力支持。

那么到底选哪家出版社呢？其实，那时我已经在不少出版社出过书了，但我左思右想，反复比较，最后还是觉得上海教育出版社是最佳"社"选。原因自然是多方面的，但是坦率地说，对上教社的信任是最最主要的。那时的副总编辑袁正守先生正巧是我敬业中学的校友，回想起来，那时(1961 年)我们高三班(五楼)几乎天天午餐时都在他们班的教室里(一楼)吃午饭(搭伙制)，想必我俩应该早就见过面，可惜当时无缘相识，现在有机会合作也是一种缘分。

因为我在香港出版界获得的经验，我提出几条新的原则，应该说还是蛮有新意的，比如:(1)实行主编负责制，主编跟出版社直接签订合同，而不是当时流行的代表学校或中文系签约。(2)稿酬按照实际发行量实行递进制，多售多得，保证编者和出版社利益捆绑在一起。(3)所有编者所在的大学保证在书出版后使用该教材(这样第一次印刷就确保有一万本左右印数，"开门红"就万无一失了)。(4)编写团队不仅要保证编写质量，还要协助出版社做好宣传推广。(5)出版社给予编写资助费，至少举行两次编写会议。

我们很幸运，当时文科第二编辑室主任是张荣先生，那时他才三十多岁，却很有眼光，

充满朝气,活力满满。他做事大气,对我们的合理要求尽量满足,我们很快就成为了忘年交。后来,一碰到什么问题,需要咨询,张荣先生时不时会打电话来交谈。他很有开拓精神,不久就一步步晋升,现在已担任上海辞书出版社总编辑。后来我调到广州暨南大学工作,我们友谊的桥梁一直没中断,这些年来,只要我去上教社办事,我们总会找机会聚一聚、聊一聊,特别开心,也很惬意。

徐川山先生一直是我们教材的责任编辑,张荣晋升并调离上教社之后,徐川山出任编辑室主任,我们一直合作了三十多年。徐主任是个敦厚之人,话不多,但是实实在在,给人的印象是信得过、靠得住。这些年,他多次参加我们编写团队的会议和活动,从 1999 年华东师大的启动仪式,到 2000 年杭州的定稿会议,再到第二版修订的广州会议,第三版的昆山会议,他都参与了。我们一有事情,第一时间就会想到老徐!我们在申报教育部"十一五""十二五"教材,还有参加历次评奖时(包括 2010 年获得广东省教学成果一等奖,本人获得暨南大学杰出教学贡献奖等)需要什么资料、数据,徐先生总是第一时间帮助提供,从而保证了我们每次申报都圆满成功。他还以《语言文字周报》记者的身份对我做了专访,宣传有关《现代汉语通论》的编写理念和方法,有力地扩大了教材的影响,推动了发行。

特别要提及的是,上教社对我个人学术论文集出版的支持。除了《汉语语义语法论集》(2007 年 4 月)、《汉语语法的多维研究》(2020 年 8 月),特别让我感动的是 2014 年,正值我七十岁生日,上教社出版了我的两本书:《汉语追梦人》(历年相片集锦,彩色精装本)和《汉语追梦录》(论文精选)。我与上教社的合作关系可以套用一句歌词:军功章里有我们的一半,也有你们的一半!

四、国际眼光与出版情怀

上教社地处上海,与其说它具有海派风格,不如说它拥有独特的国际眼光。他们长期以来积极支持我们的"让汉语走向世界"活动,多年支持我们筹划举办系列性的"现代汉语语法国际研讨会"。从 2013 年起,每两年为我们出版一本会议论文集(《汉语语法研究的新拓展》),至今已经出了六本(还准备继续出下去),在世界上产生一定的影响。此外,为纪念研讨会创办三十周年,还专门出版了图文并茂的《现代汉语语法国际研讨会 30 周年纪念文集》(2015 年 10 月),为我们留下了有历史纪念意义的光辉一页。

这一切都跟上海教育出版社的历届领导密切相关。我很幸运与老领导包南麟、袁正守两位先生都比较熟悉。现任社长兼总编辑缪宏才先生,曾经是我华东师大的同事,巧的是 90 年代初我曾经出任学校分房委员会常委(大概是因为当时中文系任教师比较多,有一百多人),缪先生也是委员之一,所以我们算是老相识了。真是世界说大确实很大,说小也真小。

让我深受感动的是 2019 年 11 月，我和赵春利教授飞到上海外国语大学参会，上教社说要聘请我担任语言文字出版中心顾问，趁此面见授予我证书。这次我幸运地结识了党委书记顾晓菁，她是一位知性通达很有亲和力的女士，很感谢她亲自为我颁发顾问证书。不过她可能不知道，其实我在 90 年代早由当时的社长兼总编辑包南麟先生聘为顾问，所以，我现在是"双重老顾问"了。当时在座见证的有徐川山主任和充满朝气的编辑新秀毛浩。

印象比较深刻的还有副总编辑袁彬女士，她为人谦和，知识面很广，很专业，对我们《现代汉语通论》的修订工作很支持。记得我们好几次坐在"咖啡休息室"里交流，雅座周围陈列了不少新书和刚出的杂志，淡雅的书香伴随着浓郁的咖啡香，这绝妙的混合味儿，确实营造出一个聊旧事谈新意的好去处！

因为年龄的原因，上海教育出版社的老一辈已经退休，并淡出出版界，中年一代也即将退出舞台，年轻一代正以新时代的风范走进出版业。后浪推前浪，这是历史发展的必然。学界如此，出版社亦然。我对上海教育出版社抱有深深的敬意、谢意和情谊，那是因为他们满怀深厚的出版家情怀，只有拥有如此情怀的出版人，才能真正地出好书，泽后代。

于广州

2024 年 5 月 21 日

第二章

深情追思

追忆林焘先生

林焘先生生病住院,这一消息是在香港专门从事普通话教学的孙文冬老师打电话告诉我的。其实,今年(2006年)夏天我在北戴河参加完中国语言学会十四次年会转道北京时,就给林先生打过电话,可惜没人接。我还在想,也许下半年还有机会到北京,那时再去看望林先生,哪里料到最后见到林先生的机会就这样错失了……

我是1961年踏进北京大学门槛的,而且误打误撞分配到以前闻所未闻的语言专业,这是高考时压根儿就没想到过的,所以满肚子的不乐意。特别是我从小在上海长大,说的是一口略带宁波口音的上海话,要说标准的普通话,可真是勉为其难了,这就免不了成为说一口京腔的北京同学嘲笑的对象。尽管我的古汉语考试次次是优秀,现代汉语可没有那么幸运了。记得现代汉语上学期,主要是语音部分,而且还要给汉字标上拼音,或把拼音转写为汉字,这可就要了我的命了。期末考试,我只得了四分(五分制)。说心里话,我心里特别不痛快,虽然下学期语法考试不错,似乎补回来一点面子,到底不是滋味儿。

到了二年级,系里专门为语言专业开设了"现代汉语(二)"的课程,语音部分的主讲教师就是大名鼎鼎的林焘先生。那时他已经是副教授了,这确实让我们这批未出茅庐的后生兴奋了一阵子,毕竟一年级给我们上课的基本上都是助教,最多是讲师。我的心里带着几分好奇,也夹杂几分敬畏,迎来了林先生的第一堂课。林先生那时正值中年,风华正茂,是那么儒雅,那么潇洒,整个人显得特别精神,更为让我佩服的是他地地道道的一口北京话,口齿清晰、字正腔圆,每个音都那么准确而优美,听他讲课就是一种享受,就好像在品尝一道精美的西式点心。我记得他重点介绍音位学的理论,把归纳汉语北京话音位的对立互补原则分析得头头是道,让你不佩服都不行。我一下子似乎发现了语音学的美,发现原来似乎枯燥的语音背后有着丰富而有趣的内涵。我如饥似渴,几乎把林先生在课堂上所讲的逐字逐句都记下来了,一学期下来,居然记满了一个硬皮抄本——这些珍贵的笔记本,直到现在我还珍藏着。当我双手抚摸这个本子的时候,脑海里不由自主地浮现了林先生那熟悉而亲切的身影,耳边又响起了他那清脆而悦耳的话音。林先生的讲课是一门艺术,他帮助我敲开了语音学的大门,他让我懂得了音位学的理论,对我最后决心献身语言学起到了重要的示范作用。

最最使我着迷的还不是音位学的理论,而是林先生运用语音学的知识来解释语法中的种种现象。我那时特别热衷于翻阅各种语言学专业杂志,偶然发现他的那篇语音与语法结合的经典之作:《现代汉语补足语里的轻重音现象所表现出来的语法和语义问题》(《北京大学学报》,1957 年第 2 期)。由于我们以前的语法研究主要偏重于书面语的分析,往往忽略活生生的口语,尤其不关心口语里的轻重音、停顿、语调等对语法和语义的影响,所以,我们的研究实际上是不全面的。林先生的文章让我们耳目一新,有另辟蹊径之感。这一点对我们以后的语法研究有极大的启迪意义。比如说关于歧义结构的研究,我们就必须首先区分书面歧义和口头歧义,因为有一些所谓的歧义现象,只是用文字写出来才有歧义,一到口头上,就不存在什么歧义。比如"爬起来了",如果补语"起来"读为轻声,就表示"开始爬";如果不读轻声,则表示"爬着起来了"。汉语中,把语音跟语法结合起来进行研究的,林先生可以说是具有开创性的贡献的。

林先生在我们的印象里,不但特别可敬,而且极为可亲,永远和颜悦色,彬彬有礼。在我们的记忆里,他似乎从来也没有生过气,发过怒。几乎每次见到他,都是一派绅士风度。大概正是如此,所以,我们最愿意去的老师家,就是林先生的家。记得那好像是 1962 年秋天,正赶上 26 届世界乒乓球赛在北京举行,我们清贫的大学生自然不可能去现场观看。那个年代,拥有电视机,哪怕是 12 寸的黑白电视机的老师在北京大学也是屈指可数的,林先生的家自然就成了我们的第一选择。林先生的家在中关园的平房里,一到晚上,我们班几乎倾巢而出,蜂拥赶到林先生家。我们的选择全然没有错,林先生和他的夫人,可以说是最殷勤的主人,给我们泡茶,把沙发、椅子、凳子,凡是能够坐的都搬出来让我们团团围住小小的电视机看个够。我至今也忘不了那温馨的夜晚,忘不了那幽香的花茶,当然,更忘不了殷勤的招呼,亲切的笑谈。虽说一晃过去了四十余年,那情景,那气味,那情调,我记忆犹新,历历在目,好像就在昨晚……

最近这二十多年,由于工作的原因,我有机会多次跟林先生见面、倾谈,在世界汉语教学讨论会上,在北京大学中文系的院子里,在清华园举办的语法研究座谈会上,在林先生燕园的住处……给我印象最为深刻的,是他 1998 年到香港的访问和讲学。

1998 年我正在香港商务印书馆担任编审,主要的任务是为回归后的香港中小学编写全套《学好普通话》教材。林先生是语言学权威,又是世界对外汉语教学学会的会长,理所当然是学习普通话教材顾问的最佳人选。所以,当我提名林先生和陈原先生(原北京商务印书馆主任)等一起担任顾问时,马上获得总经理陈万雄博士的首肯。5 月底林先生应邀到香港参加一个学术研讨会,商务印书馆就委托我专程到香港城市大学把林先生接到港岛北角的城市花园酒店住下,5 月 29 日下午在位于英皇道的香港联合出版大厦为香港的普通话教师做公开讲演。那天来了不少普通话教师,林先生的名气,他们早就风闻,有一些还到北京登门拜访过林先生。那天,林先生一身洁白的西装,白发红颜,神采奕奕,气清声朗,一下子就把全场的听众给镇住了。下面有香港朋友在窃窃私语:"到底是北大名教授,果然不同凡响!""好精彩,困惑了多时的难题豁然开朗了。""林先生一席话,胜读十年书!"听到这些议论,我作为林先生的学生,心里不禁暗暗为自己的老师感到骄傲。在这一刹那,我按下了快门,记录下了林先生最为光彩夺目的瞬间,这一张珍贵的照片,是我永远的纪念。

林先生在香港的活动安排得很满,6月1日先去了香港中国语文学会拜访会长姚德怀先生,2日接着又应邀去香港中文大学演讲,3日应邀参观刚刚搬到新居的商务印书馆(筲箕湾耀兴道3号)。我们负责普通话教材编写的编辑组同事尤其兴奋,项目负责人李家驹先生特地把大家召集起来,邀请林先生讲话。晚上陈万雄总经理在北角敦煌酒楼专门设宴款待林先生,林先生的另外一个学生,我师弟,香港商务印书馆副总编辑王涛先生也到场了。

林先生在香港商务印书馆访问了5天,终于要回北京了。我是那么恋恋不舍。林先生的到来,给我们的编写工作提供了极大的支持,他对我们"语言、功能、文化"三结合的编写理念给予极大的关注和肯定。我们的教材最后上市大受欢迎,特别是初中的一套三本,几年里始终占据全香港销路第一的位置,这里就有林先生的一份功劳。

商务派车送林先生到启德机场,看着林先生进了关卡,看着林先生在转弯处消失身影,我默默地祝愿林先生身体健康,万事如意……

这以后,我到过燕园,专程去看望了林先生。林先生的家,在燕园的树丛深处,貌不惊人,平淡无奇,却让人感受到人格的魅力;林先生的家,简单朴素,几乎没有什么装饰,但是房间里弥漫着一种浓浓的书卷气。去年我出差到北京,打电话给林先生,说我想去看看他,他婉言谢绝:"我在感冒,你最好不要来。"先生首先想到的是别人,而不是自己。学生当然要听老师的话,结果我就没有去,没想到,这一次竟然就错过了跟林先生的最后一面。我一直觉得林先生的身体挺不错的,没想到,他这么快就走了。我深深地自责,那次不应该那么听话,实在是应该去的。

林先生的一生,也许不是那么轰轰烈烈,但是,他的价值得到了实现;林先生的事迹,也许不是那么可歌可泣,但是他的人格却永远伴随着我们前行。

林焘先生走了,走得安详,走得无憾。

林焘先生走了,带着我们全体学生的尊敬,带着我们全体学生的热爱。

林先生85岁高龄平静谢世,我想,我们不必太悲伤,因为林先生的一生是实现了他的价值的,他的一生是值得我们永远怀念的。我们需要的是把林先生的精神,把他的信念,把他的事业,继承、发扬、光大。

林焘先生,您走好!如果我再次来到燕园,我一定会翘首凝望,希望再次看到您的身影;我一定会默默致意,奉上我最美好的祝愿。

原载于《燕园远去的笛声:林焘先生纪念文集》(商务印书馆,2009年)

记徐通锵先生二三事

徐通锵先生是宁波人，跟我是老乡。他在老家一直念到高中毕业，1952年才来到北京大学；而我则刚刚踏进小学的门槛，全家就迁到了上海，一直到1961年才踏进北京大学的大门，前后相差9年。他在北京生活了50多年，不过，乡音难改，说话时还可以听出一点点家乡的口音，在我听来，就觉得特别亲切。

徐先生特别平易近人，一点儿架子也没有，为人厚道，待人诚恳，同事、学生都喜欢跟他接近。所以他就获得了两个"雅号"：一个叫作"老头儿"，据说在中学时，就叫开了。记得他专门跟我解释过，说是因为自己举止行为有点儿老气横秋，不过据我私下观察，更主要的可能是他的言语行为比较老成、稳健的缘故。另外一个叫作"通通锵"，这多数是在背后善意地说说，可能觉得比较诙谐，即使在自己的名字上面开个小小的玩笑，徐先生听见了，也从来没有因此而不高兴过，他是那么豁达、那么宽容，往往一笑了之。这虽然只是小事，但是徐先生的人格、品性可见一斑。

我进了北京大学，而且是梦寐以求的中文系，别提有多高兴了！可是，万万没想到的，却被分配去读语言专业。世界上的事情就是那么巧，你明明想进这个房间，却偏偏进了那个房间，不过被动的开端却换来主动的结局，尽管命运多变，最后语言研究还是成了我终身为之奋斗的事业，这里确实离不开我们专业老师们的言传身教。现在想起来，总觉得仿佛冥冥之中自有天意。那时，老师们常常跟着我们一起下厂、下乡劳动锻炼。到了下面，我们跟老师，尤其是跟青年教师的距离一下子就缩短了，"老徐""老叶""老六(陆)"地乱喊一气，师生关系，顿时变成了兄弟情谊。所以当我们一回到学校，我们跟老师们的关系就变得亲密无间了。这可便宜了我们，徐先生有一辆很旧很破的自行车，除了铃不响，其他的几乎都响。不管怎么样，总归还是一辆可以骑骑的代步工具。很快它就变成我们学生的"公车"了。他的车其实很不好使唤，而且是特殊的"脚刹车"，我们用惯的是手刹车，但是好歹是辆车，于是你刚借来，我就接手。那天，不知怎么的，车居然转到了我的手里，我骑着骑着，为了躲人，一不小心就撞上了大树，前轮顿时像麻花似的扭曲了。我狼狈不堪地拖着伤痕累累的坏车去还给徐先生，心想这一下可惨了，少不了挨一顿批评，没想到反倒是他先问："伤着人没有?"还安慰了我半天，最后是他自己去把车修好了。过了好多年，他还一直笑话我的骑车水平"超高"呢。

很多人只知道徐先生的学问做得出色，却很少有人知道他的厨艺高明，尤其是烧鱼，这是他最拿手的了。记得 90 年代初，有一次中午我在袁行霈先生家里吃午饭，徐先生来了，他说要请我去他家吃晚饭，而且答应亲自烧鱼招待。果然，他烧的鱼与众不同，特别入味。我至今还记得徐先生系着围裙在厨房里忙忙碌碌的模样，记得那碧绿的葱花、浓浓的香味、可口的鱼肉……饭吃得滋润，我的心更滋润。徐先生详细地询问我的研究状况、研究课题、研究心得、研究中的困惑以及对一些理论问题的思考。那时我的《汉语语法学史稿》以及跟方经民君合著的《中国理论语言学史》出版不久，徐先生对这两本书特别感兴趣，他对自己专业的热爱，对语言学理论的钟情是无与伦比的。其实，我们史书的某些观点确实是受到徐先生启发的，他跟叶蜚声先生合写的《"五四"以来汉语语法研究述评》（《中国语文》，1979 年第 3 期），打开了我们的思路。我觉得，两位先生很有独到的眼光，理论概括能力也特别强。老师的精彩研究为我们树立起无声的榜样。

徐先生主要从事语言学理论的研究，他的研究往往具有独创性。坦率地说，徐通锵先生的研究，在中国语言学界是独树一帜的。可能有的人觉得有点儿"怪"，因为他不随波逐流；也有的人觉得他有点儿"土"，因为他的研究深深扎根于汉语。徐先生的有关研究，产生影响比较深远的主要有三个方面：

第一，语言学理论教材的编撰。他跟叶蜚声先生合编的《语言学纲要》是继高名凯、石安石两位先生的《语言学概论》之后，在全国最有影响的一部语言学入门教材，观点新颖，准确到位，紧扣汉语，条理清晰。出版 20 多年后的今天，还没有一本同样类型的教材能够替代。

第二，历史语言学的研究。他将语言变异的理论和汉语的实际情况，尤其是方言和音韵的研究结合起来，探索有序和无序之间的相互转化和规律，例如《百年来宁波音系的演变——附论音变规律的三种方式》《宁波方言的"鸭"［ɛ］类词和"儿化"的残迹——从残存现象看语言的发展》《山西方言古浊塞音、浊塞擦音今音的三种类型和语言史的研究》等，在发表一系列专题论文的基础上，还出版了洋洋大著《历史语言学》。这一研究奠定了徐先生在中国理论语言学界不可动摇的地位。

第三，字本位的理论研究。在 1991 年初国家汉办召开的"汉语语法研究座谈会"（清华园）上，徐先生第一次阐述了他对"字本位"的看法。我有幸也参加了这一座谈会，亲耳听到了徐先生的高论。在以后的岁月里，他的主要研究就是不断地阐述、丰富、发展这一理论，而且获得了一部分学者的全力支持。虽然这一理论在语言学界还有相当的争议，对这一理论的解释力还有不同看法，但是徐先生的出发点是非常明确的，那就是要摆脱主要建立在印欧语基础上的西方语言学理论，创建具有中国特色的语言学理论。对这样的尝试，我们都应该理解和支持。

2006 年对北京大学中文系来说，可以说是损失惨重的一年。据说先后走了 7 位著名学者，语言学方面，先是林焘先生走了，接着就是徐通锵先生病逝。两位都是我的授业恩师，我从他们那里不仅学到了做语言研究的理论和方法，而且学到了做人的道理和处世的信念。2002 年夏天，在华东师大由中国英汉翻译学会举办的一个学术研讨会上，正巧是我做大会报告的主持人，而徐先生正好是主讲嘉宾。那次，徐先生讲的就是字本位理论，这也是我最后一次听到徐先生侃侃而谈，那次给我的印象好像他说话有点儿气急，是不是身体已经出了点毛病了？至于我跟徐先生最后一次的见面，记得应该是 2005 年的九九重阳节，我正巧在北京语言大学为《语言教学与研究》编辑部做"客座主编"，北京市语言学会邀请在京的退休老语言学家聚会，师兄赵金铭也请我"列席"。在会上我有一个即兴发言，第一层意思，就是真诚地感谢北京大学的老师们对我们的培养和教诲。我们这些年来所取得的点点滴滴成绩都离不开老师们的心血，所以，我衷心祝愿老师们身体健康、万事如意。我记得徐先生当时也在座。

往事如烟，几十年了，回忆起来，也许不是那么清晰，不是那么完整了，但是，缘分和情谊是永存的，时间这把刀再锋利，也割不断，斩不绝。徐先生走得快了一点，我知道他还有许多计划要做，还有许多论文要写，还有许多新鲜的想法要完善……可是，他匆匆地走了，留给我们无穷的思念……

于香港中文大学雅礼宾馆

2007 年 2 月 1 日

胡明扬先生追忆

胡明扬先生给人的印象,温文尔雅,眉目慈祥;思路极为清晰,口齿异常清楚,发音相当标准,尽管我知道他的祖籍是浙江海宁。不仅如此,他的口才也很是了得。记得1993年春天,那次在北京理工大学举办的"第四届现代语言学研讨会"上,胡先生给与会的青年学者做了个学术报告,娓娓道来,把复杂的语言学问题讲得趣味盎然,满室生春,全场的听众没有一个不佩服的,不仅仅赞叹他的学问,更为他的口才倾倒。坦率地说,我们语言学界,有些学者尽管是研究语言的,学问做得也不错,但是说到口才,却不敢恭维。要么说话不吸引人,累赘、拖沓、乏味;要么离题千里,不知所云,云里来雾里去的。在口才出众的语言学家里,胡先生绝对算是一个厉害角色!我非常喜欢听他演讲,而且不止一次、两次、三次,越听越有味儿。他不仅言之有物,而且还能够举例广征博引,语调抑扬顿挫,风格生动活泼,可亲可近,可叹可喜,可爱可敬。

我没有这个运气,能坐在教室里亲耳聆听胡先生的教诲,但是他的学问我历来是非常敬佩的。尤其是他关于北京话的语气助词和叹词的研究独步天下,深得我心。当年我在做现代汉语疑问句研究这一国家课题时,涉及疑问语气词,就时常参考胡先生的论文,从中得到许多启示。尤其是他关于语气词"呢"的分析,我觉得很有道理。他指出,"用'呢'和不用'呢'的区别在于用'呢'是提醒对方"。在这一结论的基础上,我提出了"呢"表示"深究"的语法意义。可以这样说,我的那篇《语气词"呢"在疑问句中的作用》,如果没有胡先生论文的启发,是不可能达到在《中国语文》发表的水平的。所以,我心里永远怀着对胡先生深深的敬意。

我一直认为我们的汉语语法研究,在向世界先进语言学理论学习的同时,也必须坚持原创精神,要建立具有中国特色的语言学理论。并且在世纪之交时,提出"语义语法"的理论构想,其关键是把语义作为我们语法研究的出发点和重点。语义和形式的关系,是语法研究永恒的主题。我主张,语法研究可以从形式入手,也可以从语义入手,这是一个双通道。不要主观认定,语法研究只能从形式入手,并且反对从语义入手。其实对汉语来说,也许从意义入手更为合适。关于这方面的论述,除了吕叔湘先生、朱德熙先生之外,胡明扬先生是论述得最多也是最充分的。从90年代开始,他连续发表了《语法形式和语法意义》《再论语法形式和语法意义》《语法意义和语汇意义的相互影响》以及《句法语义范畴的若干理论问题》《语义语法范畴》等重要论文。胡先生语法研究的特点是强烈的理论意识,他提出了"句法语义范畴"就是在理论上的一个突破。此外,他还特别提出"语义决定论",认为"普通人对母语的感觉是一切用法都是由语义决定的……实际上语法和语义是分不开的,而且语义是起决定作用的";他还提出"词语的组合框架"这一重要见解,指出"不同的组合框架交叉在一起就排除了结构和语义方面的歧义,确定了最符合习惯的解释,而且也保证了充分的冗余信息"。这些真知灼见充分显示了胡先生在理论上的高明与远见。

当然,胡先生的研究,除了语法理论以及北京话之外,在复句的流水句、海盐方言语法、近代汉语研究以及社会语言学的调查方面都是卓有成效的。他是一个兴趣广泛、研究多样化的大学者。

胡先生还是个很有个性的学者。当年他送给我一本《语言学论文选》,没料到后来他又送我一本《欧美散记》,他老先生居然还是个文笔优雅的散文家!胡先生喜欢抽烟,而且对上海出产的一种薄荷味儿的烟情有独钟,每次得知我到北京开会,都会叮嘱我带一条给他。有一次我专程请胡先生到华东师大讲学,送他一条中华牌香烟,他笑笑说:"我还是觉得薄荷烟味儿好!"

胡先生不仅仅是一个学贯中西的著名学者,更具有我一向敬佩的人格。我跟胡先生第一次深谈,记得还是1991年夏天去厦门大学参加"中国语言学会第六届年会"的路途上。那次我有幸跟胡先生坐同一次车从上海出发前往,我们是硬卧,胡先生是软卧,我就专程到胡先生的车厢去看望他。他立即说起我刚出版不久的《汉语语法学史稿》以及跟方经民先生合写的《中国理论语言学史》,他似乎对这两部书很感兴趣,表扬说我的看法比较公允,尤其是对马建忠、胡适、黎锦熙以及高名凯等遭受过批判的学者的评价。他还专门谈到自己当年对高名凯先生的批评,沉痛地表示,那时对高先生很不公平,对他的批判,无限上纲上线,现在想起来相当后悔。说实话,一位德高望重的先生能够在后辈面前,公开检讨,自觉认错,让我深受感动,并且感到震动。后来,我听说在北京大学举办的一次学术会议上,胡先生坚持要在大会上发言,对自己当年受"左"的影响对高先生的不当批判做了认真检讨,连高先生的家属都大为感动。大家都很清楚,汉语言学界在当时的政治气候下,几乎是一面倒地对高名凯先生进行了批判,已经远远脱离了学术讨论的范畴。写过所谓批判文章的自然不是个别人,但是只有胡先生认真地不止一次地在大会上反思自查。胡先生这一坦荡的举动,让大家见证了一个真正的学者的良心和勇气。从此,我对胡先生的敬佩之情油然而生。

胡先生跟我的研究生恩师王维贤先生的友谊更是一段佳话。我发现,两人在许多方面有共同点:第一,年龄相近,都生于20世纪20年代。胡先生生于1925年,王先生出生于1922年。第二,胡先生老家是浙江海盐;王先生虽然故乡是北京房山,但是从1948年开始就在浙江杭州工作,都是杭嘉湖水土哺育成长的。第三,王先生任教于杭州大学(后合并为浙江大学),胡先生就职于中国人民大学,都是教书育人的里手行家。第四,两人都主攻汉语语法,同时又都偏重于语法理论探讨。两人可谓惺惺惜惺惺,南北呼应,相得益彰。2007 年,我们一些学生准备为王维贤先生做 85 岁大寿,王先生也计划编辑一本个人论文集出版。胡先生得知消息后,主动帮忙联系商务印书馆,力促此书准时出版,并且特地写序,还风尘仆仆赶到杭州亲临会议向王先生祝贺。在序言里,胡先生不仅对王先生的学问大加褒奖,而且还真诚地写道:"王维贤先生的另一个特点就是为学为人真挚、朴实、忠厚、谦逊,具有从不张扬的中国传统的大学者的风范。"我想,这些话语用在胡先生身上,同样也是挺合适的。我也终于理解了为什么南北两位学者能够如此默契和认同,这也许就是"心有灵犀一点通"的道理吧。两位大学者的交情与友谊,给我们树立了一个榜样。王先生已于 2009 年作古,两年后,胡先生也与世长辞。我们缅怀我们的师辈先人,也许可以从中得到许多启迪。

胡先生走了,他留下的不只是他的语言学论著,留给我们的还有他的人格、人品、做人和做学问的道理,以及我们对先生的无尽思念和眷恋。

于暨南大学新明湖苑
2011 年 11 月 9 日

方经民君,你在哪里?

尽管方经民君已经离开我们十个年头了,但在我的脑海里,他似乎还是栩栩如生。他的形象依然非常清晰,他说话时,特别是在跟别人辩论时嘟起嘴唇那种自信、执着的独特神情还是那么历历在目,那么传神。

20 世纪 80 年代初,我作为新时期首届研究生毕业有幸进入华东师范大学中文系教书。虽说已经过了 35 岁,但是由于历史的特殊性,我们还只能算是"青年教师"。我很快就结识了上海一批雄心勃勃的年轻学子,其中就包括方经民君。我们那时有个语言学沙龙,叫作"现代语言学讨论会",简称 XY,中坚分子有陆丙甫、陆致极、钱乃荣、谢天蔚、余志鸿、林立和我,方经民也是其中的铁杆成员之一。他那时还是陈秀珠老师的硕士生,那应该是 1987 年吧,我当时正在为修改《汉语语法学史稿》做最后的冲刺,即将交给上海教育出版社出版。方经民对该书也很有兴趣,我们常常在一起讨论一些问题,由于他的专业方向是理论语言学,所以讨论的题目更多的是侧重研究的理论与方法。有一次,我们偶然讨论到中国的语言学到底有没有学派和理论,能不能总结出一些研究的理论与方法来。两个人兴致勃勃,而且忽然发现想法居然如此接近,那就是:有!而且不少。问题是我们不善于总结与归纳。他突然提出:"我们能不能尝试来总结一下?而且从历史发展的角度来总结?干脆写一本《中国理论语言学史》!"我就半开玩笑半认真地说:"那你就来写一本么。"哪知道他的眼睛陡然一亮,眼神里充满着期盼与热情,试探着说:"我一个人怕力不从心,如果你答应参与的话,那我还真的愿意试试。"我那时也是初生之犊不怕虎,刚刚完成了《汉语语法学史稿》,感到信心满满,居然立马答应说:"行!只要你有信心,我当然没问题。"这样,我们当场拍板,决定两人合作。那个时候,年轻、充满活力,说干就干,两人分别列出编写大纲,然后再协调定稿。

好在我们当时都住在学校里,大概是在第一学生宿舍楼吧,两个人就兴冲冲地开始构拟写作大纲。应该说,我们的合作还是有一定基础的。方经民跟吴勇毅(现为华东师范大学对外汉语学院院长)和陈国芳(已故)是同班同学,他们三位曾经合作撰写了长篇论文《我国的理论语言学:1946—1984》,1985 年正逢"北京、上海、广东两市一省理论语言学讨论会"在上海举行,他们的论文就在会上宣读,并且引起热烈反响。我呢,对汉语语法研究的理论比较熟悉,这就占据了一个大头。两个人志趣相投,而且能够取长补短,所以很快就拿出了初稿,这一书稿计划很快就得到了华东师范大学出版社的支持,尤其是当时语法专业的硕士范剑华先生分配到出版社工作，他是我们这部著作坚定不移的支持者。该书1989年杀青，1991年出版，在当时，速度还是相当快的。

坦率地说，我们的合作是很愉快的，两人分工后，写出初稿都让对方审读，而且都能够虚心吸取对方的意见与建议，所以可以说，所有的章节都渗透着我们两人的心血。这部书出版后，语言学界的反应还是不错的。激进的朋友觉得出了一口气："谁说我们中国语言学没有理论？请他看看这本书！"稳妥的朋友说："这个尝试起码对我们中国语言学的理论意识是起到促进作用的。"胡明扬先生也多次表扬这本书说："确实不容易，真的看了不少资料，也进行了思考和提炼。"可以说，这是我跟方经民兄的一次非常成功的合作。21世纪初，我们本来计划进行增订，修改并且补充有关资料，涉及的年代也希望延伸到20世纪末，而且也有著名的出版社答应出版增订本。可惜，真的可惜，因为方经民君的英年早逝，一切计划都化为悠悠东流水了。

90年代初，他东渡日本，一方面为国际汉语教学作出重要贡献，另一方面他也没有放弃自己在学术上的追求，继续跟上海师范大学的张斌先生攻读博士学位。他的理论水平得以开拓和深化，并且具有了国际视野。他的学术研究日趋成熟，先后出版了《现代语言学方法论》(河南人民出版社，1993年)以及《汉语语法变换研究》(日本白帝社，1998年)，在方位词研究方面也发表了系列论文，产生比较深远的影响。当我收到方经民君亲笔签名的《现代语言学方法论》这部著作时，感到特别振奋。方兄的研究能够高屋建瓴，从理论再到方法，非常有探索精神。我觉得这样的著作应该向学术界推荐，特别是年轻朋友更应该认真拜读，所以当即挥笔为该书撰写了一篇书评，题目为"打开语言学宝库的金钥匙"(《汉语学习》，1994年第3期)。该书论述了现代语言学方法论基础、原则及语音、语义、语法、语用等研究方法，我把该书的长处归纳为五点：第一，沟通了各种观点之间的内在联系，即加强了纵向的历史发展背景。第二，强化了横向比较，在比较中揭示不同学派在方法论上的特征与差异。第三，评述比较客观，相对公正。第四，比较注意吸收国内汉语学界的研究成果，特别是汉语语法学界的。第五，评述结合，分析有一定的理论高度，并提出不少独到的见解。现在人已走，书还在，不禁凄然泪下。

经民兄虽然去了日本，但是他从来也没有忘记生他养他的这块热土地。他每次回上海，我们几乎都有机会相聚，或者在现代语言学的聚会上，或者在有关的学术研讨会上。记得2003年10月，在武汉华中师范大学举办的"汉语被动表述问题国际学术研讨会"上，我们再次重逢，并且在会后一起畅游长江三峡，还以三峡大坝作为背景合影留念(还有邓守信教授)。但是万万没有想到的是，这竟然是我们最后一次见面了。凝望着这幅珍贵的照片，我情不自禁地呼唤："方经民君，你在哪里？你在哪里？"

方经民君对语言学研究孜孜不倦，认真、刻苦、执着，显示了一位语言学家的高贵的品德。他人虽然走了，但是，我们永远怀念他。不仅因为他钟情的事业，不仅因为他追求的理想,不仅因为他为中日友谊做出的努力,也为他的情谊、为他的高风亮节。

于广州

2014 年 6 月 20 日

缅怀刘叔新先生

刘叔新先生是南开大学文学院教授,我国著名的语言学家,尤以词汇研究名扬天下。不过我跟他相识却是缘于语法研究。记得 1986 年金秋,我应邀参加在北京八大处举办的"第四次现代汉语语法讨论会",会上有幸认识了不少中年语法学家,包括第一次见到的刘叔新先生。我的印象中,刘叔新先生中等身材,面容清癯,温文尔雅,说起话来细声和气,普通话里似乎夹杂着一些南国乡音,让人很是舒坦亲切。他报告的论文是《句法语义中的一些语义问题》,其中的一些想法,跟拙文《形式与意义四论》的某些观点不谋而合,我不单很欣赏,还引以为知己。后来才获知刘先生不仅是位出色的语法学家,更是位杰出的词汇学家、语义学家。

刘先生学术有专攻,尤其在词汇学方面卓有建树,是我国词汇学界的代表性人物。他的代表作《词汇学和词典学问题研究》(天津人民出版社,1984 年)、《汉语描写词汇学》(商务印书馆,1990 年)以及《语义学和词汇学问题新探》(天津人民出版社,1993 年)在学术界影响很大,是相关研究的必读经典文献。刘先生在 20 世纪 90 年代入选《著名中年语言学家自选集》(一共 10 本)的作者名单,出版了《刘叔新自选集》(河南教育出版社,1993 年),奠定了他在中国语言学界的学术地位。

自从我 2002 年南下暨南大学以后,刘先生不但没忘记我,而且还常常寄书给我。记得我先后收到过他的《粤语壮傣语问题——附语法语义词汇问题研讨》(商务印书馆,2006 年)、《东江中上游土语群研究——粤语惠河系探考》(中国社会科学出版社,2007 年)以及《民族乐队编配简说》(天津人民出版社,1993 年)等,说心里话,我真是大吃一惊。没想到,作为语言学家的刘先生还这么多才多艺,居然琴棋书画无不精通,音乐、绘画、书法,都有着过人的天赋,真是自愧不如也。

我前后两次有幸访问南开大学。第一次是 1992 年初秋,"第七次现代汉语语法讨论会"由刘先生和马庆株先生操办,我带着三个研究生欣然应邀前往,有幸与刘先生多次交往,对他的为人与学问有了进一步的了解,也亲眼目睹了他的人格以及他对朋友、对学生的关怀之情。尤其是他私下对我谆谆教导,语重心长,让我极为感动。时隔二十几年,至今我还清晰地记得他热乎乎掌心里传递过来的温馨,他平和言语里透露出来的勉励与关心。第二次是 2009 年应时任南开大学汉语言文化学院院长石锋教授邀请去讲学,很想去顺访刘先生,但因来去匆匆,竟然没找到机会单独相聚,深以为憾。好在 2010 年冬,广州大学承办了"第五届海峡两岸现代汉语问题学术研讨会",巧的是刘先生也出席了,我这才有机会跟他叙旧。本想邀请他到暨南大学讲学,却因为他是广东人,老朋友太多了,要是排排队,那我必须自觉往后靠了。但是没有料到,这次见面竟然成了我俩的诀别。

刘先生为人特别厚道,很少见到他跟别人争论什么,总是笑眯眯的,俨然长者风貌。

刘先生学问出类拔萃,但是从不张扬,谦虚是他的本分,处处显示出大家风范。

刘先生八十有二驾鹤西去。让我们忍住悲痛,轻轻道一声:一路走好,我们永远怀念你!

于暨南大学明湖苑

2016 年 10 月

春风化雨润心田
——纪念胡裕树先生百年诞辰

凡是中文系的师生,几乎都知晓胡裕树教授的大名,因为胡先生在汉语学界可是大名鼎鼎的。他主编的《现代汉语》风靡几十年,出版《现代汉语语法探索》《汉语语法研究》等学术专著10余部(含合作);胡先生曾经担任复旦大学中文系主任,兼任过上海语文学会副会长、中国语言学会常务理事等职。他从教几十年,教书育人,桃李无数,不愧为我国语言学界领军人物。不过,这些并不是最最重要的,重要的是他的处世为人、道德文章,如同春风化雨滋润了许许多多学子的心田。

严格地说,我不能算是胡裕树先生登堂入室的弟子,但是,说起胡先生对我的教诲、亲情与恩情,那可是一点也不比正宗弟子差多少。我曾经跟胡先生的博士生、英年早逝的戴耀晶师弟(我俩先后是王维贤先生的硕士生)开玩笑说过:"我入胡先生的门可比你早得多!"

1978年,是我国改革开放元年,对很多人来说,这是难忘的决定命运的一年,我也不例外。我是1970年从中央文化部下放到浙江省浦江县文化馆的,那时已经整整八年了。那年早春,从北京传来一个振奋人心的喜讯:大学要恢复招考硕士研究生了!我记得1974年就曾经给复旦大学校长陈望道先生写信,询问是否招考硕士研究生,当然回答也是意料之中的,"目前还没有这个计划"。我是上海人,第一选择自然是报考复旦大学。我的专业兴趣是现代汉语语法,这要归功于我在北大的老师王力、朱德熙以及陆俭明的教导和影响。但是我并不愿意考回北大,表面理由是"好马不吃回头草",内心则是因为"文革"的阴影。我想开始新的征程。如果报考复旦大学,第一选择当然是胡裕树先生,原因有两条:一是他主编《现代汉语》的独到见解给我深深的震撼;二是胡附(胡裕树笔名)、文炼(张斌笔名)在汉语词类等重大语法理论问题讨论中显示出的才气和智慧给我的印象极为深刻。可惜啊可惜,我一打听,据说那年胡先生正在朝鲜进行《金日成选集》中文翻译本的工作,无法回国招生。就这样,我错失投于胡先生门下的大好机会。后来我被杭州大学中文系录取,有幸成为另一位著名语言学家王维贤先生的开门弟子。命运之门关了这一扇,却又为我打开了另外一扇。

1980年,我的硕士论文《把字句及其变换句式》完稿,主审专家正是胡裕树先生。胡先生对我的论文给予充分的肯定,并给予"优秀"等第。后来该文是当年杭州大学全校第一个答辩的(因为许多年没有举行过这样的答辩,所以征求我的意见后,作为全校试点),记得是蒋礼鸿先生任答辩委员会主席,答辩委员有倪宝元、徐青、傅国通等先生。最后一致同意给予优秀。这里显然是胡裕树先生的主审意见起到很大的作用。后来,江苏省古籍出版社要为"文革"后第一届即1978级研究生的毕业论文编撰《研究生论文选集·语言文字分册》(1985),我的论文也是胡裕树先生联袂王维贤先生推荐入选的。

1981年年底,我毅然决然放弃了留校任教的机会,历尽艰辛,终于毛遂自荐、如愿以偿进入华东师范大学中文系工作。我是1961年考取北京大学中文系的,离开上海那年才16岁,从北京大学到中央文化部,再到浙江省金华地区浦江县,再到杭州大学,上上下下在外面晃荡,折腾了20年,36岁那年终于重返故里,踏上了上海这块欣欣向荣、蒸蒸日上的热土。

中国语言学界,特别是汉语语法学界,历来有"京派""海派"之说。我自然算是出身京派嫡系,现在到了上海,我想的就是好好向海派学习,然后有可能把京海两派的优点融合贯通,构成京海融合派。我暗下决心,要好好向海派大家胡裕树、张斌以及林祥楣三位先生学习。当时,我们这批年轻人,主要是陆丙甫、陆致极和我,还包括钱乃荣、谢天蔚、余志鸿、林立,俗称"七君子",成立一个学术沙龙叫作"现代语言学"。以胡裕树、张斌先生为首的海派学者采取的是一种积极支持、宽容鼓励的态度。当时我们自费油印语言学刊物,也算是一枝独秀,但是经费相当紧张,可能是胡裕树先生从他的研究生刚刚毕业留校的陆丙甫那里听说此事,毅然自掏腰包捐款资助我们这一"丑小鸭"杂志(后来出版50多期,从油印变为铅印,多篇论文在正式语言学刊物上发表,现在主要成员几乎早就是教授了)。我知道,胡师母没有正式工作,他家孩子也比较多,胡先生家的经济状况不是很富裕的。但是他无私的支持、慷慨的资助,不仅为油印杂志解了燃眉之急,而且无声却有力地支持了我们这帮初出茅庐的"愣头青",为我们这批年轻人的成长,为语言学事业作出了默默的奉献。

1990年,我的第一本学术著作《汉语语法学史稿》即将由上海教育出版社出版。我非常希望胡裕树先生给我写序,我怀着忐忑不安的心情给胡先生写信请求,没想到他非常爽快地应允了。那天下午,我怀着感激的心情赶到复旦大学胡先生的家,胡先生的家简朴大方、书卷气十足,弥漫着仁者的气息,也荡漾着智者的心绪。我接过胡先生用极为工整的钢笔书写的序言,不知道如何表达我的感激之情。我真挚地感受到了胡先生对我无私的爱,感受到他对我的关切之情,也体会到了长辈对我的殷切期望。也正是因为胡先生(还有我的恩师王维贤先生)的大力推荐,该书1995年获得首届全国高等学校人文社会科学研究优秀成果奖著作类二等奖。

在20世纪最后十九年里,只要去复旦大学办事或者开会,我一定要去胡先生家里坐坐,聊聊,说说自己的心事,讲讲自己的委屈和不快。胡先生总是慢言细语地开导我,为我分析,为我解释。我在他的教导下,想通了,想明白了,带着胡先生对后辈的爱意、暖意和心意再上征途。

2000 年,我从香港工作回沪,由于在香港商务印书馆担任多年编审,在那里编写出版了香港中小学教材《学好普通话》(11 本),我初步了解了教材编写商业运作的模式。我计划组织团队编写一本新的大学教材,即《现代汉语通论》。当时风靡全国的《现代汉语》有两本:一本是黄廖本,一本是胡本。一南一北,遥相呼应。这两本各有特色,前者很像一本教材,通俗好教。后一本理论新颖,观念超前。各有利弊,互存长短。我希望能够突破旧有框架,有所创新,有所发展。我非常希望得到胡先生的理解与支持,就特地上门请教。我谈了自己的编书构想,并且邀请胡先生担任这一教材的顾问。胡先生毫不迟疑一口答应,亲切地鼓励道:"我的教材不再修订了,以后就看你们的了!"这句话让我深深地震撼了。这是什么样的胸怀! 这是什么样的情操! 说心里话,这次拜访给了我极大的动力,我深深感受到真正的大家,没有架子,没有私心,一心为了学术的繁荣,对后辈提携不遗余力。在胡先生(另一位顾问是陆俭明先生)的亲切指导下,该教材先后成为教育部"十一五"规划教材和"十二五"规划教材,发行数十万册,并于 2014 年获得广东省高等学校教材一等奖。这跟胡先生的无私的支持和殷勤的教诲是分不开的。

胡裕树先生容貌慈祥,笑口常开,说话平和安详,不慌不忙,略带有安徽口音,听上去亲切悦耳,声声入耳。他老人家虽然走了好多年了,但是我总觉得他还在那里伏案书写,还在那里一边抽烟一边娓娓道来,伴随着轻微的咳嗽声。我这些年的发展一直还算顺利,我明白,人的一生除了自己的奋斗,总是离不开"贵人相助",我知道胡先生就是我的"贵人",往往在关键时刻,胡先生就伸出了他的"神助之手"。在我的命运重要关头,我自始至终得到胡先生的满满的推力。我相信,得到过胡先生帮助的后辈学者绝对不止我一个。

我虽然没有这个荣幸成为他的受业弟子,但是窃以为是他的私淑弟子。胡先生的为人是有口皆碑的,他的学问也是众口赞誉的。他的提携后辈,他的乐于助人,他的宽宏大量,他的诲人不倦,在中国语言学界是享有盛名的。今年是胡先生一百诞辰(1918 年 7 月24 日—2001 年 11 月 22 日),我因为国家重大课题重任在身,不得不赴美出差,无法出席胡先生百年诞辰纪念会,倍感遗憾。但是距离隔不断我的心意,时间也不会磨灭我的思念。我在太平洋彼岸,大声呼唤:深深地怀念您,胡裕树先生! 您永远活在我们的心里!

于美国洛杉矶

2018 年 8 月 24 日

原载于《胡裕树先生 100 周年诞辰纪念文集》(复旦大学出版社,2020 年)

清明雨濛濛　追忆乔彬兄

　　邓君乔彬兄撒手离我们而去,晃晃悠悠,悠悠晃晃,不知不觉一年有余了。

　　告别仪式恍若昨日,记得那天寒冷彻骨,手脚、空气,连心肺都是冰冰冷的。上海龙华殡仪馆,我随着众人步入告别大厅,望着好像沉沉睡去的乔彬先生,深深地感受到命运的神秘和无奈。一个人在世,时常见面,不知道怎么珍惜;一旦离去,再难相见,才知是那么可贵。

　　乔彬与我几乎同龄,他大约长我一岁,都算是上世纪 40 年代初出生的人吧。因此老邓与我就有了许许多多的共同点:都属于 20 世纪 60 年代初的大学生,他因为童年时辗转于重庆、上海、珠海多地,导致小学多读了两年,所以晚了我一届。他是华东师范大学1967 年毕业的,我呢,是北京大学 1966 年毕业的。我们都赶上了"十年浩劫",都被迫下放基层,都去过部队农场锻炼,都脱过几层皮掉过几斤肉……本来就像浩渺宇宙中亿万颗流星中难以碰撞的两颗孤星,却让我们碰撞相逢了。因为改革开放,因为恢复高考,因为招收新时期第一届硕士研究生,我们,一个在华东师大古典文学专业毕业留校任教,一个阴差阳错居然从杭州大学(现在的浙江大学)现代汉语专业毕业放弃留校,侥幸分配到华东师大工作。就这样,两个本来毫无瓜葛的年轻人,聚首丽娃河畔了。这以后,我们就携手驰入近半个世纪"同命运,共进退"的轨道了。

　　真的很有意思,也很巧合,这以后两人的发展轨迹,居然极为相似,几乎同步。1983 年我们一起被认定为讲师,1988 年一起晋升为副教授,1994 年评教授双双胜出。你追我赶,各不相让;一个文学,一个语言。2002 年秋天,在即将"耳顺"的前夕,我们商量半天,一致做出了当时让人大跌眼镜的惊人决定:孔雀东南飞,广州闹"革命"! 前后脚从华东师大调动进入暨南大学,一起评为特聘一级教授。2008 年年底,我们又同时做出决策,一起退休,一起返聘。这也许就是命运吧。俗话说"君子之交淡如水",我和老邓虽然同在一个院系,同住一栋楼,平时来往其实并不太多,大家都很忙,但是,我们还是心有灵犀一点通,惺惺惜惺惺。

　　乔彬沉默寡言,个子高高的,表情淡淡的。但是他却多才多艺,他喜欢文艺,喜欢绘画,喜欢篆刻,喜欢书法,怪不得他对中国诗画、唐宋词学都那么有研究,情有独钟! 我一直认为,做学术研究,第一就要有兴趣,要对自己研究的对象喜欢,不仅仅是喜欢,而且是入迷,不仅是入迷,最好是陶醉! 这样才真正能够体会到其中的三昧。

乔彬钟情中国古典诗词,到了废寝忘食的地步。但他对玩儿好像一窍不通,下棋、跳舞,都是地地道道的外行。可是,据说他在体育方面,特别是跳高很有天赋,年轻时可是名扬上海高校界! 那是 1964 年 4 月,在上海市高校运动会上,他是独拔头筹,不仅拿了冠军,还打破了保持了十五年的上海大学生男子跳高纪录! 一说到那件事,平日的谦谦君子邓君,也会眉飞色舞,流露出喜悦真情。

老邓平时话语确实不多,如果不了解他的话,会误以为他是个缺少情趣的"书呆子"。其实不然,那是个彻头彻尾的误会。他的风趣,他的诙谐是看场合的,看谈话对象的。他是搞文学的,没料到在方言上却很有天赋,远胜过我这个专门搞语言的。每次中文系、文学院有活动,他的方言"脱口秀"表演,那是精彩的"保留节目",逗得大家笑声连篇,人仰马翻。不仅如此,他还有一绝,那就是模仿一些伟人的口吻,惟妙惟肖,让人忍俊不禁。每次他露了这一手,都能博得满堂喝彩。

邓老师是位谦谦君子,说起话来慢声细语的;做起事来,却有拼命三郎的架势。我们是邻居,他住在我楼上(应该是五楼吧),却很少看到他上下楼,看来他是把自己牢牢地"锁"在书房里了! 难怪他的身体后来真的出了毛病,即使如此,他还在日赶夜赶地撰写他的那几本泱泱大作。他的专心致志,他的心无旁骛,他的高标准追求,都是让我们佩服的,让我们心动的。

邓教授是中国古典文学的大家,唐宋词学的专家,这无须我这个外行来多言,看看他的著作就明白了。2013 年出版了洋洋洒洒的 12 卷《邓乔彬学术全集》,更标志着他这些年潜心研究的总结,其中《唐宋词艺术发展史》与《中国绘画思想史》尤为学界称道。我对唐宋词还只是停留在欣赏层面,没有资格来点评,但是,能够把中国古典词学跟绘画、艺术、思想、历史有机地融合起来并加以阐发,那确实是非常人可以攀登的制高点。我感到,他这个当年的跳高冠军,一生似乎都在"跳高",一次又一次地飞跃那新的高度……

没料到,老邓,当年上海市高校的跳高冠军,身体真的出问题了。那年暑假他的心脏不太舒服,好像是要搭桥吧,住在上海的一家医院里,我专程去探视。他的神情还挺开朗的,滔滔不绝说得最多的还是他的撰写思考,他的出版计划,他的学科建设,却很少谈及他的身体,他的病情。我知道,他不愿意露出他的软肋,他不喜欢别人的同情。他是个强者,也是个喜欢向命运挑战的智者。

我在想,如果他能够多多关注一点自己的身体,如果他能够发扬当年打破跳高记录的毅力,如果他能够把自己的工作节奏放缓一点,如果……可惜,世界上没有那么多的"如果",我真切地希望乔彬兄的遗愿能够在他的弟子身上得以实现,他的事业能够在暨南大学这块沃土上生根、开花、结果,期望老邓在天宇的高处含笑注视着这里发生的一切……

邓君乔彬兄已经离我们而去,似乎就发生在昨天,我恍惚以为,他还会回来,好像出差去开会那样,但是我也知道,他再也回不来了,这就是永别! 斯人已逝不再回,唯有悠悠难忘情。人固有一别,活着的还是要面对明天:人老是规律,未来总是属于年轻人的。悲哀不解决任何问题,唯有前进才是对逝者最好的安慰。

与邓君结伴同行三十余年,不虚此行,难忘此行,珍惜此行。

于暨南大学明湖苑

2019 年 3 月 24 日晚 9 时 30 分

深切悼念李炜兄弟,沉痛追思李炜兄弟

我们的好战友,我们的好兄弟,李炜,就这么悄然离开了我们! 我们是多么痛心! 我们是多么不舍! 我们大声呼唤:李炜兄弟! 别走! 我们还有好多课题要一起讨论,我们的学会还有好多计划要你操心,我们还有好多构想需要你贡献智慧和力量!

李炜! 这么一个激情四射,才气横溢,乐观开朗,虎虎有生气的李炜,就这么永远永远地离开我们了! 真的好痛心! 真的好无奈! 真的想不开! 想起李炜,他爽朗的笑声,他生动的手势,他诙谐的言辞,点点滴滴涌上心头。

我认识他,还是比较早的。应该是在 90 年代初吧,那时他还年轻,像一只青苹果,有点青涩却富有朝气。2002 年我正式调到暨南大学来工作后,接触就慢慢多起来了。2007 年,我当选为广东省中国语言学会会长。我有点担心,因为我是个外来户,不熟悉广东的情况,我就请教我的老朋友唐钰明先生。唐先生很够朋友,他就推荐他的学生李炜教授出任学会秘书长,来协助我开展工作。这以后,我们就开始了十多年的搭档。

李炜一开口就让我感动不已。他真诚地说:"邵老师,你指到东,我就打到东;你指到西,我就打到西。"这就是李炜,赤胆忠心,快人快语,一句话就说得我心里暖洋洋的。说心里话,如果有中山大学这么能干而年轻有为的同行跟我配合,我还有什么可担心的呢? 因此,李炜的真诚合作,完全打消了我的顾虑,为今后十年学会的正常工作打下了扎实而深厚的基础。这十多年来,我们一直配合得非常默契,非常成功,非常有效。为此,我代表广东省中国语言学会深深地感激李炜老弟。

由于我年过七十,并且连续担任了两届广东省中国语言学会会长,必须有新人来接替会长一职,李炜自然是不二人选,因为他对学会的无比忠诚和无私奉献,我的提名得到全体理事和常务理事的一致赞同。但是,就在新会长即将正式获批上任前夕,李炜教授不幸病故,学会损失了一个好会长,我们丧失了一个好兄弟。

李炜是个性情中人,他对朋友是真的好,真心诚意,乐于助人。李炜多才多艺,天赋过人。李炜热情如火,亲和力特强。他的事情,三天三夜也说不完。我就说说印象最深刻的几件事。

最让我感动的是,2008 年,我们学会计划在肇庆学院举办第二届汉语语法南粤论坛,可是学会基本上没有钱,还倒欠着呢! 我跟李炜商量,他连声答应:"钱不是问题,我来筹钱!"结果,他真的拿出了一万多元! 会议开得很成功。后来,我才知道他拿出来的正是自己的科研经费！请问有几个人肯做出这样的牺牲！

最让我敬佩的是，他一身正气，爱憎分明。去年在中山大学承办中国语言学会年会，会上进行了学会领导班子的改选，一切正常，事后有人扬言，这次改选是"非法"的。李炜作为这一会议的主要承办者，旗帜鲜明地挺身而出，大声疾呼：这次会议非常成功！这次改选完全合法！这一大义凛然的表态，赢得了全国语言学界同仁的欣赏和支持！也得到了中国社会科学院领导的首肯。

最让我感慨的是，他对老师的爱，真诚、热烈，而且到位。黄伯荣先生是他的硕士生导师，黄先生是广东阳江人，退休后就回到了老家。李炜对老师的爱，是无微不至的，这是我亲眼看到的。他多次带着博士生和硕士生去阳江看望先生，在先生生病期间，多方面地呵护。他还和老师一起编写现代汉语的新教材，在学术上继承了先生的优秀传统，这才是对老师真正的爱。

最让我心疼的是，2015 年在华南理工大学举办学会年会，那时李炜刚刚开了刀，我希望他好好治病，不让他参加会议。结果没有料到，开幕式早上，他居然捧着吊瓶打的赶到大学城的会场，并且发表学术演讲！演讲完了再赶回医院。大家是既佩服，又心疼。李炜真是一个"拼命三郎"！

最让我欣赏的是，李炜脑瓜子灵，点子多，而且往往能够发人之所未想，出人意料的点子，信手拈来就是。他近年来提出的用语言手段治疗"口吃"，跟中山大学三院临床结合，已经初见成效。他提出的服务于"一带一路"的汉语国际教学新理念，引起中央政治局常委的重视，并且专门做了批示。请问，我们语言学界，有几个人能够做到学以致用？能够紧密地把本体研究跟应用研究真正结合起来？

李炜多才多艺，他曾经在兰州市京剧团里学艺，他能歌善舞，拳打脚踢，十八般武器难不住我们的李炜。年过半百，还能来好几个"鹞子翻身"，身手不凡！他唱起京戏来，更是韵味十足，回味无穷。内行人一看一听，就知道是正宗科班出身，"童子功"啊！

李炜很有亲和力，拥有一颗可爱的童心。有一次和我的一个博士生的小孩在一起，没有几分钟，他就和小孩打成一片。这个小孩子，别人都不认，就黏住他，乖乖地跟着叫他"师傅"，对他佩服得五体投地。他就有这个魅力！

李炜的好，绝不是三言两语能够说完的。一个人离世，能够有那么多的人为之惋惜，有那么多的朋友在赞扬他，有那么多的同行在怀念他，这是很不简单的。这一切说明：李炜是个真正的大写的"人"，一个顶天立地的大丈夫！他的一生是值得的，是无愧于我们这个伟大时代的，是我们广东省中国语言学会的骄傲！我们会永远记住他。他永远永远活在我们的心里！李炜兄弟！你一路走好！

李炜教授追悼会上代表广东省中国语言学会所致悼词

《李炜教授追思集》（中山大学出版社，2020 年）

一身正气　百年辉煌

——纪念张斌先生诞辰一百周年

今天，我们在上海师范大学隆重纪念著名语言学家、杰出的汉语语法学家张斌先生诞辰一百周年，具有十分重要的意义。对前辈的缅怀，不只是表示我们的感恩，更是对历史的尊重；也不仅仅是尊重历史，更是激励我们接过前辈的旗帜继续前进。

中国汉语语法学界，历来有京派海派之说，也叫作北派南派。京派以北京学者王力、吕叔湘、高名凯为代表，海派以陈望道、方光焘为代表。他们都属于第一代学者。第二代学者，京派的杰出代表就是朱德熙先生，海派的主要代表就是胡裕树先生和张斌先生。

一、双剑合璧，脱颖而出

20 世纪 50 年代初，中国的汉语语法学界热闹非凡，先后开展了三场语法专题大讨论。第一场就是"汉语词类问题"大讨论，轰轰烈烈，热热闹闹，发表了数十篇论文，也取得了丰硕的成果。在这场讨论中，冒出来两位年轻人，一个叫胡附，一个叫文炼，他们在《谈词的分类》一文中（《中国语文》，1954 年第 3—4 期），创造性地发展了陈望道和方光焘关于"广义形态"的看法，列举大量语言事实，大胆提出自己的新颖看法。这就好比"一石激起千层浪"，大大开拓了大家的视野。他们旗帜鲜明地反对"以孤立的词作为词类划分的对象"，也不同意拿形态或意义作为划类标准，而是主张"应该以词和词的结合，词和词的相互关系为标准"。观点新颖，见解独到。后来大家才知道，胡附就是胡裕树先生，文炼就是张斌先生，一个在复旦大学工作，一个在上海师院教书。两人因兴趣爱好相同而成为密友，因语法研究卓有成效而双双脱颖而出。

二、"林裕文"是哪一位？

我认识张斌先生还是比较早的，那是 1980 年，我还在杭州大学跟王维贤先生读硕士生。老师让我们去访学，第一站就是上海，因为我是上海人，就派我打前站。我先后联系了复旦大学、华东师范大学和上海师范学院。第一次见到了张先生，我印象中，张先生个子并不高，戴了一副高度近视眼镜。一开口带有浓重的湖南口音。但是思路清晰，回答问题往往切中要害。印象最深刻的是，我那时正在准备撰写《汉语语法学史稿》，虽然知道胡附、文炼就是胡裕树和张斌先生，但是却不知道大名鼎鼎的"林裕文"到底是哪路神仙。于是乘机就请教张先生，哪知道他一听就哈哈大笑起来，伸出三只手指，晃了晃说："不是一个人，是三个人的集体笔名。林是林祥楣，裕是胡裕树，文就是我，因为我的笔名是文炼。"我茅塞顿开，觉得这老先生挺幽默的。

三、慷慨解囊，雪中送炭

1981年底，我如愿以偿，研究生毕业分配到华东师范大学中文系工作。我的恩师王维贤先生在临别时告诫我：到了上海，务必要好好向林裕文几位先生学习。胡裕树先生对我的好，在这里我就不说了。我的硕士论文是他老人家主审，给了"优秀"，还推荐入选"研究生论文集"发表。今天我主要说说张斌先生的帮助和提携。当时，我和陆丙甫、陆致极三位发起组织了一个青年学术沙龙"现代语言学"（简称"XY"），并且自费打字、自己印刷，出版油印刊物《现代语言学》。结果胡先生、张先生为了表示自己的支持，还自掏腰包捐钱给我们。我们真的很感动。大家知道，那时即使教授的工资也是很少的，而且那时还有一些人在外面风言风语，讽刺我们。没想到两位老先生居然能够力挺我们这帮毛头小伙子！我们真的没想到。我深深感到：张先生、胡先生不仅学问做得好，人品也是一流的。对年轻人不仅仅是理解，更是关怀，是力挺。

四、京海融合，取长补短

我是在北京大学语言专业毕业的，深受王力先生、朱德熙先生、陆俭明老师的教育和熏陶，按照武侠小说的说法应该是出身"京派"。不过，由于我是在上海长大的，对"海派"天然地"心有灵犀一点通"。尤其是回到上海工作了，我就下决心好好向海派学习，拜胡裕树、张斌先生为师。所以，尽管有人说我是"海派里的京派"，但是我一直认为自己是"京海融合派"，主张融合京海两派的优点，取长补短。胡张两位先生对我也是呵护有加，一有新著出版，就会赠送给我珍贵的签名本。其中好多篇著名的论文，对我非常有启迪，比如《句子分析漫谈》《词语之间的搭配关系》《汉语语序研究中的几个问题》都是反复学习，认真领会的。

五、有容乃大，无欲则刚

90 年代初，国家教委举办第一届哲学社科论著评选。我想把自己新出的专著《汉语语法学史稿》送去评审。那时规定必须要有两位教授推荐才可以申报。我想了半天，因为吕叔湘先生可能会参加评审，朱德熙先生人在海外，王维贤先生是自己的恩师理应回避……想来想去，最后觉得还是请胡裕树、张斌两位先生推荐比较合适。跟张先生提出了要求，他满口答应。那天晚上，我骑着自行车，一口气从师大一村专程到徐汇区天钥新村去拜访张斌先生。记得张先生好像住在二楼，昏黄的灯光下，先生身影似乎显得比较瘦小。他老人家热情地招呼我走进他狭小的书房，真的，除了写字台，周围几乎除了书还是书。张先生把事先写好的推荐信交给了我，还鼓励了我几句。说些什么，现在已经记不清了，但是他鼓励的眼神，殷切的期盼，我还是深深感受到了。给我印象最深刻的是他书房里挂的一幅字：有容乃大，无欲则刚。这幅字，我还是在张先生那里第一次见到，给我留下深刻的印象。我想，张斌先生的一生，应该就是这两句话的写照。

我在华东师大工作了 21 年，只要我有求于张先生，他从来也没有拒绝过。我后来开始招收硕士生和博士生，毕业答辩经常邀请他老人家担任答辩委员会主席，尤其是胡裕树先生去世后更是如此。

另外，张先生跟我的导师王维贤先生也是老朋友了，两人情谊深厚。2007 年张先生专程赶到杭州参加了王先生八十五岁生日庆典。我这里还珍藏着他俩珍贵的合影。

六、理论创新，应用实践

张斌先生几十年来，一直主攻现代汉语语法研究，一生都献给了自己心爱的事业。他的研究，理论意识鲜明，提出许多发人深省的新思路。其中最著名的是和胡裕树先生、范晓先生一起创建的关于语法研究必须区分要结合句法、语义、语用三个平面的思想。这一研究思想得到国内语法学界的广泛认同。我本人就深受影响，我的《现代汉语疑问句研究》就是三个平面理论的具体实践。

不仅如此，他还在许多方面进行了理论探索，提出新观点、新思路。比如在动词"向"的问题上有独到见解，指出必须区分句子的意义和内容，必须区分语气和口气，还提出句子理解的策略，等等。他是个与时俱进、不断探索的学者。他的研究可以这样予以概括：发扬传统，兼收并蓄，立足革新，不断探索。

张先生不仅仅在理论方面屡有建树，在应用方面也做出了很多可喜的成绩。这主要表现在以下三个方面。

一是现代汉语教材建设。60年代起他就跟胡裕树先生一起编写教育部的统编本《现代汉语》，并且承担其中最有分量的语法部分编写的重任，当时明显处于全国的领先地位，在语法学界获得广泛好评。21世纪，他更是独立编写了《新编现代汉语》，全面体现了他的学术思想，在全国产生相当深远的影响。

二是汉语虚词的研究与实践。张斌先生主编了《现代汉语虚词词典》，这是继《现代汉语八百词》之后比较优秀的虚词词典。他还引领一代学风，带领他的团队，主编了"汉语虚词研究丛书"。在他的影响下，上海师大团队涌现了许许多多虚词研究的高手和杰作。比如张谊生的副词研究独步天下，"副词研讨会""虚词与对外汉语教学会议""主观性与主观化研讨会"等都开成了系列性学术研讨会，产生了广泛的影响。

三是集大成的描写语法。张先生主持了《现代汉语描写语法》的编写，这是一个非常重要然而吃力不讨好的任务。张先生率领他的团队奋战多年，终于完成了这一艰巨的任务，填补了有关空白，为全面描写现代汉语语法迈出了关键性的一步。

七、梯队建设，蔚然成风

当代的科学研究，已经摆脱了手工小作坊的经营方式，讲究团队合作，注重梯队培养。在这方面，张斌先生属于先知先觉者。早在90年代就首先引进了潘悟云先生，在音韵学、方言学方面建立起一支研究队伍。接着又引进了范开泰先生，在语法方面开拓了新的培养渠道。这些年来，可以说是人才辈出、群星灿烂。比如齐沪扬、张国宪、刘丹青、吴为善、张谊生、陈昌来、曹秀玲、宗守云，等等，都是其中的佼佼者，在他们的身后更是聚集了一大批年轻有为、生机勃勃的学子。在汉语语法学界，上海师大完全称得上是一面鲜艳的旗帜。如果说，在语法学界，以北京大学、社科院语言所和北京语言大学为代表的北京是第一世界，那么以复旦和上海师大为代表的上海就是第二世界。他们的研究及其影响已经形成了一种滚雪球的效应。

结语：一身正气，百年辉煌

我们评价一个学者，不仅要看他在世时的成果及影响，还要看在他去世后，他的学说还有多少人在关注，他的成果是不是还在广泛应用，他的学生是不是还活跃在学术第一线。今天有这么多的朋友、同行、学生从全国各地赶来齐聚一堂，隆重纪念张斌先生一百周年诞辰，充分说明张斌先生的人格、他的精神、他的学问、他的事业，都是值得大家怀念、学习的。我们今天纪念他,就是要全面总结他的思想,发扬他的优点,继承他的事业,让汉语走向世界,让汉语语法研究登上国际舞台,为实现我们的汉语梦而奋斗终生。

于上海师范大学

2020 年 1 月 5 日

施兄光亨掠影

施光亨先生,我喜欢叫他"施兄",其实也含有个谐音的双关义"师兄",因为事实上他就是我北大中文系语言专业的师兄,不过他是1961年夏就毕业了,而我却是1961年秋才入学的。换言之,他后脚才跨出北大的门槛,我前脚刚踏进燕园的领地。所以,尽管是同门师兄弟,但真正认识却还是二十多年之后……

一、因 文 结 缘

说起跟光亨兄的渊源关系,还是饶有趣味的。80年代初,我作为改革开放后第一批语言学硕士研究生,还在杭州大学读书。1981年,第一篇语法论文《拟声词初探》就发表在《语言教学与研究》第4期上。接着第二篇论文《关于"在黑板上写字"句式变换和分化的若干问题》也刊登在《语言教学与研究》1982年的第3期上。这两篇论文的发表,是我踏进汉语语法领域的见面礼,也是我得以顺利进入著名的华东师范大学中文系工作的一块敲门砖。这两篇论文的发表,没承想居然跟施兄的提携息息相关,尽管那时我们俩还不认识,岂非冥冥之中自有天意?

大概是1986年金秋,我作为正式代表,应邀第一次参加中国社会科学院语言研究所举办的"现代汉语语法讨论会"。会后专程访问了北京语言学院,并且辗转询问,特意登门拜访慕名已久的《语言教学与研究》编辑部,因为喝水不能忘了打井人。

记得那时编辑部办公室还设在校办公主楼的北边。我敲门进去,发现只有靠窗办公桌前坐着一位40多岁的中年老师,皮肤较黑,眼睛却炯炯有神,尤其是两条浓黑的眉毛很有个性,原来他就是编辑部的副主编施光亨先生。一谈之下,我们居然还是北大中文系的同门,那当然是格外亲热了。

师兄在上,我自然肃然起敬,当他得知我的姓名后,也是热情满满,笑意浓浓。让我特别感动的是,师兄主动提起我82年那篇论文发表的曲折过程,他说:"没想到你胆大包天,那篇论文居然是跟朱德熙先生商榷的。我自己没有把握,就特地把稿件送到中关村朱先生的家里去审阅。文章还请陆俭明老师把关,最后由朱先生亲自拍板,这稿子只字未改就全文发表了,你好运气!"施兄的认真负责和提携后学,让我深受感动,也对恩师朱先生的宽容与支持、陆老师的认可和帮助深感温馨。

坦率地说，《语言教学与研究》编辑部对我这个当时初出茅庐的年轻人来说，帮助和支持是非常大的，我也一直把这本杂志看作是自己的亲密朋友。正是因为施兄的无私帮助和提携，让我顺利登上了语言学这座宝山。从这之后，不仅我跟施兄的友谊就构建起来了，而且我也成为该杂志忠诚的作者、审稿人和朋友。据统计，自从1981年以来，我一共在该杂志发表了20篇论文，这里也记载着我和施兄深深的情谊和合作。

二、心 心 相 印

我们俩，虽然一个远在北京，一个身居上海（后来又南迁广州），并不经常相聚，但是，两人却心心相印。只要我去北语开会，我总是找机会登门拜访去讨教。每次几乎都是相谈甚欢，从做研究到上讲堂，从学生生涯到教师见闻，可谓无话不谈，肝胆相照。

不仅如此，我们还在学术会议上屡次相逢。印象最深刻的当数1993年8月在北京香山饭店举办的"第四届国际汉语教学讨论会"上，记得我俩在香山饭店外的山径小道上，边漫步边聊天，好不惬意！施兄回忆起他这些年从事对外汉语教学的情景，有艰辛也有欢乐，有挫折也有胜利，不胜感慨。记得他应该是中文系毕业后就奉命去进修阿拉伯文，还去过埃及等国教学，可以说是对外汉语教学战线上的一个老兵了。言谈之间处处流露出对这一专业的热情和信心，他那炯炯有神的双眼在月光下显得格外明亮，特别出彩。

后来还有一次，不知是1994年还是1995年，我正从华东师大一村家里去学校办公楼办事，忽然发现施兄竟然出现在丽娃河边。那应该是金秋时节，艳红的落叶铺满路径，暖暖的阳光洒在我们的双肩上。施兄显得很是兴奋，关切起我是否解决了正高职称。当他得知我的喜讯，马上真诚地表示祝贺。是的，我们尽管只是半途邂逅，匆匆交谈片言只语，但是他对我的关心和真诚，让我深深感到兄弟般的情谊是多么可贵和深切，至今想起，依然动心。

自从我于2002年正式从华东师大调到广州暨南大学以后，到北京开会出差的次数有所减少。加上施兄年龄比我大好几岁，到世纪之交也差不多退休了，我们见面的机会明显少了。最后的相聚，应该是2019年9月吧，恰逢《语言教学与研究》杂志创刊40周年，我应邀参加这一盛会。会议期间，我专程去北语教师宿舍楼拜访了师兄一家。那天，施兄虽然身体欠佳，但还是能够认出我的；言语不多，还算清醒。他夫人，也是我的师姐王绍新教授热情地接待了我。但是，没想到不到一年，就在2020年6月施兄就永远离开了我们。想起这些年来的兄弟情谊，学术交往，促膝谈心，不禁悲从中来，不能自己。

三、辞 书 专 家

光亨兄是我国对外汉语学界的资深专家,一辈子从事国际汉语教学,对汉语走向世界作出了突出的贡献。不仅如此,他在汉语研究,尤其在词汇研究与词典编撰方面也是成绩斐然。代表性著作主要体现在三本词典上:

(1)《两岸现代汉语常用词典》(主编,北京语言大学出版社,2003 年)。这是一本理念超前的词典,在 1996 年就由北京语言大学跟台湾华文研习所合作,收录大陆和台湾的汉语词汇,尤其关注双方的词语差异对比,这显然对沟通汉语不同地区的交流起到良好的推动作用,并对日后由当时台湾地区领导人马英九建议编写出版的《中华大辞典》有一定的借鉴作用。

(2)《汉语教与学词典》(跟王绍新双主编,商务印书馆,2011 年)。其特色在于,尽可能从外国学生的角度考虑来进行编写,所以,特别注重针对外国人可能产生的问题对症下药,实用性强,针对性强,对比性强。

(3)《汉语口语词词典》(主编,商务印书馆,2012 年)。这是一本颇具特点的词典,与众不同的主要有三个方面:1)只收录汉语口语词,这就弥补了一般教学主要学习书面语词的不足。2)特设"提示""附说""比较"栏目进行对比与辨析。3)例句丰富实用、贴近生活、有趣实用。

应该说,这三本辞典,牢牢地奠定了施光亨君在汉语学术界,尤其在对外汉语教学界的地位。我为有这么一位出色的师兄感到由衷的骄傲。

四、一 门 三 杰

师兄不仅自己学问好,教学做得出色,而且他也很幸运,因为他拥有一位聪慧能干的夫人王绍新教授。她是施兄的同窗学妹,两位一起就学,同时毕业,携手进修,从事一样的对外汉语教学,风风雨雨一路走来,写书教学,并肩挺进,这是何等的幸运! 何等的欢乐!我这位师姐话不多,但是往往很是到位,字字句句都能给人亲切温馨的感觉,尤其是当师兄承担起繁重的词典编写工作时,她在坚持教学工作的同时,毅然决然挑起了家里所有的杂事,而且一直保持乐观开朗和敬业的状态。她在近代汉语,尤其在量词、语气词研究方面也很有造诣。

不仅仅如此,师兄还后继有人,他的独女施正宇耳濡目染,自小就对学习语言和研究语言有强烈的兴趣。她从北京师范大学中文系毕业后就开始进入语言学界,并且长期从事国际汉语教学,在汉字、词汇、词典编写等方面颇有建树,可谓继承了父辈的事业,现在也是北京大学的教授了。

一门三杰!拥妻如此优秀,有女这般出色,施兄在天街漫步时也应该感到欣慰了。

人固有一死,只要为人类作出一定的贡献,为家庭、为亲人、为朋友、为大家做了好事的,我们都应该纪念他。施兄活得很有价值,他不仅活在他的亲人心中,也永远活在我们心中!

于暨南大学明湖苑

2021 年 11 月 24 日

点点滴滴忆恩师　淅淅沥沥沐甘霖

——为纪念王维贤先生一百周年诞辰而作

今天我们来到秀丽如画的西子湖畔,隆重纪念著名语言学家王维贤先生诞辰一百周年。我,作为王先生的开门弟子,作为他老人家的衣钵传人,百感交集,深感幸运、激动、自豪。

整整一百年前,王先生诞生在北京郊区,并且长在北京,学在北京。后来一直工作在浙江,在杭州,在钱塘江畔。大运河的滔滔河水把王先生的一生南北串联起来了! 我感到特别幸运的是,我不仅跟随王先生攻读研究生三年,而且跟他老人家还是北京大学的校友。

关于王先生在学术研究,尤其在汉语语法研究、逻辑研究、研究生教学、语言学科建设等方方面面的杰出成就,我这里就不细说了。借此机会,我想回顾一下我跟王先生从认识到成为他的学生的点滴往事,从中可以感悟到他人格的伟大和学术的精湛。

一、审阅习作,一言定音

1978 年初春,全国改革开放的形势一片大好,大学已经恢复招考,77 级大学生正在准备入学。我当时还在浙西的浦江县文化馆担任文艺组组长,主持全馆工作(原馆长在打倒"四人帮"之后担任浦江县宣传部部长)。我也已经蠢蠢欲动,千方百计希望离开下放工作了八年之久的浦江县,争取能够继续从事语言学研究和教学,并且联系上了杭州大学中文系。为此,我还特地提交了我在北京大学上学时写的方言课程作业《上海方言的后缀"头"》(导师是著名方言学家袁家骅先生),后来才得知这一习作正是王维贤先生审阅的,并且明确表了态,评语就是四个字"已经入门"。这一评语促成了杭大中文系领导决定批准我调进中文系工作,并且已经约我谈话询问有关情况。可以这样说:未入师门,已承师恩。

二、考研求学,一波三折

就在这时,突然从北京传来一个惊人的好消息:国家计划招考研究生了! 杭大中文系的领导说,你一边搞调动,一边考研究生,这样双管齐下,确保成功。我知道,这实际上也是中文系在考验我的实力。当时母校北京大学中文系的老师也来信鼓励我考回去,权衡再三,我决定报考杭州大学的现代汉语语法研究生,导师就是王维贤教授。

初试是在县里考的,浦江县一共有13位应试。后来有杭州的朋友带口信来说,这次初试的成绩,我排名只是第三名,但是现代汉语专业研究生只招两名。尽管如此,我还是获得了复试的资格。当时我面临的形势相当严峻,看来必须全力以赴拼掉一个对手才有希望录取。因此,整个酷暑我都在紧张备考,连午觉都不睡。我可不希望给母校北大丢脸哦!那天中午,我正在专心看书,突然楼下有人大声叫我,探头一看,原来是杭大中文系的一位浦江籍老师,叫李遵进,他回家探亲,给我带来了一个喜出望外的好消息。原来那个所谓"排名第三"是中文系各个专业全部考生的总排名,我们专业排名,我应该是第一名。当我听到这一消息,马上就说:"不看书了,走!喝酒去!"

盛夏面试时,我第一次见到了王先生,他高高的个子,面容清癯,精神抖擞。给人的感觉是正气凛然,说话却和风细雨、和蔼可亲。尤其是他一口熟悉、标准的京腔,让人感到无比亲切。主持复试的老师,我记得是王维贤、倪宝元、傅国通三位。面试相当顺利,临结束时,王先生忽然亲切地问道:"你最近在做些什么研究啊?"我说:"打算摸一摸现代汉语的拟声词。"王先生微微一笑说:"那好哇,回去后你不要停止,做好了以后给我看看。"我连声回答:"当然!当然!"当我走出考场,心里就想:"看来这次是肯定录取了。"你想,如果不打算录取我,为什么王先生还要催促我去继续研究呢?这句话背后的潜台词信息量好大啊!不就是旁敲侧击在暗示我:你已经被录取了!

可以这样说,尽管我大学读的是语言专业,但是命运之神却把我分配去了文化部艺术局,乃至文化馆从事文艺创作和管理,如果不是王先生录取了我为研究生,我也许就真的搞文艺了,也许就从政了,或者从商了,就不可能踏上我热爱的汉语研究这一条康庄大道了!所以,我真正体会到:师恩重如山!先生这一决定,顿时改变了我的人生轨迹!

三、初访恩师,平易近人

当年金秋10月,我准时到杭州大学报到,并第一时间到王先生家里正式拜师。记得那时他还住在南校门对面的杭大教工宿舍。开门的是一位端庄、清瘦的女老师。我猜,她一定就是王先生的夫人,我师母,丰子恺的侄女儿丰先生。果然是!丰先生热情接待了我,接着我就看到了从厨房里走出来的王先生,原来他正在炸油条!油条炸得金黄饱满,哈哈哈!王先生竟然还能下厨!我第一次登门拜访,当场就尝到了王先生亲手炸出来的新鲜油条,口福不浅啊!这次初访谈点什么已经记不大清了,但是,王先生平易近人、亲自下厨的形象却给我留下了难以磨灭的深刻印象。当然,那根油条可能也是我这一辈子吃过的最美味的油条了!

四、一言开窍，受益无穷

从中学到大学，由于历史的原因，我一直学的是俄语，考研究生理所当然也是考的俄语。但是，在复试时，王先生有意无意地问起我的外语情况，我如实回答，不料他忽然提醒说，做语言学研究，不懂英语可能有麻烦。我一激灵，怎么办？难不成30多岁了还改学英语？心里真的好纠结。从考场出来，我思前想后，反复掂量，终于领悟了王先生这一非常关键且很有远见的点拨。我一回到上海，就买了中学生的英语课本，从ABC学起，再找来许多英语教材对比着自学。当时我有半个月的休假，几乎全部精力就放在英语的自学上。结果，当入学时，我断然放弃了俄语学习，而进了大学生本科的英语初级班，接着跳到高级班，一年后转到研究生班，并且通过了考试。说实话，我的英语口语真的不行，但是考英语笔试，特别是英译中，那还是我的强项，因为我写作能力和理解能力还可以。后来我晋升教授时需要考英语，居然还考了80多分！

王先生平平常常的一句提醒，我听懂了，而且照着做了，事实证明，在语法研究需要时，你必须能够读懂英文原版；特别是我到香港工作或到英国和美国做学术交流时，三脚猫英语口语也还是有点用处的。

五、创新研究，精心育人

老话说："君子之交淡如水。"王先生的为人就体现出这样的风格，淡淡的，静静的，绵绵的，却处处显示出他闪光的品质与魅力！我那时几乎每周都要去他家汇报至少一次，当然主要是说说自己阅读语言学论著后的各种体会，还有关于自己研究课题的一些粗浅看法。先生往往话语不多，却很中肯。他不大表达比较极端的言论，常常是启发式的点拨，让你自己去思考，去得出结论。我记得他最喜欢说的是：你的观点，别人也许不同意，那没有关系，只要能够自圆其说，你自己一定要坚持，不要轻易放弃。

他的思路相当开阔，把语法跟逻辑紧密结合起来研究，对语义关系相当重视，在复句研究方面自成一家！话不多，但是很到位。记得他那时正在写关于"省略"的论文，他说"省略"实际上也有三种类型：句法上的、语义上的、语用上的。这样就打开了我们固有的思路，豁然开朗！原来，应该有不同性质的省略，按我理解，语用交际中才算是真正的省略，语义上呢，可能是隐含，句法上则是空位。这样就把许多原先纠缠在一起的问题分清楚了。

毕业前夕，我正在写一篇论文，是对我大学老师朱德熙先生的论文提出一些修补意见,题目是"'在黑板上写字'及其变换句式",我心里没有底,朱先生是大家、名家,我的看法到底站不站得住脚呢?我就请王先生审阅把把关。先生看完了说:"很好啊!有自己独到的看法。"他的肯定给了我勇气,这样我就大胆投寄给《语言教学与研究》编辑部,结果在陆俭明老师审阅、朱德熙先生首肯下顺利发表了。加上我最早研究的《拟声词初探》,在那家杂志一下子连发两篇论文,这些都离不开王先生的支持和鼓励。

六、十年一剑,师恩如山

《汉语语法学史稿》算是我的成名作了,1991 年由上海教育出版社出版(后改由商务印书馆出增订本),胡裕树先生写的序,并获得首届全国高等学校人文社会科学研究优秀成果奖著作类二等奖,还得到吕叔湘先生的表彰。这部著作的起因、写作过程乃至最终获奖都跟王先生息息相关。可以说,是在先生一步步的指导和帮助下完成的。

1981 年初,有一次我去王先生家,无意之中发现案头有厚厚的一本油印著作,题目是《汉语语法学史》,作者为马松亭先生(山东大学)。我喜出望外,就向王先生借来这本书,仔细拜读后,发现该书材料丰富,内容翔实,很有意思。可惜述而不作,更像一本资料集,缺少作者自己的观点和评价。而我呢,由于在北大本科读的是语言专业,尤其是从王力、朱德熙几位先生那里学到了一点儿分析方法,对汉语语法学界不少学者,以及许多论著的背景或来龙去脉有所了解。我突发奇想,我是不是也可以写一本这样的史书呢?不仅仅因为我比较了解汉语语法学界的南北两派,年龄又恰好处于老中青之间。我把这一想法向王先生汇报了,没想到,他非常欣赏,马上肯定了我这一计划,并且说:"你们年轻人,比较敢想敢说,要在历史发展、人物评价、理论建构上多下功夫。"初稿出来后,王先生还应我的要求审阅了前半部,并提出了不少宝贵的修改意见。

坦率地说,正是由于王先生的启发和鞭策,这本书才有可能问世;没有王先生和胡裕树先生的支持和力挺,我也不可能多次获奖。先生之恩,山高水长。

七、倾心指导,通情放人

我的硕士论文题目是"把字句及其变换句式",题目很早就定了,因为触及当时的研究热点,王先生觉得很有新意,我也是信心满满。由于我们是新时期第一届硕士研究生毕业,论文答辩需要找一个研究生做全校的试点。王先生临时把我找去,问我敢不敢第一个答辩?我想,我不能辜负了先生的期望,便一口应承下来。答辩时,大会议室坐满了人,还有许多外系的,甚至于外校的代表来旁听。答辩委员会主席是蒋礼鸿先生,他在答辩会上,提出论文中有两个把字句的变换式不知道是不是能说?因为我们都是南方人,语感上不敢断然下结论。结果没想到,王先生第一个站起来表态:能说!他是地地道道的北京人,他认为能说,一锤定音,全场没有任何异议。最后答辩顺利结束,论文获评优秀,并且由论文主审胡裕树先生和王先生联名推荐收入《研究生论文集》。我明白,这篇毕业论文能够如此顺利完成并通过,确确实实是倾注着王先生满满的心血和期望的。

本来,王先生早就决定让我留校的,我也可以说是正中下怀。但是人算不如天算,1979年底我太太工作调动先行回到了上海,这样一来,我就非回上海不可了。我当时联系了华东师范大学,并且得到校方的批准。

当我去找王先生汇报这件事时,真的忐忑不安,深感自己辜负了王先生的栽培,对不起先生的一片好意。我把前因后果如实做了汇报。没想到,王先生竟然毫不为难满口应承,而且还表示祝贺:"你回上海,是一件好事,不但解决了你夫妻长期分居的困境,还能够回到阔别二十年的上海去孝顺父母,而且进入著名的华东师范大学,有了一个可以一展身手的更为广阔的天地!"先生如此通情达理,如此为我设身处地地考虑,让我感动万分。知我者,王维贤先生也。最后,经过曲折的努力,我终于如愿以偿回到了上海,并踏进了华东师大的大门。

我深深地感谢先生,感谢他的悉心理解和博大胸怀。我也感到遗憾和自责,因为没有能够留校尽到开门弟子的责任。

八、学术天地,师徒联袂

王先生长期担任浙江省语言学会会长,我跟随他参加了好几次年会,去过台州,到过厦门,来过上海,还一起聚汇在我的故乡宁波,大开眼界,很长见识。印象最深的是三次会议:一是1988年语言研究所举办的语法讨论会在北京槐树林举行,王先生率领浙江团队一行十余人出席,独领风骚,蔚为大观,我也忝列该会,有幸跟朱德熙先生以及王先生合影留念。二是1990年我开始接手主办"现代汉语语法研讨会",第二届在华东师大,第四届在安徽师大,我都特邀王先生作为嘉宾出席并且发表学术演讲。三是1992年中国语言学会年会在北京语言文化大学举办,尤其让人感到兴奋和激动的是,开幕式后的大会报告,第一个是我们王先生,第二个是南开大学的马庆株先生,第三个就是我。先生和我先后登台演讲,我感到无上光荣!不仅如此,会后,北京大学中文系还热情邀请先生和我去讲学。我亦步亦趋跟在先生后面,欣喜地踏进了燕园,来到了中文系的五院。我深知,这一切都是沾了王先生的光,师徒二人,齐回母校北大,同台演讲,成为了一段学界佳话。

1998年,中国语言学会年会在杭州华北饭店举行,王先生全程操办会议,给学界留下极为深刻的印象,浙江省的语言学同仁在全国性会议上展现了自己杰出的形象。对学科建设、学会建设,王先生作出了自己独特的奉献。

到了21世纪的2005年,"第三届现代汉语语法国际研讨会"在金华的浙江师范大学举办,王先生应张先亮教授和我的邀请也出席了,而且跟我的十几个博士生合影留念! 年轻学子终于见到了他们的祖师爷。那天,先生精神舒朗,笑容满面,兴致勃勃。他看到我招收了那么多的博士生,感慨着语言学事业后继有人,看得出来,他是打心眼里为我感到高兴。

九、深深依恋,山高水长

2007年我们同门举办了王先生八十五大寿庆典,我的师弟师妹们齐聚一堂,能来的都来了! 与会的还有张斌、胡明扬、陆俭明、范开泰等先生,还有王先生的很多朋友,包括逻辑学界的先生以及教研室的同事。同学们在会上倾诉了自己对先生感恩的真情实感,意真真,情切切。下午我们聚集在西子湖畔,一边欣赏西湖美景,一边交流我们这些年的变化和发展,还拍了好多照片留作永恒的纪念。

2008年夏,我携太太到杭州,由先生的关门弟子彭利贞陪同,专程去探望先生和师母丰先生。那时他们刚刚从体育场路搬迁到紫金港校区新居,三房两厅,居住条件大为改观,只是房间里显得空空落落的,王先生也明显见老了,但好在精神状态还不错。我们兴致勃勃,侃侃而谈。我向先生汇报了在广州暨南大学这几年的工作情况,说起我接任了广东省中国语言学会会长的事,我开玩笑地说:"记得您当年是浙江省语言学会会长,我们还都担任过中国语言学会常务理事,我们师生同命啊!"他禁不住哈哈大笑起来。对我说的事情,他听得津津有味,还不断询问,兴趣盎然。我偶然眼神一瞥,发现门口放着一双棕色的旧皮鞋,好像是那年王先生到华东师大做客时,我孝敬他的。没想到,这么多年过去了,他居然还穿着! 我心里猛地一颤! 先生好节约呀! 好念旧啊! 我想应该马上给他再买一双新的! 我立即下楼四处寻找,但是,跑遍了浙大校园里的各家商店,居然找不到卖鞋的! 我心里暗自决定,下次来一定要带一双国际名牌皮鞋给先生,但是没料到,2009年,先生猝然谢世! 我这一念想,成为永远的遗憾!

十、承前启后,追梦汉语

王先生是1922年11月出生的,当下正好是2022年11月。整整一百年! 在这值得纪念的日子里,我们不但要回顾先生辛勤而杰出的一生,还要继承老人家的遗志,在中国语言学这块沃土上继续耕耘,为实现汉语走向世界,汉语研究登上国际舞台,汉语应用服务于全人类这一"汉语梦",作出自己的奉献! 作为他老人家的开门大弟子,我和我的师弟师妹们永远怀念我们的恩师。桃李不言,下自成蹊;高山仰止,景行行止。

于杭州华北饭店

2022 年 11 月 12 日

路在脚下　志在高山
——为缅怀邢福义先生而作

20 世纪 80—90 年代,中国汉语语法学界迎来了改革开放的春风,万物复苏,欣欣向荣,学术氛围相当活跃,新的研究成果如喷泉般冒出来浸润着中华大地,并且涌现出一批杰出的中年语法学家,他们的代表人物,俗称"南邢(福义)北陆(俭明)"。

邢福义先生的为人与学问,是有口皆碑的。他对中国语言学的贡献,尤其在现代汉语语法研究上的成就也是载入史册的。他入选第一批"著名中年语言学家自选集"名单以及"现代汉语语法八大家",确实是实至名归。

我尽管没有这个荣幸成为邢老师的入门弟子,但是,我时时刻刻感受到邢先生对我的厚爱与提携。我跟邢先生交往甚久,邢先生深知我,我也敬佩邢先生。每年新春第一天,我总是早上就打电话去问候,电话一通,邢先生一听出是我的声音,总会惊喜而亲切地叫起来:"哦!是敬敏啊!新年快乐!"无奈这三年,由于新冠肆虐,我已经好几年没去武汉了。记得 2021 年新年我给邢先生打电话问候,让我吃惊的是,他不但辨不出我的声音,而且似乎记忆力也衰退了。我好心酸啊!更不曾想到,2023 年的 2 月 6 日,邢先生撒手西去,永远永远地离开了我们,也告别了奉献一生的语言学事业。痛哉惜也!想起我跟邢先生的几十年的交往,情深谊长,令人难忘,不禁潸然泪下。

一、未见其人,先闻其声

我真正见到邢先生本人,其实并不太早,应该是在 1986 年 9 月武汉桂子山上。但在此之前,我早就拜读过他的论著,这可能就是"未见其人,先闻其声"了。

最早可以追溯到 1981 年我在杭州大学写硕士论文期间,因为碰到词性辨析的难题,我的恩师王维贤先生推荐了邢老师刚刚出版的《词类辨难》(1980),篇幅不长,却相当精彩。阅读这部著作,好像有在迷宫里找到出路后豁然开朗之感。原来词类的辨析还有这么多的角度、方法、理论,绝对不能搞"一刀切""硬碰硬"。真是大开眼界!邢先生在华中师大,我毕业后分配到华东师大,都属于师范院校系列。这下,就让我格外注意起这位"共饮长江水"的杰出中年学者了。

80年代初期,汉语语法学界轰轰烈烈地开展了"析句方法"大讨论,这实际上是结构主义学派跟传统语法学派的交锋。许多学者发表了自己的看法。突然,我发现一篇署名"华萍"的论文写得特别到位,有理有据,思路清晰,逻辑性特强,题目是《论暂拟汉语教学语法系统》(《中国语文》,1981年第2期),从科学性、一贯性、实用性三个角度进行了剖析,读起来特别解渴。开始不知道这位先生是何方高手,后来请教了胡裕树先生,才得知原来就是我久仰的邢福义先生的笔名。这场大辩论,我们至今记忆犹新,邢先生那篇文章可谓当时的代表作之一,给学界留下深刻的印象。

没料到,才几年工夫,邢先生又一次让我们"惊艳"。他的《复句关系词语》(1995)问世。从词类到单句,从单句再到复句,邢先生的研究是一步一个脚印,踏地有痕,路是越走越宽,而且步步向上。我那时刚刚迈进语法研究殿堂的门槛,如饥似渴地在学习,在探索,在思考,也做了一些评论。邢先生这"三部曲",给我留下极其深刻的印象,也让我渴望有机会能够拜见邢先生向他当面请教。

二、提携后进,指点江山

1986年9月初,萧国政、李宇明和徐杰,这三位邢老师的开门弟子,发起组织了"首届现代汉语语法研讨会(青年)"。那是我第一次参加全国性的语言学会议,我们中文系领导很是支持,批准我直飞武汉,这也是我生平第一次搭乘飞机。套用一句双关语,就是从这一飞开始,在语言学事业上我算是起飞了。

这是第一次由汉语语法学界青年学子主办并唱主角的盛会,是借鉴了吕叔湘和朱德熙创导的语言研究所主办的中年语法学家讨论会而举办的青年一代的盛会,聚集了全国各高校上百名的青年才俊,绝对是个意义重大的创举。他们多数是新时期刚刚获得硕士学位或还在攻读学位的年轻人,朝气蓬勃,雄心勃勃,充满理想,浑身冒劲。

会议开始前夜,国政和宇明作为主办方专程来招待所找我,说是希望我明天在开幕式上能代表全体与会的青年代表发个言。我这个人胆子比较小,做人也比较低调,而且自问有何德何能可以做"代表的代表"在开幕式上发言呢?因此我婉言拒绝,态度很是坚决。两位老兄劝了半天,我还是不愿松口。因为我有点儿私心,知道我北大就学时的老师朱德熙先生要来参会,还有许多语言学界的中年学者到会,例如陈章太、龚千炎、饶长溶、于根元等。我怕自己言多必失,不求有功但求无过。最后,萧李两位无奈,只好拿出撒手锏来了,坦率地说:"你是邢老师亲自点名的,千万不要再推辞了!"说心里话,一听说是邢老师的点将,我马上就服软了。正是出于对邢先生的敬佩与尊重,我应该也必须应承下来。第二天开幕式上,邢老师的开幕词是"务实求新,继往开来",说出了中年学者对语法学科发展的憧憬,也发出了对我们年轻一代殷切的企盼:"我们年轻的一代,一定要接好前辈学者们传递下来的接力棒,虚心学习,脚踏实地做研究工作,同时勇于创新,善于发现问题和解决问题,敢于涉足无人问津的领域,创造新的风格,形成自己的学术特点。"

我的发言重点表达了"创新"与"务实"的决心,传达了希望老中青三代人加强"对话""沟通""合作"的良好愿望。当我发言完毕后,在台上的朱德熙先生频频点头表示首肯,尤其让我感动的是邢先生,他连声说"很好,很好!"还亲热地拍拍我的肩膀以示鼓励。那天实际上也是我第一次见到邢老师,承蒙他的厚爱,点名让我在开幕式上发言,也正因为有这一契机,从此开始了我跟这一现代汉语语法研讨会的长达数十年的紧密合作和联系。

三、展望未来,引领潮流

说起邢先生跟这个年青一代语法研讨会的关系,真是源远流长,息息相通。第一届语法研讨会,邢先生是当仁不让的创导者。以后几届都是沿着长江而动,先后在华东师大(1990)、南京师大(1992)、安徽师大(1994)举办。邢先生本来打算参加安徽会议的,因为有事无法亲临指导,还特地写了贺信表示支持,标题是"对于未来我们充满信心"。该文最关键的一点就是:从战略的眼光提出建立"学派"的三个基本条件:"其一,有自己的学术领地,提出标志性的理论和主张;其二,有鲜明的治学特点,形成一套自己的研究方法;其三,有良好的学风,形成一支富有活力的队伍。"这三点,其实这些年来,邢先生一直在努力地实践着,因而在华中师范大学开始组成了自己的学术梯队,形成了自己独特的学术风格和学派意识。

本来大家商定第五届在北京大学举办,由沈阳具体负责。由于我跟沈阳当时正好在香港城市大学访学,看来无法按照原计划在北大举行了。我们就想请华中师大救急,跟萧兄商量,看这次会议能不能请他们承办,下一届再由北大来办。结果国政兄请了邢先生,邢先生一口答应,我们这才如释重负。终于,1996 年的初冬,第五届研讨会如期在桂子山举行。记得邢先生的开幕词是"面对更新的未来",他深情地说:"学术事业的发展,犹如万里长江,前浪引后浪,后浪推前浪,永远翻滚奔流。"而"青年学者,充满着朝气,充满着创造力,他们的加入保证了我们的事业能够继往开来"。他还特别提出两个要点:第一,"人类历史发展的总背景,决定了语言学者面临越来越多的双语双方言、多语多方言的研究课题"。第二,"汉语学习和研究的国际化,对外汉语教学工作的迅速发展和巨大成就,在相当大的程度上吸引着大家的注意力,有关的研究项目成了汉语语言学研究工作的一个重要的组成部分"。邢先生这些见解相当超前,指引了我们的汉语语法研究发展的方向。

进入 21 世纪后,在邢先生的引领下,华中师大语言学科又创办了专题性的语法国际研讨会。2001 年第一届的主题是"动词重叠",非常有针对性,议题集中,很有收获。这些年来,我只要有机会就积极报名参加,2003 年的第二届"被动表述问题"、2005 年的第四届"动词与宾语"、2009 年的第六届"句子功能"、2014 年的"词类问题"、2016 年的"句式语义"、2022年的"语气与情态"(线上),我应该都参与了。

世纪之交,全国形势大好,现代化的步伐加速,正如邢先生提倡的,我们的汉语语法研究必须走向世界,因此,原先的青年语法研讨会正式改名为"现代汉语语法国际研讨会"。2001年,我当时正在香港商务印书馆工作,就跟徐烈炯先生合作,在香港城市大学举办了"第一届现代汉语语法国际研讨会"。记忆特别深刻的是,邢福义先生和陆俭明先生两位都欣然到会,并肩而坐且谈笑风生,我特别高兴的是为他俩在会场上拍了照,在这极其珍贵的一瞬间,留下了最最难忘的记忆。

四、独具只眼,拨散云雾

其实,除了年轻一代的语法研讨会,我们有更多的接触机会是在语言研究所举办的汉语语法讨论会上。1986年10月北京西山八大处,那是我第一次有幸参加了中年汉语语法讨论会。在这个会议上,我第二次见到了邢先生,而且真正有机会近距离地接触、交谈、了解。他的温文尔雅,他的敏锐眼光,他的谈笑风生,他的真知灼见,都给我留下了深刻的印象。而且幸运的是,吕叔湘先生和我们全体与会代表,包括邢先生跟我合影留念,成为永恒的纪念。那时邢先生应该是51岁,正是做学问出成果的最佳岁月,看到他英姿勃发,侃侃而谈,你会觉得做学问是一种享受,一种乐趣。

不过,邢先生给我留下印象最深刻的发言,当数1991年3月在北京五道口清华园宾馆举办的高层次"语法研究座谈会"上,这是由国家汉办牵头,《世界汉语教学》《语言教学与研究》两家杂志联手主办的,主题是"八十年代与九十年代的中国现代汉语语法研究"。出席的领导有程棠和张德鑫等,参会代表是点名邀请的,以中老年语法学家为主:林焘、胡明扬、王还、徐通锵、陆俭明、邢福义、吕必松、李临定、徐枢、龚千炎、史有为、廖秋忠、范开泰、我。还有北语的部分老师列席:赵淑华、吕文华、鲁健骥、陈亚川、郑懿德、赵永新等。会议第一天先是回顾历史,中年语法学家自称是"先天不足,后天失调"。对比王力、吕叔湘和朱德熙、胡裕树、张斌等老一辈学者,感到差距甚大,而且十年动乱,明显后继乏人。第一天的悲观情绪相当弥漫,大家觉得前途茫茫,有点灰心丧气。

没料到,第二天一开场就是邢福义先生第一个发言,他指出,一代人有一代人的特点和追求,也会形成他们自己的特色。我们完全不必担心和丧气!仿佛一阵春风扑面而来,吹散了漫天的迷雾。整个会场的气氛瞬间就变了!接下来的发言,大家一改昨天的垂头丧气,不仅总结了1978年以来所取得的成就,而且对未来充满了信心。说心里话,长期以来,我对邢老师的印象就很好,这次聆听他的这段发言,让我不能不佩服!他真的是独具只眼,有思想,有勇气,有胆略。什么是"大家"?这就是,这才是,这肯定是!关键时刻能够力挽狂澜,拨开迷雾,指明方向!

五、恩重如山,毕生难忘

说心里话,邢先生对我帮助极大,处处提携,恩重如山,让我毕生难忘。最让我感动的有三件事。

第一,1995年我在贵阳参加完第八届中国语言学会年会后,和吴继光博士携韩国研究生文贞惠,借道重庆搭乘长江轮船,沿着三峡直达武汉。因为时间紧迫赶着换乘飞机回上海,所以没有能去华中师大看望邢先生,只是在飞机场给他打了个电话问安。邢先生非常高兴,并祝贺拙著《汉语语法学史稿》刚刚获得了教育部首届全国高等学校人文社会科学研究优秀成果奖著作类二等奖。我深知,这一获奖除了吕叔湘先生的厚爱,邢福义先生大力推荐也是极为重要的因素。

第二,21世纪初,我新写的《新时期汉语语法学史》即将由商务印书馆出版,我就请陆俭明和邢福义两位先生写序。两位先生的序言都很精彩。邢先生的文章提纲挈领,一针见血。他先是概括为三句话:第一句:我振奋于新时期汉语语法学界的"三多"。一为学术活动多。其盛况,前所未有。二为人才迭现多。"江山代有人才出",人才的迭出是学科兴旺发达的保证。三为成果产出多。琳琅满目,五光十色,令人目不暇接。"横看成岭侧成峰,远近高低各不同"。第二句:我赞叹作者的"三力"。一为穿透力。学术穿透力,来自学术感悟之灵利和学术眼光之敏锐。二为概括力。学术概括力,来自学术根底之厚实和逻辑思维之畅达。三为涵容力。学术涵容力,来自学术视野之宽大和治学襟怀之广阔。第三句:我同意作者"存在问题和缺陷"的判断。最后,邢先生语重心长地指出,做学问难,做学问的学问,尤其难。邢先生的这些话,句句说到我的心坎上,知我者,邢福义先生也。

第三,1999年当邢先生团队申请到教育部基地"语言学与语言教育研究中心"时,我有幸跟戴庆厦、张振兴、马庆株等先生成为该中心的首届学术委员。在中心的会议室里,当我接过邢先生亲手颁发给我的证书时,我满怀感激之情,这是对我的信任与鞭策,我由衷地感谢邢先生的厚爱。2004年《汉语学报》杂志创刊,我也担任了编委,更是积极的投稿者。暨南大学老一辈的詹伯慧先生当年跟邢福义先生的感情就特别深厚,到了我们这一辈,我们跟邢先生的弟子李宇明、萧国政、徐杰、汪国胜、李向农、吴继光、储泽祥等等,多年来都是互相支持,南北呼应,情长谊深,亲如一家。这是多么可贵的情谊啊!

六、战略眼光,见解独到

邢先生属于有战略眼光的学者,而且不落俗套,是开创型的学者。他一直希望,不仅希望,还在实践,希望建立具有中国特色的语法学理论。邢先生做学问的特点,首先在于对全局具有开阔和超前的战略眼光,不是小打小闹,不是孤军作战,不是局限在一个学校一个专业,而是具有大格局气魄。其次是对汉语语法研究体现出深刻的思路,不是人云亦云,追赶潮流,而是具有自己独到的见解,提出自己别具一格的看法。而且身体力行,用自己的研究和活动,带领整个团队勇往直前。

他的研究主攻汉语语法,而且很有层次,很有自己的创见。他先后出版了五本论文集,形成一个系列:《汉语语法探讨集》(1986)、《汉语语法发掘集》(1992)、《汉语语法思索集》(1996)、《语法问题追踪集》(2008)、《汉语语法献疑集》(2013)。从探讨问题到发掘规律,再从思索理论到贡献疑题,一步步在攀登,在前进,在升华。这大体上反映了他的整个研究历程。正如作者自己所说:"'探→掘→思→追'反映思维发展的前进轨迹,标示求知历程的延展线索。"

其一,他以"小句中枢"为核心思想,建立起一个比较完整的语法框架,即主张从小句出发来观察汉语的语法。并提出"小句的成活率、包容律、联接律",接着是"小句构件",包括词类和短语。最后才是"小句联接"(即复句和句群)。这样就把词类研究、句法研究、复句研究在"小句中枢"的旗帜下有机地组织起来了。

其二,提出"两个三角"学说。大三角是"普—方—古",主张以方证普,以古证今,即提倡在研究普通话时,要横看方言,上看古代汉语。小三角指"语里—语表—语值",主张在"表里辨察"的基础上"考究语值"。

其三,提倡两个沟通。一是自然语言研究内部的沟通,即语法研究跟语音研究、词汇研究、语用研究、逻辑研究、文化学研究等沟通,进行跨界性研究;二是自然语言研究跟计算机应用研究沟通,即语法的本体研究必须跟计算机技术结合,适应计算机应用的需要。

其四,提出了一系列别具一格的方法论,例如归纳出词类辨析的三个方法:"直接判定法""排他法"和"类比法"。再如关于复句的语义关系具有二重性,既反映客观实际,又反映主观视点,而且主观视点是第一位的起主导作用的因素。还有在句子结构分析的基础上揭示出"结构的分层向核性"以及"动词核心,名词赋格"的特性。

其五,主攻复句研究,而且是紧密结合逻辑的复句研究,代表作是《汉语复句研究》,标志着我国复句研究的最高水平。提出分类的原则是"从关系出发,用标志控制",要求分类原则必须具有同一性和彻底性,分类结果必须具有切实性和全面性。

其六,邢先生做学问不局限于国内,而具有国际视野。他很早就开始关注华语在全世界的传播,不但把自己的得意学生派出去攻读博士学位,学习现代语言学最新理论,还广交海外学术界朋友,例如美国夏威夷大学的李英哲教授、新加坡的周清海教授等。他还主持了国家社科重大项目"全球华语语法研究",已经或即将出版中国香港卷、中国台湾卷以及马来西亚卷等,在全球华语界产生了相当大的影响。正是受到邢先生这一课题的启迪,我也于2016年申报到了国家社科重大课题"境外汉语语法学史及数据库建设",我从内心里感谢邢先生超人的睿智和独特的眼光。

邢先生是有大智慧的,话不在多,但是很精辟,常常能概括出一些言简意赅、发人深省的名言。这些独到而新颖的见解,实属难能可贵。

例如他总结自己的研究宗旨:思想方法是"吃透两头,留下中间";工作方法是"一点突破,由此及彼";学术研究要"立足事实,提升理论"。研究标准,就是要做到三个充分:"观察充分""描写充分""解释充分"。著书立说则要"尊重事实,讲究文品"。

他还进一步提出要做到三个处理:"处理好人己成果的关系""处理好意见相左的关系""处理好求信存疑的关系",这样才能避免"抄袭""霸道"和"僵化"的恶劣文品。

在研究生培养方面,他提出"亦师亦友,志在高山",对研究生提出三个"着眼点":"进攻意识""研究能力"和"优良学风"。在他的教诲引导下,不少学生已经或即将成长为我国语言学的中坚力量,在全国范围内,甚至在国际上产生了相当的影响。

七、高山仰止,景行行止

我在做语法本体研究的同时,也做汉语语法学史的研究,因此对我国的当代的语法学家有一定的了解和研究,在这些众多语法学家里面,我特别敬佩的是邢福义先生,对他刮目相看。他没有任何特殊背景,既不是名校毕业,更没有名家后盾,他完完全全靠自己几十年如一日的拼搏与钻研,克服了常人难以想象的困难,才攀上学术的顶峰。他是我们平民百姓出身奋斗的一个标杆。我非常理解他的几句发自心扉的名言。第一句是"抬头是山,路在脚下"。意思是眼睛要紧盯着自己的奋斗目标不懈地攀登,而上山的路却要靠自己一步一个脚印地爬上去的。这解决的是目标和行动的关系。第二句是"猪往前拱,鸡向后扒"。意思是如果要奋斗,就必须根据自己的特点来采用不同的途径与方法。绝对不可千人一面,人云亦云。针对的是坚持个人特色的重要意义。第三句是"年年岁岁,春夏秋冬"。既然目标已经确定,那就要坚持不懈,经受住各种考验,心无旁骛。可见成功的关键是"坚持不懈",只有这样,才能取得正果。凡是了解邢先生的人,几乎没有一个不佩服他的。邢先生乐于助人,坚持正义;对自己学生真诚培养,更是学界的口碑。因此,无论做人的人品、做学问的学品,都是我们后辈学习的榜样。

高山仰止,景行行止;桃李不言,下自成蹊。

于暨南大学明湖苑

2023 年 2 月 26 日

秋风秋雨思庆株

国庆期间,我应学生之邀正在中山市的老街追寻孙中山先生的足迹,突闻著名语言学家南开大学马庆株先生病故西去,享年八十一岁。蓦然间,周围灿烂的秋光似乎变得晃晃悠悠,喧闹的笑谈声好像离去很远很轻。尽管早得知马兄近两年身体欠佳,但还是期盼着他能够早日康复,希望还能够一起参会,促膝谈心,携手漫游。现在他竟然真的撒手离去,我真的不能相信,不愿相信!!四十多年似泉水流淌的交情,在这一瞬间化作漫天的秋风秋雨!

一、"南邵北马"同追求

庆株长我两岁,故我必称马兄或老马。我们不仅年龄相近,经历也相仿,有着类似的命运和坎坷:我俩都是 60 年代初的大学生,最重要的,还都是 1978 年恢复高考后的第一届研究生,而且还是同门师兄弟,北京大学中文系的校友。我是 61 年的本科生,受业于王力、朱德熙、陆俭明等先生,马兄则是朱德熙先生招收硕士生的开门弟子。我俩都专攻汉语语法,同时出道,一起成长。他任教于南开大学,我则进入华东师大,所以学界戏称"南邵北马"。风风雨雨四十年,我们一起见证了祖国浴火重生,也同是改革开放的获益者。正因为这样,所以我们特别珍惜彼此真诚的友情。

二、相聚会议几十载

我与马兄初次相识应该是在 1986 年金秋的北京八大处,那是在语言研究所主办的"第四次现代汉语语法讨论会"上,我们俩一见如故,相见恨晚。我提交的论文是《形式与意义四论》,偏重于理论探讨;马兄的论文是《含程度补语的述补结构》,侧重于结构分析。我知道他是朱先生的首届研究生,一门相承,观念接近,因此好感油然而生。从那时起,每次比较重要的语言学会议,尤其是语法研讨会,我俩几乎都能够相聚,这么些年来,记忆比较深刻的就有好多次。

1990 年 5 月华东师大的"第二届现代汉语语法研讨会(青年)",这是我第一次办会,群贤毕至,高朋满座,马兄当然是我们的贵宾之一。会后我们留下了宝贵的合影(还有史有为、戴昭铭两位先生在座),并倾心交谈,交换意见。我对他的动词语义特征研究大加赞赏,后来还跟我的学生朱晓亚合写了书评《动词的多角度、多层次、多渠道研究——评〈汉语动词和动词性结构〉》(原载《中国语文》,1994 年第 6 期),给出了高度评价。

1992 年 7 月我带领三个研究生(周有斌、朱晓亚、张桂宾)专程到南开大学参加"第七次现代汉语语法讨论会",这次会议是由刘叔新和马庆株两位先生操办的。会前,老马就要求我给南开的学生做一次学术报告,我提供几个选题请老马选择,结果他居然选中了两个(疑问句研究、歧义分析)。我说只讲一个就好了,他却破天荒地坚持要我讲两场。他的厚爱让我深为感动。知我者,马兄也。

2007 年 5 月我再次访问天津,参加天津师范大学主办的"继往开来的语言学发展之路"研讨会,会后有幸跟马先生在我下榻的"和平宾馆"畅谈,天南海北,推心置腹,畅所欲言,毫无保留。我们的志向比较接近,学术上的看法也大致一样,尤其欣赏以吕叔湘、朱德熙两位先生为代表的具有中国特色的语言学理论,马兄力推"语义功能语法",我则主张"语义语法",尽管侧重和具体的认识有点差异,但是在主张"语义和形式的互动关系"是语法研究的根本这一点上则是完全一致的。

不仅如此,其实我们俩还有其他不少相同之处,比如说,都追求"务实与理论相结合",都比较注意培养我们的学术梯队,为语法界同行,特别是青年学者提供机会。我这些年一直操办"现代汉语语法国际研讨会"〔前身是"现代汉语语法研讨会(青年)"〕,这个会议从 1986 年以来已经在海内外举办了 18 次。马先生也积极办会,名称叫作"语义功能语法学术研讨会",可能已经举办 9 次了,在学界也产生了很大影响。

可以这么说,我们举办全国性或国际性的语言学会议,多次盛情邀请马先生参加,他睿智的发言和演讲都会给会议增添光彩。特别是 2002 年,我刚刚调动到广州的暨南大学,和詹伯慧老先生发起举办了"第一届语言学高峰论坛",请的都是我国语言学界顶尖学者,其中当然包括马先生。他们的出席,是对我们暨南大学语言学科的支持,也是对我本人的厚爱。

2003 年 10 月,我和马兄参加华中师范大学的"汉语被动表述问题国际学术研讨会"。会后,我俩,还有戴庆厦、张振兴等先生应邢福义主任的邀请,担任刚刚获批的教育部研究基地"华中师范大学语言与语言教育研究中心"的学术委员和兼职教授。

三、最忆英伦十余天

跟马兄在一起时间最长也最值得记忆的,当数 2001 年 9 月了,居然长达十余天!并且是在海外!那次是英国汉语教师学会在牛津大学举办专题会议,由我的老朋友利兹大学的叶步青先生出面,邀请马庆株、萧国政和我三人为英国的汉语教师讲学,并且顺访诺丁汉大学和利兹大学。我们三人汇集在上海的浦东国际机场,一起飞往遥远的伦敦!我们一起讲课,一起回答各种各样的问题,一起就海外的中文教学座谈,又一起参观莎士比亚故居,拜访罗宾汉的故乡,参观《呼啸山庄》电影的背景地;我们还一起漫步在伦敦的"牛津街",在格林尼治天文台,双脚踩在东西半球的分界线。在我们到达利兹大学的那个晚上,正是发生911恐怖袭击那天!我们共同第一时间见证了这历史时刻……这次出国进一步加深了我们三人的情谊,我们的友情在这里得到了升华。

四、三驾马车心相惜

说到老马,不能不说到沈家煊先生。因为2002年安徽教育出版社筹划出版第二套"著名中年语言学家自选集",全国遴选出十位语言学家。其中从事语法研究的,入选的是马庆株、沈家煊和我,俗称"三驾马车"。全国性的现代汉语语法专题会议,我记得我们三人同时出席的真的还不少。

第一次应该是1994年10月在苏州举办的"第八次现代汉语语法讨论会"。我们三位都参加了。2003年9月在鞍山千山举办的"第二届语义功能研讨会",沈家煊先生和我也都应邀参加了,会议讨论不拘一格,给我留下极为深刻的印象。2007年8月,我们三人再次相聚于青海西宁,一起参加"第四届现代汉语语法国际研讨会",我们仨都是40年代出生的,相差各两岁:老马最大,老沈最年轻,本人居中。在会场上,在青海湖畔,在塔尔寺里,我们亲切交谈,交流看法,彼此惺惺相惜,相互支持,这一切似乎都还在眼前!2021年之夏,我们的语法国际研讨会在哈尔滨举行,我特地邀请了马兄和沈兄作为特邀代表莅临指导,马兄尽管年事已高身体欠佳,却还是欣然应承出席。老沈也来了,我们三位也留下好几张珍贵的合影。但是万万没想到,这次聚会竟然是我们最后一面!写到这里,不禁凄然泪下。

五、鞠躬尽瘁成伟业

点点滴滴,思绪如潮。马兄就这么走了,思念之余,我想起一句名言:"人固有一死,或重于泰山,或轻于鸿毛。"一辈子,也就是大几十年的事儿,我们可能无法做到"重于泰山",但是绝对不可"轻于鸿毛"。我们应该尽力而为,为我们的祖国,为我们的人民,为我们热爱的事业,做一些力所能及的好事、善事。马兄就是这样一位"鞠躬尽瘁"的优秀学者。

于暨南大学明湖苑

2023年10月6日

第三章

赠序育人

《现代汉语比较范畴的语义认知基础》序言

1999 年我在华东师范大学招收了第一届现代汉语语法学方向的博士生三名:周有斌、税昌锡和刘焱。刘焱是唯一一名女性,她虽然年龄最小,但是功底扎实,思路敏捷,除了她自己的天赋和后天的努力之外,还要归功于她的母校——徐州师范大学的精心培养。

徐州师范大学中文系的语言学研究,历史悠久,人才辈出。老一辈的廖序东先生,一直是我非常敬仰的语法学家,由于他的言传身教,那里不断培养出一批又一批的语言学家。刘焱的硕士研究生导师张爱民就是其中的佼佼者。她也是我的老朋友了,不但自己学问做得好,而且培养研究生也很有一套经验。许多次,在各类语言学的学术研讨会上,都可以看到张爱民教授忙碌的身影,她带着自己的弟子在认真地聆听、讨论、拜访、座谈……现在许多很有实力、非常活跃的青年语法学家当年都是她的学生。

在这样的学术氛围中,刘焱一定受益匪浅。所以她对平平常常、普普通通的语法现象,表现出一种很好的语感,一种特别的悟性。她年轻聪慧,勤于思索,再加上学习刻苦,博士生阶段的进步是很让我欣慰的。

20 世纪和 21 世纪之交,汉语语法研究呈现出一种"多元"的态势,刘焱善于捕捉最新的研究动向。她除了结构主义语法理论的基本训练之外,在语义研究、功能研究以及认知研究方面都下过大功夫,也可以这样说,她已经初步具备了把这些研究理论融合起来的优势。所以当她决定选取"比较"这个语法语义范畴作为博士论文题目时,我认为她是有独到眼光的。

"比较",首先是个哲学范畴,世界上万物之间,只要有一定联系,就可以构成比较的关系。"比较",也是个认知范畴,我们认识世界,认识人类,认识自己,都需要运用比较这个最基本的方法,在比较中显示异同,在比较中发现真伪,在比较中进行选择。"比较",当然也是一个重要的语法范畴,是语法意义和语法形式相结合的有机的统一体。当我们需要把"比较"的观念、行为和结果,用语言表现出来的时候,就必须借助于"比较"这一特殊的表达形式。可见,从语法学角度来说,"比较"确实是个极为重要的研究课题。

最近若干年来,我的语法研究思想有了比较的大的变化,或者说深化。随着研究的深入,我越来越感到语义在汉语语法研究中具有特殊的重要性。我认为,要建立具有中国特色的语法理论,那就必须把语义作为语法研究的出发点和重点。我主张,语法研究的最终目的不是单一性的,而应该是复合性的,即应该致力于探求语义的决定性、句法的强制性、语用的选择性和认知的解释性。形式和意义是密不可分的,但是由于汉语的特点,汉语的语法形式比较隐蔽,语法形式往往是隐性的,所以尽管语法研究既可以从形式入手,也可以从意义入手,但对汉语来讲,似乎从语义入手更为合适。语义语法的研究内涵极为丰富,包括语义范畴研究、语义角色研究、语义关系研究、语义特征研究、语义指向研究、语义结构研究、语气研究、语态研究等等。刘焱的有关"比较"范畴的研究,在实践这一理论方面交出了一份让人比较满意的答卷。

该书从语义和认知的新角度对比较范畴进行了较为深入的研究,具有重要的理论意义和应用价值。她从描写入手,寻求语义在句法形式上的映射,并力求做到描写和解释相结合;在进行解释时,力求挖掘语用功能背后的认知心理的作用。作者提出"比较"是"语义·句法"范畴,重点分析了比较句的比较项、比较点、比较结果、比较差值等比较范畴的主要构成成分,归纳出了比较范畴的基本语义特征,继而对比较范畴的典型代表——"比"字句和"也"字句、"有"字句进行了全面考察。其中,关于"比"字句谓语项的强制性语义要求、比较项省略与隐含和"也"字句的象似性等问题的探讨尤为出色,不仅开拓了研究的视野,而且具有比较强的解释力。总之,该书运用语义分析和认知理论的研究方法,提出了判断"比较"的语义和形式标准,构建了一个以语义为纲、句法为载体的比较系统,并进行了细致的句法、语义、语用和认知分析,有不少独到的见解,具有研究的前沿性。而且对母语教学、对外汉语教学、中文信息处理等均有一定的指导作用和实践价值。当然这本书稿也还存在一些不足之处:例如对不带比较标记的"比较句"如何进行"语义·句法"的分析尚可做进一步的探讨。

我以为,任何一部学术专著,具体的学术成果固然重要,但更为重要的是在研究方法论上的启示。该书在方法论上告诉我们:

第一,语法研究可以从语义语法范畴入手,结合形式标志对语法规律进行探索。

第二,把同属一个语义范畴的句式联系起来进行综合性的比较研究是切实可行的。

第三,以语义探求形式,就能够比较准确地寻找出句式变化的内在原因。

第四,致力于认知的解释,因此可以得出一些与众不同的深层次的结论。

我非常高兴地看到刘焱的博士论文能够修订后正式出版,我也很乐意为她写下这篇序言。不过,我需要特别叮嘱刘焱的是:希望能够在不远的将来,看到她有新的成果问世。博士生毕业,仅仅意味着刚刚踏进学术的殿堂,前面的路还很长很长,需要我们付出毕生的心血和精力。"不断学习,不断研究,不断创新",这是我的赠言,也是我的期望。

于广州暨南大学

2004 年 6 月 10 日

原文载于刘焱著《现代汉语比较范畴的语义认知基础》,学林出版社,2004 年

《现代汉语选择范畴研究》序

有斌冒着酷暑，专程从淮北赶到上海，给我送来了他在博士论文基础上修改补充而成的书稿《现代汉语选择范畴研究》，抚摩着这本即将诞生的专著，我比任何人都清楚其中的分量、其中的甘苦和其中蕴含的希望。

有斌既是我的第一届硕士研究生，又是我的第一届博士研究生。两个第一届，真是巧极了！用佛教的话来解释，不能不承认这的确是"有缘"。

有斌的专业基础也许不能说是最好的，因为，他实际上只是大专毕业，当年是按照同等学力考取的，在众多考生中能够脱颖而出，这已经是相当不容易了。短短的三年华东师范大学硕士研究生的学习，使他跨上了一个全新的台阶；因为是定向生，1994年毕业以后就回到安徽淮北煤炭师范学院中文系教书，但是他没有安于现状，而是积极准备向更高层次冲击。1999年他一听说我开始招收博士生了，他马上就报了名，并且顺利地被录取了。

有斌有个显著的特点，就是执着。对理想，对事业的执着追求，促使他一旦认准了一个目标，就孜孜不倦地去努力，去拼搏，去争取，不达到目的，决不罢休。他的这股韧劲，了解他的人是没有一个不佩服的。他从对语言学一知半解到现在成为一名语言学博士、一位副教授，应该说付出的代价是巨大的，但是很值得。古话说：十年磨一剑，现在他这把宝剑开始初露锋芒了。

有斌还有个特点，就是勤奋。论基础，他并不比人家好多少，但是他肯下工夫，肯吃苦，肯比人家花更多的时间、更多的精力。这种钻劲也是他的朋友和同学们所佩服的。记得二年级下学期末，他们一届三个博士生进行开题报告，就他的博士论文选题没有马上通过，参加评议的几位教授提出了一些质疑。他急得汗都出来了，好几天吃不下、睡不着，几次打电话或上门跟我谈他自己的新设想。他废寝忘食，另起炉灶，硬是在那个学期结束之前，把论文新选题和提纲确定下来，并且获得教授们的一致好评。

我自从招收博士研究生以来，有个心愿，就是希望让我的博士生们能够把汉语语法中的语义范畴脚踏实地、一个一个地做出来。当年吕叔湘先生的《中国文法要略》开创了汉语语法研究从语义到形式的先河，提出一系列的"语义范畴"和"语义关系"，并且进行了开创性的探讨。现在过去了半个多世纪，我们理应在前人的基础上运用新的理论和方法把"语义范畴"和"语义关系"重新再做一遍，做得更深，做得更好。"选择范畴"就是其中非常重要的一个语义范畴。一个人，除了不能选择自己的出生，一辈子几乎无时无刻不在进行选择。可以毫不夸张地说：人的一生是不断选择的结果。而选择，不仅在语法意义上会有许多类型，而且在形式上也会有许多相对应的表现。对这些，我们还缺乏足够的了解和认识。所以，我非常支持有斌来做这个很有意义的选题。

有斌的研究有新的构想，他跳出以往有关研究不是从"选择复句"入手就是从"疑问选择"着眼的传统做法，改为从语义入手，先寻找句法上的标志，分析其语义上的差别，并且联系上下文语境进行语用分析，进而在认知上作出某些解释。他把选择范畴分为"强势选择""中势选择"和"弱势选择"，从而第一次建立了现代汉语的选择范畴系统。并且他集中对"宁可 A，也不 B""与其 A，不如 B""不是 A，就是 B""或者""要么"以及"是 A，还是 B"等主要格式进行了细腻的分析和比较。这一研究既是对吕叔湘先生从语义到形式研究的继承，又是对当前语义语法研究以及认知语法研究的认同。

从 1999 年到 2001 年，我先后招收了三批博士研究生，也许是受我的影响，他们的博士论文选题，几乎都跟句法结构中的语义研究有着密切的关系。1999 级的三位，除了周有斌之外，税昌锡做的是《论语义指向》，刘焱做的是《汉语语法的比较范畴和认知解释》；2000 级的三位，周静是《现代汉语递进范畴研究》，徐默凡是《现代汉语工具范畴的认知研究》，朱彦是《汉语复合词语义构词法研究》；2001 级的三位，马清华的选题是"并列范畴"，刘雪春决定做"等同范畴"，周红则选择了"致使范畴"。今年我在暨南大学又招收了四名博士生，我希望他们，包括以后的博士研究生也能够沿着这条路走下去。我认为，这是一个非常值得做的研究系列课题，这是座金山、银山，值得挖掘，值得献身。近年来，许多朋友，包括外校不少研究生，对语义范畴和语义关系的研究很有兴趣，并且已经取得若干成果，例如华中师范大学邢福义先生那里，他的好几位博士生就研究了量范畴、方所范畴、工具范畴、时间范畴等等。用一句套话来说，这也许可以叫作"英雄所见略同"。我们要谈理论，要建立理想的语法体系，但是不要忘记，更要做实际的调查研究，做一些扎扎实实的研究课题。我相信，经过若干年的共同努力，我们一定会把汉语里极为复杂的语义范畴和语义关系梳理清楚的。我很高兴，有斌迈出了扎实的这一步，为语义范畴这一研究系列添上了一块砖。

有斌他既然已经选择了语言学作为自己的终身事业，那么，就必须义无反顾地、坚定不移地走下去。这本专著应该说开了个好头，我希望，不久的将来能够看到他的第二部、第三部专著陆续问世。

于广州暨南大学

2003 年 8 月 22 日

原文载于周有斌著《现代汉语选择范畴研究》，广西师范大学出版社，2004 年

《汉语复合词语义构词法研究》序言

朱彦到北京大学中文系做博士后已经一年了,最近听说她的博士论文得到北京市的有关资助,即将出版了。无论是她本人,还是我,都对这个好消息感到非常欣慰。

朱彦来自秀丽的漓江之畔,硕士时读的是现代汉语词汇学,导师是黎良军先生。现在再来读现代汉语语法,不算大改行,也算小小的转向吧。她自认为以前对语法下工夫不太多,在为博士论文准备选题时,曾表示希望要写一篇语法论文。但是我考虑到她的专长和实际的需求,却建议她做构词法研究,而且希望她着重分析词语内部的语义结构,以及一个词语是如何从深层的语义结构变成表层特定形式的。为什么我希望朱彦做构词法这一题目呢? 一方面,虽然我自己的主攻方向是语法,但对词汇研究一直很感兴趣,还主编过一部《HSK 汉语水平考试词典》。更重要的一方面,坦率地说,目前汉语词汇学的研究问题不小,需要引入新的研究思路,需要开拓新的研究途径,特别是需要借鉴汉语语法研究的某些理论与方法来重新认识词语的构成,重新解释词义的结构。

这些年来,我一直致力于汉语语义语法的研究,我认为:在形式与意义这一对范畴中,起决定因素的应该是意义,而不是形式;语法研究虽然既可以从形式入手去寻找意义的验证,也可以从意义入手去寻找形式的验证,但对汉语这样语法形式特殊、形式标志隐蔽的语言来讲,从意义入手也许是更加合适的。在句法结构的语义研究中有大量的课题还没人做,而且非常值得去做,例如语义范畴、语义关系、语义角色、语义特征、语义指向、语义结构等。构词法,既有词汇问题,也有语法问题,更是形式和意义的结合体。以往的研究往往停留在形式层面,似乎指出这是偏正构词那是动宾构词,问题就解决了;其实那样的认识是很浅薄的。虽然这样的分析不能说对理解词语以及它的作用没有一点点帮助,但那显然是极为有限的。我们需要深入到词语,特别是复合词的内部去挖掘词素与词素到底是如何结合起来的,它们的语义结构到底是如何构成的,在一个复杂的语义结构转化为一个固定的词语形式的过程中,哪些因素起到决定性的作用,哪些条件制约着对词素的选择和最后的词语形成。我相信,只有把这些问题解决了,我们才有可能真正摸索到汉语词语构成的规律,才能揭示出汉语构词法真正的奥秘。

我觉得朱彦初步具备了这样的能力。这不仅因为她已经打下了从事词汇研究以及语法研究坚实的基础,而构词法的研究恰恰需要同时兼有这两方面的知识与能力;而且我认为她很有悟性,有独创的能力,能够把我的这一还是很朦胧的想法付诸实践。朱彦是个听话、懂事而且好学、勤思的好学生，最后，她接受了我的建议，我真的非常高兴，比自己出版了一部专著还高兴。她一头扎进了这个课题的研究，而且初稿一出来，就让我感到起步高，有新意。结果，朱彦的这一博士论文，因为思路新颖，方法独特，结论独创，获得答辩委员会一致好评："总之，该博士论文选题新颖，具有开拓性，理论和方法比较科学，定量和定性分析结合，例证丰富，分析细腻，是一篇优秀的博士论文。答辩委员会一致认为该文已经达到博士学位论文水平，并建议授予博士学位。"

以往的构词法研究往往从两种角度研究词素之间的关系，或者是句法结构角度，或者是语义关系角度，但是缺乏把两者进行必要的沟通。因此这样的研究，其观察与分析的视角只停留在语言的表层，对词素间复杂曲折的语义关系难以进行详尽描写和解释。朱彦的博士论文从语义的深层出发，在认知的背景上挖掘复合词词素间语义关系曲折复杂的根源，力图描写和解释复合词构成的一系列语义组合过程，找到其间的语义规律，也即是说，从语义结构的角度来重新审视构词法问题。在理论上，主要运用了认知语言学的相关理论作为立论依据，如格语法理论、框架理论、图形/背景理论、目的物/参照物理论等，并运用了心理学的有关研究成果来作为有关观点的实验支持；在方法上，则运用了述谓结构分析方法来描述复合词的深层语义结构，运用了形式化方法来表示构词的语义框架，运用了定量研究方法，对一个相对封闭的语料作了量化统计，在定量的基础上寻找规律。论文最核心的观点是：复合词的语义结构本质上是一种认知场景，可归结为一定的认知框架。复合词是框架（包括基本框架和复合框架）的成分在语言表层的映射。

这篇论文对汉语复合词的语义构词法进行了可贵的探索，在国内同类研究中具有首创性，用以分析汉语构词格式的手段和方法在国内处于领先地位。因此，不仅对研究复合词的语义构词法有理论指导意义，而且对自然语言处理的进一步深化无疑也具有一定的实用价值。

由于朱彦的研究既涉及词汇研究的核心——词义分析，又跟语法研究——词语结构生成息息相关，所以当我得知我的母校北京大学中文系有意物色这样的研究人才去做博士后时，我就毫不犹豫地推荐了她。结果朱彦很幸运，2003 年初夏，她跨进了北京大学的大门。短短的一年里，朱彦在北京大学这样的学术氛围熏陶中，在陆俭明、沈阳两位导师的指导下，在符淮青、郭锐、詹卫东及其他老师的帮助下，她的学识、她的眼光、她的胸怀，无疑出现了一个飞跃。

2004 年 6 月，我赴京参加纪念吕叔湘先生 100 周年诞辰国际学术研讨会，其间得知朱彦的博士论文获得了北京市提供的出版资助。这是对她以往三年研究的肯定，也是对她今后研究的一种鞭策。

我一直认为：一个人的成功，除了自己的天分，加上后天的努力，还需要机遇。现在朱彦已经具备了这三种条件，因此，我希望朱彦在可以预见的未来，努力成为词汇学界的一位新秀。

在这里我想送给朱彦三句话：

第一，取法其上，就是立足点一定要高，要给自己定下一个比较高的目标，在研究的理论和方法上有所突破，这样才能"领先一步"；

第二，锲而不舍，认准了自己奋斗的方向以及达到目的的途径，就要抓住不放，这样才能"金石可镂"；

第三，细水长流，要不急不躁，就好像广东人煲汤，用的是文火，而不是猛火，这样才能持之以恒，"取得正果"。

于暨南大学中文系

2004 年 8 月 30 日

原文载于朱彦著《汉语复合词语义构词法研究》，北京大学出版社，2004 年

《汉语语义指向论稿》序言

　　这些年来,我一直在鼓吹要建立有中国特色的语法学理论。有的朋友很不以为然,责难我说:那么,你举个例说说看,哪些语法学理论是具有中国特色的? 我马上就举了"语义指向"这个例子。那位朋友反驳说,这个语义指向其实外国人早就分析过了,可不是中国人的发现! 我的回答是:世界上各种语言里实际上都存在着语义指向,所以,如果外国人在他们的著作里也提到过这样的语言事实,这完全不奇怪。但是,事实的存在与分析跟理论与方法的提出毕竟不是一回事,如果说外国人仅仅提到过这样的语言事实,也叫理论,那么,吕叔湘先生早在 20 世纪 40 年代就提出了句式的变换,能不能就说变换理论是我们中国人的发现呢? 关于语义指向的道理同样如此。现在我们有些人往往带有一种潜在的自卑感,即使是我们自己的发现,也要在外国人那里寻找源头,把首创权拱手相让。说实话,这让我感到很可悲。一些朋友热衷于搞"普遍语法",这我并不反对,而且很支持。如果真的有那么多的普遍语法可以套用在汉语上,那我们何乐而不为呢? 但是,我也请这些朋友不要反对我们搞一些个性语法,挖掘出一些具有中国特色的理论和方法来。"多元"的态势对理论的发展无疑是有利的,"一言堂"最终埋葬的恰恰是自己。我们现在大力倡导"语义语法",就是提倡汉语语法研究从语义入手去寻找形式的验证,并且以语义作为我们语法研究的重点。这样,语义指向跟语义特征、语义角色、语义结构、语义组合、语义范畴、语义关系等一起构成了汉语句法语义研究的重要组成部分。

　　我认为:语义指向的理论和方法确实是我们中国学者首先提出来的,并且逐渐形成了自己系统的理论观。这跟我国语法研究历来特别重视语义分析的传统是息息相关的。根据现有材料,可以肯定是吕叔湘先生第一个在 1979 年使用了"在语义上 A 指向 C"的说法,1982 年胡树鲜的硕士论文提到了"作用点",尽管她没有使用语义指向这个名称;1983 年沈开木有关副词"不"和"也"的研究开始充分运用"指向"这一术语;1984 年刘宁生把这正式命名为"语义指向"。1985 年我在《汉语语法研究现状述略》中就充分肯定了对"副词语义指向规律"的探讨,1987 年在《80 年代副词研究的新突破》中更是有意识地把语义指向提到一个非常重要的位置上来认识,指出:"由于副词的语义指向变化而产生的歧义特点及其形成条件、分化的方法,是一个十分吸引人的研究课题。"90 年代初期,我又一次对这一课题进行了初步的理论探索,发表了《副词在句法结构中语义指向初探》一文,把语义指向归纳为"指""项"和"联",并且运用这一理论和方法对副词"又"以及"比字句"进行有效的分析。至于运用这一理论来分析状语、补语、定语等句法成分的语义指向的论文那就更多了。进入 90 年代以后，又有陆俭明、周刚、马庆株、詹人风等从理论上对语义指向从各个方面进行阐述。事实雄辩地证明：语义指向是我们中国学者提出来的，而且也是我们中国学者发展并完善了这一理论。这是一个非常有用的理论，对汉语语法的研究有重要的现实指导意义。

当年我建议税昌锡把语义指向研究作为他的博士论文题目，是经过深思熟虑的。因为，我觉得，语义指向的运用虽然比较普遍，但是对这一方法从理论上全面而系统地加以总结和发展是摆在我们面前非常迫切的任务，急需有心人来完成这一历史使命。税昌锡博士比较出色地完成了这一使命，他在前人研究的基础上，创造性地开展了有关研究。他总结了我国汉语语法研究历史上关于语义指向从朦胧阶段到萌芽状态，一直到自觉的多侧面探索的全过程；他对语义指向的定义、性质及其内涵进行了比较全面的阐述；更为重要的是他系统地梳理出语义指向的十组结构模式：前指和后指、顺指和逆指、邻指和隔指、专指和兼指、强指和弱指、单指和多指、显指和潜指、内指和外指、独指和复指、同指和异指。他还进一步讨论了语义指向的歧义指数，显然这些都是前人从没有涉及过的专题。在理论探讨的基础上，他运用这一方法详尽地讨论了"从属述谓型语义指向及其相关句式""降级述谓型语义指向及其相关句式""约束限制型语义指向及相关问题""语义联项和潜隐关联型语义指向""领属关涉型语义指向及相关句式"以及"同义指称型语义指向"，对一些汉语句式中的难点进行新的解释。最后他还引入"语境"，讨论了"语义指向的语境分类"，这实际上涉及语义指向的新品种，具有很强的解释力和发散力。

毫无疑问，税昌锡博士的这部关于语义指向的专著，在我国汉语语法研究历史上是第一部，有着开拓性的效果。但是我们也必须承认，关于语义指向的研究，还只是刚刚起步，后面的路还很长。这表现为三个方面：第一，语义指向本身还有许多问题没有搞清楚，仅仅指句法成分之间的语义联系，还是也包括语素之间、义素之间、语义特征之间的？第二，语义指向本身还需要进一步完善，也就是说，还必须结合语义特征、语义角色、语义结构等把研究引向深入，例如在一些超常规的组合中，语义指向是怎么发挥作用的？第三，语义指向需要跟其他相关理论相结合，正如税昌锡博士自己在"余论"里所提及的：语义指向跟层次分析、变换分析、语境篇章分析、认知功能解释等到底存在着怎样的关系？

据说，现在国内还有好几所高校在从事语义指向的专门研究，至于涉及语义指向的论文那就更多了。因此，从这个角度讲，税昌锡的这部书只能够说是一块"砖"，不过是一块抛在地上铿锵作声的好砖，也许可以引来好几块闪闪发光的"玉"。

我在华东师范大学工作期间招收的第一届和第二届一共 6 个博士生都已经顺利毕业。记得在他们入学时，我就提出了一个比较高的目标：博士论文要求写 20 万字左右的一部专著。我以为，博士论文可以用三年的时间来撰写，也许是一辈子里最花心血的研究，为什么不写得更好一点？如果一开始就确定一个比较高的目标，学习和研究起来，才会有压力和动力。结果,学生们没有辜负我的期望,6个人写出了6部书:第一届的周有斌和刘焱分别写的是选择范畴和比较范畴,税昌锡写的是语义指向;第二届的周静和徐默凡分别写的是递进范畴和工具范畴,朱彦写的是语义构词法。现在这6部专著经过修改和润色,都即将正式出版。我由衷地为他们感到高兴。

税昌锡博士,大学读的是英语,还在一个县城中学里当了多年的英语教师,硕士研究生却改读汉语史,毕业论文写的是《马氏文通》研究,这就跟汉语语法挂上了一点钩;博士研究生再次转向,做的是现代汉语语法研究。应该说,他的知识结构比较完整,懂外语,又懂汉语;懂古代汉语,又懂现代汉语,确实挺不容易的。他为人谦逊,话语不多,但却勤于思索,对理论有一种偏好,往往能够提出一些很有见地的看法。《汉语语义指向论稿》这部书能够写到现在这样的水平,可以看出他是下了功夫的。当年论文答辩时,张斌先生是答辩委员会主席,委员是范晓、戴耀晶、范开泰和刘大为四位先生,他们一致认为这是一篇优秀的博士论文。后来华东师范大学研究生院还准备推荐该文参加角逐"全国优秀博士论文100篇",只是因为申报的经费问题没有落实而自动放弃。他抽出其中某些章节单独撰写成文,已经在多种学术期刊上发表,被人大复印资料转载数篇,还有一篇在2003年的第二届现代汉语语法国际研讨会上被评为青年优秀论文一等奖(一共两名)。现在他又挥师南下到暨南大学跟我做博士后,我相信他一定会在汉语语法研究上有所建树,特别是他长于理论与方法的思考,应该会有所突破,有所创新。

于暨南大学明湖苑

2004年10月6日

原文载于税昌锡著《汉语语义指向论稿》,东北师范大学出版社,2005年

《语义的多维研究》序

　　在语言学的研究领域里,语义学的地位颇为尴尬。人们习惯于按照语音、词汇、句法、语用,或者还有文字、修辞,来切分语言学分支学科,而语义学一方面似乎跟词汇学密切相关,所以,人们往往有一个错觉,好像语义学就等于词汇学;另一方面,似乎跟语音学、句法学、语用学也存在着千丝万缕的关系。在中国传统的语言学科里,语义学似乎主要倾向于前者的理解。但是现代语言学里,显然,语义的理解要宽泛得多。语义,实际上包括词义、结构义、句义、语法意义、语用意义,还有言外之意、文化意义、社会意义等等。所以,我们如果要讨论语义问题,首先要给语义下个比较精确的定义或者划定一个范围。因为我们常常碰到这样的情况:你说的语义,跟我所说的语义,实际上可能完全是两码事。

　　国外尤其欧美有关语义的研究是非常发达的,例如莱昂斯的《语义学》(1977年)和艾伦的《语言意义》(1986年)就是其中的代表作。但是国内一直到80年代才开始引起大家的关注。这些年来,除了翻译出版了J.N.利奇的《语义学》(上海外语教育出版社,1987年)、A.J.格雷马斯的《结构语义学》(百花文艺出版社,2001年)等之外,我们也欣喜地看到外语学界的一些学者结合汉语实际开始介绍海外的有关语义学研究的最新成果,比较有影响的如伍谦光的《语义学导论》(湖南教育出版社,1988年)、徐烈炯的《语义学》(语文出版社,1990年)、蒋严和潘海华的《形式语义学引论》(中国社会科学出版社,1998年)、张乔的《模糊语义学》(中国社会科学出版社,1998年)、束定芳的《现代语义学》(上海外语教育出版社,2000年)等。

　　国内有关语义学的研究,特别是关于汉语语义学的研究也几乎同时起步,80年代初期,开始只是发表了一些单篇论文,后来结集为《汉语语义学论文集》(杨升初、李伯超选编,湖南人民出版社,1986年),这大概是比较早的一本专门论述汉语语义学的论文选集。后来,以分析现代汉语为主的语义学著作主要有:贾彦德的《语义学导论》(北京大学出版社,1986年)、石安石的《语义论》(商务印书馆,1993年)、《语义研究》(语文出版社,1994年)以及詹人凤的《现代汉语语义学》(商务印书馆,1997年)。其中又以贾彦德的修订本《汉语语义学》(北京大学出版社,1992年)影响比较大。

　　近些年来,有关语义的研究更是成了汉语语言学界的热点,在语义学内部形成了不少分支学科,例如形式语义学、结构语义学、逻辑语义学、信息语义学、词汇语义学、句法语义学、框架语义学、模糊语义学、优选语义学、系统语义学、文化语义学、认知语义学、计算语义学,还有普通语义学、现代语义学,甚至于还有爱情语义学、自然语义学、行为语义学等。光这些林林总总的名称,就足以让我们感觉到语义学的炙手可热。但是,真正能够把语义搞清楚,却不是一件轻而易举的事情。可以这样说:我们还只是打开了语义学宝库的一扇窗子,只是看到了摆放在口头的一点点珍宝,离开大规模的挖掘,离开成批量的产出,还有许多距离。

摆在我面前的这本书稿《语义的多维研究》正是这一系统挖掘的产物之一。该书是马清华教授撰写的。他近年来先后出版了两部专著:《文化语义学》(江西人民出版社,2000 年)和《句法语义论集》(吉林人民出版社,2001 年),这是他的第三本关于语义研究的专著。我深知,马君素来对语义研究情有独钟,我怀着兴奋的心情通览全书,发现马君的研究确实与众不同,呈现出几个显著的特点:

第一,对语义学的理解,具有现代意识,即具有多维的视角,这就意味着对语义问题从多种角度进行分析、思考、研究。该书首先把语义学分为:微观语义学和宏观语义学。前者主要指词汇语义学和句法语义学;后者主要指文化语义学和应用语义学。但是这又是一个开放的系统,随着研究的深入,还可以容纳更多的内涵。

第二,马君虽然熟悉海外的语义学研究的理论和方法,但是又能够不拘泥于这些理论,而是处处从汉语的事实出发,体现出中国语义学研究的特色。他研究的对象以汉语为主,但是绝不限于汉语,而是广泛联系汉藏语系的语言,外语也不仅仅是英语,还包括日语、俄语、德语、法语、阿拉伯语等等。所以他的研究往往带有语言类型学和语言比较、语言接触的性质。

第三,在进行定性研究的基础上,采用定量的方法,即经常采用数量统计的方法。例如运用"优化理论"进行并列结构多语序运筹机制的概率统计。这样就促使研究的结论更加科学化,更有说服力。

第四,在语言事实分析和梳理的基础上,进行语用的、文化的、认知的解释,关键是挖掘形成的原因。例如在分析"词义类扩的相貌知觉倾向"时,就指出了四种原因:(1)语言普遍性,(2)内部结构类型,(3)语言系统价值,(4)文化差异性。这就摆脱了单纯描写只知其然不知其所以然的弊病。

第五,观点鲜明,而且常常能够力排众议,提出自己独到的见解。例如对"语法化",他就旗帜鲜明地反对"把句法结构的演变也纳入语法化的范围",认为这样做,"会造成和整个历时语法学对象的重合"。所以力主只能够指"词汇语法化"。而对这一内容,他则认为不仅应该包括"实词的虚化"以及"不太虚的向更虚的变化",而且还应该包括"演化前后意义差不多处于同等层面上"的情况。

第六,经过他细心的观察和分析,发现了一些非常有趣但是以前很少有人注意到的规律。例如他发现"在词基并列的组联条件上""紧联式严于松联式""无标式严于有标式""内设式严于外设式"。因而"松联""有标""外设"等方式程度不等地扩大了并列可联范围。

第七,对一些前人很少注意的课题进行了初步的探讨,例如他第一次建立了"应用语义学",并且具体分析了"意义的诊疗"(误解:理解不当)、"意义的变则"(谎言:语言陷阱、无解:无意义句)等。这些都是非常值得进一步研究的课题。

当然,由于这一领域的研究还处于刚刚起步的阶段,系统性不够强,乃至部分论述显得有点粗糙、凌乱,恐怕也是在所难免的。比如有的提法似乎也可以斟酌,例如把"最最""十分十分",也称之为"重叠"。其实这样的语言现象,不如叫作"重复",因为,"白白""干干净净"以及"玩玩""看看",这样的语法现象才叫作"重叠"。两者的区别除了所表达的语义之外,在形式上,凡是语用的"重复"的可以不止出现两次,比如我们可以说"最最最",凡是句法的"重叠"则只能够重叠一次。不足之处恰恰是我们下一步研究的起点,重要的是"坚冰已经打破"。

马清华君,90 年代初毕业于南京师范大学中文系,师从张拱贵先生,获得硕士学位。当年他的硕士学位论文《现代汉语祈使句研究》就引起了我的注意,觉得他是一个很有主见、前途无量的青年学者。后来得知他先后任教于苏州大学和温州师范学院,还到日本去教过两年学。2001 年马君考取我的博士生,当时他已经是副教授了,而且在语法和语义研究方面很有独到的见解。2002 年下半年我因为工作调动南下广州到了暨南大学,虽然由于不是我的原因,没有能够对马君的博士论文做最后的指导,但是,我一直关心着他的论文进展情况。2005 年 4 月我应邀到马君执教的温州师范学院讲学,得知他在顺利完成博士论文之外,又有一部力作问世,不禁为他的勤奋和执着叫好。

我非常欣赏马君的一个基本观点,那就是,语言的决定性因素是语义。有了意义,才有形式,有了语义表达的需要,才会有形式的变化和改进。语义学在新世纪里是大有作为的。马君选择语义学研究方面进行开拓,我坚信,通过艰辛的耕耘,他一定会在这块土地上获得丰收的。

原文载于马清华著《语义的多维研究》,语文出版社,2006 年

《汉语语法的动态研究》序

近年来,汉语研究,特别是汉语语法研究的观念发生了很大的变化,其变化之一就是由原来偏重于静态研究转而为偏重于动态研究。所谓动态研究,可以有不同的理解,比如说联系历史的发展来研究汉语语法,这属于"历时动态";也可以注重于语言交际过程中的变化,这属于"交际动态";也可以倾向于现时语言现象的社区变异、地域变异和功能变异,这属于"共时动态"。其实最重要的是我们在进行语法研究时,需要的是一种动态的观念,即把语言,包括语法,看作是一种永远在变化、不断在发展的有生命力的开放式的系统。在历时和共时这个坐标上,语言永远是处于运动的态势之中的。我们只有具备了这样一种基本观念,才不会对语言的种种变化现象感到惊讶,才有可能洞察语言的客观规律和发展趋势。

现代汉语的面貌在近一百年里发生了翻天覆地的变化,其中有三次变化最为剧烈:

第一次是20世纪初期,即1919年五四运动前后,现代汉语(白话)从口语领域扩大到书面语领域,并且牢牢地占领了这一阵地,这可以叫作"文学革命"的成果,从而形成"新文化语言"。

第二次是1949年前后,中华人民共和国的成立标志着以解放区语言为代表的新词、新语、新用法迅速替代了旧词、旧语、旧用法,这体现为"社会革命"的成果,从而形成了"革命式语言"。

第三次则是1978年以来,中国实行了改革开放的新国策,为了实施四个现代化的宏图,迅速跟国际接轨,无论经济、文化,还是政治都飞速崛起,相应的语言面貌也发生了巨变。这体现为"经济革命"的成果,从而形成"开放式语言"。

三次"革命"在语言的变化上,尤其在词语的更迭以及词语组合方面打上了深深的烙印,在句法结构以及语用搭配上也都有所反映。尤其是最近20—30年里,中国社会的语言生活发生了前所未有的变化,目前它正处于方兴未艾的发展趋势之中,有许多特点我们还不清楚,所以需要我们大量收集语料,追踪观察,进行客观、认真、动态的分析,特别是要结合中国社会语言使用的历史和现状,理解产生这种语言现象的背景。我认为,中国当代社会的语言生活主要表现为以下三个特色。

第一,语言的多元性。所谓的语言的多元,表现在词语方面上最为明显。除了原先的汉语普通话之外,还有各地的方言、外语,特别是英语,这三种语言成分常常交织在一起。所以,现在的汉语会让人感觉到比较杂,也就是说,多种语言成分往往会同时出现在一篇文章或者一段话里,甚至于出现在同一个句子里。

第二,语言的多变性。当代社会是开放型的、多元型的、综合型的。它必须也一定要跟国际接轨,新生事物层出不穷,各种交流应接不暇,新鲜观念日新月异。一个人离开中国社会(尤其是北京、上海、广州、深圳、香港这样的国际化大都市)不需要很多年,就会感觉城市面貌变得几乎认不出来了。反映在语言上,就表现为特别善于吸取,善于变化,不断冒出新的词语、新的义项、新的用法。

第三,语言的多向性。发展的趋势存在着多个方向。语言是动态的、演变的,而且有它自身发展的规律。汉语需要适应外界社会的变化,唯一的出路就是自己也要变!汉语之所以生命力强,重要的一条规律就是她善于变化,在变化中获得新生。所以,汉语目前出现不少以往从来也没有过的用法是毫不奇怪的,这正是汉语充满活力的表现。

所以,我以为,如果说 20 世纪的汉语是现代汉语,那么,21 世纪的汉语就应该称为"当代汉语"。我们有责任对当代汉语的特点和规律进行描写和解释。

杨海明和周静二位的研究意识比较超前,他们独具慧眼,紧紧扣住汉语的动态变化这一着眼点,深入而全面地讨论了当代汉语所展现出来的特点。

他们的研究有几点是值得称道的:

第一,充分考虑到语言大环境的制约和影响,不但把汉语放在"全球化"的大背景下来观察,而且专门讨论"改革开放中的汉语",提出了"汉语的生存环境",这一开放型的研究思路是值得倡导的。

第二,充分考虑到认知在语言发展中的解释能力,20 世纪 90 年代以来,语法研究的认知解释成了一道新的风景线,但是认知的解释力到底有多大还是个未知数,他们提出了"动因与原则竞争",显然是个有价值的新尝试。

第三,充分考虑到"语体"的分类,分别对文艺语体、新闻语体、政论语体和科技语体进行了考察和比较,同时提出了"媒体""网络"在语言发展的特殊作用,这是很有见地的。

第四,有选择地进行了专题讨论,提出"形状与程度的扩散""动宾结构的发展""被动陈述的发展""指称的发展变化"以及"时间表述的缺位与补位"。这不仅有助于认识当代汉语的特色,而且也验证了作者论述的基本观点。

我非常高兴看到杨海明和周静伉俪的这本专著的出版。他们两位都是河南大学语法学的硕士生,是师兄妹;后来又先后成为我的博士生,成了师姐弟。多年的切磋共学,养成了互补、互促、互动的格局,杨海明头脑灵敏,点子多,笔头快,语感好;周静沉稳细致,耐心足,表达强,心态好。两位合作,可谓珠联璧合。在中国语言学界,特别是语法学界,两口子从事同一个事业的并不多。最著名的是陆俭明和马真先生,老一辈的还有陈亚川和郑懿德伉俪以及鲁健骥和吕文华夫妇,年轻一点的就数杨海明和周静了。我衷心祝愿他们俩携手共进,比翼齐飞,为汉语语法研究这一事业作出更大的贡献。

于暨南大学明湖苑

2006 年 5 月 17 日

原文载于杨海明、周静著《汉语语法的动态研究》,北京大学出版社,2006 年

《现代汉语递进范畴研究》序言

世界上有许多事情就是发生得那么"巧",简直说不出什么道理,也许只能够用佛家的一句话来解释了,那就是"有缘"。

周静副教授,一个从河南南阳出来的女生,先是在青岛成为我非正式的学生,后来有机会参加我主编教材的编写工作,成为合作者,接着又考取了我的博士生,一毕业又跟随我南下一起到了暨南大学工作,更巧的是他的先生杨海明副教授随后也做了我的博士生,硕士生的师兄结果却成了她博士生的师弟。两夫妇居然先后成了我的弟子,还有比这更巧的吗?

1999 年,我刚刚结束在香港商务印书馆的教材编写工作,回到上海。那年夏天接到南开大学石锋教授邀请我做学术演讲的信函,原来他们利用暑假,在青岛跟中国海洋大学合作举办第三届现代语言学讲习班。一来是老朋友盛情邀请,不能不去,想当年(1987年)我和石锋初会在太原的"第一届现代语言学讨论会"上,后来又多次相逢,尤其是1996—1997 年间,我们同时在香港城市大学工作,结下了深厚的友谊。二来我还有一个"青岛情结",愿意故地重游。原来 1966 年我从北京大学中文系一毕业,就分配到中央文化部艺术局工作,1970 年作为文化部的干部下放到山东胶县(胶州)军垦农场劳动锻炼。一起锻炼的还有老朋友杨德炎(后来成为北京商务印书馆总经理)、赵有亮(后来成为中央实验话剧院院长)、谭成珠(国家一级演员,现在香港科技大学任教)等。胶县邻近青岛,所以那年五一节我们第一次游览了美丽的海滨城市青岛,给我留下了难以磨灭的印象。那次讲习班来了近百名高校的青年教师,周静就是其中比较突出的一个。她谦虚好学,热情大方,一口标准悦耳的普通话,一脸阳光灿烂的笑容,给人可亲可近的感觉,所以印象颇佳。

那年我正好跟上海教育出版社谈妥,打算主编一部面向 21 世纪的高校新教材,就是现在销路颇佳的《现代汉语通论》。我的编写与推广的策略之一,就是希望每一个编写者所在的大学中文系一定要保证采用我们的新教材。周静这时已经是副教授了,也是河南大学讲授现代汉语课程的主力之一,她征得了学校的同意,决定参加我们的编写工作。所以,她从一个非正式的学生,一跃成为我们新教材的合作者。她和河北师范大学的唐健雄、华南师范大学的方小燕一起承担了语音部分的撰写任务,并且完成得相当出色。

2000 年周静做出了她人生道路上至关紧要的一个决定,就是报考博士生,并且一箭双雕,同时达到了复旦大学和华东师范大学的入学分数线。复旦大学的范晓先生本来已经准备录取周静了,没想到他们的名额临时缩减,所以范先生就给我打电话,希望我能够录取周静。这一变化就促成了周静登堂入室,正式成为我的弟子。跟她同届的还有一个师弟徐默凡和一个师妹朱彦。他们三人各有特色:徐默凡读本科时就是我的学生,后来留在华东师范大学中文系工作,这是一个知大局识大体的好学生,文思开拓,文笔老到,是个难得的人才,现在担任了系主任助理,还兼了硕士生导师。朱彦更是个才女,才思横溢,再加上刻苦勤奋,进步神速,她的博士论文《汉语复合词语义构词法研究》深得学术界好评,2003 年获得博士学位以后,我就推荐她到北京大学跟着陆俭明先生做博士后,2005 年顺利出站并且留在北京大学中文系任教,主攻词汇学和语义学。周静对他们两人来讲就是大姐了,她的特点是沉静、稳健、乐观、开放。做事做人都非常到位,是一个可以信赖的朋友;在学术研究方面的特色是新颖、细腻、深入,显示出女性特殊的洞察力和学术魅力。

2002 年秋我因为个人的原因,毅然告别生活了近 40 年、工作也有 20 多年的第二故乡上海,作为特聘一级教授正式调入广州的暨南大学。第二年周静一获得博士学位,就主动要求调到暨南大学华文学院应用语言学系工作。她是作为人才引进计划调进的,极为顺利。因为她具有博士学位,又是多年的副教授,不仅拥有丰富的教学经验,还是省级普通话测试员,资历、科研、教态、教学效果都是第一流的,非常适合从事对外汉语教学。这样她就从河南,经过上海这个中转站,最后"孔雀东南飞"又飞到了广州,开始了新的生活和新的历程。2000 级的三名博士生,一个进了北京大学,一个留在华东师大,另外一个到了暨南大学。有朋友开玩笑说:中国最重要最有活力的三个大都市,让你的三个博士分别占领了。

更巧的事情还在后面。2004 年,周静的先生,重庆市的跨世纪人才杨海明副教授一边以家属名义进行工作调动,一边报考我的博士生。结果双喜临门,不但调动成功,顺利进入暨南大学华文学院,而且几乎同时也被录取为博士生。丈夫一夜之间成了师弟,师妹(他们俩硕士生就是师兄妹)升级做了师姐。

周静这些年的足迹,一步一个脚印,她付出了辛勤的代价,也换来了可喜的回报。我之所以不厌其烦地列举她这些年的经历,就是想说明一点,极为重要的一点:人生的道路是自己选择的,要不断地拼搏、奋斗、争取……只有这样,机遇才会给你带来幸运。如果周静不出来参加讲习班学习,如果她不参加教材编写的合作,如果她不参与考博的竞争,如果她不下决心离开宁静舒适的开封,如果她不放弃留上海的机会,如果……那么她也许就不会取得今天的成绩,就不会有更加灿烂的明天。进一步,再进一步,继续进步,不断进步……这在语言学上,就叫"递进范畴"。周静的博士论文的选题就是"现代汉语的递进范畴"。她事实上正是用她的生命在书写这一博士论文的。

周静的专著《现代汉语递进范畴研究》,本着"以语义为纲,以句式为目"的指导思想,将"递进"作为一种语法范畴和语义范畴进行了全方位的详尽研究。目前在我国的语法学界,关于语义范畴的研究正方兴未艾,该书选题具有一定的开创性,不但具有较强的理论意义,而且还具有一定的实用价值,对现代汉语的教学,尤其是在对外汉语教学领域有重要的参考价值。

该书的基础是作者在华东师范大学就读的博士论文,该论文的答辩委员会由五位国内著名语法学家组成,他们是复旦大学中文系范晓和戴耀晶教授、上海师范大学中文系齐沪扬和范开泰教授、华东师范大学中文系刘大为教授(全部为博士生导师),教授们对该论文给予充分肯定,一致认为这是一部比较优秀的博士论文。

照道理说,这本博士论文已经达到出版要求,但是周静没有满足已经取得的成绩,而是希望精益求精,经过三年的思考与修改,终于完成了修改稿。我十分欣喜地看到,书稿有了明显的进步,这表现在:

第一,书稿从语义分析提升到范畴化、人类认知的高度,在世界、语言、认知这三者中间寻找"递进"的位置。提出递进是对客观世界认知的反映,递进是语法范畴,也是语义关系范畴。

第二,对现代汉语递进表达进行了详尽的描写和分析,构建了一个相对完整的递进范畴系统。指出现代汉语的递进范畴,其内部又聚集了许多下位范畴,比如"顺递范畴、反递范畴、反比范畴"等。

第三,对递进范畴的语义系统进行了立体的分析。分析了递进的逻辑语义基础系统、递进的主观和客观、递进的意义系统等,并在此基础上归纳出了关于递进表达的程度系统,认为递进度是有层面的,不同的层面都有一个递进程度的连续统。

第四,对递进的有标记和无标记表达形式进行了探讨。尽可能地穷尽汉语中表达递进的各种关联手段和表达手段。并以具体的句式为例,进行了历时性方面的考察。

第五,从递进复句切入,在对递进复句进行多角度的描写和分析的基础上,向上抽象为汉语的递进范畴,往下具体分析若干具体句式。并且对递进的典型句式"不但 A,而且 B"进行了深入的探讨。

第六,从篇章的角度讨论递进范畴。本章分析句内递进、句际递进和句段递进的不同的表达形式和特点,力求在宏观上准确地把握递进范畴与递进表述。

第七,加强对比研究,建立共时和历时的联系。语言是变化的,共时的语言现象都是语言历时演变的结果,在解释语言共时现象时必须考虑语言的历时因素。语言也是相通的,共时的语言现象之间的对比研究不仅有助于认识递进范畴的特点,也有助于跨语言的交流。

该书遵循形式和意义、描写和解释、静态与动态相结合的三大原则,详细讨论了递进的语义系统,从意义出发给递进范畴进行了分类,并寻求形式上的验证。在对客观语言事实充分描写的基础上,又从语义、语用、认知、逻辑等各个角度,对一系列与递进范畴有关的现象作出了比较合理的解释,从而揭示了递进范畴的本质特征。

　　该书还在语法化理论的指导下,加强了对递进句式的历时研究,有意识地将递进现象的共时变异同历时发展结合起来研究,不但探寻了汉语递进范畴的发展演化历程,而且还对递进关系共时平面的各种语言现象作出了历时的解释。此外,作者还通过现代汉语同方言、外语的比较,从类型学的角度对汉语递进范畴的现象和规律进行了一些有益的探讨,这些都是很见功底的研究。该书脉络清晰,语料翔实,观察比较充分,描写比较全面,解释比较可信。

　　关于不足之处,我只想说,任何研究都是没有止境的,后人总是在超越前人。周静的这一研究,对汉语语义范畴的研究,对汉语复句关系的研究,乃至对探索人类认识世界的途径,都是有启发的,但是,由于问题的复杂性,以及我们研究理论和方法的局限性,离"调查的周全性、描写的准确性、解释的合理性"还是有一定距离的。

　　40 岁左右,在学术研究层面上看,正是思想上最活跃、精力最充沛、最能够出成果的年龄。周静,以及她的师兄弟、师姐妹们正赶上了我们祖国朝气蓬勃、兴旺发达、开放进取的时代,他们是幸运的一代,也应该是有成就的一代。"欲穷千里目,更上一层楼"。我虽然已到"耳顺"之年,但愿意用这两句诗与我的学生共勉,递进,递进,再递进。

原文载于周静著《现代汉语递进范畴研究》,中国传媒大学出版社,2007 年

《名名组合的句法语义研究》序

当听说周日安博士的学位论文《名名组合的句法语义研究》经过精心修改后即将出版,我感到莫大的欣慰。

这本书稿运用语义语法、降级述谓结构以及认知语言学等理论,对现代汉语名词与名词的组合进行了详尽细腻的句法分析和语义分析,从而概括出某些规律,描写并解释了这一高频组合内部复杂而有趣的语义关系,这对揭示语言组合的双向选择性以及计算机的语言理解规律具有重要的理论意义和现实意义。

该书稿选题角度新颖,属于当前现代汉语语法研究的前沿课题。名词与名词之间复杂的语义关系,目前还是汉语研究的薄弱环节,20 世纪 90 年代初,我曾经指导韩国研究生文贞惠做过一篇硕士论文,就是名名组合分析,她也取得了比较出色的成果,可惜的是后来没能进一步研究。相隔十余年,周君对这一名名组合进行了重新分析,重新认识,全面、深入、准确地进行了描写和解释。不仅语言材料翔实,理论与方法切实可行,创新意识比较明确,论证也相当严密,分析合情合理,以周小兵教授为主席的答辩委员会一致给予"优秀"的评价,还获得了暨南大学国华教育基金优秀博士论文奖。

近十几年来,特别是我从华东师大调入暨南大学以后,语法研究的重心明显向句法语义倾斜。我觉得语言的研究和语法的研究,目的就是要能够有助于语言的理解与表达。理解的途径是从形式到意义,表达的途径则是从意义到形式。两者相辅相成,多次、反复交错。形式是为意义的理解和表达服务的,是载体,是手段,是途径,从根本上说,语义的表达与理解,才是我们语言交际的最终目的。这也就是为什么我们的语法研究特别强调意义的原因。在这一认识基础上,我提出"语义语法"的理论构想。这就是提倡以语义作为我们语法研究的出发点和重点,一方面寻找在句法形式上的表现及其验证,另一方面则结合语用交际的需要做出必要的选择和调整,最后在认知上给以解释。用一句话来概括,就是我们语法研究要追求的是"语义的决定性、句法的强制性、语用的选择性以及认知的解释性"。形式语法学、功能语言学都有其合理性,也有其不足之处,严格地说都是不充分的。至于认知语言学更是不自足的,难以独立成为一种语法学理论,它是对其他语法学理论的补充和提升。语义语法自然也是不充分的,所以需要跟各种其他的语法理论实行互补。可以这样说:如果有人鼓吹自己的理论是"万能"的,可以"包打天下",那不是无知,就是骗人。

我早期在华东师大招收的博士生所撰写的学位论文大多是关于语义范畴研究的,比如周有斌的选择范畴、刘焱的比较范畴、周静的递进范畴、徐默凡的工具范畴、周红的致使范畴、马清华的并列范畴、刘雪春的等同范畴(还有税昌锡的语义指向研究以及朱彦的语义构词研究)等等。到了暨南大学以后,新的博士论文,除了继续对语义范畴以及相关问题进行研究之外(例如吴立红的程度范畴、罗晓英的虚拟范畴、王丽彩的方式范畴、李振中的估测范畴、杨海明的生命度研究、马喆的方所成分非范畴化研究),研究的兴趣有了一些转变,开始了句法组合的语义类型研究,例如赵春利的形名组合、周日安的名名组合、胡建刚的动动组合、周芍的名量组合、周娟的动量组合等等。这些研究都从语义出发,建立语义类型,找出形式标准,同时结合语言的理解与表达,探求认知上的解释。其中周君的研究是做得相当出色的。

周君为人谨慎寡言,但是思虑缜密周详,对语言事实的观察细腻准确,能够发现一般人难以发现的问题,能够挖掘出常人所不易觉察的内涵。周君具有良好的语感,尤其对新兴的语言现象表现出敏锐的观察力。例如他对"新闻中国""心灵鸡汤"这些新组合的分析就很有说服力。周君研究的可贵之处,就在于不仅博采众长,而且能够提出自己具有原创性的新观点。

我一直认为,博士论文的最重要的一点就是要有自己独到的观点和与众不同的新鲜思路。该书稿一共由七章构成,前三章分别是"导论""综述"以及"句法分析",写得最精彩的是第四章、第五章以及第六章,浓墨重彩进行了语义分析。首先是在前人研究的基础上,建立了名名组合的语义格框架,排出语义匹配的演绎表,并且运用"降级述谓结构"理论分析名名组合之间的种种语义关系,探究语义结构、隐含谓词跟降级述谓形式的关系,追寻受事论元域外化的原动力。

作者提出名名组合中"语义桥"的新概念,不仅指出有"零形桥"和"语形桥",这个"桥",可以是实词,可以是虚词,也可以是黏着语素,而且还研究了语义桥的函变形式,这就能够比较合理地解释名名组合中的一些不易解释的类型,例如"佛山(产)陶瓷""花样年华"。

作者运用语义双向选择的理论,提出了"语义选择"和"语义增殖"的新思路。

作者根据陈述与指称的句法原型,提出了"语义折叠"的新观点,指出陈述和指称可以互变,是语义点线交换的双向运动。

作者还归纳了名名组合的歧义类型与原因,指出汉语缺乏自指的附加形式,名物化的本质是同形自指,而格式类推与置换是发掘潜义的最有效的途径。

应该说,这是迄今为止对名名组合进行语义分析最为透彻的论著。当然该书稿也不是无懈可击,特别是第七章语义结构对句法结构的制约和影响,本应该是重头文章,可惜的是有点草草收兵的感觉。我们一直宣称要特别重视语义分析,但是绝不是只讲语义,而是要把语义分析跟句法制约结合起来,对语义类型要用句法形式来进行必要的验证。强调语义的决定作用,最后还是要落实到句法上来。一句话,离开了句法结构的语义,就不是我们要研究的语法意义。

日安在攻读博士学位时,就已经是副教授了,一边担负着繁重的教学任务,一边还要学习博士学位课程并进行学术研究,确实不容易。他非常勤奋,笔耕不已,三年里发表了不少论文,并产生了一定的影响。

日安教女有方,在毕业答辩那一年,他的爱女以他为榜样,以优异成绩考取了中国人民大学法律系,可以说是父女俩双喜临门、比翼齐飞。

日安是个谦谦君子,谦虚好学,乐于助人,稳重热心,跟师兄弟们相处融洽,也许是有点年纪了,所以处处呈现出"师兄"的风度。

由于种种原因,日安报考博士生的时间,比起许多应届生来,可能是晚了些年,但是他没有气馁,也没有降低对自己的要求,踏踏实实、勤勤恳恳、认认真真地完成了全部学业。每次当我提出一些修改意见时,他从来也没有显得不耐烦过,每一次都是仔仔细细地进行修改。我对他的评价就是:认真、踏实、细致。做人与做学问,都是如此。

破冰之旅已经启程,我期待着捷报频传……

原文载于周日安著《名名组合的句法语义研究》,中国社会科学出版社,2010 年

《现代汉语形名组合研究》序

一、缘　　分

　　我常常说:缘分还是有的,有些事情不承认就很难解释。

　　春利跟我就很有缘分。2002年春天他第一次报考博士生,那时我还在华东师范大学中文系任教。小伙子人长得很精神,言谈之间充满了自信。老实说,选学生,第一感觉是最重要的,我们阅人无数,发现了好苗子,眼睛就亮了! 很少看走眼的。我觉得他是棵做语法研究的好苗子,果然,他的专业成绩考了第一,显示出在语法研究方面难得的天分,可是不巧的是英语分数离开及格线居然仅仅差了1分。我为此特地向学校研究生院打报告,希望破格录取,因为人才难得,1分英语算什么! 没想到,有关领导居然"铁面无情",坚决按条条框框办,不予录取。回过头来看,也就是这1分之差促成了春利第二次报考博士生,跟着我到了暨南大学。如果多了这1分,我们的师生情谊可能就没有了下文。因为当年秋天我就离开华东师大调入暨南大学,那年录取的另外两名博士生想跟着我转校,领导不批准,他们退而求其次,希望留在华东师大还让我指导,领导也是铁石心肠坚决不答应,最后当然是胳膊扭不过大腿,只好割爱转给其他导师了。世界上的事情就这么"巧",就因为英语差了1分,春利没有进入华东师大。冥冥之中,自有天意。第二年他继续来暨南大学报考,专业和英语都独占鳌头,当然如愿以偿了(英语因为去澳大利亚进修了半年,已不可同日而语了)。

　　在三年读博期间,春利表现出来的天赋,不能不让人刮目相待。他因为在中国海洋大学从事对外汉语教学多年,对语言事实具有特殊的敏感性,往往能够在普普通通的语言材料中挖掘出令人惊叹的规律。他的硕士是在武汉大学哲学系读的,专攻康德哲学美学,所以对理论思辨有深刻的感悟,往往能够在平平凡凡的规律里面抽取出深刻的道理。他还有一个优点就是办事效率特别高,说做就做,要做就做好。凡是交给他的任务总是很快就保质保量完成。再加上他为人诚恳、乐于助人、性格乐观、办事认真,方方面面我都对他留下良好的印象。当时的中文系主任朱承平教授就非常看好他,专门要来了一个留校名额。可惜啊,俗话说好事多磨,博士生毕业前夕,他因为科研成果突出,教学优秀,被中国海洋大学文学院晋升为副教授。本来他在职读博就签下了"卖身契",升了副高,再加签一张

"卖身契"。所以如果你想改换门庭,就先要赔偿 10 万元巨款!你想想,他一个出身鲁西北农村的穷学生,不但自己读博,太太也在读博,还有一个刚出生的孩子,哪里拿得出对他来说几乎是天文数字的 10 万元!无奈之下只能告别暨南大学回到青岛去了。

世界上的事情就是那么有意思。春利直接留校没成,却被海洋大学派到韩国去任教,而且因为教学出色,又被挽留在那里再教 1 年。同时我也为他设计了一条"曲线救国"的途径,推荐他去香港理工大学中文及双语学系石定栩教授那里做个博士后。目的其实也很清楚:第一,打开眼界,拓宽心胸;第二,国际接轨,再上台阶;第三,熟悉境外,打开人脉;第四,经济翻身,不无小补;第五,曲线救国,再回暨大。我这也算是"如意算盘"了。但真的是"谋事在人,成事在天",不得不承认人还是有运气的,在韩国教学两年之后,春利真的如愿进入香港理工大学做博士后了。这两年的博士后,在定栩兄的帮助指导下,在香港这一特定文化氛围的熏陶下,春利的学业又有了突飞猛进,不仅在《中国语文》《外语教学与研究》等著名期刊上发表多篇论文,而且思辨能力与科研能力又有了长足的进步。2010 年对春利来说是至关紧要的一年,这一年,他的太太杨才英博士在中山大学做完了博士后(导师黄国文教授),先行进入暨南大学外语学院工作,接着是春利自己一帆风顺地作为海归人才被引进到我们暨南大学。水流千转归大海,春利从华师大到暨大,从暨大回到青岛,先到韩国,再到香港,最后还是转回暨大。你说这是不是机遇?是不是缘分?

春利的引进,加上原来就在教研室工作的周娟拿到博士学位再解决了副教授,还有华文学院前后拿到博士学位我的学生:周静、杨海明、胡建刚以及罗晓英,我们暨南大学的汉语语法研究团队也可以说是后继有人、蔚然成军了。

二、开　拓

学术研究,需要不断的开拓。在上海期间,我的语法研究主要借助于"三个平面"的研究理论,分析各种语言现象,重点是现代汉语疑问句的研究。1996 年我去了香港工作很长时间,研究思路得到了开拓,发现了许多课题可以钻研,例如语言的接触和变异,例如普通话的教学与教材编写,例如词语组合的双向选择,等等。在语法研究方面,我的兴趣逐渐转移到隐藏在句法结构背后的语义关系、语义结构、语义特征、语义指向、语义范畴等等。广州给我印象最深刻的一点就是思想相对自由。所以,我只有到了广州才敢于提出"语义语法"的理论框架,并且深化了"双向选择"的方法论。在指导华东师大博士生选题目时,原先偏重于"范畴论",例如周有斌的"选择范畴"、刘焱的"比较范畴"、周静的"递进范畴"、徐默凡的"工具范畴"、马清华的"并列范畴"、刘雪春的"等同范畴"、周红的"致使范畴"。在暨南大学招收的博士生中,也有一些继续做"范畴"研究的,例如罗晓英的"虚拟范畴"、吴立红的"程度范畴"、王丽彩的"方式范畴"、李振中的"估测范畴"、刘杰的"相似范畴",等等。不过更多的人开始新的探索,在原有"范畴论"的基础上又开辟出新的"组合论"及其他,赵春利的"形名组合论"就是第一个尝试。

词语组合有多重形式,其中"动名"组合的研究是最多的,但是对其他组合,例如"形名组合""名名组合""动动组合""名量组合""动量组合""副形组合""副名组合"等却历来没有得到应有的重视,而这些组合研究正在越来越受到理论语言学界和计算语言学界的关注。

春利选择这一课题是最前沿的,也是有挑战性的。他的博士论文题目是《形名组合的静态与动态研究》,该文以语义语法理论为指导思想,以"双向选择"为方法论,以北京大学汉语研究中心的 CCL 语料库为主要语料和数据来源,结合哲学实体论思想和数学集合论思想,深入探讨了现代汉语中习见的"形容词—名词"组合的静态组合规律及其动态的句法功能。论文得到答辩委员会的一致好评,认为在形名组合研究上有了新的突破,具有较大的理论意义,对汉语语法本体的研究、汉语信息处理、对外汉语教学等相关领域的研究,都具有较高的方法论价值和应用价值,并且给予"优秀论文"评价。

该文的优点在于两个方面:首先是从静态角度,提取出形容词与名词组合的十种语义关系类型,因为不同的语义关系类型反映了形容词与名词各自的不同语义类别。作者把形容词分为主体、事体、物体、时空、评价五种次范畴小类,再把名词分为主体、事体、物体、时空、逻辑五类次范畴小类,从而建立起形容词次范畴和名词次范畴之间的语义组合模型。并进一步考察分析了六种主体类(容貌、身体、态度、性格、智力、情感)、九种事体类(模态、难度、急度、速度、时长、强度、范围、深度、细度)、两种物体类(颜色、味道)和两种评价类(价值、怪异)形名组合的静态语义组合规律。这一研究不仅仅印证了语义语法理论和双向选择方法的科学性和有效性,也验证了对形容词和名词所进行的语义次范畴分类的合理性。

在此基础上,再从动态角度,进一步考察了形名组合进入某些句法结构后的动态表现,例如 N1+A+的+N2、N1+有+N2+A、N1+N2+A+地+VP 以及 N1+A 单+N2 双+地+VP,不仅从语义组合模型角度对处于一定句法结构中的形名组合与其他句法成分的复杂语义关系给出了全新的语义解释和形式验证,而且也揭示了句法结构对形名组合的约束机制以及形名组合对句法结构的选择机制,通过句法结构与形名组合间的限选机制验证了形式结构与语义组合间也同样存在着双向选择性。不仅揭示了形名或名形组合所处句法结构的复杂语义关系,还揭示了形名或名形组合所处句法结构间的双向选择关系,特别对语义指向的分析给予了更多的关注。这一部分的研究显示了作者视野的开阔性和思维的多向性。

总之,该文运用语义语法理论和双向选择方法对形名组合所进行的静态以及动态研究,为构建语义语法理论的语义特征论、语义关系论、语义组合论和语义选择论奠定了一块基石,对其他类型的词语组合研究也具有借鉴意义;在应用上,所提取的语义关系类型、语义组合模型、语义次范畴分类以及结构与组合间的约束选择机制等语义信息和语法信息对计算语言学、语言教学和词典编撰都具有参考价值。

在春利博士论文的影响下,其他几位博士生以及他的师弟师妹不少也选择了相关的组合研究。例如周芍的"名词和量词的选择关系研究"、周娟的"动词与量词的组合关系"、周日安的"名词与名词的组合关系研究"、胡建刚的"现代汉语连谓结构研究"、王宜广的"汉语动趋组合的语义模式及其认知机制"、刘宗保的"汉语名词造词法认知研究"等等。

从范畴论到组合论,核心的因素依然是语法意义。前者是聚合类,后者是组合类。这里的课题几乎是做不完的。

三、突　　破

做研究最怕的是"故步自封""千篇一面";反之,最重要的是"不断突破""超越自己"。如果从 1978 年算起,我从事汉语语法研究也 30 多年了,大体上有三个阶段:20 世纪 80—90 年代初,主要是三个平面的交叉研究,语义、句法、语用,三位一体。这些论文后来结集出版为《汉语语法的立体研究》(商务印书馆,2000 年)。20 世纪 90 年代后期由于眼界的开拓,研究语法时开始关注语义的决定性作用,有关论文后来结集为《汉语语义语法论集》(上海教育出版社,2007 年)。在进入 21 世纪以后,我的研究重心又有了新的变化,特别注意语言接触、语言变异、语言比较、语言融合,关注当代汉语的变化进程。主要还是语法,但是也涉及词语、语音等,有关论文即将结集为《汉语语法的动态研究》。可见我这 30 余年的汉语语法研究就走了三步:第一步,立体研究;第二步,语义研究;第三步,动态研究。那么以后是不是还有第四步呢? 还有什么新的构想呢? 那就要骑驴看唱本——走着瞧了。反正,不能老一套,不能原地踏步走。人么,就要不断问问自己:你还想做些什么? 你还有什么新招?

唠唠叨叨说这些话,主要的意思,就是希望我的学生们,包括春利在内,不要满足于现状,不要洋洋自得。我们的汉语语法研究,在新的条件下,在新的环境中,必须有一个新的突破。一个人需要不断地挑战自己,不断地突破自己,不断地超越自己。我早已过了"耳顺"之年,回想起当年考取改革开放后第一届研究生,也才 30 来岁,意气风发,笑傲江湖。回想起当年参加各种学术研讨会,多次作为"青年代表",在大会上慷慨陈词,谈笑风生。一眨眼的工夫,竟然就成了"老先生"了,不禁感慨万千。"时不我待,珍惜眼前的一切,不断突破,超越自己。"这就是在春利博士论文出版的前夜,我最想送给他的赠言。

汉语正在大踏步地走向世界,汉语语法研究也正在登上国际舞台。我们要给世界一个惊喜,这就需要我们在语法研究的理论与实践方面都拿出过硬的本领,既要借鉴,更要创新,用汉语语法研究的成果来丰富语言学的普遍理论。我寄希望于年轻的一代,希望春利他们会做得比我们更好,更精彩,更出色。我们,作为攀登高峰途中的"人梯",也就心满意足矣。

原文载于赵春利著《现代汉语形名组合研究》,暨南大学出版社,2012 年

《现代汉语动量词与动词组合研究》序

在我招收的几十名博士生里,要数姓周的最多了,前前后后居然有六名:华东师大的周有斌、周静、周红,加上暨南大学的周芍、周日安和周娟。学生们开玩笑说:老师,你跟周姓肯定有缘。缘分来了,挡都挡不住。

娟者,明媚美好也。中国人给女孩子起名字,常常喜欢用这个"娟"字。周娟是个湘妹子,本来是我的老朋友杨启光教授的硕士生,毕业后就留校。我 2002 年从华东师范大学调到暨南大学时,她已经是中文系的教师了,校龄比我还长,所以也是我的同事。

周娟为人朴实无华,做事踏踏实实。原先只觉得她比较寡言少语,后来接触多了,才发现其实她很有主见,看问题往往能够一语中的。这几年周娟成长很快,先是讲师,很快就晋升为副教授,近年来发表了二十来篇论文,最近还连续拿到两个省部级科研项目。如果说当年她还略显"稚嫩",那么现在显然"成熟"了。尤其在语法研究方面,可以说已经登堂入室了。她在学术上有自己的思考与追求,在现代汉语语法、方言语法以及当代汉语的变异研究等方面逐步形成了自己独到的看法。周娟还参加了我主持的国家社科项目"现代汉语方言疑问范畴比较研究",她是这些合作者中出力最多的,不仅具有良好的语感,而且能够挖掘出湖南方言语法细微而有趣的规律。

不仅如此,这些年里,在我的工作和研究中,周娟的贡献也是有目共睹的。

首先是我组织过不少大大小小的各类会议,包括 211 工程项目建设、语言学科的建设、现代汉语语法国际研讨会、汉语语法南粤论坛,等等,她都是亲力亲为,全力以赴,每次会议几乎都是担任秘书组的组长,可以说是任劳任怨、鞠躬尽瘁,而且还往往负责会后的总结报告、通讯报道的撰写。

其次是我自从被选为广东省中国语言学会会长后,周娟义不容辞担任了学会的秘书。我们是个穷学会,省社联一分钱都没有拨款的,完全靠一点点可怜的会费以及我们自己拉来的赞助。原来的专职秘书也撤销了,所有的工作都由周娟来承担,包括财务报表。我们没有一分钱的报酬,完完全全是尽义务的,周娟为此作出了无私的奉献和巨大的牺牲。

我历来主张,要做学问,首先要学会做人。道德文章,第一是道德,第二才是文章。周娟博士在这两方面都做得很出色。这次,她的博士论文修改后得以出版,我感到由衷的欣慰。

量词是汉语,也是汉藏语系语言重要而鲜明的语法特征。长期以来,汉语量词就因其独特的词类地位而在语法学界受到高度关注。尽管量词包括名量词和动量词两大系统，然而，由于动量词在数量上没有名量词丰富多彩，其组合情况似乎也没有名量词那么复杂多变，因此，汉语量词研究一直呈现出"重名量而轻动量"的局面。其实，相对于名量词而言，动量词自有其个性特点，它们与动词的选择组合会涉及各种因素，尤其跟动词的语义特征密切相关，很值得深入进行研究。

20世纪90年代，我先后写了两篇关于汉语量词研究的论文，都发表在《中国语文》上，一篇是关于名量词与名词的选择，一篇是动量词与动词的选择。后者提出了一些比较有意思的想法，主要是语义的双向选择以及结合语义特征对动量词和动词进行多层面的分类。尽管如此，由于时代的局限，我当时只是粗线条地勾画了有关研究的线索，没有展开详细的深入的讨论。

周娟的博士论文选择了动量词与动词的选择组合关系，是很有眼光的。该项研究在前人研究成果的基础上，以语义语法理论为指导，遵循"五个结合"的研究原则，即形式与意义相结合、静态与动态相结合、共时与历时相结合、描写与解释相结合、事实与理论相结合，对动、量组合规律进行了深入而全面的探讨。该文在方法论上，强调动量词与动词之间的语义双向选择性原则，包括"语义一致性原则""语义自足性原则"和"语义决定性原则"。从而保证了组合规律的可靠性与解释性。我认为该文最值得称道的特点是：

(1) 根据"有界无界"理论来解释汉语动词的界性特征。指出一个动词能否与动量词相组合，首先决定于它的界性特征，从而建立了动词的界性分类系统，主要包括四类：前界动词、后界动词、双界动词以及无界动词。

(2) 论证了动量词的本质及其形成理据。指出动量词是有界动作的动量属性在语言层面的投射，或者说是有界动作的动量标记。动量是有界动作在时轴上出现次数的量或持续时长的量。现代汉语动量词的形成，都是因为它们具有标示单位动作过程边界的功能。

(3) 全面分析了动词和动量词的选择组合规律。这跟动词的语义特征密切相关，也跟动量词的语义功能有密切联系。因此可以把汉语动量词分为计数量词、计时量词、数时量词、工具量词、结果量词、情态量词，并建立动词和动量词组配的流程系统。

(4) 探讨了句法和语用调控对动、量组合的作用。动词和动量词能否组合，不仅跟二者内在的语义特征密切相关，而且跟句法和语用上(上下文语境和句类等)的调控有密切联系。通过对计数量词、计时量词、数时量词与动词组合时句法和语用调控的考察，解释了其中的规律。

该文是国内外第一次对现代汉语动量词与动词的组合进行全面、深入、系统的分析，语料丰富，论证清晰，条理清楚，结论可信。既吸收了前人对此课题研究的经验和优点，又在规律性、系统性、创新性上有着明显的突破，该研究对于人们深入认识汉语动量词的组合规律和特点有重要的参考价值，在对外汉语量词教学和量词词典的编纂等方面也有重大应用价值。

当年朱彦博士在她的博士论文出版时,我在为她写的序里提出三点希望:取法其上,锲而不舍,细水长流。现在周娟的博士论文也即将出版,我也有三点新的希望:

第一,熔为一炉。我们必须具备多元意识,不管你是哪个学派,只要对我有用,我就学习,就拿来,根据汉语的特点,各取所需,熔为一炉,为我所用。

第二,与时俱进。不要学驴推磨,原地打转,而要紧跟时代的步伐,不断超越自己,不断推出新意。这样的研究才有价值,才有希望。

第三,坚持特色。如果我们不引进借鉴,不跟国际接轨,那就是死路一条;但是我们还必须坚持中国特色,坚持以我为主。只有两条腿走路,才能走向世界。

这三点,愿与周娟共勉。

原文载于周娟著《现代汉语动量词与动词组合研究》,暨南大学出版社,2012 年

《概念结构视野下汉语动趋式的语义框架及其扩展路径研究》序

　　王宜广博士发来电邮,报告他的国家社科后期资助项目的结项成果《概念结构视野下汉语动趋式的语义框架及其扩展路径研究》已经杀青,附件就是这部著作的全文,并且希望我写个序言。我欣喜地点开附件,迫不及待地浏览全书,感到惊喜与由衷的欣慰。真的,宜广真的开始成熟了,开始起飞了,开始提速了。

　　记得是 2007 年秋冬吧,我的好朋友,暨南大学中文系原系主任杨启光教授隆重推荐他的硕士生王宜广给我,说是他希望报考我的博士生。这是个偏瘦偏高的小伙子,显得精神、阳光、帅气。话语不多,但比较真诚;谈吐不凡,只略显拘谨。第一印象还不错,结果在众多报考者中,他居然不声不响地脱颖而出,初试面试都旗开得胜,最后真的成了我的博士生。

　　我招收的博士生中,就数山东籍与湖南籍最多。山东籍的四个:赵春利、刘雪春、周红和王宜广。他们有个共同的特点,就是比较实在,无论做人还是做学问,不玩虚的。宜广功底比较扎实,尤其擅长于语义分析和认知研究,当年跟他合作撰写并发表的论文有三篇:《"A 到 O"结构的语义类型及认知模式》(《暨南学报》,2010 年第 2 期)、《非真值性判断"不是 A,而是 B"句式研究》(《世界汉语教学》,2010 年第 3 期)与《"幸亏"类副词的句法语义、虚化轨迹及其历史层次》(《语言教学与研究》,2011 年第 4 期),就显示了他这方面的特长。他的博士论文选择的是动趋结构的语义认知分析,题目叫作《汉语动趋组合的语义模式及其认知机制》,这可能跟我们俩合作的第一篇论文密切相关,选题颇有新意,并且顺利通过答辩。那时他面临的是落实工作单位,我是很舍不得他离开的,我觉得他是个很有潜力的学子,总有一天会长成参天大树,我希望他留在广州,留在我的身边。但是我也知道,鸟儿长大了,总要飞的,离开老师,离开母校不一定就是坏事,也许经历风雨,经历磨炼,会成长得更快更好。宜广的太太宫领强也是暨南大学的博士生,师从班昭教授,他俩获得博士学位后,决心报效家乡,先后到鲁东大学国际汉语学院任教,对此我当然表示全力支持。2014 年秋,他俩一起回到母校,参加"现代汉语教学研讨会",宜广似乎有点变了,举手投足之间充满了自信;他的话语变多了,浓浓的笑意从他的眼神里时不时地流露出来;与他太太配合得相当默契,可以看得出无论工作还是生活都很滋润。看到现在的宜广伉俪,我觉得他们俩的选择是正确,我为他们俩感到由衷的高兴。一个初出茅庐的青年学子,能够申请到国家社科后期资助,这充分说明他的选题独具慧眼,确实打动了评审专家的心弦。

　　动趋结构是汉语语法研究的一个热点,也是个重点。几十年来不断有学者关注它,探讨它。20世纪80年代我的师姐刘月华教授就对此做过卓有成效的研究,我的已故研究生师妹徐静茜的硕士论文也是专门探讨这一课题的,并且直到现在还有影响。我的一些朋友也对此做过许多脍炙人口的研究,宜广选择这一课题是有眼光的,更为可喜的是他在获得国家社科后期资助后,对初稿进行了理论的深化和崭新的探索,经过几年的精心修改和润色,现在一部精彩的专著终于问世。

　　这是一部运用新理论新方法,从新的角度进行别开生面探索的好书。作者的目标很明确,提出要解决四大问题:(1)动趋式与动结式的关系;(2)动趋式语义划分的可操作性标准;(3)对动与趋的相互选择理据;(4)动趋式语义框架的不平衡性及其认知动因。其核心问题是搞清楚"动趋式的语义结构及其扩展途径"。

　　作者指出,从认知语言学的角度看,动趋与动结,两者虽然有相同点,可理解为广义的结果,但是却表现出不同的事件概念结构:动趋式是位移事件,而动结式是致使情景事件。而且关键还在于,两者有一个重要的差别:内部的语义关系不同,动趋式内部的语义类型之间具有语义扩展关系,而动结式内部的语义类型并不具有扩展关系。

　　作者所依据的理论是我这些年来一贯倡导的"语义语法",方法是汉语句法的双向选择性原则,这是汉语语法组合规则的一条总纲,它具有极大的解释力。它不仅可以解释组合成立的原因,还可以解释组合内部的涉及词类内部的小类以及词的语义特征等问题。句法语义的选择性原则主要由语义一致性原则、语义自足性原则、语义决定性原则等次原则组成(邵敬敏,2000)。其次是国外引进的"概念结构理论及认知隐喻理论"(Talmy,1985/1991),以类型学的视角根据动词的语义框架结构,提出位移事件主要有六大要素构成,即图形(凸体、射体)、背景、路径、位移事件、运动方式和致使,只是在不同的语言中,其凸显和组合方式各有差别。

　　作者的理论依据是新颖而且卓有成效的,他的研究成果也是与众不同,颇有创见的。

　　第一,他首先离析出位移性动趋式五大类概念成分:(1)参与者要素(凸体、衬体和使事);(2)空间要素(方向和位置);(3)运动要素(运动的方向性和位移性,位移性又体现为运动方式和运动使因);(4)路径要素(趋向动词);(5)主观视点("来"和"去")。

　　第二,他搭建了汉语动趋式语义框架,包括两方面内容:(1)界定动趋式的因素或标准;(2)探究动趋式内部的语义扩展路径。指出动趋式的语义扩展是一个不断隐喻化的过程,是一个原型义素不断缺失、非原型义素不断产生的过程。

　　第三,他对汉语动趋式的语义结构特色进行了新的解释,指出动趋式的语义扩展是以人类对世界的认知为基础,具体表现为原型语义要素的此消彼长。其认知上的动因主要是隐喻机制在起作用,具体来说,就是由具体概念领域向抽象概念领域,由现实空间向虚拟空间,由物理空间向心理空间,由空间向时间的隐喻性投射。

第四,在此基础上,分别对"V 来、V 去"以及各类动趋结构进行了深入细致的描写与解释。并且指出其扩展路径分别为:客观位移→抽象位移→状态趋向→时体趋向。

第五,采取全新的视角,分析"动趋式语义扩展的不平衡性",对"趋向义"重新定义,分为"位移性趋向、状态性趋向和时体性趋向",三者之间具有扩展性与过渡性,分别是基于位移语义要素的淡化、虚拟化和隐喻化。

第六,在方法论上,主要揭示动词的语义特征、主要动词与趋向动词的双向选择性、扩展时的隐喻手段。区分出基于位移性趋向的动趋搭配、基于状态性趋向的动趋搭配以及基于时体性趋向的动趋搭配。

第七,探讨了第二语言教学中汉语动趋式语义框架的教学思路,解决理论探讨最后要落到实际应用上的问题。

我们知道,动趋结构之所以比较复杂,难以研究,问题就在于动趋不仅表现为具体的物理的空间的位移,还涉及抽象的位移、心理的位移、时间的位移,许多因素交织在一起。我们不仅要知道怎么样,还要了解为什么。作者不仅描写了种种复杂的动趋现象,在解释性方面也做了大量的探索性工作。应该说,这一研究是在前人研究的基础上往前大大地推进了一步,是迄今为止研究最透彻最有说服力的,充分显示了作者在句法语义研究方面的洞察力、创新力与解释力。

当然动趋的语义框架研究还只是开了个头,后面的路还很长。尤其是动趋的双向选择还可以细化深化,有关的认知解释也还可以进一步拓展,从语言类型学的角度,引进跟其他语言的比较也值得探讨。我殷切地期待着宜广新的研究成果问世。

原文载于王宜广著《概念结构视野下汉语动趋式的
语义框架及其扩展路径研究》,中国社会科学出版社,2017 年

《现代汉语习语性贬抑义构式研究》序

我跟浙江师范大学的渊源关系还是挺深的。四十四年前,那是 1970 年,我灰头土脸地从中央文化部下放到了浙江省金华地区,那正是浙江师大的所在地,从而结识了好几位浙师大中文系毕业的高才生,后来据说还有人想把我调到那里去任教。1981 年我作为新时期第一届毕业的研究生在杭州大学取得硕士学位,因为上海市人事局拒绝给我进上海的户口指标,一时还未能到华东师大去报到,浙江省人事厅"大发慈悲"居然就把我分配到了浙江师大。后来我虽然如愿回到上海,浙师大也算是我没上过门的"婆家"了。更没料到的是后来由于老朋友张先亮教授的热情相邀,我竟然真的被聘为浙师大的兼职教授,这些年来几乎隔年就去那里讲一次学。看来还是应了一句老话:有缘千里来相会,你怎么躲都躲不过去的。

除了这些,更为有意思的还在于我有缘先后招收了浙师大的三个毕业生,两个是我在华东师大工作的时候,一个读了我的硕士生,一个考取了我的博士生。这第三个就是郑娟曼了,她是我 2007 年在暨南大学招收的博士生。娟曼是典型的温州人,个子小巧玲珑,双眸晶亮剔透,善解人意,灵敏乖巧。一谈之下,就觉得她反应奇快,思路清晰,一定是块做研究的好料!果不其然,读博三年里,居然在核心期刊一连发表了七篇论文!对语言学博士生来说,可以说是破纪录的。众所周知,语言学杂志少,发表难度高,而且发表的周期特长,三年博士生期间想发表论文,那至少要在一二年级就把稿件寄出去。娟曼做到了,而且短短两年里就写了七篇!所以可以当之无愧称为"快手"!

娟曼做学问有她自己的独到见解,那几年海外的构式语法刚刚介绍进来,她凭着学术上可贵的敏感性,对构式理论下了一番功夫,而且形成了自己的看法。她不是泛泛而谈,不是跟着老外的调调哼哼,而是抓住一些汉语特殊的习语构式入手,而且专门分析具有贬抑情感义的构式,进行了深入细致的比较研究,从而在有关研究方面走在前沿并且独树一帜,所以可以称之为"高手"。

娟曼最后决定以"贬抑性习语构式研究"作为博士论文题目,因为前期准备比较充分,所以很快就拿出了初稿。贬抑性的习语构式在汉语中是很具特色的,但却没有被特别关注。她在钻研大量语言事实的基础上,选取典型的有代表性的习语构式,例如"还 NP 呢""都是 NP""你看你""好不好""真是的""又来了"等,对这些特殊的习语构式做了详细的描写和分析,并就这些材料从理论的高度上对构式语法作进一步的充实。所谓构式大部分就是我经常说的"框式结构",其实名称还是次要的,关键是这样的构式,很有用,能产性强,它所表示的语义具有不可推导性,不是简单的 A 加上 B,而是 C。在这一点,娟曼确实不负众望,是个研究的"好手"。

摆在我眼前的这本书稿是在原来博士论文的基础上,经过三年的精心修改而成。该文以构式语法理论与语义语法理论为背景,对现代汉语中的贬抑性习语构式进行了比较系统、全面的考察和研究。我认为,其创新点主要表现在以下四点:

(1) 第一次对具有贬抑义的习语构式进行集中而系统的研究,具有独创性特点。

(2) 有关研究以构式语法理论与语义语法理论结合为理论支撑,这也是一次新的尝试。

(3) 对贬抑性习语构式的构式义的形成机制做出统一解释,并找出其对应的规律性。

(4) 发现了情感意义习语构式内部的不平衡性,并给予可能性的解释。

书稿到底好不好,有没有启迪意义,读者阅后自有公论。我想特别指出的是,有关汉语的构式研究,刚刚起步,还属于拓荒阶段,这显然是个大有可为的课题。

记得二十年前,1994 年吧,我为常玉钟先生主编的《汉语习用语功能词典》写了篇书评:《口语与语用研究的结晶》(《世界汉语教学》,1994 年第 2 期),该文有三点意思,至今仍然感到还有点儿意思:

(1) "在口语交际中,常常会有这样一类语句,功能多样,使用广泛,它们的含义往往不能单凭构成成分和语法上的逻辑义推导出来,换句话说,它们在交际中所发挥的作用,实际上是隐藏在表层义后面的深层语用含义。"这一看法跟构式语法理论的核心思想是不谋而合的。

(2) 指出该词典"解释语义的角度与众不同,独具慧眼,特别注重阐发词条字面意思之外的在一定语言条件中的特定的语用语义。说话人使用的不过是普普通通的词条和句型,却常常表达出某种言外之意,还附带着某种感情色彩"。

(3) 指出这些习用语既有口语的特点,也有语用的功能,而且认为"这两者结合起来进行研究,可以说是一种全新的思路,一个前途无量的系统工程,不仅有着深远的理论意义,而且有着巨大的应用价值"。

后来我在《"连 A 也/都 B"框式结构的争议及其框式化进程》(《语言科学》,2006 年第 4 期)中总结了框式结构的特点,发现"典型的框式结构,指前后有两个不连贯的词语相互照应,相互依存,形成一个框架式结构,具有特殊的语法意义和特定的语用功能,如果去除其中一个(主要是后面一个),该结构便会散架;使用起来,只要往空缺处填装合适的词语就可以了,这比起临时组合的短语结构具有某些特殊的优势。就好比现代化的楼房建造,常常采用的框式结构一样,简便、经济、实用、安全"。

而后,在《汉语框式结构说略》(《中国语文》,2011 年第 3 期)中进一步指出鉴别框式结构的形式、语义、语用三条标准:

第一,它们都由不变成分以及可变成分两部分组成。不变成分构成"框架",起到定位以及标记作用,识别率特别高;可变成分是可供选择、替换的"变项",因此整个框式结构具有一定的生成能力。

第二,具有整体性的特殊语法意义。框式结构的结构意义,不是组合成分语义的简单相加,而往往产生出新的意义,这一新义是该框式结构整体拥有的,是在长期使用中形成的,换言之,不能直接从几个成分语义中推导出来。

第三,跟语境结合紧密,表示特定的语用功能。框式结构在语言交际使用方面具有特殊的功能,往往用来表示某种感情色彩或者特定语气,是普通短语无法承担的。多数带有强烈的口语色彩,为老百姓所喜闻乐见。

当前语法学界的热点之一,就是更加关注语义在句法结构以及语言交际中的作用,尤其重视主观性特别强的情感意义。汉语学界对于情感意义的相关研究以前主要集中在词汇学领域,现在语法学界也开始介入,并且取得了可喜的成果。可见,郑娟曼博士这一研究的意义,不仅仅是对这类汉语贬抑性习语构式进行了开创性的挖掘,还在于旗帜鲜明地提出"以构式义为纲建立系统",标志着这一研究的前途光明灿烂。我想借此机会大声疾呼,年轻的朋友们大家都来关注带有浓厚情感色彩的"构式"这一语法研究的新视角,不仅在理论上有极为重要的意义,而且对国际汉语教学也有非同小可的应用价值。

目前,有关汉语构式的研究成果颇为丰富多彩,单篇论文层出不穷,但是专门的著作还不多见,我希望娟曼这部专著能够引起更多的关注,这样才能达到"一鸟引来百鸟鸣,百鸟争鸣春满城"的境界。

原文载于郑娟曼著《现代汉语习语性贬抑义构式研究》,
中国社会科学出版社,2016年

《汉语相似范畴研究》序言

刘杰副教授的博士论文《汉语相似范畴研究》经过若干年的补充和修订,准备正式出版了,我由衷地感到欣慰。

我在华东师范大学和暨南大学陆陆续续带了二十多名博士生,他们的博士论文大体上可以归纳为两大系列:前期在华东师大的博士生主要是做语义范畴研究,比如选择范畴、比较范畴、工具范畴、递进范畴、等同范畴、并列范畴、致使范畴等等;后期在暨南大学的博士生主要是做句法组合,例如名形组合、名名组合、名动组合、名量组合、动量组合、动动组合等等,也有继续做语义范畴的,例如程度范畴、虚拟范畴、方式范畴、估测范畴。刘杰就是我在暨南大学招收的,而且也是做语义范畴的。因为他硕士研究的方向主要是修辞,所以选择了"相似范畴"这个题目,跟修辞学关系比较密切。

坦率地说,"相似范畴"是个很有挑战性的题目,因为,修辞学上的比喻,或者比拟,其本质就是相似性,大家研究得比较充分了。你要换个角度,从语义范畴切入,到底能不能说出一些新道道来? 这是论文成败的关键所在。我很高兴刘杰的研究还是有不少可喜的突破。

该文主要分为三大板块:一,指出本文研究的对象、方法、材料、理论基础等。二,以相似语义范畴和相似形式范畴为基础,构建了汉语相似范畴系统。三,比较深入地分析了典型相似句式"像……似的"、联项"好像"和"也"字句,以验证自己的理论框架。

作者首先明确指出:相似关系的存在和发现必须以比较为前提。接着依据我们一贯倡导的语义语法理论,揭示有关相似范畴意义和形式的双向互动关系,建立起若干重要的基本概念:一是相似范畴的语义要素:参照、目标、相似点、相似关系。二是相似范畴的句法形式构成要素:相似主项、相似客项、相似联项、相似项等。并且指出:目标需要主项表现,参照的对应是客项,相似点和相似性的表现形式是相似项,相似关系的表现形式是相似联项,相似度通过不同手段表现出来,如程度副词、联项等。

应该说,刘杰的这一研究在理论上自有他的独到之处,尤其是某些提法很有创意:

一,指出"相似性"的多维性。一方面说明了相似性的丰富多彩,另一方面也反映了相似性的极端复杂性。

(1)区分出"客观相似点"与"主观相似点"。前者指相似点具有客观性,人们的认识比较一致。后者指相似点具有显著的个人色彩和明显的主观性。

（2）区分出"显性相似点"与"隐形相似点"。前者指具有明确的相似项,相似点的认定比较方便容易。后者指以比较隐蔽的形式出现,需要依据客项去推测寻找。

（3）区分出"直接相似点"与"间接相似点"。前者指相似句中的相似点非常直接。后者指往往需要经过推理才能理解的。

二,区分了相似点与相似性。两者虽然有所不同,究其实质,它们都是主项和客项之间的共同之处,只是相似点往往是对相似性某一个方面的描述,而相似性则需要进一步具体化。

三,讨论相似项与相似点的关系,指出相似项是表示相似点的语言形式,相似点是相似语义范畴的必有要素。相似范畴可以没有相似项,但不能没有相似点。

四,相似性在程度上的高低差异叫相似度,指出相似度是相似语义范畴中的必有要素之一,并且讨论了相似度高低的不同表现手段,总结了相似度句法表现方式的限制条件。

五,对相似范畴跟等同范畴、比较范畴做了比较。

六,讨论了语法学跟修辞学在相似范畴分析上的区别,指出修辞学的兴趣在于严格区分三者之间的界限。而语法学主要从语义内容和表现形式密切结合的角度讨论这类现象,更重视三者之间的关联。

作者不仅在理论上有所创新,在语言事实的分析方面也有所拓展。这主要是:

重点考察并初步解释了主项和客项的不对称性;提出单项式联项和框式联项,探讨了制约相似联项省略的种种因素以及不同因素之间的关联。

对一些主要相似句式进行了分析。考察了不同联项之间的基本组配规律,比如指出"跟……一样"表示的比较和比拟是相似度高低的差异,比较和比拟是相通的,都是一种"相似",不过是比较的相似度高,而比拟的相似度没有如此高而已。

提出并论证了相似联项"好像"的情态性质,尝试运用认知图式解释了联项"也"的叠用和独用之间的关联和差异。

当然,论文本身也还有进一步改进的空间。例如作者认为联项"像"构成的相似短语中很难容纳含有情态性的副词,副词基本不能进入联项"像"构成的相似短语。联项"像"构成的相似短语,其相似度的高低是不能调节的。但是我们查阅了 CCL 语料库和 BCC 语料库,发现了不少这样的语言事实。又如作者认为"Z 像 K 似的 S"的否定形式不成立,或者说,"Z 像 K 似的 S"相似句没有否定形式。但是事实上"就不像……"句式在语料库里可能不在少数。这也许应了一句老话:说有易,说无难。对断言不行或不说的要慎重一点。

总的来说,该著作有不少新鲜的有创意的看法,为"相似范畴"的深入研究开了个很有意义的头,为今后的研究打下了扎实的基础。希望作者能够在此基础上再接再厉,对相似范畴及其对应句式做进一步的探索。

刘杰勤于思考,聪慧好学,有上进心和拼搏精神。当时他是在职博士生,一边读博,一边还要教学,读书在广州,家庭和工作单位在安徽阜阳。奔波于南北之间,辗转在教学两头,那几年过得确实不易,但也很充实。我作为导师,能够深切理解这一切。

可喜的是他获得博士学位以后,在自己工作的阜阳师范大学不断进步,长期担任信息工程学院新闻传媒系主任。尽管工作繁忙,仍然没有丢掉老本行。我希望这本书的出版,是个良好的开头,企盼他在语法研究跟修辞研究的接口处做出更精彩的成绩来!

原文载于刘杰著《汉语相似范畴研究》,黄山书社,2019 年

《认知视野下的汉语定中复合名词造词研究》序

我先后招收过 27 名博士生,其中华东师范大学 11 名,暨南大学 16 名;男生 14 名,女生 13 名,男女比例基本持平。刘宗保是 2009 年入学,2012 年毕业的,算是我的博士生关门弟子了吧。

宗保是南京师范大学毕业的硕士,导师是王政红教授,是我的老朋友了。其实我跟南京师大还是很有渊源关系的。早在 1992 年,我就委托刘宁生、刘丹青(当时汉语语法学界号称"双刘")承办"第三届现代汉语语法研讨会"。后来又结识了李葆嘉、董志翘、段业辉、肖奚强、钱玉莲等教授。90 年代后期承蒙他们看得起,据说还想引进我。大概是因为我和南师大的关系密切,出生在安徽的刘宗保居然毅然决然报考了远在南粤边陲的暨南大学,也算是一种缘分吧。

宗保年轻好学,比起师兄师姐来,可能显得稚嫩了一些,但是他最大的特点是勤思好问,踏实可靠。他考虑博士论文题目时,我希望他做点有关汉语造词法的语义认知研究。当年(2000—2003)他的师姐朱彦一心一意要做语法方面的题目,就硬是被我劝说改写为语义构词法的博士论文,最后大获成功,并且得以进入北京大学中文系做了陆俭明先生的博士后,还获得了北京市的资助,出版了《汉语复合词语义构词法研究》(北京大学出版社,2005 年),得到同行广泛的关注和首肯。现在我希望宗保能够从语义认知这一新的视角去研究造词法,一个是构词法,一个是造词法,两者相辅相成,跟朱彦的研究可谓双剑合璧。欣慰的是,宗保认真听取了我的建议,顺利完成了学业和论文答辩,获得博士学位。现在他在博士论文基础上进行修订,即将出版《认知视野下的汉语定中复合名词造词研究》,我为他感到由衷的高兴。

首先,作者深刻地认识到汉语造词法研究存在的不足,尖锐地指出:目前汉语造词法研究"最突出的问题是未能对造词背后所涉及的认知语义进行深入分析,而是或者跟构词分析相交叉,或者仅是对造词方法进行简单概括,缺乏深度"。

其次,作者明智地选择了数量最多且最具有代表性的"名+名"定中型复合名词进行了深入分析,这无疑将对汉语造词法的全面探讨作出了探索性的贡献:

1. 尖锐地指出了造词法和构词法的本质区别:造词是整合型的,即从意义到形式的选择表达过程;构词法是分解型的,即从形式到意义的理解过程。

2. 归纳出若干研究的方法:(1)描写与解释相结合;(2)共时分析与历时理据相结合;

(3)运用双向选择理论。

3. 对个案进行了详尽而深入的分析,并且得出了比较有趣的结论,例如关于"球 X"的分析就具有样板性的效用。

自从我于 2002 年调到暨南大学工作以来,不仅自己一直致力于汉语语义语法的研究,而且大声呼吁语法学界关注这一特别适合汉语语法研究的理论架构。当然,我们可以参考形式语法或者功能语法,但是我们如果希望建立起具有中国特色的语法理论,那就必须在汉语语法特点基础上进行挖掘,必须把语法意义的研究作为自己的出发点和重点,并且寻找多元的形式验证。因为在形式与意义这一对范畴中,起决定作用的必然是意义,而不是形式;语法研究是个双通道,既可以从形式入手去寻找意义的解释,也可以从意义入手去寻找形式的验证,但对汉语这样主要不依赖于语法形态变化,而且语法形式相对隐蔽,主要依赖于虚词、句式、语序、重叠、构式、韵律等形式的外加型语言来讲,从意义入手可能是更加合适的。汉语造词法,既是词汇问题,也是语法问题,更是形式和意义的结合体。以往的研究往往停留在形式层面,重点是分析其结构,偏正构词、动宾构词、主谓构词等等,尽管那样的分析不能说一点用处都没有,但那显然是远远不够的。我们需要深入到复合词的内部去挖掘词素与词素的语义结构到底是如何构成的,一个复杂的语义结构是如何转化为一个固定的词语形式的,哪些因素起到决定性的作用,哪些条件制约着对词素的选择和最后的词语形成,又是什么决定了它在进入句法结构后的功能。只有把这些问题搞清楚了,我们才有可能真正挖掘出汉语词语产生的内在规律,才能揭示出汉语造词法真正的奥秘。

如果从语义的深层出发,并且在认知的背景上挖掘复合词词素之间语义关系曲折复杂的根源,描写并且解释词义构成的一系列语义组合过程,并且找到中间的语义规律,并运用认知语言学的理论进行解释,那么应该说不论从语法学角度还是从词汇学角度来讲,都是有突破性意义的。刘宗保迈出了扎实的一步,希望他能够继续沿着这一条康庄大道勇往直前。后退是没有出路的,只有前进,沿着语义语法理论指导的方向前进才能到达胜利的彼岸!

当年在为朱彦的大作写序时,我送给她三句话:

第一,取法其上,就是立足点一定要高,要给自己定下一个比较高的目标,在研究的理论和方法上有所突破,这样才能"领先一步";

第二,锲而不舍,认准了自己奋斗的方向以及达到目的的途径,就要抓住不放,这样才能"金石可镂";

第三,细水长流,要不急不躁,就好像广东人煲汤,用的是文火,而不是猛火,这样才能持之以恒,"取得正果"。

今天,我也想赠送刘宗保三句话:

第一,敢于开拓。要做前人不敢做的题目,或者做得不太好的题目。这叫"明知山有虎,偏向虎山行"。

第二,勇于创新。前人没有走过的路,我们要不怕艰险,要走新路。可能有风险,可能会失败。但是老是"跟风",那又有什么意义呢? 这叫"戏法人人会变,各有巧妙不同"。

第三,善于总结。不论是成功也好,失败也好,都是一种人生的阅历,是我们成长的财富。这叫"既要埋头拉车,也要抬头看路"。

我希望这本专著是一只"报春鸟",会引来"百鸟朝凤",带来汉语造词法和构词法研究的春天。

原文载于刘宗保著《认知视野下的汉语定中复合名词造词研究》,东南大学出版社,2019 年

《汉语动趋式认知语义研究》序

　　我先后在华东师范大学和暨南大学招收的博士生大约有二十个,要数姓周的最多了,居然有六个。其中女生有四位,而且有趣的都是单名。她们是:周静、周红(华东师大),周芍、周娟(暨南大学)。从省籍来说,要算山东、湖南、江苏、河南的居多,其中山东的有赵春利、刘雪春、周红、王宜广。这样一看,周红这两点都占着了。我相信,人跟人是有缘分的:有缘分,千里来相会;没缘分,当面会错过。周红就属于比较有缘的了。当年之所以录取她,不外乎这么几条理由:一是著名的山东大学毕业生,基础扎实;二是山东女孩子,显得精明强干,头脑清楚;三是年龄偏小,可塑性大;四是面试时回答比较讨巧,有灵性。坦率地说,我比较喜欢挑选聪慧灵巧的学生,用上海话来形容,那就是"脑子灵光"! 我一直觉得,要做语法研究,必须有点儿天分,必须时时处处有新点子。应该说,周红基本上达到了我的要求,但是,真正对周红有感觉,还是逐渐深化的,可能经历了好几个阶段。

　　她是 2001 年入学的,是我在华东师大招收的第三批博士生,跟马清华、刘雪春同届,他们两位硕士毕业后都工作多年,而且都是副教授了,只有周红是地地道道"一介女书生"。周红考上博士生的时候,因为是直接从本科生、硕士生到博士生,中间没有去工作过,跟两位大哥、大姐一比,显得特别年轻,甚至于显得稚嫩。第一年也看不出有什么特别的过人之处,给我最深的印象:一是好问,百问不腻。二是好辩,不满意想不通就跟你辩论,有时候还略显得有点儿"蛮"。看得出,人小志气大,特别有一股不服输的劲儿。

　　由于我在 2002 年 10 月调到暨南大学去了,周红她们这一届,尽管我个人多次表态愿意带完送她们毕业,尽管学生们强烈要求跟随我学到毕业,但是,当年华东师大的个别校领导对人才流动非常不理解,对自己可笑的政策没有深刻认识(我一直斥之为"毁我长城"的政策,那几年赫赫有名的华东师大中文系居然有十几位教授博导纷纷调离,可笑的是这位领导最后也半路灰溜溜地被请下台了),显得十分"小气",居然一口拒绝。尽管不是我的缘故,但是我心里一直对他们这一届博士生抱有某种歉意,因为实际上只带了他们一年多。不过庆幸的是,我的老朋友、接任的刘大为教授很负责任,这才使这届博士生能够如期顺利毕业。刘雪春去了北京语言大学,马清华回到温州师院(很快就调到南京大学去了),而周红则如愿进入上海财经大学。

　　一方面,华东师大不要我管还没毕业的博士生了;另一方面,我刚调到暨南大学,担任"211"学科建设的带头人,千头万绪需要处理,而且马上就招收了近十位新博士生,说实话也顾不上留在华东师大的旧学生了。晃晃悠悠过了两年,只知道周红他们非常努力。突然传来喜讯:她的博士论文《现代汉语致使范畴研究》一举入选上海市社会科学第七届博士文库,当年同时入选的还有她的师兄马清华的《并列结构的自组织研究》,那可是在全市打擂台打出来的呀!可谓双喜临门,我为之大喜,真所谓"皇天不负苦心人",辛勤的耕耘终于结出了丰硕的果实。20世纪开头那些年,我比较关注现代汉语的语义范畴及其句法表现,华东师大的好几个博士论文题目都是跟这一选题有关的,比如周有斌的"选择范畴"、徐默凡的"工具范畴"、刘雪春的"等同范畴",等等,周红的选题也属于这一范围。马清华能够入选,我倒是不惊讶,因为他早在80年代就已经在《中国语文》上发表过论文了,功底深厚,早就预料他能一鸣惊人。对周红,我确实有点儿感到意外。一个女孩子,几乎没踏出过校门,一路走来顺顺当当,却也平平淡淡,没有经历过风浪,也没有见过世面,也没有发过什么像样的论文,竟然能够打败众多对手,脱颖而出,真是难得,不得不让人刮目相看。

不记得是2009年还是2010年,我正巧到上海,周红专程邀请我去上海财经大学国际文化交流学院讲学,那里有两位教授,一位是黄锦章,80年代"现代语言学研究会"(俗称XY)的老朋友;一位叫王永德,是我的同事濮侃教授的研究生,因为听过我的课,我又参加过他的毕业论文答辩,也算是我的学生吧。接着就是我的两个博士生先后毕业都在那里工作:先到的是刘焱,后去的就是周红。让我特别惊讶的是,学院的几位领导一见到我,就纷纷又夸奖又感谢:"感谢你培养了周红这么好的学生!我们非常满意。"说实话,当时我心里真是有一种满满的暖暖的幸福感油然而生,当老师真好!近年来,据说她出任系主任,还担任了院长助理,说明领导看好她,并且对她越来越信任和支持了。

据我所知,这些年来,周红主要从事国际汉语教学,她在"商业汉语"以及"对外汉语写作"这两个方面,结合教学需求,做了大量的实践和钻研,还出版了好几本教材,成绩斐然。除了《商业汉语》《汉语写作》等教材之外,她还出版了一部力作:《语篇知识结构与对外汉语写作教学研究》(上海人民出版社,2016年),这是本体研究与应用研究相结合的一个大胆而有益的尝试:一头抓住了语法学中的语篇知识,一头抓住了对外汉语教学中的写作。这本著作还获得上海市第28次哲学社会科学学术著作出版资助。同时她也没有放弃自己的立身之本,非常关注汉语语法的本体研究,这些年来发表了好多篇质量上乘的论文。特别是2014年还获得了国家社科基金项目,更是"火上加油""猛虎添翼",在"动趋式"研究方面迈出了扎实的一步,其代表作就是这部刚刚杀青的新著《汉语动趋式认知语义研究》。

众所周知,汉语"动趋式"的语义结构是相当精细、复杂而且多变的,也是汉语语法研究的难题之一。所谓的趋向动词在补语位置上,实际上已经发生了许多微妙的变化,语义从具体的位移,一步一步虚化,有的甚至于变得非常抽象。比如"走上台阶",大家都明白在往上移动;可是"合上了书""看上了她""吃上了瘾",补语都是"上",情况却变得很微妙了。即使汉语是母语的人,有时也说不出其中的奥妙来,更何况是老外呢。其实,问题复杂难解,正为我们提供了解题的必要性、可能性和神秘性。

该研究最大的特色就是从"动趋式"这一句法结构入手,紧紧抓住语义分析,寻找形式验证,试图建立一个认知模式来进行解释,并且进行了语义双向选择分析。从而将动趋式这一句法构式置于致使语义范畴的连续统中,运用基于图式的范畴化、隐喻、转喻、主观化和语义泛化、虚化等理论方法,对动趋式的认知语义类别、动词小类、语义演变、语义对称与不对称、动趋式的共性与个性等多个方面进行了深入的分析和进一步的解释。

最为可贵的是建立起"驱动—路径"图式,该图式由空间域隐喻扩展至时间域和状态域。为趋向补语在认知域上从空间向时间、状态的隐喻映射指明方向。这样,就得以全面定位不同趋向补语的方向坐标,并且根据移动路径将趋向动词重新分类,分出"聚焦终点型(到/上/来/进/回)""聚焦终点+起点型(下)""聚焦起点+终点型(去/出/起)""聚焦经过点+起点型(过)""聚焦起点型(开)"等五类。在此基础上,进一步提出以认知域为主线,结合原型范畴特征多寡、主观性强弱、动词小类扩展和句法位置变化等句法语义表现,通过共时拟构与历时验证,探讨动趋式的语义泛化与虚化机制。

我觉得,该著作是近年来有关动趋结构研究最好的一本书。其特色在于综合运用各种有用的理论与方法,而不是单纯依赖于某种理论。这就使得其理论背景丰满而有效。其中主要是语义双向选择与验证的理论、认知语法理论、原型范畴理论、主观性理论、框架语义学理论。其比较有价值的结论在于:

(1) 指出空间义、时间义和状态义是动趋式的三大语义类别。

(2) 指出移动路径三点论"起点—过程—终点"会影响语义的表达。

(3) 其根源就在于动趋式的语义泛化与虚化过程主要体现为致使性逐渐减弱以及主观性的不断增强。

(4) 解释动趋式致使性的对称与不对称,必须从方向性特征入手,即分析动词、形容词与趋向补语的搭配能力。

(5) 提出"方向"可以是空间上的方向,也可以是时间上的方向和状态上的方向;"方向"可以是过程性方向,也可以是结果性方向。

(6) 动趋式存在从强致使、弱致使到非致使的连续统,可通过三个层次将移动路径分为空间路径、时间路径和状态路径。提出空间义、时间义与状态义三分的意义体系。

(7) 移动路径在形状变化、远近距离、移动方向、起止标点和移动视角上具有形量、距量、向量、标量和参量等"五维量度"特征,依此可以进行意义细分类。

这一研究无疑将推动现代汉语趋向结构的研究,对国际汉语教学中有关难题的解答也有重要的应用价值。当然,该研究还是存在一些不足之处。主要是因为涉及面太宽,影响其语义的因素比较复杂,尽管分析细腻,但是最后的结论似乎不够简明,尤其是如果运用在教学上,显得有点拖泥带水。我一直认为,真理总是应该比较简明的、清晰的。此外,某些解释似乎还可以斟酌,而且形式验证还不够充分到位。

前面的路还很长很长,有关的研究还很多很多。我相信,周红她们赶上了一个好时代,一定会做得比我们这一代更加出色。世界是你们的,也是我们的,但归根结底是大家的。大家都要珍惜眼前的一切,更要珍惜灿烂的明天。我的中国梦,就是汉语将在 21 世纪走向世界,汉语研究也将登上国际舞台。我期盼周红她们这一代人能够具备国际视野,拥有世界胸怀,并且展现中国情怀。

原文载于周红著《汉语动趋式认知语义研究》,上海人民出版社,2019 年

附:邵敬敏教授历届学生简况(硕士以上)

(一) 1991—2002 年,在华东师范大学共招收硕士研究生 10 名

1991 级硕士生 3 名:朱晓亚(北京大学副教授)、周有斌(淮北师范大学教授)、张桂宾(华东理工大学副教授)

1992 级硕士生 2 名:文贞惠(韩国,博士)、权正容(韩国)

1994 级硕士生 3 名:任志萍(乐山师院教授)、胡宗哲(中共克拉玛依市委党校教授)、关敏航(新加坡教师)

1997 级硕士生 2 名:吴吟(浙江传媒学院博士)、王伟丽(上海)

(二) 2007—2009 年,在暨南大学招收硕士研究生 6 名

2007 级硕士生 3 名:丁倩(东莞海关公务员)、马婧(华新银行经理)、袁志刚(江西宜春八中教师)

2008 级硕士生 2 名:崔少娟(广东茂名幼儿师范专科学校副教授)、黄燕旋(中山大学副教授)

2009 级硕士生 1 名:张寒冰(广西南宁师范大学副教授)

(三) 1999—2002 年,在华东师范大学招收博士研究生 11 名

1999 级博士生 3 名:税昌锡(浙江科技大学教授)、周有斌(淮北师范大学教授)、刘焱(上海财经大学教授)

2000 级博士生 3 名:周静(暨南大学教授)、徐默凡(华东师范大学教授)、朱彦(北京大学副教授)

2001 级博士生 3 名:马清华(南京大学教授)、周红(上海财经大学教授)、刘雪春(北京语言大学副教授)

2002 级博士生 2 名:胡培安(华侨大学教授)、唐善生(浙江师范大学副教授)

(四) 2003—2009 年,在暨南大学招收博士研究生 16 名

2003 级博士生 4 名:赵春利(暨南大学教授)、周芍(华南师范大学副教授)、罗晓英(暨南大学讲师)、吴立红(黑龙江大学副教授)

2004 级博士生 4 名:杨海明(暨南大学教授)、周日安(佛山科技学院教授)、周娟(暨南大学教授)、胡建刚(华侨大学教授)

2005 级博士生 1 名:王丽彩(深圳大学副研究员)

2006 级博士生 2 名:李振中(衡阳师范学院教授)、马喆(广州大学副教授)

2007 级博士生 2 名:郑娟曼(温州大学教授)、刘杰(阜阳师范大学副教授)

2008 级博士生 1 名:王宜广(鲁东大学副教授)

2009 级博士生 1 名:刘宗保(安徽大学副教授)

2009 级海外博士生 1 名:刘晓晴(日本京都外国语大学)

(五)指导博士后 7 名

2004/9—2006/7:税昌锡(华东师大博士,浙江科技大学教授)

2007/9—2009/11:何继军(上海师大博士,华南理工大学副教授)

2017/4—2020/4:王　涛(四川大学博士,四川大学讲师)

2017/12—2020/12:刘亚男(中山大学博士,暨南大学讲师)

2020/6—2022/6:丁新峰(吉林大学博士,韶关学院讲师)

2020/9—2022/7:左乃文(哈尔滨师大博士,广州大学讲师)

2023/3—2025/3:李贞亮(浙江大学博士,暨南大学教师)

(六)访问学者进修教师 8 名

1995/9—1996/7　日本高级进修生 2 名:野田耕司、森山美纪子

2001/9—2002/7　进修教师 2 名:庞可慧(商丘师院副教授)、王鹏翔(延安大学副教授)

2007/9—2008/7　进修教师 2 名:邓瑶(昆明师院教授)、黄国城(莆田学院副教授)

2008/9—2009/7　进修教师 1 名:徐天云(肇庆学院教授)

2013/9—2014/7　进修教师 1 名:彭文峰(广东青年干部学院副教授)

第四章

情长谊深

吾师邵敬敏先生

朱晓亚

(北京大学)

今年底,我的硕士生导师邵敬敏先生就要 80 岁了。真是时光匆匆啊,想我报考邵老师研究生那年,他才 47 岁,还是中青年语言学家;而我,则是一个第一次走出家门的青涩学生。回首在丽娃河畔求学的那段日子,回想起邵老师对我们尽心竭力的培养,不禁心怀感激,庆幸自己能在人生路上碰到这样一位好导师。

记得第一次见面,邵老师说的一句话给我留下了深刻的印象,这句话他后来也多次说起,那就是"取法其上,得乎其中;取法其中,得乎其下"。老师这是在提醒我们,不论治学目标,还是人生规划,一定要志存高远,并为之努力奋斗。而邵老师这一生也正是这样做的,一直在追梦汉语的路上不断前行,不仅对语言事实的挖掘和剖析细致深入,而且形成了自己的理论和方法,成为现代汉语语法研究的大家。而我们作为学生,都以自己是邵门弟子为荣。

如果说邵老师在学术上的追求让我敬佩,那么他对我们这些学生的培养则让我感动。我和周有斌、张贵宾是邵老师带的第一届硕士研究生,老师在我们身上倾注了大量心血。他不仅给我们梳理了汉语语法学史的脉络,使我们总览了汉语语法研究的整个发展过程,并通过专题研究带我们了解了学界的研究热点、研究方法和研究方向。在此过程中,邵老师一直强调要"取法其上",希望我们能走在学术的前沿。老师的课带我们走进了语法研究的学术殿堂,培养了我们的学术眼光和学术素养。在此基础上,老师手把手地教我们怎样做学术研究,从如何发现问题、积累语料,到如何分析语料、提炼观点,从如何寻找理论依据再到如何搭建论义框架,我们在老师的指导下一点点地摸索,最终形成初稿。老师会对初稿给出详细的意见和建议,我们再修改。我们改不好的地方老师会亲自动手修改,如此四五稿之后,老师会说"可以了"。这时我们都想,哦,课程论文通过了,可以得到学分了,没想到后面还有大惊喜。往往在过了一段时间之后,邵老师会高兴地告诉我们,他把我们的文章寄给某某杂志了,现已得到回信,准备录用了。我之前发表在核心期刊的几篇论文就是这样出炉的。老师不仅培养我们的学术能力,而且也在悄悄为我们铺路、为我们创造条件。在硕士期间,老师还经常用自己的经费带我们三人出去参加学术会议,带我们拜访学界大咖,开阔我们的眼界。邵老师对我们三人的培养可谓是尽心竭力,常常引得其他同学羡慕。

邵老师在学术上取得了很高的成就,但他并不是个只知道做学问的人。他充满了活力和生活情趣,有拿手菜"上海炒年糕",会在我们三人抄写完卡片后露一手,请我们在家品尝他的拿手菜。他擅长跳舞,有机会就会跳上几曲。他还喜欢旅游,每次出去开会,都会利用零散时间带我们逛逛当地的名胜古迹。他对谁都很热情,大家也都喜欢跟他聊天,被他的乐观爽朗所感染。求学期间,每当我遇到烦恼和困难,都会去找老师寻求帮助,而往往通过老师讲述的人生经历得到启发,最重要的是老师谈吐间乐观向上的态度和精神能使我这个有点悲观情绪的人得到鼓舞。

吾师邵敬敏先生,不管是在做学问还是在做人方面,都是学生的楷模。感恩有师如此!

（朱晓亚于1991年在华东师范大学跟随邵敬敏教授攻读硕士学位）

如歌岁月　感恩有您

关敏航

（新加坡教师）

一、充实的校园生活

1994 年我从华东师大本科毕业的时候，考研还远不像今天这么热。班上的同学基本都是首选就业，记得辅导员一直鼓励成绩优秀的同学读研，但保送名额还是没用完。大学四年，我的成绩还算过得去吧，但并不是最优秀的。我一开始也没考虑读研，由于种种原因，最后决定暂时先不工作了，报名读研试试。幸运的是，我被录取了！于是，就这样开启了与邵老师的师生缘。

因为是在本校读研，所以在硕士研究生开学之前，大四的最后一个学期，我便有机会和邵老师见面了。时光流逝，现在已经想不起和邵老师第一次见面的具体情形了，但是邵老师的亲切友善给我留下了深刻的印象。在那段时间里，我也有机会认识了师姐朱晓亚，师兄周有斌、张桂宾，还有来自韩国的师姐文贞惠，师兄师姐们都是我学习的榜样。还记得我去晓亚师姐的宿舍找她，她热情地和我谈天，非常平易近人。文贞惠师姐比大师兄大师姐要迟入学，所以她和宗哲师姐、志萍师姐和我的交往比较多。

和我同一届读硕士的是胡宗哲师姐和任志萍师姐，邵老师和濮侃老师是我们的导师。遇上这么好的导师，真是我们的福气！感恩我们在茫茫人海中的相遇。每个星期，我们都会在文科大楼里上课，有时是在邵老师的办公室，有时是在濮老师的办公室。两位导师给我们开设了丰富的专业课程，还推荐了一系列的阅读书单，给我们打下了坚实的语言学基础，极大地开阔了我们的视野，引领着我们走进了语言学研究的大门。邵老师还专门抽出一个学期的时间，给我们详细地解读他的学术论文，让我们获益匪浅。邵老师也常常鼓励我们写写小文章，多锻炼自己。

记得当年邵老师还和其他几位老师一起，鼓励上海各高校语言学方向的研究生们，定期、轮流在各个学校举办聚会，以促进学术交流。在我们毕业的前一年，邵老师获得了去香港工作的机会，但是，他仍然尽心尽力地指导我们写毕业论文。从选题、开题，到具体写作、初稿、定稿、答辩等各个环节,邵老师都给予了我们很大的帮助与悉心指导。感恩老师的辛勤付出,让我们顺利毕业。也感恩宗哲师姐、志萍师姐、文贞惠师姐对我的照顾,难忘那些共同度过的日子,希望我们的友谊之树长青。

二、慈父般的邵老师

除了导师,邵老师于我而言还有另外一个身份:贵人。我和我先生的结缘,也源于邵老师的牵线。1997年硕士毕业后,我成了一名教师,平日里忙于教学工作,也无暇顾及个人的终身大事。有一天,我去探望邵老师时,他关心地问起了我的情况,说要介绍一个人给我认识。原来,1998年我先生从复旦博士毕业到了华东师大工作,系里为了让年轻人尽快进入教师角色,就请邵老师担任他的导师。邵老师觉得我们两人性格、品行都蛮相符的,就打算居中牵线。于是我与先生就有了第一次的见面。经过一段时间的相处,我们于2000年结婚,有了自己的小家庭。有时候,我先生也半开玩笑地说,自己就是半个邵门弟子。结婚不久之后,我就通过汉办的招聘来到新加坡担任华文教师。几年后,儿子快要出生时,先生也终于有机会来到新加坡任教,一家人就在新加坡定居下来,一晃已经二十余年了。

这里需要补记一笔的是,读研的时候,邵老师安排我课余时间到上海大学的国际交流中心兼一点课,主要是教外国留学生学中文。当时累积的教学经验,对我日后到新加坡教汉语也非常有帮助,衷心感谢邵老师当年提供的这个机会。

身处国外,和老师的联系自然不如国内时密切,不过,只要有机会,比如得知邵老师来新加坡出差,我们都会安排相聚,每一次聚会都很快乐。令人惊讶的是,邵老师的精神状态总是出奇地好,一如既往,好像从没变过。

得益于通信科技日新月异的发展,现在智能手机已经普及了,我们与老师的联络变得便捷多了,也有了邵门弟子的微信群,可以随时知道大家的近况。看到邵老师退休后依然忙碌的身影,敬佩之情油然而生。希望邵老师身体健康,生活幸福!

三、邵老师的快乐语法人生

三百六十行,有些人生来就是适合从事某一行的。我一直都觉得邵老师天生就是研究语法的,尽管他当初考进北大一开始的理想是当一名作家。

我先生说,邵老师的人生可以用两个字概括:快乐。

第一是手快,在语法学界邵老师以勤快闻名,是有名的快手,属于高产大户,著作和编写的教材与参考书有好几十本,发表的学术论文更是有几百篇之巨。

第二是脑筋快,邵老师著作和文章高产,创意也多,且独具一格。记得上世纪八九十年代一下子出了好几本语法学史著作,只有邵老师的《汉语语法学史稿》得到了吕叔湘先生的赞赏和推举,一句远胜他人所作,奠定了邵老师在语法学史研究方面的地位。当语法学界为形式和意义吵得不可开交的时候,邵老师又提出了"双向解释语法"("语义语法"),不仅跳脱藩篱,而且完全是基于汉语的自身特点。

第三是脚步快。这一点在与外界的合作发展上特别明显,90年代香港回归,对于普通话教师的需求大增,邵老师抓住机遇,快步南下,与香港商务开始合作研究开发教材,这在当时也是少有的。本世纪初,邵老师在人生的跑道上,又华丽转身,从大上海奔赴广州,应聘担任暨南大学"特聘一级教授"。并且很快在广东打开局面,率领众弟子把暨南大学打造成南粤语法研究重镇。真是一步领先,步步领先,之后便是遥遥领先。

当然,在邵老师身上更能展现和让人体会到的,是他始终保持乐观向上的精神,也就是"快乐"二字中的"乐"。人的一生中不可能都是顺境,每次相谈,即使是谈到自己人生中的曲折、艰辛与磨难时,也从没听过邵老师抱怨,言谈中总能让人感受到他所释放出的乐观态度和积极向上和向前的精神。

邵老师2014年在上海教育出版社出版了两本著作,一是《汉语追梦人》,二是《汉语追梦录:邵敬敏汉语语法论文精选》。与邵老师敬重的吕叔湘、朱德熙、王维贤、胡裕树、陆俭明、邢福义等先生一样,邵老师也是在把汉语语法研究当作毕生的事业来做,一步一步追逐梦想。乐观向上的人才有梦想,而且老师一直都在用他乐观向上的精神感召着周围的人一起努力,为理想奋斗。

邵老师笑对人生的态度始终感染着我们、激励着我们。作为邵老师的弟子,我想,这就是人生中的一种幸运。我们将带着一颗感恩的心,继续前行。

(关敏航于1994年在华东师范大学跟随邵敬敏教授攻读硕士学位)

敬业敏学　教书授渔

胡宗哲

（中共克拉玛依市委党校）

今年恩师邵敬敏教授米寿，我也已跨入花甲之年。三十年前相遇，三年受教，终身获益。虽然时常有感愧疚，未能一直从事现代汉语语法的一线教学与研究工作，但恩师的教诲、人品及精神却一直影响着我三十余年的教学生涯及十余年的行政编辑工作，并将伴随着我终身的为人处世和生活态度。

三十年前，我从遥远的新疆边城奔赴梦牵魂绕的大都市上海，漫步在诗情画意的丽娃河畔，心情愉悦、紧张担忧而迷茫。愉悦的是有机会可以圆我读研究生的梦想，迷茫的是在大师如云的华东师大中文系该如何选择更适合自己的导师，紧张的则是既不知如何备考，更担心接受不了考不取的结果。

所幸的是偶然的机遇，遇到了邵老师当时的一位研究生，他劝慰我说："你就报考邵敬敏老师，邵老师人很好，学问好，待人也和蔼可亲。我带你去见他，一见面你就知道你的选择是对的。"虽说如此，他领我去见邵老师时，我仍然忐忑不安、紧张慌乱、语不成句。但一见面，邵老师那温暖的笑容、亲切的话语、和善的眼神，顿时令我如沐春风，轻松自然；更令我敬佩不已的则是邵老师睿智的思维、创新的观念、广博的学识、深厚的学术造诣。当时即暗下决心，报考邵老师和濮侃老师联合招考的现代汉语语法和修辞学的研究生。但是我深知像他们这样的名师，必定报考者强手如云，如我这般才疏学浅又身处边隅的大龄考生，希望渺茫。但令人意外的是，就在我紧张不安地猜测和等待结果时，竟然收到了邵老师的信件。他在信中告知我，新疆路途遥远，录取通知可能不能及时送达，担心我焦虑，所以及时通知我被录取的喜讯。我是真没想到，大名鼎鼎的邵老师竟会亲自给边疆十八线小城的一个普通考生报佳音。三十多年过去了，当时的那一幕，至今仍历历在目，难以忘怀。

在华东师大近三年的研究生学习生活，证明了我当初的选择是多么正确和明智。和两位导师相处的点点滴滴，都使我受益匪浅。

入校前，一直以为现代汉语语法有所谓北派、海派之分，两派之间风格的不同往往会导致学术间有互轻的倾向。而我由于本科阶段及在教学中一直接触的教材理念以北派为主,加之我同届的师妹们本科都是华东师大毕业的,刚入校时,常常担忧会因此而影响邵老师的教学和自己的学习进度,但随着学习的进展,我发现自己纯属杞人忧天。可以说邵老师是我见过的最没有学术偏见、门户之约的学术大咖了,他的教学博取众家之长,又立创新之意,更重方法之轨。这种"重方法论、轻门派说"的学术观在我的职业生涯中起到了重要的引领作用和榜样力量。

虽然毕业以后,没能直接从事现代汉语语法和修辞专业的一线教学和研究工作,但是每每在工作中遇到困惑和困难时,总是第一时间就会不自觉地求教于邵老师,而邵老师也总是及时回复并耐心指导,给出最精准具体实用的解决方法。

受邵老师不问仕途、专注教学与钻研学术的精神的影响,我前二十余年深耕于教学科研领域,取得了一些教学成果,并荣获了"特级教师""天山精英"及国家级和自治区级的"优秀教师"等荣誉称号,因而被组织上要求从事行政工作,虽然极不情愿但又不知是否应该拒绝,在我彷徨迷茫之际,邵老师及时帮我条分缕析,分析利弊。邵老师以他丰富的人生经验、精确的逻辑思维说服了我欣然接受了组织的安排,从事了科研管理、期刊创办和管理及人大常委会委员等一系列行政管理工作。在随后十多年的行政管理工作中,邵老师的支持和指点,不但让我的行政工作颇有成效,更令我的人生丰满多彩。

惭愧的是我已迈入退休队伍,而邵老师仍奋斗在教学学术前沿,且仍是那样青春勃发、活力四射。即便如此,我仍为我是邵老师的弟子骄傲自豪,为导师的卓越成就和健硕的身心点赞喝彩。在此衷心祝愿邵老师八十大寿健康开心快乐,更艳羡邵老师老骥伏枥,永远十八。

（胡宗哲于 1994 年在华东师范大学跟随邵敬敏教授攻读硕士学位）

永远年轻的邵老师

——贺老师八十寿辰

任志萍

（乐山师范学院）

早在本科时就见过邵老师，是在华东师大文史楼的楼道里。他提着一个包、侧着微胖的小肚子，匆匆从我们一群学生旁走过去。他是中文86级一班的现代汉语课老师，我在二班，当时不知道他后来会成为我的导师，成为我一辈子事业上和人生中的导师。毕业几年后重回华师大读研，幸得老师青眼，和宗哲、小关一起成为他的学生，同期的还有文贞惠和一个姓权的韩国同学。做邵老师的学生，应该有几点是共通的感受吧：比如他起得很早，约我们早上6点多去谈论文时他早都处于工作状态，让我们这些懒虫汗颜不已；比如他说起汉语研究的历史和研究的当下总是那么头头是道，激情满满；比如他批注的字儿不太好认，我们几个常常聚在一起拿着作业或论文，研究某个旁批的字儿到底是哪个，实在认不出的还要去请教文贞惠(哈哈哈)……

硕士毕业后无论是在广州、在乐山与邵老师见面，还是在线上听他的讲座，或者在"邵门"群里看照片和小视频上的老师，他看起来都是那么年轻、自信而且神采飞扬。明年11月将迎来老师的八十大寿，但感觉老师仍是二十年前我们常见的状态，相貌年轻、心态年轻、精神劲头十足。邵老师属猴，其实我也属猴，但老师身上的活力、真率、机敏、智慧、豁达等，是我这个"猴人"一直仰慕但最终连皮毛都没学到的。为了汉语研究，为了汉语走向世界，老师一直是"汉语追梦人"，并且硕果累累，在国内外汉语学界名声赫赫。他对汉语的热爱、他始终坚守的初心，一直是我们敬佩和学习的榜样，相信也是"邵门"各位同仁最宝贵的精神财富，我们所有人的成长和取得的成绩，都有老师的功劳，区区"感恩"二字，难以尽述感恩之情！

最后，衷心祝愿我们的恩师永远年轻，永远站在人生的顶峰。

（任志萍于1994年在华东师范大学跟随邵敬敏教授攻读硕士学位）

我与邵老师二三事

吴 吟

（浙江传媒学院）

最令我难忘的,是跟邵敬敏老师曾经的趣事。我打算用散文题材对老师谈话中的语气特点作一点点分享(不是专业论文),同时通过"专业研究、帮助弟子、聊天叙事、生活小事"等四个方面,回忆老师的点滴往事,并从我个人体会的角度,探索这些话语中的语义内涵,从而领悟出老师话语给我留下的深刻印象。

我也许可以自豪地说一句,我是邵老师华东师大硕士弟子中年龄最小的,也是跟老师缘分最久的弟子之一。跟老师接触时间长了,才会对老师的日常口语的内涵有小小的领悟。借此机会,我得先说说幸运地成为老师弟子的起点。

一

第一次认识邵老师,大概是 1996 年,我还在浙江师范大学读本科的时候。三百多人的大报告厅,邵老师关于汉语语法研究的讲座,非常投入,例证生动。专业的语法讲座,被邵老师一讲,深入浅出。老师的演讲如此热情洋溢,全场掌声雷动。当时讲座的主持人是中文系主任张先亮老师。经他推荐,我报考了邵老师的硕士研究生。记得张老师认为,考研题目其中有一部分可能与邵老师的专业研究内容相关,我就提前仔细学习邵老师的研究论文。大冬天的,去图书馆借阅期刊不是容易的事。旧期刊是按年装订后内存的,要填写借阅条,借出来才能看到。当时觉得邵老师发的论文实在太多了,我一本本借,一篇篇看。每一篇都看了,还做了详细的语法笔记。功夫不负苦心人,果然考上了! 考的人很多,名额却很少,只招两名,我的专业分数排名第三,结果我的运气太好了,没想到第二名放弃了,我幸运地被录取。运气,从来都是选择的结果。如果我没有认识邵老师,如果我没有选择报考,就不会有这样的运气,从而骄傲地成为邵老师的终身弟子!

这么多年来,邵老师给我的印象太过于"完美",以至于不知道从何谈起。邵老师那时候还只是五十多岁,是一个积极勤奋、热爱专业、关心弟子、开朗爱玩的人。回想起来,他平时说话,很是有趣! 还略带上海口音。如果结合我们学过的专业知识,尤其是语气语调,那么从口语特色来看,还是很有意思的。

二

邵老师谈到语言学专业时,口语中主要用的是陈述语气。总结起来有两个内涵要素:连贯投入、勤奋努力。下面结合邵老师的语录,说说自己的体会。首先是身体力行,对自己要求严格,要求"连贯投入"。例如:

① 要常年不断地写,一直保持手边有 7—8 篇文章在投,发表了再写,一直滚动着。(邵老师语录,本文是回忆散文,因感恩老师情谊而写。文中所用的"邵老师语录"全靠回忆,不一定是原句,故不用引号。)

语句背景:我到华东师范大学读研的时候,老师休息日也会指导我们。周末的时候,我和另外一位同门研究生王伟丽会到邵老师上海家中。书房很小,大概 10 个平方不到,狭长形的书房,进门就是一张小沙发。当时我们坐在沙发上,听老师分析热点、前沿和选题等。有一次,我已经不记得老师具体讲了些什么,只记得当时看到邵老师桌上有一些手稿,稿纸上密密麻麻的字迹,一行行写得非常整齐。字体有 15 度北向东倾斜,像是印刷出来的英文斜体字。手稿上几乎没有什么涂改,似乎一气呵成。我们惊叹老师写了这么多,这么快。邵老师说,要常年不断地写,一直保持手边有 7—8 篇文章在投,发表了再写,一直滚动着。书桌上一沓沓稿纸横陈的画面,给我留下了深刻的印象,老师真的是位非常勤奋的学者!

三

邵老师对学生从事专业研究的要求,最重要的是"勤奋努力"。例如:

② 只要努力去写,就一定能写好。(邵老师语)
③ 你们周(有斌)师兄年龄大了点,但他很勤奋,不会写,就多写。(邵老师语)

语句背景:读研究生的第一年,老师在香港商务印书馆担任香港中小学教材的编审。邵老师主要委托她的师妹任芝瑛,一位非常 nice 的女老师,带我们研读语法基础课程。等邵老师从香港回来,是我们研究生第二年的中期,他迅速进入导师角色,指导我们完成研究生学业。到第三年,邵老师招录了第一届博士生。对硕士生来说,汉语语法的论文是比较难写的。我们俩写不好论文,老师经常给予鼓励:"只要努力写,就一定能写好。"他还拿师兄师姐举例,比如"你们周师兄年龄大了点,但不要紧,他很勤奋,不会写,就多写","他从最初不会写论文,到现在是写得最多的"。老师还带我们去北京参加学术会议,带我们见第一届硕士生朱晓亚(当时已经在北京大学工作了)。朱师姐对我们非常亲切。邵门,从当时起就非常团结,亲切的氛围,一如邵老师的风格。

四

邵老师帮助学生的时候,喜欢使用祈使句。祈使句在这里不是请求,而是要求。没错,邵老师帮助人的时候,常用的就是祈使句(至少我们在读的时候是这样)。他最欣赏的就是"不多说,干实事!"例如:

④ 你们找两篇英文论文翻译一下。(邵老师语)

语句背景:有一天,老师说,你们去找两篇英文论文翻译一下。没有布置具体什么期刊,也没有说明是什么方向,只说让我们按自己的兴趣去找。我跟王伟丽也没有多问,乖乖地听从老师的吩咐,去期刊上找了两篇关于教育的论文。这个容易理解,也方便翻译。翻译之后交给老师。后来就在相关期刊上看到了自己的翻译文章发表出来了。就这样,也算完成了研究生学业的一项内容。我们知道,老师实打实地在帮助我俩。

⑤ 今后可能会如履薄冰,你要谨慎工作。(邵老师语)

语句背景:毕业的时候,我不听话,惹老师生气了。当时,老师大力推荐我去广东外语外贸大学教对外汉语。广东外语外贸大学已经把录用材料递交到省里,可是我最终却辜负了老师的期望和努力,自作主张跑去某银行应聘。这么一来,可把老师气得够呛。不过老师还是没有说什么重话,只是对我说,你选择这条路,今后可能会如履薄冰,要谨慎工作! 邵老师总是默默地帮助我们,从不重话批评。

五

聊天叙事方面,邵老师经常喜欢用感叹语气,而且情感丰富、充满激情。例如:

⑥ 我们已经有很多人了！有了一个团队！（邵老师语）

语句背景：老师一直关心着弟子。我在研究生毕业后暂时离开了语法学界，但我跟老师的联系始终没有间断过，老师也一直关注着我们这些弟子。我在广州工作的时候，邵老师调到了暨南大学任特聘一级教授。他举办学术会议的时候，还常常叫上我。我回到杭州工作后，邵老师到杭州开会或者路过的时候，也会给我打电话，聊聊他此行的会议、课题的进展，谈到他在暨南大学的团队和他新招的博士生。邵老师谈起专业，说到学生，往往显得那么眉飞色舞，愉快的情绪总是能感染到我。我得知他在暨南大学过得很好，招募了多名博士弟子，已经形成了团队，也为他感到高兴。再如：

⑦ 我现在有很多博士硕士学生了，只有王伟丽还没有联系到！（邵老师语）

语句背景：2010 年 11 月，有一天周末晚上 10 点多了，我已经陪孩子躺下，意外地接到了老师的电话，我非常惊喜。他说他白天很忙，这次行程包括杭州、宁波，还要去福建，所以晚上才给我电话。邵老师在电话中跟我聊了很多，除了他的工作进展，也关心地问起我的工作和生活。这个电话打了一个多小时，深秋的夜深得早，空气也凉凉的，但我内心特别温暖。他说："我现在有很多博士硕士学生了，只有王伟丽一直没有联系到！"这句话的感叹，引起我的共鸣和流泪。原来，他记挂着所有的弟子，我和王伟丽也是其中之一。我心潮澎湃，久久难以入眠。我很珍惜老师来杭的机会，第二天一早，我就带着孩子到老师下榻的酒店去探望，终于见到了老师久别但依然亲切的笑容。跟老师在一起的合影，我笑得那么开心。在分别的时候，我很舍不得离开，我不知道老师是否知道，那时候的我，心里是多么依恋您，即使已经是十年前的导师与学生。

六

生活小事方面，邵老师的口语语气类型是多方面的，有陈述、感叹、祈使等，特别是喜欢使用疑问句。对，是老师专业研究的疑问句。邵老师的口语中，有一种疑问句比较特殊，就是谈起游玩的地方，常常表面看是疑问句，其实是他已经去过的某个地方，并对此赞赏而谈，显得特别乐观开朗，充满正能量。例如：

⑧ 你知道"濮院古镇"吗？没想到真的非常好！（邵老师语）

语句背景：2023 年浙江科技学院举办"国际中文教育国际会议"，午餐的时候，谈起嘉兴游览的景点,邵老师眉飞色舞说道:"你知道'濮院古镇'吗?"还没有等我回答,他用欢快的语气说:"没想到真的非常好!"然后眉毛一挑,赞赏的样子让我们在场的人都想去了。老师性格开朗,爱玩,每次到一个地方开会讲学,都会顺便去玩玩。即使那个地方去了好几次,他也会再去:或者旧地重游,或者游赏新景。记得老师当年的身躯比较发福,但他行动却非常灵敏。我们一行人边走边聊,非常愉悦。几乎每一次见到老师,我都能看到老师笑呵呵的,似乎从来也没有见过老师发愁的模样。

今天想来,这是一种多么乐观开朗的精神,对我们产生了多么正能量的影响。这样的老师,我们怎么会不喜欢他呢?每逢老师到一个地方,弟子们都会主动聚拢在他身边。2023 年秋在杭州参加国际中文教育国际会议,老师在大堂休息期间,邵门弟子不由得都围了上来,纷纷拿出笔记本,让老师签字留念。学生们纷纷要求合影,老师无不爽快地应承下来。当时,我就把一群弟子跟邵老师合影的场景拍了下来,这是多么令人开心的事啊!

七

2023 年这次见面的时候,我本来还忐忑着,不知老师是否已经离开了会场。没有想到,刚踏出电梯,就看到了老师。而老师也惊奇地感叹,叫着我的名字。这欢快的聚会场景,也将会是我今后记忆中的珍宝之一。这一次见面时,因为我刚刚拿到博士学位,老师特别高兴,特地叮嘱我"赶快归队",回到中文教育的行列来。这四个字,是让我多么温暖的召唤啊!我唯有真诚二字可以回报老师!

(吴吟于 1997 年在华东师范大学跟随邵敬敏教授攻读硕士学位)

"师" 与 "范"

——邵敬敏先生八十华诞

刘 焱

（上海财经大学）

第一次见到邵老师是在 1994 年的苏州会议，那时我还是一个刚入学的硕士研究生。会上，邵老师的敏锐和开朗就给我留下了深刻的印象；会议休息过程中，我的硕士生导师张爱民先生拉着我们几个小硕士研究生跟邵老师拍了一张合照。没想到回去之后没几天，邵老师竟然按照人数把合照洗了出来，并寄给了我们张老师，我也有幸拿到了这张珍贵的合照，当时我们几个小朋友真是又意外又激动。此后再读起邵老师的文章来就倍感亲切。

1999 年，我得知邵老师招收博士研究生的消息，虽然我也有读博士的想法，也在备考之中，但开始是没想过（主要是不敢想）要报考邵老师，觉得自己肯定不会入邵老师的"法眼"。后来在导师张爱民老师和吴继光老师的一再鼓励下，我大胆报了名，也因此有幸成为邵老师的"开门"弟子，也有幸与税昌锡、周有斌两位教授成了同门。

读博三年，说长不长，说短不短，我从邵老师那儿学习了很多，不仅是研究能力，还包括治学精神和教学经验等，可谓是受益终身。印象最深的是邵老师的几句话。

一是"头脑要灵活"。面试的时候，邵老师就强调进行学术研究头脑一定要灵活，一方面要对语言敏感，对语言中的新现象要及时关注，要善于发现语言问题，另一方面要积极介绍新理论、新知识。邵老师对语言现象就很敏感，他的很多论文选题都很"时尚"，也很新颖，如"新兴框式结构'X 你个头'及其构式义的固化""新兴的主观强加性贬义格式——'被 XX'"等等。"时尚"就是建立在对语言现象的敏感之上的，新颖则是建立在新理论、新方法基础之上的。头脑要灵活，要对语言敏感，现在也成为了我对研究生的要求。

二是"做事要踏实"。头脑要灵活，但做事不能"太灵活"，要踏踏实实、脚踏实地。刚入学时，邵老师就给我们布置了任务，要求我们认认真真写出一篇文献综述来。邵老师一再强调文献综述的重要性：不仅能够让你了解研究对象的研究现状，还能够让你知道现有研究存在的问题，发现存在的问题才能更好地解决问题。做论文之前先认认真真写文献综述，现在也成为我指导研究生的法宝了。

三是"高标准要求自己"。邵老师常说的一句话是"眼高才能手高","取法于上,仅得为中,取法于中,故为其下"。当年做博士论文的时候,邵老师对我们的写作要求是"20 万字"。20 万字,对于当时的我们来说简直是天文数字,谈何容易?我们三人至少我个人是"暗自腹诽"的。邵老师的理由很充足:20 万字达到了一本学术专著的分量,以后稍微修改就可以作为学术专著出版了。既然老师给我们树立了 20 万字的目标,我们就只能努力地完成了。最后我们三个人都顺利地完成了 20 万字的博士毕业论文。工作两年后,我的博士论文也变为了我的第一本学术专著,不仅为单位申报语言学硕士点出了"绵薄之力",也为我的副教授晋升贡献了力量。当时真是由衷佩服邵老师的高瞻远瞩。

四是"不怕慢,就怕站"。邵老师很"高产",一方面源于邵老师的天资聪颖,另一方面则是勤奋的加持。鲁迅先生曾说:"哪里有天才?我是把别人喝咖啡的时间都用在工作上的。"邵老师也是如此,哪怕是七十岁以后,邵老师依然笔耕不辍,他说自己每天写作 9 个小时,只有大年三十和初一例外。当时听到这话我既佩服又惭愧。我自己是个比较懒散的人,属于三天打鱼两天晒网的性格,因此学术成果比较"寒酸",很多学术会议也不积极参加。我毕业之后,加之邵老师南下广州,我跟邵老师见面的机会不多了。每次见面,邵老师都会聊上几句,有时是委婉地提醒说:"孩子小,照顾孩子比较花时间,也没时间参加学术活动了。"有时候会直言:"做学问不怕慢,就怕站。你走走停停是不行的,还要努力。"我暗自惭愧。当然惭愧之余,我也会再努力努力。2022 年我正高职称解决了,又拿到了国家社科基金项目,邵老师得知消息之后非常高兴,特地发来信息表达祝贺与鼓励。我也是倍感开心,心想下次开会终于不用"躲着"邵老师了。

近 80 岁了,邵老师依然精神矍铄,经常在我们师门小群里分享自己的论文、开会的照片、和师弟师妹们聚餐的美食以及节日里的鲜花。看到邵老师健康、积极、乐观的状态,你根本无法把他与"老人"联系起来。

为学、为人,邵老师都给我们树立了学习的榜样。衷心祝愿邵老师永葆学术青春!

(刘焱于 1999 年在华东师范大学跟随邵敬敏教授攻读博士学位)

感 念 师 恩

税昌锡

（浙江科技大学）

我出生后的第二年就遇上了那场运动。由于生在偏远的农村，加上那时物质和精神生活都非常匮乏，稍微懂事后的幼年时期，几乎没多少精彩的回忆。满六岁后就进了村里（那时候叫大队）的小学，年幼没见过世面，不知道读书有啥用，也就没啥目标。偶尔有好心人提醒，读书认几个字，懂点加减乘除，等长大后进入社会有好处。深深影响我的还是爷爷常教育我的几句话："读书就是长知识，学本领；知识和本领是自己的，白天不怕人来借，夜晚不怕贼来偷。"他还时常叮嘱我要把字写好，说"字是打门锤"。这样，从小学，到初中，到高中，一路读到大学，我在学习上都比较努力，学业也比较顺利。我读高中、大学那时，社会上很多问题都在拨乱反正，一些规则也在探索或建立之中，高考时我以超出本科线二十多分的成绩被一所二年制专科学校的英语科录取，很多人为我不平，怀疑有人顶替。后来我明白了，最有可能的原因是我的英语考及格了，那时的英语高考及格率仅为百分之一，负责招生的老师有理由派我去读英语专业。

专科两年的学习一晃而过，毕业后我被分配到高中母校道真中学教高中英语并连续多届担任班主任。刚工作那会，在面对三分之一年龄比我大的学生时，我常常不知所措，我这才发现自己那点可怜的知识难以应对学生的要求，于是在不放松英语自学的同时，还报名参加了中文专业的自学考试。工作四年后通过选拔考试，我以优异成绩进入省教育学院在职学习两年英语专业，最终取得本科学历。我在中学一共工作了十三年，其间体会到了跟不同个性学生互动过程中的种种乐趣，但闲暇时又老是觉得无聊和落寞，尤其是一段时期生活上的不如意使我感到悲观。记得 1995 年暑假的某一天，一位我曾做班主任的学生来访，说他已经本科毕业在读研究生了，还有继续攻读博士学位的打算，并列举跟他同样想法的还有好几位同学的名字。这极大地触动了我，何不试试考研呢？想到我已经参加过高等教育中文自学考试并差不多过了本科段的经历，于是我试着联系广西师范大学研究生部，试探性地询问能否寄些汉语言文字学专业研究生考试大纲和往届考试样题供参考。不负所望，一周后便收到大纲和前一年的考试样题。有这些做参考，1996 年通过考试我顺利地被广西师范大学录取为国家公费研究生。

桂林市风景秀美,人文积淀厚重,是一个陶冶人的地方。我在广西师大的三年研究生生活充满了快乐,学业上也有大踏步的进步。但是由于我本科专业毕竟是外语,将研究生专业转为汉语史,这样的跨度对于我来说还是大了些。尽管我的导师王志瑛先生不嫌弃我基础薄弱,尽心尽力引导我通读先秦文献,研读《马氏文通》,跟踪汉语史语法方向的研究动态,我仍然感到有些吃力。这样,在季永兴先生作为课程老师为我们开设"现代语言学导论"和"汉语语法研究专题"后,我的兴趣逐渐转向了现代汉语语法,于是决定在保证原先选定的汉语史语法方向的学习能够顺利毕业的条件下,多了解一些现代汉语语法学界的动态。到了研二的第二学期,我甚至萌生了考博的念头,并从图书馆的招生目录上了解全国博士生招生情况。最后在已有基础和未来展望的情况下,我试着写信跟华东师范大学潘文国先生联系,他1999年拟招对外汉语研究方向博士生二至三名,没过几天就收到潘先生热情洋溢地鼓励我报考的回信。但事有不巧,大约两周后潘先生写信遗憾地告诉我,受上级委派,他将去澳大利亚工作一年,博士研究生暂停招生,并特别告诉我,如果愿意,他可以将我的情况向他的好朋友邵敬敏先生推荐。我当然乐意!没过几天,我就接到季永兴老师的电话,说他那里有一封邵敬敏先生写给我的信要转给我,我顿时明白,邵先生同意我报考他的研究生了。还记得邵老师在信中除了一大段鼓励我的话外,主要列了考前要重点阅读的书目,除了要了解几位当代著名学者的主要论文外,著作包括《中国文法要略》《语法答问》《语法讲义》和他自己所著《现代汉语疑问句研究》。目标确定后我就全身心投入到研读过程中,除了周末留一些时间放松自己,早上去图书馆查阅期刊,下午出校门去附近的某个山丘找一个僻静的地方仔细揣摩和研读邵老师推荐的著作,为了争取时间,索性寒假也留校不回老家。经过大约半年时间的准备,我在学科上就不再盲目了,自信心也大大增加了。更加可喜的是,邵老师不嫌弃我底子薄的现实,在通过正式考试后欣然同意录取我为他的首届博士研究生之一。从此我在学业上就有了一种归属感,好像一个久经漂泊的游子终于有了家的感觉。

自1999年至今二十多年来,我在学业、工作和生活上一直得到邵老师的提携、关照和点拨。每每回忆起我和老师一起,或讨论问题、或聊天、或散步观光的情景,一幕幕仿佛就在眼前。我深知无以为报,唯有时时感念于心。博士研究生入学后,邵老师除了指导我们继续研读经典外,还要求我们大量阅读,找到自己的兴趣点,尽快步入研究的轨道。入学后第一学期的课余时间我几乎都是在学校图书馆的阅览室度过,希望在大量阅读文献的过程中发现一些有意思且值得进一步探讨的问题。在集中阅读动结式专题文献时,感觉到"动词+满"的句法语义相较其他动结式有一些自身特点,而已有的几篇相关文献留有进一步探讨的余地。我立即理出提纲,趁下一次读书汇报的机会跟老师商量能否作为学期课程论文选题,邵老师当即予以肯定,并提出一些需要进一步思考的建议。受到老师的鼓励,大约一个星期后,这篇文章的初稿就写成了,我将打印稿送交老师,几天后收到老师密密麻麻的批注稿,老师真是用心了!邵老师曾多次对我说,文章要认真写,写了就不要浪费,要力求发表。这篇文章几次修改后经邵老师推荐,发表于史有为先生主编的《现代中国语研究》2001年创刊第2期(日本)。

有读博经历的人大概都有一个共同的感受,就是学位论文选题是一件艰难的事情。世纪之交的汉语语法学,国外一些重要学术流派已经介绍进来,各种学说在跟汉语结合的过程中呈现出多姿多彩的局面,同时汉语自身的一些特点也凸显出来。在此背景下,不少学者倡导建立适合汉语研究的理论,"三个平面""两个三角""语义功能语法""语义语法"等理论引起了广泛关注和讨论,随之一些分析方法,如语义特征分析、语义指向分析、配价分析、语义结构分析等引起了人们的重视。跟印欧语相比,汉语类型特征显著,因此我比较关注适应汉语自身特点的各种理论及其实践,其中语义指向问题引起了我的兴趣。事有凑巧,在第三学期的一次学位论文选题讨论会上,邵老师以试探性的口气问我可不可以做语义指向的研究,我当时没有犹豫,一口答应。后来我才明白,这个题目理论性强,并不容易做好,弄不好邵老师要花费大量精力进行指导。大约快到学期末,邵老师在仔细审阅了我的文献综述后,觉得有些观点和提法比较新颖,下一步的研究计划有可行性,这样,邵老师对这个选题才放下心来。在借鉴和参考邵老师前期研究提出的"指""向""联"概念的基础上,这项研究进行得比较顺利,论文按时完成,在顺利通过答辩以后《汉语语义指向论稿》于2006年出版。我深知这项研究凝结着邵老师的心血,没有邵老师的提点,这项研究难以进行。

2002年夏天博士毕业后,经邵老师推荐,我去浙江大学中文系工作了两年。那里聚集了一大批著名学者,人才济济,学术氛围浓厚,本来是个治学的好地方,但因个人的一些原因,我总是不太安心,于是跟邵老师联系,谈及我有回家乡贵州工作的想法。这时邵老师已从华东师范大学调往暨南大学工作也有两年,手头有多项课题要开展,科研工作繁忙,于是建议我去暨南大学跟他做博士后,协助完成引进项目"汉语语义语法的理论探索"的研究。我当然乐意!于是2004年7月在暨南大学博管办的协助下我顺利进入暨南大学博士后流动站,在学业上幸运地又一次得到邵老师耳提面命的教导。进站后我以邵老师的课题为基础,又以"语义语法的理论与实践"为题申请中国博士后科学基金资助并成功获得立项。在邵老师的指导下,该课题以大系统套子系统进行,即"语义语法"本身是一个系统,包括八个专题,每个专题又相对独立成为一个子系统。该研究一直以师徒二人合作的方式进行,进展也很顺利,2006年6月通过答辩后顺利结题,后经多年的修订、完善和增补,2015年合作申报并获得国家社科基金后期资助项目立项,最终于2019年底顺利出版。

我至今感到遗憾的是,博士后出站时邵老师为我争取到了留校任教名额,我却因一些个人原因执意回到西部工作,专业因此也有所懈怠。好在机缘巧合,在西部工作八年后,经邵老师推荐,2014年我重新回到十年前的工作地杭州市,重新体验到学术氛围带来的愉悦感。2014年至今又过去十年了,十年来我在工作上一直得到老师慈父般的提携和指点,在生活上一直享受着老师慈父般的关怀。尤其每年的春季或秋季我就翘首以盼,因为这个季节老师会安排回上海小住一段时间,途中会特意安排在杭州或杭州附近逗留几天。这几天我就会特别开心,我们会安排一个幽静的去处,或闲聊,或散步观光,一起享受小聚的快乐。

祝愿老师事事如意,幸福安康!

(税昌锡于 1999 年在华东师范大学跟随邵敬敏教授攻读博士学位)

感恩老师三十年的教诲

徐默凡

(华东师范大学)

1993 年的春天,我进入了大一下学期的学习。上学期的"现代汉语"由齐沪扬老师负责授课,下学期的课程转由邵敬敏老师授课。事后才知晓,齐老师当年谋职华东师大已有眉目,所以才来兼课。后来由于种种原因未能顺利入职,才由邵老师来接我们班的课。

这一个学期邵老师主要讲语法,自然是精到深入又不乏趣味,眉飞色舞间带我们进入了语言学的殿堂。

从那时算起,机缘巧合进入邵老师门下,已经整整 30 年了。

1999 年,我硕士毕业留校工作。立刻开设了"现代汉语"和"语言学概论"两门课程,同时还兼任两个班级的辅导员,周末还要到郊区去上成人课程,堪称疲于奔命。如果无人鞭策,很容易就会陷入日常琐事的泥淖。邵老师找我聊了一次,告诉我在高校里没有博士学位肯定不行,希望我能尽快报考他的博士研究生。在他的斡旋下,我工作一年就破格报考在职博士生(当时学校规定必须工作两年才能报考),再次成为他的弟子。

三年后,我顺利毕业,如果没有邵老师的时刻督促和耳提面命,恐怕我不知要到什么时候才能拿到这个博士学位。谨录一段博士论文致谢以证明邵老师对我的影响:"邵敬敏老师从选题到立论甚至字词的用法,都一一把关,悉心指导。在上海期间,每月见面,都是几小时的长谈;到了广州,有问必答,从不拖延。邵老师的做事效率和工作风范永远是我们学生羡慕而难以企及的。"

读博期间,邵老师已经调动至暨南大学,其后亲聆教诲的机会就少了。但是,邵老师一直把我这个不成器的学生放在心上,每次回沪都会电话长聊,对我的工作、研究提出各种建议,殷殷之情溢于言表。

邵老师跟我讲得最多的有两点,一是要抓住一个研究领域集中攻关,埋头苦干三五年,树立自己的学术形象;二是要脚踏实地,注重语言事实,不要空谈理论好高骛远。无疑,这两点正是直奔我的弱点而来。邵老师甚至说:"哪怕你不搞语法,专搞语用我也支持,但不能东一榔头西一棒槌。"

可惜,由于我生性疏懒,而且对很多东西都感兴趣,虽然知道老师说得很对,结果还是完全没有做到,辜负了老师的期待。

老实讲,我不是一个好学生。一方面,不能像聪慧能干的学生那样继承衣钵,光耀师门;另一方面,又没有像忠诚可靠的学生那样随侍左右,嘘寒问暖。但是,我想我会记住老师的教诲,有一份力发一份光,决不会辜负"邵门弟子"的荣誉。

(徐默凡于2000年在华东师范大学跟随邵敬敏教授攻读博士学位)

邵敬敏先生和我的学术之路

周　静

（暨南大学）

在上个世纪80年代我还在河南大学中文系读大三的时候喜欢上了语言学,准备报考现代汉语语法专业的研究生。当时要考研,除了学习课本上的知识之外,还要到图书馆查阅书刊杂志如《中国语文》《语言教学与研究》《汉语学习》《语文导报》等相关参考文献。当时对我影响最大的是《语文导报》上面的研究综述和评述的文章。我发现,这本刊物出现频率最高的是邵敬敏先生的文章,那时觉得邵先生的文章语言流畅、概括精当、层次分明、重点突出,特别通俗易懂,对我们初入学术殿堂的小辈而言特别适合。对前辈的敬仰之情也不禁油然而生,这就更增加了我对语法研究的兴趣,并下决心要走语法研究之路。那时我的考研之路也非常顺利,考取了本校河南大学现代汉语语法专业,攻读硕士学位,导师是陈信春教授。自此开始了我的现代汉语语法研究之路。而伴随我的是邵先生的文章,它们在我的求学研究之路上,一直滋养着我。1988年研究生毕业后我留校任教,并且在32岁时顺利晋升为副教授。

1998年暑假有关方面聘请国内现代汉语研究的专家,在青岛海洋大学举办现代语言学讲习班,我克服了种种困难,毫不犹豫地报名参加学习。在这次的讲习班上终于聆听了邵先生的精彩讲座,以前只是看到先生的文章,读到先生的著作,这次见到自己仰慕敬佩的先生本人很是兴奋,也让我大开眼界:先生竟然如此年轻和充满活力,讲课幽默风趣,条理清晰,非常生动活泼。这与自己想象中的中国语言学家,高瘦清癯、精神矍铄、不苟言笑的学者形象判若两人。会上得知邵先生刚从香港回到内地,想组织全国知名高校教师编写一本全国通用的《现代汉语通论》教材,正在进行编写前的筹备工作。我是非常敬佩邵先生的宏大志向能和务实精神相结合的,这在当时对全国现代汉语教学的大环境来说,是非常有必要、有意义和接地气的一件大事。更为惊喜的是我因一件意想不到的小事件而有缘参与这次教材的编写,这对我来说是我人生学术生涯中重要的一次跨越和提升。

那是一个淅淅沥沥的雨天,与会间隙我们外出考察,出门时本来已在大客车上坐定的我,突然发现忘了带雨伞,我就下车去宾馆取伞,返回时我在大客车上的座位已被他人占据,且车已满员没有空座位了。这时导游就把我指引到前面专供专家坐的小巴上面,那里正好还有一个空位。刚落座我就惊喜地发现旁边坐着的正是邵敬敏先生。于是我就主动地和邵先生打招呼,聊天中我就向邵先生打听参加编写教材的条件和资格,当得知编者要求副教授以上,所在的大学要求使用该教材等。当时我一下子就兴奋起来,自己是满足这些条件的哦,于是就鼓起勇气毛遂自荐,但同时也没抱太大的希望,因为编写全国性的教材一定是要德高望重的老教授、老专家的,而我初出茅庐各方面都比较稚嫩,无论如何都不大可能被选中,也就没把这件事情放到心上。万万没想到,就在回到河南大学大约两个月后就收到了邵先生的来信,邀请我参加编写《现代汉语通论》的工作,这也太意外、太惊喜、太兴奋、太开心了。从此就和邵先生有了师徒之缘。编写教材过程中,不仅向老先生们学到了许多做学问做事的认真严谨的态度,开阔了视野,得到了很大的提升和进步。同时也得知邵先生已经在 1998 年申报并获批了现代汉语语法博士点,并于 1999 年在华东师范大学已经招收了首届博士生,这极大地激发了我报考华东师范大学邵先生博士研究生的热情,经过积极认真地备考,如愿地在 2000 年成了邵先生门下的第二届博士生,这使自己在汉语语法研究上打开了一扇新的学术之门,更是登上了一个新台阶。

三年的博士生涯,从邵先生身上学到了许多:渊博的知识,敏捷的思路,做学问的钻研精神,还有做人的热情和真诚,做事的踏实认真和敬业勤奋的态度等等。并且邵先生和师母也对我们学生的生活和学习等各方面都关怀备至,像对待家人一样关心和爱护我们每一个学生。感恩邵老师的提携和帮助!感恩有幸遇到自己人生的导师!

更加幸运的是在博士三年级的时候,邵老师因工作需要从华东师范大学调入了位于广州的华侨最高学府暨南大学任教。于是又一次让我的视野也追寻到了暨南大学华文学院,在我 2003 年博士毕业之际能够如愿来到了暨南大学这座百年侨校,从此我的工作就和华文教育事业结下了不解之缘,有幸参加了影响全球华人华侨子弟的《中文》(初中版)教材的编写工作,能够亲身实践到海外华文教育第一线的菲律宾的密三密斯光华中学担任中方校长,能够走出国门、走向国际,在世界多个国家做着传播华文教育的非常有意义的伟大事业,实现了自己一生的事业追求梦想。

我的先生杨海明于 2004 年在暨南大学也如愿考取了邵敬敏先生的博士,我们夫妻都非常幸运地成为了邵老师的学生。我们是同一个导师但是又是两个不同母校的学生:华东师范大学和暨南大学。也正好留下了邵老师工作的两所学校的印记。我们俩也在学术研究之路上,有邵老师的指引和带领,有两校同门师兄弟姐妹们的帮助,我们也不敢懈怠,互帮互助,也在努力地切磋精进,不断进取,期望能够更上一层楼!我们也都顺利地评上了教授,分别评上了硕导与博导,带出了一百多名来自世界各地的硕士研究生和博士研究生。我们也在传承着老师的教诲和优秀品质,我们也在影响着我们的学生,一代一代传承下去,开枝散叶,桃李满天下。感谢恩师,不忘师恩!

在科研的道路上,老师带着我们一路做了教育部"十一五""十二五"的规划教材《现代汉语通论》,第一版,第二版,第三版。做了国家社科项目,参与了国家重大社科项目,十年磨一剑合作编写了《新编现代汉语虚词词典》等多个重大工程的工作,同时也使得我们邵门的研究团队越来越壮大,也越来越成熟。

我们跟随老师举办了多次《现代汉语通论》教材研讨会;举办了十三届现代汉语语法国际研讨会,使得我们的语法研讨会也走出国门,走向世界。这不仅提升了学术素养,也锻炼了我们的社会服务的工作能力。

由于我是跨了邵老师工作过的两所大学的唯一代表,所以两所学校的师兄弟姐妹都非常相熟,也起到了一个中间的纽带作用。也希望邵老师的弟子都能像老师一样热爱教育事业,爱护自己的学生,都能成为像老师一样优秀的科研工作者和教育工作者。

（周静于 2000 年在华东师范大学跟随邵敬敏教授攻读博士学位）

记 忆 深 处

——那些与邵老师有关的往事

朱 彦

（北京大学）

我的博士生导师邵敬敏先生即将迎来八十大寿，师弟赵春利征集祝寿文章。回溯往事，在记忆的深处，与邵老师有关的点点滴滴依然鲜活如昨。

我第一次见邵老师是 2000 年春季，我去上海复试。师兄税昌锡带我去邵老师家小坐。诚如师兄所言，邵老师非常开朗，非常和气，人很健谈，很有说话艺术。其间多是他在跟我们说话，闲聊中有关切，有期许，也有很多勉励。印象很深的是，站在楼下仰望他家阳台时，感觉似曾相识，与我去上海前曾梦见过的一个阳台几乎一模一样。这辈子能有幸成为邵老师的学生，应该冥冥中真是有着很深的缘分吧。

博士三年是我一生中难得的几段好时光之一。没有其他方面的压力，安心读书就好。上海是个美丽而开放的城市，丽娃河边更是安静怡人，同门同学时有聚会。邵老师在上海时，我们定期到老师家作报告，参与讨论，听老师总结。只可惜当时邵老师因为公派去香港工作的缘故，人在上海的时间很短，我们见到老师的机会很少，这是当时唯一的遗憾。

邵老师对学生的关爱，几天几夜也说不完。我到上海后，就到了学校对外汉语教育学院任兼职教师，这是邵老师帮忙争取来的机会。我的第一篇课程论文，邵老师仔细阅读并作了很多批注，还专程找我面谈，讨论文章中的问题。我很感动，并不是每一个博士或硕士导师都愿意在学生的课程论文上这样花时间的。我的第一篇研究性的论文是跟邵老师合写的。当时对写高质量的学术论文还没有什么概念，材料分析了不少，却不知如何找切入点，如何提炼观点并组织成义。那篇不能称为草稿的草稿是邵老师亲自补允修改，才得以脱胎换骨的。这次合作对我意义非凡，在我的研究能力、写作能力上都是一次质的提升。

不能忘怀的还有邵老师的细心和体贴。有一年我特意从香港赶到广州参加邵老师的生日聚会，邵老师让周静师姐、马喆师妹带我到最有广州本土特色的地段走了走。临离开的那天下了雨，邵老师还特意撑着伞，把我一直送到暨南大学校门口。作为导师和长者，其实他不必送这么远，可是在他心里，学生和导师在人格上并没有高下之别，即使是对学生,地主之谊他也一分都不会少。这种平等的理念也是邵老师让学生由衷爱戴的原因之一。在做博士后期间乃至入职以后的若干年,在我陷入困境时,邵老师总是耐心倾听、愿意理解并且总能给予包容和鼓励。早年做学生的时候,在邵老师面前总是惴惴,对导师总怀有一种天然的畏惧。随着年龄的增长,这种惴惴之心已减少而至于无,而对邵老师的尊敬却是有增无减。与邵老师谈话,感觉平等而亲切,邵老师的亲和力和善解人意让人愉快而放松。

我永远怀念跟邵老师一同出游的日子。邵老师曾带领我们出行镇江、扬州、朱家角、千岛湖、杭州、广州、重庆、香港等多地,在邵老师的安排下,我们吃得好,住得好,玩得好。那些日子,对于一个学生乃至一个入职不久的青年教师而言,是"诗意的远方",人生当如斯。真心希望以后还有机会与邵老师一道遍赏美景。

邵老师是一位笔耕不辍、对汉语语言学尤其是语法学有着卓越贡献的学者,对他的学生而言,他更是一位值得敬重的长者,一位父亲,或者说一个永远可以信赖的朋友。邵老师与人为善,热心助人,对生活乐观向上,对学生极尽爱护、托举,对人平和、尊重,对学界晚辈从来宽容、提携。邵老师的学品和人品永远值得我们敬仰,与邵老师共处的时光,是我们一辈子的人生财富,是我们心中永不磨灭的珍贵记忆。

衷心祝愿邵老师健康如意,福寿绵长!

（朱彦于 2000 年在华东师范大学跟随邵敬敏教授攻读博士学位）

缘来这么好

周　红

（上海财经大学）

　　第一次听到导师的名字，是 2000 年我在山东大学准备考博时。三年硕士研究生学习，各个研究方向听下来，感觉自己还是最喜欢现代汉语语法。记得一位同学说，华东师范大学邵老师正在招博士，我在疑惑之余默默记下了。当时信息闭塞，我也刚刚确定现代汉语语法研究方向，还不太知道南方的专家学者，山东大学在这个领域也不擅长，考哪位导师也完全不知道。因此我像是抓住了希望，马上冲到图书馆翻看邵老师的论文和著作。我记得当时有一篇文章印象特别深刻，就是《量词的语义分析及其与名词的双向选择》，文笔平易近人，娓娓道来，思路流畅，读完心情愉悦，仿佛打开了一扇窗，当时就在想，原来学术论文也可以写得这样让人如沐春风，引人深思。太好了，南方我就报邵老师的吧。

　　当时的我还是个小年轻，生怕自己考不上，就天不怕地不怕地给邵老师写信，记得写了满满的三页，大概就是多么仰慕老师，多么希望跟老师读书，还提出希望老师列书单给我。没想到，邵老师竟然很快回复我了，他在信中欢迎我报考，给予了鼓励，并提出他推崇的一本著作——吕叔湘先生的《中国文法要略》，希望我认真阅读。邵老师的回复无疑给了我巨大的动力，激动得我一晚上没睡着，拿着信看了一遍又一遍，心想一定要把握机会，不负老师的期望。于是，第二天就找来《中国文法要略》，开始仔细阅读，越看越上头，惊叹于语言观察与分析的细致缜密。这本旷世之作也是中国语法学史上第一本从语义入手观察语法形式的研究论著，对我来说，大开眼界。然后再去阅读邵老师的论著，我深深明白了老师推荐这本书的深意。后来邵老师提出"语义语法"理论，正是继承了以吕叔湘、朱德熙等为代表的中国语法研究传统，遵循从意义到形式的研究思路。这也是一代代语法学人的研究积淀。

　　邵老师是我见过的最和蔼平易的学者。怀着惴惴不安的心情，我一个北方人坐火车第一次南下到了上海，像是刘姥姥进了大观园，紧张又瞬间被吸引。早到了两天，我想着是否去看看邵老师。当时去家里拜访老师绝对是尊重老师的表现，辗转问了好几个同学，听说邵老师喜欢花。于是，我就壮着胆子带着自己的硕士学位论文和一束在街边买的花去了邵老师在师大三村的家。一进门，邵老师就热情地迎接了我，"来来来，快进来，快进来"，手里忙着弯腰把拖鞋递给我，还伸手接过了花，说"太漂亮了，谢谢"。一颗忐忑的心瞬间落了下来，呀，老师太平易近人了。接着端上来茶，边喝边聊。依稀记得老师问了我的研究兴趣，在读研期间的课程，以及今后的研究打算，话语中透着关心，"不错，很好，欢迎报考"，几句话下来，我充满斗志。最后老师收下了我打印出来的硕士学位论文，说我看看，这让我感到非常开心。

邵老师心思细腻，急人之所急。当时我考取的是第三名，按排名，我根本没法儿统招，但邵老师毅然将统招名额给了我。他事后说前面师兄马清华、师姐刘雪春都有工作，统招名额理应给我。但我还是特别感激老师，能够第一时间想到我的难处，并给予我最大的帮助与支持。这也坚定了我跟定老师的意愿，虽然当时我也考取了南开大学的博士。后来才知邵老师还默默帮我处理好了不再去南开大学就读的事情。都说南方人细腻，果然如此。

邵老师有一本百宝册子，上面记录着很多"宝贝"。入校不久，邵老师就为我们分享了他的研究历程，以及为我们制订了研究计划。他的一个培养理念，也是研究理念，就是做研究必须要写好研究述评，能够对前人研究成果做出公允的评价，发现研究的不足，提出可能的发展方向。邵老师在册子里找了三个研究选题，让我们三个学生选。三个选题，我记得很清楚，生成语言学、词汇语法化、认知语法，我选了最后一个。这也成为我今后语法研究的基础，就是以认知语言学、功能语言学为理论框架。最后完成的研究述评《汉语认知语法研究动态》在《汉语学习》2002年第6期发表，这也是我第一次发表C刊论文，还被人大复印资料转载。欣喜之情溢于言表，同时特别感激老师的眼光和指导。要知道当时认知语言学才刚刚引入中国不久，2001年我还去上海外国语大学旁听了第一届认知语言学国际会议。后来，写读书笔记，记录研究选题，做好研究述评，也成为我指导学生的法宝之一。

邵老师指导学生的理念是授之以渔。记得去邵老师家里上课，大家一起挤在一间书房里，认真听着老师娓娓道来。他的讲法与其他老师不同，我印象非常深刻，他经常用自己的研究个案来分析，告诉我们他当年为什么选这个题目，目标是什么，选题后如何思考这个问题，会选取哪个理论框架，以及从哪些方面去选材和进行分析，最后得出了什么样的结论，这个结论新意在哪里。不得不说，除了思路清晰外，邵老师口才特别好，枯燥的问题讲得生动有趣，熠熠生辉，还能精准把控时间，真是由不得我们陶醉其中，直叹两个小时过得太快了，于是又在期待着下一节课的到来。

邵老师秉承语义语法范畴研究传统。在如何确定博士论文选题时，邵老师拿出他的百宝册子，每位学生可以挑两个选题，然后进行选题汇报，汇报成熟的可以作为博士论文选题。我选择了致使范畴和虚拟范畴，后来致使范畴成为我的博士论文选题。师兄师姐有做选择范畴、递进范畴、工具范畴、并列范畴等的研究，形成了一系列研究论著。

邵老师是"走一步看两步"，规划性特别强的老师。我是山东人，课堂汇报过两次后，邵老师说你的普通话不太好，有浓浓的山东味儿，需要训练考个普通话资格证才行。是吗？意识到这点，我开始找机构培训。邵老师还前瞻性地推荐我去华东师大当时的国际文化交流学院给留学生上课，他说这样可以逼着我说好普通话。果然如此，上留学生课得字正腔圆，我的普通话也越来越好。万万没想到，毕业后我进了上财国际文化交流学院工作，人生轨迹冥冥之中自有安排，不得不佩服老师的规划。

邵老师指导学生循循善诱，且迅速高效。从确立博士论文选题、课程论文到工作后申请课题、开展研究，可以说我的每个发展阶段，都离不开邵老师的关心与帮助。每一次跟邵老师见面，总有一种被肯定被推动的感觉，浑身充满力量。邵老师善于发现学生的闪光点，包括论文的闪光点。明明自己的论文写得一塌糊涂，但邵老师从来不批评，总是说这个地方写得不错，可以按照这个思路继续做，于是在他的引导下，一个明晰而有效的研究框架就出来了。邵老师的工作效率之高，也充分体现在指导学生上。有件事真的想忘也忘不掉，博一第一学期我撰写了一篇论文，记得是关于副词"倒"的，我费了九牛二虎之力写成，上午我用邮件发给了老师，想着晚上得好好犒劳一下自己。于是跟着师姐在宿舍里吃火锅，吃到一半，邵老师的电话来了，说是让我到家里谈谈论文。我当时很吃惊，这么快吗？怎么也得一天后再找我？后来我也适应了邵老师的高效。后来，我自己指导研究生，研究生同学常常说周老师速度太快了。我说这是受到了邵老师的影响，始终将学生的事情放在第一位。

邵老师是一位兼容并蓄、与人为善的学者。2004年我来到上海财经大学国际文化交流学院工作，除了坚持自己的现代汉语语法研究外，还要转型做对外汉语教学，尤其是商务汉语教学。一开始我极其不适应，为此我求教了邵老师，如何规划自己的学术发展。他提出主业和副业相结合，主攻现代汉语语法，这个千万不能丢，如有余力，可以做些商务汉语教学研究，毕竟是学校的特色。有了老师的话，我就明确了自己的方向。邵老师一向主张研究多元，大家互相尊重，互相支持，从来不会捧高踩低。这一点也深深地影响了我，在工作中从来不会重本体轻教学，平等心态对待。科研既要"阳春白雪"，也要"下里巴人"，这也是邵老师教给我的。

邵老师是一位特别挺学生、爱护学生的老师。2001年刚入校没多长时间，邵老师就带我们几个博士生去扬州大学开学术研讨会。能够见到不少学术大牛，我心里既开心又害怕，想上前又不敢上前。邵老师可是不会放过每个会议机会的，中午休息时，专门将陆俭明老师请到一个小会议室来，一一向陆老师介绍我们，让我们跟陆老师请教。正是有了这次机会，我才发现原来大牛学者也是非常平易近人的。主动向前辈请教，原来这么简单。2002年下半年邵老师调往暨南大学，我内心极其不舍，没有人生阅历的我感觉天都塌下来了，这时邵老师说现在通信技术非常发达，你有问题随时联系，也说多个导师研究视野会更开阔。这让我难过的心情平复了下来，迎来了与刘大为老师的师生情谊。2004年我工作不久，在上海师范大学的一次学术会议上，做了一个小组发言，发言中对引用做得不到位,陆俭明老师提出了批评,我当时比较尴尬,也不知道怎么说好,邵老师马上出来帮我,言语和缓,说年轻人需要多学习,间接引用以后也要做好规范。这件事让我印象深刻,后来我在指导研究生时,我会更理解学生,包容学生,给予学生最大的鼓励。后来我出书了,邵老师又义不容辞给我写序言,字字包含着对学生的鼓励与支持,让我倍加感动。当我徘徊不知如何前行的时候,邵老师总是能够为我指明方向,比如还在当年申报国家社科并不太卷的年代,我一次申报教学类课题未中,邵老师及时说,你的前期积累不行,如申报语法项目命中率会高,果不其然,第二年我申报"现代汉语动趋式致使性研究",一次命中。后来我去社科院语言研究所访学,也是邵老师帮我联系的。

邵老师常常说的一句话是"取乎其上,得乎其中;取乎其中,得乎其下"。老师用自己的实际行动诠释了这句名言。老师思维敏捷,天赋极高,让人惊叹,然而更让我钦佩的是老师的勤勉。老师的工作生活作息极其自律,明年就要80岁了,还坚持早中晚各两个小时的工作时间,坚持举办学术会议和参加学术会议,依然活跃在学术界,真的是让后辈汗颜。每每想起老师,真的觉得自己不能偷懒。邵老师真的是一位将学术精神刻在了骨子里的大学者。今年11月份在浙江科技学院举办的2023年国际中文教育国际会议上,他还发表了主旨报告"国际中文教学的新亮点:科技汉语",报告非常鼓舞人心,更让我们后辈看到老师强大的学习能力,以及与时俱进的学术精神。

缘分是个很奇妙的事情。都说邵老师带的博士中"周"姓弟子最多,我很荣幸成为其中一员。时光飞逝,博士毕业20年,邵老师一直鼓励着我,让我能够不畏艰难,不忘初心。与邵老师的点点滴滴,回忆涌上心头,说不完、写不完、道不尽。遇到这么好的老师,此生有幸。从老师身上我学到了很多,学生也说从我身上学到了一些,这也正是传承的意义。

值此老师八十大寿之际,祝愿老师身体康健,幸福快乐! 由衷地感谢您的教诲,感谢您的辛勤付出和无私奉献!

（周红于2001年在华东师范大学跟随邵敬敏教授攻读博士学位）

在丽娃河畔学习的日子
——庆祝邵敬敏老师八十大寿

庞可慧

（商丘师范学院）

2001 年 9 月至 2002 年 6 月，我作为访问学者在华东师范大学跟随邵敬敏老师学习汉语语法。转眼间，二十多年过去了，当初在美丽的丽娃河畔学习时的情景依然历历在目。

在近一年的学习时间里，邵老师在学术上的指导，教学上的启发，生活上的关心都让我非常感动。

去上海前，我发表的论文很少，还不怎么会写文章，有时虽能发现问题却不知如何妥善解决。开学后，邵老师认真指导我写论文。访学前，我写过一篇小文章，讨论"令狐"这个姓氏的读音。当时，电视剧《笑傲江湖》正在热播，有人提出：男主角令狐冲的姓氏应该读"Línghú"，依据的就是《现代汉语词典》。刚开始我是赞成这个观点的，就想写一篇小文章讨论这个问题。但是随着查找的资料越来越多，我的观点发生了变化，觉得这个姓氏也可以读"Lìnghú"。为了写这篇文章，查找了很多资料，除了关于姓氏的文章与专著外，光是字典，就查了《新华字典》《现代汉语词典》《应用汉语词典》等，资料记满了两个大笔记本，最后写成了一篇不到两千字的短文。开学后跟邵老师聊天的时候提到这个问题，邵老师说，查了那么多资料就写一篇小文章，剩下的资料可惜了，鼓励我接着从姓氏的读音与写法中存在的问题等方面进行研究。写法方面存在的问题写起来很顺利，但读音方面写起来很困难，分的类总是写不下去，换了几个标准都不行，总是有纠缠不清的地方。我就去请教邵老师，老师非常仔细地教我怎么给文章分类。按照邵老师的分类，论文很顺利地就完成了。随着对姓氏问题研究的不断深入，我还开了一门全校公选课"中国姓名文化"，受到学生普遍好评，选课学生一直比较多。

以前上课时，我发现了一个问题：黄廖本认为，区别词直接修饰名词或名词短语，做定语。但是，教材后面又出现了区别词做状语的例子，如〔长期〕支持（区别·动）（增订二版）。这种情况是区别词的兼类还是区别词本身就可以做状语呢？查了不少资料后还是感觉无从下手。邵老师就教给我一个方法：查《现代汉语词典》，从中找出所有的区别词，看其中能做状语的有多少，然后按照这个数据做判断。邵老师的点拨使我的思路清晰起来。

在以后的工作中,不论是自己进行学术研究,还是指导学生写毕业论文,我都特别重视这两点经验:一是找准分类标准,一是用数据说明问题。

邵老师不但自己悉心指导学生,还充分利用自己的资源培养学生。大家都知道,写语言学文章时,例子非常重要,搜集例子的传统方法就是看小说、看报纸等,然后做卡片。很多学者用这种方法搜集了相当多有用又有趣的例子,邵老师说倪宝元教授家中这样的卡片一麻袋一麻袋的。这种方法目前仍然有用,但不能否认,如果需要某方面大量例子的时候,这种方法比较慢,例子也会有遗漏。邵老师发现数据库可以很好地解决这些问题,就联系在这方面很有研究的上海师大的任海波老师,让我们跟着他学习语料库,每星期二下午去学习,学一个学期。当时有邵老师的博士生刘雪春、马清华、周红,访问学者王鹏翔和我。下课后,我们经常一起在上海师大食堂吃饭,然后再在校园里闲逛,天南海北地聊天。我还记得马清华老师说起他在日本与苏州大学工作、生活时的趣事,尤其是苏州时候的事情,让我们笑得眼泪都出来了。为此我还特意看了一些关于苏州的文章,正好我室友的姥姥家是苏州的名门,祖上好像出过状元,她的姨姥姥嫁给了章太炎的儿子,他们家族还出了一本书,跟着她我也了解了不少苏州的事情。那真是一段快乐的时光啊。

邵老师还带着我们参加会议。2001年11月,扬州大学举办"中国语言学会年会",邵老师带着学生们去参会。会议期间,邵老师邀请陆俭明教授给我们开了座谈会,大家畅所欲言,气氛十分热烈。我记得当时自己准备了两个问题,提问时心里有点忐忑,不料陆老师很认真地回答了我的问题,态度非常和蔼。那是我第一次见陆俭明先生,在瘦西湖门口还跟着邵老师与陆先生合了影,照片我至今还精心保存着。

在教学上,邵老师讲课既严谨又有趣,分析问题、解决问题时层层推进、严谨周密,同时又不乏趣味性。2002年4月13日,邵老师应邀来我们学校讲学,当时中文系的学生都参加了。讲学的过程中,同学们掌声不断;进入互动环节,大家争相提问。这次演讲让不少学生对语言学产生了浓厚的兴趣,立志要考语言学研究生。在后来的教学中,我也在不断探讨"现代汉语"课的教学方法,力求让这门课既有趣又实用。目前,我教的这门课是我校的教学范式改革课程,改革的方法之一就是上课时精选例句,我们主要选择现实中的例子、贴近学生生活的例子、网络上的例子以及新闻热点。同时我们还引导学生关注语言事实,发现问题后用学过的语言学知识去解决问题。

在生活上,邵老师非常关心学生。2001年冬天,学校教室紧张,邵老师主动要求我们去他家上课并热情招待。课间休息的时候,给大家讲一些语言学界的逸闻趣事以及他自己的求学、工作经历,其中充满着生活的智慧。老师还非常关心同学们的生活,诸如春节回家买票、子女就学等问题,老师都常常挂在心上。

给我留下深刻印象的,还有老师的幽默开朗以及对生活的热爱。

2002年春天,邵老师邀请石毓智老师来华东师大讲学。有一天下午,我们提前去占座,教室里还在上课,我们就在外面等。后来,邵老师、王珏老师都来了,王老师看到我们几个就跟邵老师开玩笑说:"你的学生都是高个子,跟你这老师不一样啊。"邵老师立马就说:"那没办法啊,我们那时候,长个子的时候没吃的,等有吃的了不长个子了。"大家听了哈哈大笑。

邵老师总是精力充沛,永远不知疲倦似的。老师认为人生不光是工作,还要学会放松。出去开会的时候,经常带着我们去附近旅游,了解当地的风土人情。老师的摄影技术非常高,拍出的照片构图和谐,特别漂亮。去上海周边古镇游玩的时候,邵老师还教过我拍风景的时候要怎么取景。

虽然在华东师大学习的时间不长,但老师在很多方面都给我留下了深刻的印象。这些珍贵的记忆,在后来的岁月里不断地激励着我、指引着我。

衷心祝愿敬爱的邵老师永远健康、快乐、充实、富裕。

(庞可慧于2001年在华东师范大学跟随邵敬敏教授进修)

青中一路穗相聚 承传师道语法旗

> 缘伏琴岛何有幸，初试华亭竟未成；
> 再战花城喜圆梦，传道授业总关情。
> ——贺恩师邵敬敏教授八十寿辰

一、缘 伏 青 岛

1998 年 6 月 28 日，我从武汉大学哲学学院哲学美学专业硕士毕业，恋恋不舍地冒着百年一遇的暴雨坐火车离开生活了三年的武汉，满怀兴奋地来到青岛海洋大学国际语言文化交流学院报到。刚办完入职手续，就接到了教暑期汉语进修班留学生汉语口语的教学任务。无论是从学生转到教师的角色角度，还是从哲学转到对外汉语教学的专业角度，对于一个哲学美学专业刚毕业的硕士来说都是一个巨大的挑战。为了尽快熟悉汉语教学，让自己有信心站上汉语教学的讲台，我开始加班加点、紧锣密鼓地复习本科学习的语音、汉字、词汇、语法等汉语知识，但真正上课时还是忐忑不安地发现，留学生提出的各种问题常常使自己陷入疲于应付的窘境。这时我才真正理解了教育界常说的一句话："要教给学生一杯水，自己要有一桶水。"故此，我硬着头皮一边教着各国留学生学习汉语，一边夜以继日地阅读汉语语言学论著，恶补汉语知识，积极总结教学经验，期待着能有机会了解、掌握汉语教学界和语言学界的理论方法，减轻自己上课时对自己非对外汉语教学专业的忐忑与忧虑。

人生有时非常奇妙，想啥来啥，好像命中注定。1999 年 7 月 20 日至 8 月 3 日，由南开大学、青岛海洋大学与香港科技大学人文社会学院联合主办的为期 15 天的第四届现代语言学高级研讨班在青岛海洋大学举行。丁邦新、张洪年、胡壮麟、史有为、岩田礼、戴庆厦、刘叔新、邵敬敏、刘勋宁、陈保亚、杨自俭、石锋等 12 位海内外语言学专家先后做了 12 场学术报告，不仅涉及音韵学、语音学、词汇学、语法学、方言学等各个研究领域，而且还包括了结构主义语言学、功能语言学、语言类型学、比较语言学、语言接触与语言演化等理论方法。可以说，系列讲座不仅为我展现了语言学专业领域的全景图，而且为我打开了一条从哲学经由对外汉语教学可能转向语言学的学术方向转变通道，更为重要的是，还使我单方面地认识了语言学界诸位大家，尤其是邵老师，他那声音洪亮、激情四射、充满思辨色彩和解释力量的语法讲座，当时就引起了学员们的广泛关注。专业知识扎实而先知先觉、落落大方的周静师姐就是在讲座后主动联系邵老师并于 2000 年顺利考取了邵老师的博士。由于自己的专业不是语言学，而且觉得自己语言学专业知识的储备还没有达到与邵老师交流沟通的水平，我没敢主动去认识邵老师，但这次讲座为我与恩师邵敬敏教授的学术结缘埋下了伏笔。论坛之后，我就开始注意从学术研究的角度思考如何教汉语，并试着写有关对外汉语教学的论文，主要思考并实践如何培养留学生汉语语感的方法论问题。直到 2001 年完成了《言语行为中语感的逻辑界定》《语感问题与第二语言信息转换教学法》《对外汉语教学初级阶段语感培养的原则》《论信息转换教学法的言语转化率问题》等多篇学术论文，这时我才有了报考博士的想法，才有了给邵老师写考博自荐信的一点底气。

二、初识上海

从 1999 年至 2001 年围绕语感培养问题先后写了几篇对外汉语教学的论文之后，我才从心底萌生了报考对外汉语教学或语言学博士的想法。2001 年 9 月，我给华东师范大学邵敬敏教授写了一封考博自荐信，一方面介绍了自己的学历和经历，尤其介绍了自己是哲学美学硕士的专业背景；另一方面因担心邵老师不愿意招非语言学科班出身的跨专业学生，就把自己最近 3 年在对外汉语教学方面的教学与科研情况做了细致介绍。万万没想到，效率超高的邵老师很快就回信了，不仅没有因我的哲学专业背景而拒绝我的报考，反而认为哲学是我研究语法的优势，鼓励我积极备考，并列出了需要阅读的书单，包括赵元任、黎锦熙、王力、吕叔湘、朱德熙、陆俭明、邢福义、沈家煊、马庆株等学者的论著。我赶忙去位于青岛香港中路的书城照单买书，其中，邵老师写的给我印象最深刻的一本书就是 2000 年在商务印书馆出版的《汉语语法的立体研究》。这本书不仅语言活泼，充满论辩色彩与汉语自信，而且思路清晰，富有辩证思想和平等意识，特别是对语法形式与语法意义的关系以及对名词与名量词、对动词与动量词的双向选择原则的论述，基于汉语事实而高于汉语事实。

从 2001 年 10 月报名一直到 2002 年 5 月考试，我都在积极备战语法学专业的考试，没有复习英语，在我的潜意识里，倒不是对自己的英语有多自信，而是自我暗示要考两次，第一次看看专业考试如何，如果还可以，第二次再全力以赴复习英语，后来发现这种心理暗示已经命中注定要考两次。2002 年的整个寒假，我都在中国海洋大学中国语言文化学院六楼的教室里沉下心来认真复习,那时反而使我感觉到轻松了许多,因为教学任务繁重而琐事缠身的我难得回到那心无旁骛、一心学习的学生备考时代。

2002年5月,我考试前两天坐着火车翻着那本伴随我多年的《新英汉词典》去上海参加博士生入学考试。我想考试前一定要去拜访老师,于是我按照山东人的礼仪买了一点水果就去了。一进门,邵老师和师母热情地接待了我,但一看到我带的水果,邵老师就沉下脸来说:"你把水果先放在门口,一会儿回去带走,不能给我送礼。"我说:"邵老师,我只是表示一点心意,不算送礼的。"邵老师严肃地说:"春利,如果你把水果留在这里,我一定不录取你!如果你拿走,我有可能录取你!"我心里想邵老师可能只是客气话,结果,跟邵老师在书房里一边喝师母泡的茶,一边聊如何收集语料,如何发现语法规律,聊了一个多小时以后,我以为邵老师已经忘了水果的事儿,结果出门时还是让我把水果原封不动地带走了。第一次面对面交流,让我感受到了邵老师的学术激情和思维敏捷,尤其是做人做事的原则性,给我深深地上了一课。后来邵老师解释说,如果我收了你的礼物,录取了你,好像是你的礼物起到了作用,而不是你凭实力考上的,所以考前绝对不能有任何礼物往来,避免不必要的麻烦。我由衷地感佩邵老师独立自主的做事原则,使我也学会了坚持这个原则,受益匪浅。

等考完试回到青岛,才知道自己的博士考试成绩,两门专业课总分第一名,而英语只得了59分,单科分数受限。邵老师跟我说,他向华东师范大学研究生院打了报告,希望能破格录取。当得知华东师范大学没有批准破格录取的消息时,我正在澳大利亚西澳大学访学,一方面是希望提高自己的英语听说读写能力,另一方面也为下一次的考博做准备。访学归来,再联系邵老师准备报考2003年的博士时,邵老师已经于2002年11月被引进到暨南大学了。而2002年录取的两位博士生都转给了其他导师,如果我被破格录取的话,也做不了邵老师的弟子,没被录取反而成就了命中注定的缘分。

三、圆 梦 广 州

2003年4月初,我坐了40多个小时的火车从青岛赶到广州参加暨南大学2003年的博士生入学考试,来到以后才发现广州的非典比较严重,戴口罩的人比较多,但并没有恐慌氛围。考完试之后,又等了几天就参加了暨南大学4月11—14日举办的新世纪第二届现代汉语语法国际研讨会,汇报的论文《谈现代汉语语气范畴》荣获青年优秀论文二等奖。等开完会我刚回到青岛不久,非典的疫情已经蔓延到北京等地,疫情形势骤然紧张起来,好多省市开始实行居家隔离政策。尽管我是冒着非典疫情的风险去参加博士考试和学术会议,但对我来说这个风险却是非常有意义的,是对我是否愿意转入语法研究的意志考验,是我专业方向发展的转折点。我不仅以专业第一名的成绩顺利被暨南大学录取,标志着真正融入语法学界的开始,而且还与邵老师召集的"现代汉语语法国际研讨会"结下了不解之缘,后来又参加了第三届(浙江师范大学,2005 年)、第四届(青海民族学院,2007年),并从 2009 年开始参与组织第五届(香港理工大学)、第六届(台湾义守大学,2011年)、第七届(新加坡国立南洋理工大学,2013 年)、第八届(浙江大学,2015 年)、第九届(韩国延世大学,2017 年)、第十届(日本关西外国语大学,2019 年)、第十一届(黑龙江大学,2021 年)、第十二届(澳门大学,2023 年),并在其中跟邵老师学会了如何操办百人以上的大中型会议,锻炼了自己的组织协调能力,自己也逐渐从哲学通过对外汉语教学转入并融入语法学界。

我 2003 年 9 月开始了暨南大学的读博生活,跟邵老师的接触越来越多。邵老师不仅在专业上讲授不同语法流派的思想、理论、方法和历史沿革,以及不同语法学家的学术成果、性格爱好和为人处世,使我们逐渐了解整个语法学界历史发展的脉络,而且在活动上经常带着我参加并组织学术会议、论坛或讲座,使我们认识了诸多学者并建立学术联系,还经常一起打打羽毛球、爬爬山、拍拍照什么的。这样既健了身,培养了各种爱好,增进了师生了解,也提高了羽毛球等运动水平。可以说,邵老师热爱生活、积极向上的性格影响了我们每一个人。

邵老师善于高瞻远瞩地抓住语法研究的新方向,并把相关选题分配给自己的弟子。记得 2003 年 9 月我博士一入学,邵老师就对我说:"你博士就研究形容词和名词的组合吧。"当时我还没有完全理解这个选题的意义,就说:"我先看看学术界对这个问题的研究状况吧。"于是我立即搜集整理国内外形名组合研究的文献资料,结果发现单看形容词或者名词,学者们研究的都比较多,而关于这两大实词的组合问题,国内外的研究很少,很难找到突破点。11 月时就跟邵老师说:"形名组合太难了,国内外的相关文献很少,我做不了。"当时学术界流行的博士论文选题是语义范畴。邵老师 2004 年 1—6 月赴香港访学半年,我就自己选了一个目的范畴,开始研究起来,先后完成了《关于目的范畴在句法、延展及其筛选上的理论思考》《"为了、为着"句法语义演变轨迹考察》等多篇论文,大概六七万字。等邵老师从香港回来时,我就把完成的博士论文交给了邵老师,邵老师说:"你写得也太快了,那后面两年干什么? 你得想办法攻坚克难!"我觉得邵老师说得很对,如果想成为学者,就不能怕困难,于是我说:"现在我有目的范畴托底,我就可以沉下心来做形名组合研究,我一定要啃下这块硬骨头!"

博士生的所有课程在第一年就全部修完了,由于我脱产学习,每月中国海洋大学只发给我基本工资,经济压力很大。为了拿到全额工资以养家糊口,我表示一定高质量完成博士论文后,善解人意的邵老师同意我 2004 年 7 月回到青岛一边重返教学岗位,一边投入到调查、研究和博士论文的写作中。充实、艰辛而快乐的日常生活就是周一至周五白天上课,晚上和周末写论文。我每写完一章就发给邵老师,邵老师就会及时提出意见和建议,我再做修改。2005 年 11 月完成了凝结着师生心血的 28 万字的博士论文《形名组合的静态与动态研究》,并于 2006 年 6 月顺利通过了博士论文答辩。可以说,读博三年,我不仅啃下了"形名组合"这块硬骨头,极大地提升了深挖语言事实客观规律的科研能力,而且还与邵老师合作发表了《关于语义范畴的理论思考》《"语言理解论"刍议》等理论性论文,提升了语义语法理论的论证能力。可以说,我在专业上的每一点进步,在人生上的每一分领悟,都凝结着邵老师一点一滴的谆谆教导,特别是"健康人生、快乐人生、充实人生、富裕人生"四大感悟的价值引领。

本来我博士毕业后,邵老师为我想了两个出路:一是留在暨南大学,为此还专门要来了进人名额,但因为我与中国海洋大学签订了基于读博、职称等各类服务年限协议,如果违约就必须赔偿巨额违约金;二是去香港理工大学做博士后研究,但因条件不足最终也没去成。所以最后只好悻悻地继续回到青岛工作,但没过多久,从 2006 年 9 月至 2008 年 8 月我先后在韩国的檀国大学和汉拿大学从事对外汉语教学各一年。幸运的是,2008 年至 2010 年如愿以偿地在香港理工大学跟着石定栩教授做了两年的博士后研究,并且于 2010 年 9 月回到了母校暨南大学工作。可以说,当初邵老师让我做博士后研究和来暨南大学工作的两个愿望都实现了,是主观规划与客观时机相结合成就了我这段多彩人生。尽管晚了两年,一时的失败或挫折是一个人意志的磨刀石,必将成就一个人的精神成长。在此由衷地感谢助我成长的两位恩师邵敬敏教授和石定栩教授,无以回报,唯有在学术发展这条路上风雨兼程,砥砺前行。

四、再回暨大

自 2010 年 9 月我博士后出站后回到母校暨南大学工作,至今已经十多年了。经常与恩师促膝长谈,全面深入系统地讨论科研选题、项目申报、教材修订、词典编纂、会议组织、学术发展、人文历史等等,事无巨细,耳濡目染,一点一滴。我逐渐深切感悟到邵老师在日常生活、教学工作、学术研究中所表现出来的持之以恒与理论自信的战略定力、以史为鉴与抽丝剥茧的史学精神、学以致用与家国情怀的学术追求、乐观聪慧与勇于担当的学者风范。

第一,持之以恒与理论自信的战略定力。从 1978 年邵老师跟随王维贤先生读硕士算起,邵老师做汉语研究已经有 45 年了,至今仍笔耕不辍。这种持之以恒的坚强意志、超强的记忆力和高效的执行力表现在很多方面,比如邵老师的《汉语语法学史稿》是从 1978 年读硕士开始就注意收集各种语言学资料,持续了十几年才完成的。再比如自从考上研究生以后就不再打麻将、打扑克。众所周知,吸烟是最难戒掉的,而邵老师 1996 年去香港做访问学者时由于香港只能在专门的吸烟区吸烟,否则会被罚款,邵老师知道这一规定以后,一进香港就扔掉了香烟。从此无论在哪里,几十年就再没抽过烟,完全靠坚强的意志戒掉了几十年的烟瘾,这需要多大的意志力啊!还有几十年如一日的写日记习惯,已经写满了几十本笔记本;保存的自 5 岁以来的各类照片更是数不胜数等等,持之以恒方能成就事业。邵老师还有着超强的记忆力,他至今记得 5 岁从宁波坐车去上海的一些细节,经常提到某年某月某日在哪里跟谁说过什么。他 2019 年 9 月 9 日整理了 1984 年 1 月 10 日中午和 12 日晚上与朱德熙先生的两次谈话记录,要知道那个时候可没有录音笔,而全靠简单的日记和超强的记忆力。邵老师无论是写论文,还是撰写著作或者纪念性文章,效率很高,据说纪念朱德熙先生的《难忘恩师哺育情》以及为陆俭明老师的自选集写书评都是一夜完成的。任何事情他只要办就特别注重效果,一定要办成而不能半途而废,比如他率领广州团队"十年磨一剑"终于完成了《新编现代汉语虚词词典》,并即将出版。

把这种持之以恒的意志力用在学术上就是理论自信的战略定力,邵老师自始至终致力于构建基于汉语事实的具有中国特色的汉语语法理论。在 90 年代以动词为中心的"一点论"格语法、配价语法盛行时,他却根据语法形式与语法意义、名量词与名词、动量词与动词、动词与宾语等互相选择的"两点论"提出了具有辩证色彩的"双向解释语法",简称为"双向语法"。2004 年提出了具有中国特色的"语义语法理论",该理论通过汉语形名组合、名量组合、动量组合、动补组合、副词、介词、语气词、话语标记等方面的语法研究实践而得到了进一步验证,其理论内涵得到丰富,概念关系逐渐体系化,体现出超强的语法规律挖掘能力、论证能力和解释能力,从而成为具有学派特征的语法理论,对广大学者,特别是青年学者已经产生了深远的影响。可以说,根据汉语事实和研究实践而提出的具有汉语特色的语法理论是汉语语法学作为独立的理论形态屹立于世界语法理论之林的标志。

第二,以史为鉴与抽丝剥茧的史学精神。邵老师非常重视历史文献的整理、挖掘及梳理,以史为鉴,展望未来,抽丝剥茧,评点优劣。邵老师从 80 年代开始就有意识地对各类的语法研究进行述评,不仅指出创新点,还要点明需要研究的问题,如《八十年代副词研究的新突破》《论汉语语法学发展的历史趋势》《八十年代汉语语法研究的回顾与今后的任务》等等,写了大量的评述性论文、序跋或后记等,还出版了著作《汉语语言学评论集》。可以说,邵老师是中国语法学界语法评论第一人。邵老师非常善于梳理语言学研究的史料,不仅 90 年代初就完成了《汉语语法学史稿》《中国理论语言学史》(与方经民合作)两本著作,而且于 2006 年还修订了《汉语语法学史稿》,2011 年又出版了《新时期汉语语法学史(1978—2008)》。更为重要的是,邵老师还从全球角度试图勾勒出境外各个国家对汉语语法研究的历史发展、理论演变、代表人物、主体特色及其应用研究等等,于 2016 年获批了国家社科基金重大项目"境外汉语语法学史及数据库建设",未来几年将会出版《美洲卷》《欧洲卷》《东南亚与大洋洲卷》《日韩卷》和《港澳台卷》五卷本的《境外汉语语法学史》。到那时,可以说,无论有关汉语语法学史的时间跨度还是国内外的空间广度,这些著作将成为汉语语法学史的里程碑成果。

第三,学以致用与家国情怀的学术追求。邵老师并没有把语法研究的成果仅仅停留在本体研究的纯学术层面,而是始终关注学术成果服务国家、服务人民和服务社会的应用问题,体现了邵老师学以致用的家国情怀。早在八九十年代他就开始编写现代汉语教学辅导与广告应用的著作,如《现代汉语自学要点与方法》《现代汉语自学考试必读》《广告实用写作》《广告语创作透视》《教好学好普通话资料集》《沪港商务普通话教学探索》(与唐世陶合作主编)等。后来21世纪前后还编写了两类教材:一是香港中学教材《学好普通话》(中一、中二、中三),二是大学教材《现代汉语通论》(一、二、三版)及其配套材料《现代汉语通论教学指导》《现代汉语通论参考文献精选》《现代汉语通论习题集》等,还编写了《HSK汉语水平考试词典》,从2012年开始编写《新编现代汉语虚词词典》等。邵老师2014年七十大寿,他出版了一本纪念相册《汉语追梦人》,后来开通的微信公众号就叫"追梦汉语"。作为几十年如一日研究汉语的语言学家,邵老师所追求的汉语梦就是让学术成果服务国家和人民,把汉语研究和汉语应用推向世界,这是中华民族伟大复兴在汉语研究和应用上的重要标志。"追梦汉语"真实地反映了一位语言学家的执着追求。

第四,乐观聪慧与勇于担当的学者风范。邵老师一向积极乐观,豁达开朗,淡泊名利。无论他遇到何种困难、挫折或困境,要么以"原则性与灵活性相结合"的乐观态度设法解决,要么以"西方不亮东方亮"的积极态度另辟蹊径。记得2011年秋,我陪同邵老师、暨大社科处的领导赴北京参加教育部哲学社会科学研究重大课题攻关项目"汉民族共同语在两岸的现状比较研究"的竞标答辩。邵老师不仅多次赴台湾开会、考察,积累了大量的语音、汉字、词汇、语法等比较材料,发表了多篇学术论文,而且还是这个选题的论证者和推荐者,可以说信心十足,志在必得,然而当天下午答辩完不久就知道投标失败。邵老师跟我说:"春利,你明早坐飞机先回广州,我明天在北京还有点儿事处理一下,后天回去。"当时我能感觉到邵老师满脸"煮熟的鸭子飞了"的沮丧与失落。一天后邵老师回到广州,就跟我说:"我想了新的选题,做虚词研究,编虚词词典。"2012年邵老师就获批了国家社科基金一般项目"汉语虚词词典编撰的方法论创新及其实践研究"(结题获评"优秀"),开始带着留在广州各高校工作的八个博士研究虚词,不仅促使团队成员先后拿到了五六个与虚词相关的国家社科基金项目,而且十年磨一剑,2023年终于完成了70多万字的《新编现代汉语虚词词典》。邵老师那种"拿得起来放得下"的从容与豁达非常值得我们学习。

作为学者,应该具有积极主动的担当意识和组织有方的协调能力,邵老师就是这样的人。单就组织会议来说,"首届青年现代汉语(语法)学术讨论会"于1986年9月在华中师范大学召开,时隔四年于1990年由邵老师组织在华东师范大学召开了第二届,此后该会议一直由邵老师作为主要召集人组织该会议,先后在南京师范大学(1992)、安徽师范大学(1994)、华中师范大学(1996)和北京大学(1998)逢双年举办。由于举办会议的经费一直不稳定,比如香港岭南大学田小琳教授就曾以个人名义资助过会议。为了让会议持续稳定地开下去以飨学界,2001年邵老师与北京大学、复旦大学、暨南大学、华中师范大学、上海师范大学、浙江师范大学、香港理工大学、武汉大学、中山大学、北京语言大学、香港中文大学、香港城市大学、澳门大学等多所高校的核心组教授商量后决定改为"现代汉语语法国际研讨会",改为逢单年召开,并形成高校集资赞助会议的形式,每届会议资助 20 位讲师及以下的青年代表参加会议,特邀国内外的 5—7 位著名学者作大会报告,出版会议论系列文集《汉语语法研究的新拓展》等等。会议先后在香港城市大学(2001)、暨南大学(2003)、浙江师范大学(2005)、青海民族学院(2007)、香港理工大学(2009)、台湾义守大学(2011)、新加坡国立南洋理工大学(2013)、浙江大学(2015)、韩国延世大学(2017)、日本关西外国语大学(2019)、黑龙江大学(2021)、澳门大学(2023)召开。没有学术发展的使命感,没有协调各方的组织能力,这个会议能延续举办 30 多年是不可能的。此外,邵老师还组织了"汉语语法南粤论坛""现代汉语教学研讨会"以及"广东省中国语言学会年会"(五届)等学术会议,为汉语研究和汉语教学奉献了自己的智慧和心血。

邵老师喜欢旅行,看名山大川,感风土人情,品天下美食;喜欢拍照,交天下友朋,记世间欢聚,录花开花落;邵老师是入世的,喜欢生活,与时俱进,事无巨细,亲力亲为;而邵老师又是超脱的,淡泊名利,豁达坦荡,仰望星空,宁静致远!

(赵春利于 2003 年在暨南大学跟随邵敬敏教授攻读博士学位)

天涯海角有尽处,只有师恩无穷期

——写在邵敬敏教授八十寿辰庆典之际

吴立红

(黑龙江大学)

一、感恩邵门缘

1996 年秋,我读大一,入学第一堂课便是"现代汉语",自此萌生了学习的兴趣。随着本科毕业论文——第一篇真正意义上的语法论文的完稿,2000 年秋我走进了语言学这个殿堂,跟随邹韶华老师攻读硕士。也就是在这一年,学科举办了史无前例的学术盛会——龙港语言学问题讲习班。讲习班由香港大学和黑龙江大学联合举办,龙港讲习班一共举办过两届,2000 年底这是第一届,2002 年 1 月是第二届,之后由于一些原因再未举办过。那一年我作为专业班长,有幸参与到整个的会务工作中,更是有幸认识了我的恩师——邵敬敏教授。

第一次注意到先生的名字是在 2000 年春,在准备毕业论文时,从一系列语法学专著论文中知道,先生是我国当代著名语言学家,现代汉语语法研究成果颇丰。后来发现,先生的造诣并不限于语法研究领域,而近乎涉足了方言学、修辞学、语言教学等语言学的多个分支且均有建树。但整体而言,先生在我心中的形象并不具体,用现在的流行语来说,只知道是位"大咖",然而那是一种无法让人具体感知的崇拜和敬仰。这一次,在讲学专家名单中,见到先生的名字,欣喜和激动是可想而知的,想一想,在那个网络、媒体还不发达的年代,能够面对面和"书本上"的学者学习,着实是第一次,更何况是能够见到自己所崇拜的学术前辈,近距离聆听到先生的讲座,感受学术魅力,那是何等幸运!先生的讲座非常精彩,凡是在场的同学都能够真真切切被先生严谨又热情的学术风格深深吸引。

2023 年的哈尔滨受到了"团宠",冰雪大世界活力四射,而 2000 年那一年,恰好是冰雪大世界的第二个生日,是"哈尔滨"的主打特色。讲习班间隙,学校组织了师生参观冰雪大世界,也可以说是借会务东道主之机,和老师有了更多的接触,也就是这次活动,先生在我心中的印象不再那么遥不可及,而是变得非常和蔼可亲。在培训结束时,我斗胆拨通老师房间的电话,表达了我想报考老师博士的想法,没有想到的是,老师电话中给了我莫大的鼓励！鼓励我好好复习，也坚定了我继续南下深造的想法。每每想起，这就是缘分，也是我的幸运！更为幸运的是，这一想法得到了实现。

2003年初，备考博士，远赴南国应考时，正是"非典"事件的紧要时刻。待考试结束从北京转车回学校时，学校已设立了隔离点，气氛比较紧张，似乎毕业都成了问题，考虑其他问题更好像不够现实。尽管如此，五一过后，当得知自己的成绩排名不是很理想但又有希望的时候，忐忑和期盼的复杂心情一时都有。一个周日的午后，我在图书馆接到老师打来的电话，着实有点意外，惊讶于老师会直接给我一个普通学生打电话，感动于老师从我的角度出发给了我很多建议和帮助，希望我能够克服困难，圆梦广州，真的特别感动！但由于当时"非典"的影响，最终我还是选择了委培读博，有些人生的决定不好说，但也可以说是错失了留在老师、同门身旁的机会。

就这样，2003年秋，我如愿从千里之外的冰封雪国来到木棉花开的热情南国，我们这一届一共4个同学，而特别巧的是，我还清晰地记得春利、晓英、周芍我们四个是坐在考场前后的同学，我在春利座位的前面，周芍座位的后面。因为是老师在暨大的第一届博士生，我也被亲切地被同门称为"小师姐"，满满的幸福啊！

可能许多人都听过邵老师的"四个人生"：健康人生、快乐人生、充实人生、富裕人生。我们的第一节课是在暨南大学文科楼，老师在介绍为人治学之后，提到了这四个"法则"，也许当时还未有特别深刻的体会。但这些年，尤其是走向教师岗位增长了些许阅历之后，愈发觉得快乐人生的这四个"法则"，着实是"着意寻香不肯香，香在无寻处"，这不但是先生的为人、为学、为师的真实写照，更是给我们的人生指南。

老师不但致力于汉语研究事业，做到了"做学生为学、为事、为人的大先生"，而且倾力于培养后辈人才，乐于提掖后辈，扶持新人，深刻践行了"教书育人"这一宗旨和准则。在读期间，从学业到工作、从治学到为人，老师对我们各方面都特别关照。从入学到现在算起已有20年的时间了，这20年，无论相距多远，老师以他对汉语研究事业的理想信念、勤学笃行、扎实学识，以他乐教爱生、甘于奉献的仁爱之心，无时无刻不在感染着我们，激励着我们。习近平总书记说过：一个人遇到好老师，是人生的幸运。入邵门，是我们的幸运，也是我们毕生的财富！

二、求 学 二 三 事

在读博期间，老师鼓励我们多参加学术会议，感受学科氛围，了解学术动态，激发研究动力。第一次和老师同学们参加的学术会议是2003年12月在梅州嘉应学院召开的广东省中国语言学会2002—2003年学术年会。也是这次会议，在梅州雁南飞景区，我获得了和老师的第一张合影，也是我们这一届入学之后的第一张合影。在读博期间，和老师一起参加的会议有第三届现代汉语语法国际研讨会、第三届汉语方言语法国际研讨会、第二届语言学科建设高级专家论坛等等。每次学术会议,老师会向参会的学者介绍,这是我的博士生,满满的幸福!印象最深刻的一次是,2004年在福州召开的第十三次现代汉语语法学术讨论会,与老师合作论文的题目是《"副＋名"组合与语义指向的新品种》。会议召开之时,正是开题准备前夕,苦于思路没有任何起色,一度觉得自己不好意思在未完成开题报告的情况下去参加学术会议。老师得知后,特别给我打了电话,让我放下负担,闷在宿舍闭门造车,不如出去见识下,打开思路,会有更多启发!由于老师的支持和鼓励,得以见到学界不少知名学者,每次开会时学术前辈严谨的学术风格和正直而不失风趣的为人,都给我留下了深刻的印象,不但让我聆听到学术前沿的东西,这还让我看到学术研究背后的快乐所在,从而更加坚定了在语法研究这条道路上执着走下去的信心。

博士二年级时,春利兄因为要回工作单位完成教学任务,晓英和周芍也有相应的教学任务,我全勤在学校,就有了机会协助老师来做一些会务工作。这其中有第二届语言学科建设高级专家论坛和第三届汉语方言语法国际研讨会等。每次会务之前,老师都会见面或电话详细指导沟通。我之前没有过任何经验,虽有些手忙脚乱,但内心是非常踏实的,即使是有差错,老师也从未有过一句责怪,这增长了不少经验,也让我的性格更加沉稳和豁达。2022年7月,第十一届现代汉语语法国际研讨会由我的工作单位黑龙江大学主办,在哈尔滨成功举行。我和我的同事一起在筹备会务工作之时,我仍旧会回想起我在读博期间的会务工作,不但是我的"谈资",更是我一生宝贵的财富。

我的性格偏拖沓,拿现在的流行语来说,属于懒癌患者,每每思考的多,落实的少,遇到难题的时候,又不敢和老师讨论。老师知晓后,从未有过当面的责怪,更多的是鼓励和指导,"有难题一定要说出来,讨论中才会碰撞出、激发出想法",我现在也时常和我的学生说起。也由于此,我的毕业论文的选题、开题、写作到修改、定稿、打印,老师更是倾注了大量的心血和汗水,没有老师一丝不苟的指导、高屋建瓴的点拨和不遗余力的协助,论文是不可能完成的。

老师喜欢运动,喜欢旅游,喜欢美食,喜欢生活。我们与老师在一起,不自觉会为老师所感染。博士一年级的这个学期,我们几个经常会在讨论汇报之后,聚集于明湖苑老师家后面的小空地与老师"切磋"球艺。其实我们的羽毛球打得很菜,没有技术可言,老师会时不时打出高质量的扣球,在我们的惊呼中,教给我们击发球的要点!在外出开会的间隙,老师会叫上我们几个,游览美景,讨论美食,我们那时最喜欢往老师的镜头下面钻,因为老师拍出的我们最美,而且会第一时间在邮箱里接收到这些美美的瞬间!

三、师恩无穷期

暨南园很美,高大的木棉、宽厚的榕树,树影婆娑,绿色在薄雾中微微地显得凝重,有淡淡的阳光，温柔地为校园润了层柔和的颜色。离开暨大多年，我时常会回忆起校园的一切。

在老师的学生中，我可能是地处最北边的一个，比同届的同学晚半年离开学校，在退宿舍前，去看老师。下楼时我意识到这是要真离开学校了，虽然肯定不会是最后一次来老师家，但相隔几千公里的距离，终究不能是像其他兄弟姐妹们一样经常来看老师，不免非常失落。老师送我下楼的目光现在我还能想起，那是对我的期盼，也是对我莫大的鼓励！

老师的敏捷睿智、严谨治学、快乐生活不但给我留下了极其深刻的印象，对我的性格塑造和为人处世也产生了深远的影响，这一切让我受益一生；老师不仅在学业上对我严格要求、悉心教诲和倾力帮助，还在生活上给予了我无微不至的关怀、体贴、照顾和理解。每次到老师那里长谈几个小时，乃至耽误吃饭时间，老师都毫无怨言，师母每每为我们送上一杯热茶，温在手里，暖在心里。在暨大学习的时光，是我一生中最值得回忆的时光，让我学会有一颗感恩的心，来认真学习，来快乐生活。我也一直努力将老师的期望，对老师的感激之情化作激励自己努力工作的动力，争取做一个同样令人尊敬的人！

毕业后我回到了我的委培单位——黑龙江大学，与老师和同学们的地理距离最远，不能经常和老师相聚，但我们有温暖的邵门群，可以在群内看到老师同学们的动态，分享大家的快乐。我们每个人的进步，老师都有表扬和鼓励！天涯海角有尽处，只有师恩无穷期。有幸成为老师的弟子，感动、感恩！我永远骄傲地说，我是邵老师的学生，我是邵门的一员！

（吴立红于 2003 年在暨南大学跟随邵敬敏教授攻读博士学位）

高山仰止　吾心往之

罗晓英

（暨南大学）

时光荏苒，然而第一次聆听邵老师讲座时的情景仍然历历在目。当时，非汉语言专业的我挤上前去惴惴地问老师可否报考名下博士生，得到"欢迎报考"的回复时欣喜若狂。之后，从补习《现代汉语通论》到一本本语法专著，再到厚厚的两本打印版《汉语语法学史稿》，我终于有幸拜入了老师门下。不管是在读期间，还是毕业若干年后的今天，老师的为人处世和学术追求都深刻地感动着我。

我感动于老师的正直和宽容。对于周围的不平之事，虽非位高权重，邵老师却总会仗义执言，体现着知识分子的情操，却也都是对事不对人。汉语语法学界像一个小江湖，有交流有争斗，老师作为江湖老人，却从来没有恶语评判过哪一方哪一人。这种平和与宽容也体现在老师对待弟子的态度上。老师对我们认真负责，每当看到问题，会直言不讳地指出来，而当我们碰到困难，总能得到老师最宽厚的安慰。作为一个师门中的落后分子，老师不离不弃，却也不咄咄逼人给我压力，对我常常说的都是"明白""理解""有什么需要提出来，老师支持你"。老师对众多弟子的支持不是一句虚言，他不但关心学术发展，还会操心工作的安排，甚至生活中的大事也会帮忙把关，可以说是全方位的指导。

我也感动于老师的节俭和慷慨。老师办事不铺张浪费，甚至会精打细算。不管是公费还是自费，邵老师出行前会自己找打折的机票，连住酒店都会特意找优惠券用来减免房费。但是对待学生，却毫不吝啬，所以我们会在群里抢老师发的红包，还让老师请吃请喝，一点都不会不好意思。邵老师不穷，可也不是大富豪，收入都是多年耕耘辛苦码字所得，但是为了支持语法研究的发展壮大，邵老师毅然决然地个人捐赠100万元人民币成立"追梦汉语基金"，这种慷慨无私的奉献精神让我们深深地叹服。

我还感动于老师的治学踏实严谨和乐于享受生活。在语法研究之路上，老师几十年如一日，从来没有停止过阅读、写作与思考。在虚词词典编撰过程中，70多岁的邵老师对着70多万字的条目字斟句酌，对存疑的释义、分类甚至例句还会召集讨论，付出了大量的心血。然而严谨治学不等于过苦行僧的日子。我们师门聚会时常常调侃年轻时的邵老师在参加完一个高规格的交谊舞会之后，因错过了末班车而拎着新皮鞋光脚步行几公里回北大的轶事。邵老师还会谈起自己下放期间在艰苦的环境中苦中作乐的经历。现在也还会津津乐道于路上的某一幅好风景,蛋糕店的某一件甜品,酒家的某一道菜肴。这种对专业的热爱和对生活的热情在老师身上得到了完美的平衡。

　　毕业之后,在面对自己的学生时,我常常引用老师的金句,在介绍自己专业背景提到邵老师时看到学生眼里的小星星更是让我觉得是给自己脸上贴金。可惜天资愚钝,学术上毫无建树,不能给师门添彩,让我倍感惭愧。唯有仰望老师的卓越成就与高尚风范作为我人生的楷模。

　　(罗晓英于 2003 年在暨南大学跟随邵敬敏教授攻读博士学位)

行为世范　学为人师
——喜庆恩师邵敬敏教授八十华诞

周　芍

（华南师范大学）

邵敬敏教授是我的恩师。恩者，德也。

2002年冬，我在暨南大学华文学院硕士毕业前夕，导师彭小川教授说："华东师大的邵敬敏教授已经调到暨大文学院了，今年就招收博士研究生。你想继续深造的话，可以试试报名。"

听完彭老师的话，我心想，邵老师是国内外知名学者，于我是教材上和期刊上一个遥不可及的名字。这样的大教授应该更乐于招收在学术上已小有建树的考生，我这样的"小学生"哪里会有机会？也许老天爷看出了我的不自信，开玩笑似的推了我一把：彼时突发"非典"疫情，受其影响，我的出国深造计划突然搁浅，眼看国内博士生考试报名临近截止，时间紧迫，容不得我犹豫，于是我赶在最后一个下午把报名表送到了招生办公室。

接下来几个月宵旰攻苦，埋头苦读，我也顾不上考虑是否能被老师"看上"或"选中"了。考试结束，终于等到放榜的那一天，看到公布的录取名单，我开心得一夜没睡，感慨"高高在上"的大教授对"无名小辈"并没有偏见，对每个考生都如此公平。就这样，我跌跌撞撞地进了"邵门"。

邵老师调到暨大时五十七八岁，但看起来似青年人一般神采奕奕，身形不算高大，行动极是敏捷。作为语法学界的顶峰人物，他有种不怒自威的气势，目光特别坚定，说起话来总流露一种从不枯竭的力量和自信，但又绝不会让人感到傲慢。相反，他坐下来和学生们交谈时，嘴角常常带着微微的笑意，让人愿意亲近。这就是老师给我的第一印象。

师从邵老师的三年（2003—2006年），除了学业上的指导，老师给予我更多的是为人为学的不言之教。我入学时，在博士生中年龄较小，性格活泼，又粗枝大叶，时不时出些大大小小的岔子。老师常常对此哭笑不得，他说："周芍，我是属猴的，可你怎么比我还像猴呀！"我也只好呵呵地对着老师傻笑，并不真当回事。但后来，我却在与老师相处的点滴中慢慢被影响，慢慢改正了这些毛病。

老师特别忙。虽然早已在学术上取得了瞩目的名就，但授业笔耕从不停息，研究成果源源不断,一年中参加十多次学术会议更是常态,让我惊叹之余也深深理解了何为"时间给勤奋者以荣耀"。尽管忙碌至此,老师对待我们的学习却是手把手地纠正,严格到眼里不揉一点沙子。

我清楚地记得,第一次打开老师批改发回的论文,只见满页红红绿绿的,划线,画圈,问号,两边空白处是一段段的批注,大到整体思路,小到标点格式,都改得"惨不忍睹",文末还附了一句——"面谈"。见到这两个字,我心里咯噔一下。那是一个下午,书房宁静得只有窗外的鸟鸣声。邵老师看我战战兢兢地来了,就只轻轻说:"坐吧。"声音温和低沉又笃定,仿佛有魔力一般,让人安心。那个下午他没有责骂我论文的潦草,甚至没有说一句严厉的话,只是帮我斟酌观点,调整字句,乃至改错字改标点。老师如此认真,让我对自己专业上的浅薄、性格上的毛躁深感羞愧,心中不敢有懈怠,恨不得悬梁刺股去追上老师的节奏。此后,这同样的一幕无数次地发生着,那一句开场的"坐吧",书房桌旁热烈讨论的一老一少,窗外的树影,窗帘上的斑驳,从那天开始以至于三年后、十年后、二十多年后都没有变过!这幅画面在我心中已如渲染在宣纸上的墨画,再也洗不掉了。由此,我也终于在专业知识和研究方法上,慢慢地打了一点底子,更重要的是,我从老师的身上学习到了如何通过工作来磨炼自己的心志、提高自己的人格,全身心投入当前自己该做的事情中去,聚精会神,精益求精。

毕业后我在华南师大谋到一份教职。相对于求学时期,与老师的交集减少了许多,但幸运的是两所大学仅相隔一条马路,我从未有离开老师的失落感。现在已是 2024 年 2 月,北方春寒料峭,可广州鲜花怒放,阳光正好。回头看我在邵老师教育之下已经走了整整二十年,"经师易遇,人师难遇",直到今天,邵老师对我仍然一如往昔,既是严师,也是慈父,更是恩师。

恩者,德也。我在学术上涉足的所有领域和思想都深受老师的影响,教学上使用的方法、对待学生的态度都学习借鉴于老师,做人做事、待人接物更以老师为楷模。回想进入邵老师门下的日子,我不由得感叹"岁月如梭",而岁月又似乎很漫长,一些记忆模糊成浓雾,很多事我已经想不起来了。但想不起来也不太打紧,一旦当我迷茫不知所措时,我仍然会走进那间书房,面对老师,听他招呼我说"坐吧",我的心也安定下来,可以不慌不忙地走下去。

叹光阴,急景流年,转眼最敬爱的邵老师八十寿辰在即,作为学生,我对老师的恩泽无以为报,唯有牢记教诲,将老师一生追求与探索之学术思想、无私大度的处事之风,发扬光大,代代传承!

（周芍于 2003 年在暨南大学跟随邵敬敏教授攻读博士学位）

人生路上的指路明灯

胡建刚

(华侨大学)

此生能够有幸拜邵敬敏教授为师,学习汉语语法研究,学习为人做事,是吾人生之大幸。一路走来,至今整整二十年,邵老师始终是我人生路上的指路明灯。

说起来,我和邵老师都是华东师大中文系的校友。只不过邵老师是中文系的教授,而我则是中文系的本科生。上大学时,我的专业是对外汉语,入校时对外汉语专业还在中文系,我被安排在中文(3)班,(1)班和(2)班则是汉语言文字学专业的同学。我在华东师大求学期间,邵老师已经是中文系颇有名气的中青年教师,但他负责的是汉语言文字学专业的现代汉语等课程的教学工作,没有担任我们对外汉语专业的课程教学。因而那时候,对邵老师,我还只是只闻其名,未曾有机会受教。大学毕业后,我来到了暨南大学华文学院工作。但未曾想到,2002年,邵老师也远下南粤,作为特聘教授来到了暨南大学文学院工作。我2002年硕士研究生毕业后,从学生辅导员转为专任教师,需要在专业上进一步加强,就考虑还是要通过攻读博士学位来提升自己。因为对现代汉语语法的兴趣较为浓厚,于是就毫不犹豫地选择了邵老师为指导教师,并幸运地成为了邵老师的学生。

读博期间,在邵老师的指导下,我博士论文选题确定为研究"动动组合"问题,主要还是想从语义语法的基本思路出发,对汉语"动词结构+动词结构"的语义构成情况及其对句法的制约作用进行系统探讨。由于是在职读博,日常的行政工作比较繁忙。自己在各方面的不足,投入的专业学习时间不够,对语法研究的理论积累并不扎实。所以我的研究进展相对其他几位师兄师姐推进比较缓慢。邵老师对此虽然也很为我着急,但是却从不当面严肃批评我,更多的是从论文研究的角度实实在在地指导我,为我提供研究观点,提供研究思路。看到相关的最新研究成果,邵老师会第一时间转发给我,让我借鉴学习,看能否得到启发;找到有价值的语料,邵老师也会及时分享给我,指出其对我论文研究的可用之处。邵老师坚持每过一段时间就打电话给我,问问我的进度,帮我分析论文写作的难点和障碍;每当我有一点写作的进展,他就让我第一时间把完成的章节发给他。邵老师都是自己打印出来,在纸质版上帮我逐行逐句逐字地修改,然后把我约到明湖苑老师家里的书房中,分章分节地帮我梳理思路,理清逻辑,努力寻找、发现研究亮点,拓展研究思路。为了尽快顺利地完成论文写作,邵老师还积极支持我辞去了当时所担任的一点儿行政职务,提点我要学会把握关键,把握在什么阶段要做好什么重要的事情。正是在邵老师宽容地理解与支持、循循善诱、不厌其烦地耐心指导与帮助下,我最后才能完成了博士论文的写作,顺利毕业。虽然毕业时,也已经比同届的海明、日安师兄和周娟师姐晚了半年。论文写作期间,有那么一段时间,每当家里电话响起时,其实我都有心惊胆战之感,因为很怕是邵老师打电话来询问论文进展。但现在回想起来,其实都是我自己心虚,只会焦虑,光会紧张,却不能有效推进论文研究进度导致的。论文写作期间,邵老师几乎没有直接批评过我,没有对我说过一句重话。老师对我,一直是理解支持的,一直是宽容的。老师的尽心指导与不懈支持,是我顺利毕业的最大力量。

邵老师也是始终不计个人名利,全力支持我个人发展的。读博期间,我写了一篇关于副词"刚"的论文。写作过程中,邵老师与我反复讨论,多次修改,投入了大量的心血,贡献了极大的智慧。但是老师却甘当人梯,论文投稿时,要求不署名。细细翻看与邵老师历年来往的邮件,当看到这封邵老师于 2005 年 7 月 20 日给我的回件,看到"论文我又修改了一遍""这篇论文,我不必署名了"等话语,不禁莫名感动、热泪盈眶。邵老师在邮件里说道:"建刚:论文我又修改了一遍(参见"附件"),你再仔细读一遍。有些提法、体例和例句作了调整,估计这样比较舒服了。这篇论文,我不必署名了,如果你一定要表示意思,可以加一个'题注',说明在哪个研讨会上宣读,又得到谁的指导或帮助(请加上提要、关键词以及相应的英语翻译)。建议你寄给《语言教学与研究》或者《汉语学习》(只可以寄一家)。我后天去北京开会。收到以后回答我一下。顺祝暑假愉快! 邵敬敏。"后来,论文以《副词"刚"的语义参数模式和语义发展脉络》为题发表在《语言教学与研究》2007 年第 5 期上。感恩邵老师!

因为工作变动的原因,2012 年 8 月,我离开了暨南大学,来到了华侨大学厦门校区工作。对于我的离开,老师是很不舍的,但却又是支持的。邵老师对我说,放心大胆地去,华侨大学也不错,只要好好干,到哪里都可以干出一番名堂来。老师的亲切鼓励,是我在华侨大学努力工作的重要支持力量。在厦门工作期间,邵老师也不忘关注我在学术上的成长。不管是我回到广州,还是老师来到厦门,老师每次都提点我关注最新的学术进展,指点我关心语言学研究的前沿方向,以及分享他的最新研究成果。2018 年 11 月,我们也很有幸主办了邵老师作为发起人的第七届汉语语法南粤论坛。这也是该论坛第一次离开广东,在异地举办。邵老师带着多位同门与会,并邀请了袁毓林、肖国政、郭锐等知名专家学者与会。老师的精心安排,饱含着对我工作的最大支持。邵老师也曾先后两次专门来到华侨大学讲学。讲学期间,对我的工作与学术发展,关心备至;言谈之中,对我的关心与爱护,深深令我感怀。

邵老师说,他有个汉语梦,那就是,汉语走向世界,汉语研究登上国际舞台,汉语应用服务于全人类;邵老师又说,人应该活出"四个人生":健康人生、快乐人生、充实人生、富裕人生。老师的汉语梦,老师的"四个人生",就是指引我不懈前行的指路明灯!

（胡建刚于 2004 年在暨南大学跟随邵敬敏教授攻读博士学位）

老师二三事

杨海明

（暨南大学）

一、一个跳蚤顶不起一床被子

2004 年我成为邵老师的博士生。第一次导师见面会，当时有三位导师出席，除老师外，还有从南京大学引进的郭熙教授、暨南大学的伍巍教授。

现代汉语及方言方向有六位同学参加见面会：胡建刚、王媛媛、我、曾炜、周娟、周日安。在学生发言阶段，各位同学都表示了要在导师的指导下刻苦学习、努力钻研，力争有所作为等等。我却说："一个跳蚤顶不起一床被子，……"大家一怔，不知如何应对，邵老师倒是淡然一笑："是啊，几个跳蚤的力量比一个跳蚤的力量大。"

至此，我被人指责为说老师是跳蚤。其实这是一场误会，这本是一句家乡俗语：人多力量大。哈哈，我只是想表达导师们的集体智慧是我们学业有成的保障。

二、"不怀好意"地看着我

一次开题后吃饭，聊到上海话"吃鱼"怎么说，我说是"qia eng"。结果在场懂上海话的都笑了。

我接着说："老师不怀好意地看着我……"邵老师不仅没生气，反而气定神闲地看着我，等着我的下文。这时我旁边的赵春利师兄马上指出，"你竟然说老师'不怀好意'！"

我说："这就叫胸襟，这是宰相肚里能撑船！"

邵老师反应迅速："拍马屁！"

三、下楼倒垃圾倒来上海户口

1981 年老师从杭州大学(现浙江大学)毕业,华东师大愿意接收,但上海户口要自己解决。上海一向以"户籍控制最严格"著称,严控迁入,当时只允许因历史原因迁至外地的原上海居民将户口迁回上海,并解决部分知青、下放干部和职工配偶及其子女的户口回迁问题。而老师 1961 年考上北京大学后户口就迁出上海,因工作需要一直在上海之外多次"迁徙"。此时,要获得上海户口几乎不可能。但是老师却在自己下楼倒垃圾时,时来运转,竟然遇到贵人相助,发生了奇迹! 一周之内就顺利将户口由杭州轻松迁入上海。真是运气来了,挡都挡不住!

其实,贵人愿意帮老师将户口迁入上海,根本上讲,还是华东师大看中了老师的才华,当时老师已在《语言教学与研究》《杭州大学学报》等杂志上发表了好几篇成果。"贵人"只是让上海人事局领导认识到老师的能力、实力和潜力而已。可见,说到底,关键还是在于"机会是给有准备的人的"。

此后 1988 年晋升副教授,1994 年晋升教授,1996 年到香港城市大学做研究,进香港商务印书馆担任编审,乃至 1998 年申报语言学科博士点(据说当年竞争激烈,全国语言专业只批了三个:南开大学由马庆株教授领衔、湖南师大由吴启主教授领衔、华东师大由邵敬敏教授领衔),一直到 2002 年以特聘一级教授资格引进到暨南大学文学院……一路走来,看似都非常顺利,其实并非如此,有的困难重重,有的竞争激烈,有的希望渺茫,但最后,老师都能逢凶化吉,一步一个脚印,获取成功,这些都是老师实力满满与永不言败的结果。

四、访问越南见真情

2018 年 12 月初,我与老师一起去越南参会并考察,主要是参加"汉字文化圈第三届汉语教学国际研讨会",由越南国家大学外国语大学主办。主办方鉴于老师在语言学界的地位与影响,列为特邀代表,可喜的还有师兄何继军也代表华南理工大学参会。其间见到了华东师大吴勇毅教授、韩国延世大学金铉哲教授、日本的古川裕与石村广教授以及中国台湾的信世昌教授等。老师以《创建语义分析为主的汉语语法教学新体系》为题进行了演讲,老师的演讲赢得了大会的阵阵掌声,引起热烈的讨论。更为喜出望外的是,老师借此机会邀请到该次会议的主办人阮黄英教授(老师的北大中文系汉语专业校友)加盟我们的国家重大课题"境外汉语语法学史及数据库建设"研究团队(负责越南分卷)。

当晚,延世大学金教授宴请了老师和我,席上我们就汉语国际化、中韩两国的汉语教学、汉语语法的海外研究等进行了讨论。我们还在河内街头散步,发现不少越南保留的中华文化影响,比如一大群当地市民在马路边围观下中国象棋,这在日韩与其他东南亚国家极为少见。会后我们在阮黄英教授陪同下,参观古都"长安",考察了历史上的皇宫、庙宇以及一些人文景观,发现了不少汉字的题词、赋、诗词、对联等等。我们发现古迹中越是古老、越是有影响的都有汉字的痕迹。

告别了河内,我们直奔胡志明市。到达时出现了令人感动的一幕:老师上世纪60年代在北京大学就读时做过外国学生的辅导员,他辅导的正是大他好几岁的越南同学陈春玉兰(从1965年分别后两位已经有53年没见过面了,这是第一次重逢!她已从越南社科院退休)。得知老师来访,尽管已近八十高龄,还特地携家人和学生在胡志明机场接机,并向老师献上鲜花,表达热烈的欢迎并设家宴招待,场面亲切感人,让我深切感受到中越之间的真切情谊,体会到老师和老同学之间真挚的感情。

这次单独陪同老师到越南参会、考察、访问,很有感触。老师豁达而谨慎、友好而严谨、敏锐而沉稳、热情而冷静;既有格局又有温情,特别是对人真诚热情,真是朋友满天下!确实是我们学生学习的榜样。

五、没有说出来的"幸运人生"

老师教书育人,常教导我们的是"四大人生":(1)健康人生。要身体健康地活着。(2)快乐人生。要对人生充满信心,笑傲江湖。(3)充实人生。必须有所追求,有所作为。(4)富裕人生。要有点小钱作为后盾,不会因五斗米而折腰。

然而我们发现,老师还在四大人生之外有压箱底的第五大人生——"幸运人生",即学高为师,身正为范。邵敬敏先生四十余载笔耕不辍,传道授业,教书育人,桃李满天下。为学,先生学问精湛、渊博勤奋;为人,先生坚毅豁达、宽厚待人。

邵老师,不仅这样说,而且还身体力行,老师自己就是这样做的。

"四大人生"是以"健康人生"为基础,"快乐人生"为指引,在"充实人生"的作用下取得成果,"富裕人生"作为坚实的后盾,最终实现"幸福人生"。

"四大人生"最终体现为"幸福人生",本质上就是学术定位明确、依托语义语法理论刻苦努力。正如邵老师所言:"学术研究,就好比一条长河,跌宕起伏,奔腾不已;千回百转,终归大海。我们的研究,也许只是这条长河里的一滴水,但是千万滴水珠凝聚起来,就形成了浪,后浪推着前浪,风起浪涌,就够成潮。潮起潮落,生生不息。所以,我们不必自卑,也不必骄傲。做一滴浪起潮涌的水珠,足矣。"

(杨海明于2004年在暨南大学跟随邵敬敏教授攻读博士学位)

廿年沐杏雨　终生念师恩

周　娟

(暨南大学)

再过几个月，就是恩师邵敬敏先生八十寿辰庆典大会。在这个重要时刻，作为在先生身旁蒙师恩承教泽二十年的学生，理应说点什么！

先生是2002年10月从华东师大调入暨大的。那一年，我31岁，刚生完孩子两年，正摩拳擦掌地备考2003年春季中山大学的博士生。得知先生即将调入暨大，我既意外又兴奋！我与先生虽不相识，但他有些论文我曾拜读，特别是他的《从语序的三个平面看定语的移位》一文，更是我硕士论文的重要参考文献，时不时就要拿出琢磨一下，而且每每能得到很多启示。在确定先生要调入暨大后，我果断放弃了报考中大的计划，转而准备报考先生的博士。但2003年春季的考试已经来不及了！后来，经过自己的努力，终于于2004年以第一名的成绩考入先生门下。

在人生历程中，很多人都把读博看作是一个人一生的重要分水岭，对于我来说，尤其是这样！我是1999年硕士毕业后留校任教的，毕业后没多久，我的硕士导师杨启光先生就退休并搬离了学校。教研室的同事，大都是搞方言的，虽然大家对我都很好(硕士阶段很多老师都给我授过课，他们其实也是我的老师)，但由于研究方向的差异，让我在专业上很难融入方言团队；而且一个硕士生的知识底蕴，也不足以让我在学术上自足自立，因此，刚留校的那几年，我的内心是有点"孤独"的。我强烈地渴望，有人跟我切磋交流、讨论论文；我渴望有师长给我学术上的指导！因此，先生的到来，于当时的我来说，无异于上天赐予我绝渡逢舟、雪中送炭般的恩典。

考上先生的博士后，我的人生进入了快车道。我深知，走上工作岗位后还有一位老师(而且是学术造诣高深的老师)指引你前行，这是一种多么难得的福分！因此，博士三年，我如饥似渴地学习，有问题就向先生请教，或与同学讨论。每次去211办公室跟先生上课，都是我觉得最快乐的事！还记得在那间课室里，先生给我们讲了一篇又一篇的论文，讲了语义语法的核心思想，讲了双向选择原则，讲了语义范畴、语义指向、语义特征……现在每每忆起当时上课的场景：中间一位眉飞色舞的先生，旁边四双充满求知欲的眼睛，就觉得很亲切、很温暖！

　　时光如白驹过隙,博士毕业后,一晃17年又过去了!在这17年中,我跟随先生做课题、编教材(包括教辅)、编词典、筹办会议、参加学术活动、节假日一起出去吃饭和闲游,我的工作和生活已经与先生融为一体。在这一件件、一桩桩的大事小事中,我在先生润物细无声的教导和潜移默化的影响下逐渐成长,先生在我心中的形象也越来越高大和丰满。

　　在事业上,先生是个有理想有情怀的人。这种理想和情怀,体现在他对汉语语言学特别是语法学事业的无比热爱上!先生的理想,是让汉语走向世界,让汉语研究登上国际舞台,让汉语应用服务全人类。为了这个理想,先生一生都在孜孜以求。无论是对汉语语法事实的研究、对汉语语法学史的研究,还是对现代汉语教材的编写、对《新编现代汉语虚词词典》的编撰,以及对国家社科重大课题"境外汉语语法学史及数据库建设"的申报和研究,他都倾注了全部心力。此外,为给全国乃至全世界研究汉语语法的同仁提供一个良好、畅通的交流平台,先生几十年如一日尽心尽力地操办着"现代汉语语法国际研讨会"这个重要会议(最近几年主要由赵春利师兄操办)。在广东省语言学界,先生还担任了十年广东省中国语言学会的会长。在经费极度紧缺的情况下,先生凭自己的学术人脉,获得了粤港澳大湾区一些高校的资助,使广东省中国语言学事业蒸蒸日上!今年,为助力中国语法学事业的绵延发展,保证"现代汉语语法国际研讨会"这个学术平台的永久运作,先生又从自己的积蓄中拿出一百万成立"追梦汉语基金",为汉语语法追梦者助力!

　　在师生关系上,先生是一个对学生特别关爱的人。自从先生调入暨大后,我和先生就一直在一个系、一个教研室工作,因此,相对于其他同门来说,我在这方面的体会可能会更为深入。我们知道,很多老师对学生的关爱是"三年制"的,即在校三年会管,毕业后不管!而先生对我们,可以说是"终身制"!很多次跟先生聊天的时候,他都跟我谈到已经毕业多年分散在全国各地甚至国外的师兄弟姐妹的情况,告诉我他们的发展现状和未来规划!每每这时,我就会无限感慨:先生的师心,真是追随学生一生啊!对于我们这些在广州的学生,先生的关注就更为密切!每当我们在专业上懈怠时,先生总会给我们提醒;取得进步时,总会给我们鼓励;遇到困难想要退却时,总会给我们激励。在生活上,先生也会用他的人生智慧给我们引导和帮助。记得儿子初中叛逆时期,有一段时间我特别苦恼和难过,先生总是从横向和纵向的角度举例开导我!有两次节假日出游,他还让儿子与他同住,通过谈心对儿子进行引领!因此,一直到现在,先生在儿子心目中的地位,都是一般人(甚至包括我们做父母的)无可比拟的存在!

　　在性格上,先生是一个豁达有趣的人。先生的豁达,体现在他从不让自己的情绪停留在某些不如意的事情上。先生一生波澜起伏、阅历丰富,我们看到的,是他现在的卓越成就,然而,在先生一生中,也碰到过一些坎、一些难事!可是,先生跟我们说起这些事的时候,却总是云淡风轻、安然平静。先生时常告诫我们:"'谋事在人,成事在天!'一个人的成功有很多因素,正所谓'时也,命也,运也!'所以我们最重要的是去行动、去做,而且是认认真真地去做!至于最后是否有好的结果,就不用管那么多了!"正因为先生的豁达,所以我们从来没见过他有愁眉苦脸的时刻。先生的有趣,在于他爱好广泛！他是学界有名的"舞林高手",他也会打牌,会背唱毛泽东诗词。他见多识广,满脑子的"故事",每次我们同门师生聚会的时候,就是先生的"故事会",大家都听得津津有味！

先生前八十年的人生,丰富而精彩！未来的人生,也将继续精彩下去！对先生的往事是说不完的！记得先生曾对我说过:"你不是一个精明的人,甚至有时候还有点'傻'！"但是先生又说:"傻人有傻福！"我想,我最大的福气,应该是遇见了他这么一位可敬可亲又可爱的导师吧！先生个子不高,但他用自己的学问为我们树立了高高的标杆！先生身材不靓,但他用自己的人格铸就了一道亮丽的风景！先生不常说教,但他给予我们的关爱足以让我们感激一生！

感念师恩！谢谢先生！

（周娟于2004年在暨南大学跟随邵敬敏教授攻读博士学位）

追梦汉语　永远前行

周日安

(佛山大学)

作为汉民族的共同语,汉语是世界上使用人口最多的语言。从谱系分布看,汉藏语系下,汉语族——汉语支——汉语,三大层次叠在一起,这在世界语言里极为罕见,彰显了汉语的独特地位。汉语历史悠久,源远流长,记录汉语的汉字,乃世界上最古老的三种文字之一,经过几千年从未中断的发展演变,成为世界上少有的非常发达的自源文字。

汉语具有神秘的诱惑,永远散发着迷人的魅力。我的老师邵敬敏教授,年届古稀(2014年)之时,出版了《汉语追梦人》《汉语追梦录》,对一生的学术生涯进行总结,向人们昭示:汉语研究乃其毕生的追求,终极的梦想。

这个梦,源自北京大学王力、高名凯、朱德熙等语言大师的引导,一做就是一生,放弃了曾经的作家梦,拒绝了济南军区的编剧选招……在人生12次重大抉择面前,对汉语研究始终不离不弃,忠贞不渝。

在语法研究漫谈这次课上,老师提及语言研究的三境界:兴趣、爱好、习惯。由最初的兴趣,发展为超功利的爱好,再形成自动化的习惯,这其实正是老师眷恋汉语、许之一生的心路历程。加入邵门后的日子,学生们无不深深地感受到,老师几乎将所有精力,都投入到读书、思索、写作、上课、讲学、开会之中,以至抽烟、喝酒、打牌等个人小爱好,亦都全部放弃。勤勤勉勉、兢兢业业、风风火火,不是在上课讲学,就是在去上课讲学的路上。

这份对汉语的热爱,使得老师的心胸无比开阔,能坚持博采众长,熔于一炉,旗帜鲜明地反对党同伐异。早年北大读书,打下了扎实底子,有了京派高山般的稳健与厚实;其后杭州读研、上海工作,为"上海七君子"之一,有了海派流水般的灵动与飘逸。融合京海,以"京海融合派"自诩,求真务实,融会贯通,学识与为人,深受南北语言学家的拥戴。21世纪初,南来广州,任职暨大,也曾多年担任广东省中国语言学会会长,为南方语言学的发展作出了卓越的贡献。先生与南方语言学同仁相处融洽,对广东学界的开放、实在、宽容,赞许不已。在2023年的生日宴会上,我曾非常冒昧地询问老师南来花城的感受,老师非常肯定地回答:"在广州,度过了一生最快乐的时光。"老师交游甚广,人缘特好,与境外的语言学方家,都保持着密切的交往,友谊长存,自觉汲取着各家各派的学术营养。

老师对汉语的热爱,也体现在对学生的大力培养上:倾力帮扶,全面指导,一视同仁,不分彼此。2004 年,我考入暨南大学汉语言文字学专业,有幸成为邵门弟子,先生品性高洁、豁达自信、胸襟宽广、才思敏捷、学识渊博,我为自己能成为他的学生而倍感自豪。暨南大学设有硬性要求:博士在读期间须发表四篇核心以上论文,方可毕业。2004 届同上届一样,也是招了四人,现在回想起来,老师当时的压力何其之大:指导学生写完学术论文后,还要利用人脉与资源,替学生推荐文章。我发在《语言文字应用》和《修辞学习》上的两篇文章,就是老师帮着推荐的。达到了毕业的基本条件后,因对"水门事件"产生了浓厚兴趣,写了《美英式原型标记"-门"的类化和泛化》一文,老师读后也来了兴致,师生反复讨论修改,前后四易其稿,最后老师推荐到上海的《外国语》杂志发表。至于博士论文,从论文选题、方案设计、课题论证,到资料收集、框架构建、论文写作与修改,直至定稿,先生都倾注了大量心血。2007 年,《名名组合的句法语义研究》被评为暨南大学优秀博士论文(全校 9 篇),稍后获得了"暨南大学博士学位论文创新基金"的资助。2010 年 7 月,经过反复修改后,博士论文在中国社会科学出版社出版,老师又欣然为之作序。时过境迁,十余年后再读老师的序文,不知不觉已是潸然泪下:作为佛穗双城奔跑的走读生,跟在先生身边仅有三年,老师对我竟然是如此了解,让人感动。

当我走进暨南园的时候,女儿也踏入了佛山一中的校门,她在班里年龄最小,却表现出少有的自牧和恬静,学习上几乎无需父母操心。2007 年,在我再次面临论文答辩之际,她也迎来了人生的第一次大考。夏天放榜,她考出了优异的成绩,进入了广东文科前八,被中国人民大学法学专业录取。当我将这个好消息与老师师母分享时,他们都无比开心,喜悦之情溢于言表,并送给了女儿一件珍贵的礼物。这礼物女儿一直收藏着,对她一生都有着积极的影响。

"健康人生、快乐人生、充实人生、富裕人生",这是先生从自己的生活道路和人生轨迹中总结出来的格言,我们将铭记在心,作为今后工作、学习和生活的指针。"随风潜入夜,润物细无声",不知不觉中,从做学问到做人,我们都已深受先生的影响,先生不仅是语言学界的大家,亦是教育实践的方家。在暨南大学明湖苑的书房,每次接受老师的教诲,都有茅塞顿开、如沐春风的感觉,老师略带宁波腔的声音,如此温馨,注定着这间小小的书房,成为我一生中又一处让人魂萦梦牵的地方。

老师的汉语梦,依然在延续。依凭着开阔的学术视野,先生深深感受到:要让汉语研究走向世界,登上国际舞台,世界语言理论应该有汉语的一席之地,汉语语法研究要对世界语法理论作出应有的贡献。

这首先体现为老师对汉语语法的独特性有着极为深刻的认知。比方说,从吕叔湘前辈始,学界普遍认为"汉语缺乏严格意义的形态变化",高名凯前辈著名的三段论,大前提也就是这么陈述的。但是老师细细品味这话，读出了拿着印欧语的尺子度量汉语的嫌疑，于是在《现代汉语通论》里，论及汉语语法总特点时，把这个近现代以来学界的主流观点，修订为"汉语不以严格意义的形态为语法手段"。这虽然只是个细节，却真实地再现了老师对汉语的那份无比深厚的感情。

作为汉语语法研究的大家，老师深深体会到仅从形式出发的语法研究不太适合汉语，于是在继承了吕叔湘、朱德熙、胡裕树、张斌等前辈在语法研究中重视语义的优良传统基础上，将揭示"语义的决定性、句法的强制性、语用的选择性和认知的解释性"确定为汉语语法研究的最终目标，知难而进，勇毅前行，摒弃了不屑、不善、不敢打旗号的时弊，提出了"语义语法"的理论，并确立其基本内涵与研究方法。语义语法，指的就是"以语法意义为研究出发点和重点的语法理论"；重建语义范畴、梳理语义关系、分配语义角色、揭示语义特征、确定语义指向、建立语义结构，等等——让语义分析在语法研究中获得了相对的独立性。当然，语法绝不是一团可以任意捏来捏去的泥巴，语义语法也必须要有形式验证，辩证地理解，语义语法甚至比其他任何语法理论都更加强调形式检验，因为放弃形式也就意味着否定了语法本身。先生对语义语法有着清醒的认知，"语义语法自然也是不充分的，所以需要跟各种其他的语法理论实行互补"。如果有人鼓吹自己的理论是"万能"的，可以"包打天下"，那不是无知，就是骗人：真的追梦人，胸怀天下。

语义语法，实质就是对"从意义到形式"优良传统的概括与深化，并随着研究实绩的呈现，逐步形成体系。语义语法具有明显的内生动力与亲和力，成为更加贴合汉语实际、具有中国特色的一种语法理论。只有民族的，才可能是世界的，有理由相信，深深根植于汉语本色的语义语法，必将对世界的语法理论作出应有的贡献。

当然，这需要时间，需要后学不懈努力，久久为功。我在现代汉语或语言学概论等课程的教学中，从来都要布置作业，引导学生进行这方面的思考，让语义语法的种子，撒布在年轻学子的心田。

写着写着，突然感觉老师的名字跟其毕生的追求，非常契合。敬，警也，肃也；认真慎重地对待，不怠慢不苟且；"在貌为恭，在心为敬"：这不正是老师对汉语的态度吗？敬畏汉语、景仰汉语，由衷地热爱汉语，并倾其一生为之付出，成为心向往之、言行相依的汉语追梦人。2023年的语法国际研讨会上，老师捐资百万，作为资助语法盛会的基金；其实作为学生，我们都深有体会，老师平时生活十分节俭，有着那代人普遍遵循的大美之德，但为了语言学事业，竟能如此慷慨解囊，让人由衷地敬佩。敏，疾也，聪也，达也。老师一生浸润在汉语研究中，养成了非常敏锐的语感，对语言及其研究的发展态势把握得尤其精准，于是能不忘初心，与时俱进。站得高，看得远，谋得深，能将一切化之于胸，老师著文，甚是敏捷。因敬而敏，老师在汉语研究方面，南北兼容，著述等身，成就斐然，成为一代宗师，获得了"南邵北马""马庆株、邵敬敏、沈家煊三驾马车"等学界美誉，长成为汉语研究领域的参天大树。

旧时之习,提及先生,不能直名,须有所讳。然学生觉得,用老师之名来称其毕生所求,实乃对先生最大的崇敬:追梦汉语、敬而敏之。

(周日安于 2004 年在暨南大学跟随邵敬敏教授攻读博士学位)

眼里有光　心中有梦

——可亲可敬的邵老师

王丽彩

（深圳大学）

大学时期，我买的第一本汉语语法的著作便是邵老师的《汉语语法的立体研究》，从书中了解邵老师的语法思想，当时就想什么时候能当面请教就好了。没想到的是梦想成真了，2002 年我去暨南大学华文学院读硕士后，邵老师 2002 年"孔雀东南飞"调到暨南大学文学院，我很有幸跟文学院的硕士、博士一起上邵老师的汉语语法研究课程。而第一次"近距离"的接触是邵老师刚调到暨南大学不久，我的硕导彭小川教授带着我们几名硕士生去老师家中拜访，老师和师母热情地接待了我们，印象最深的就是老师教导我们为人胸襟要宽广。后来有幸成为先生的博士生，成为"邵门"的一员，更能深切体会到先生的智慧和通达。

成为邵老师的博士生后，我深切地体会到老师在学术上的敏锐和远见。第一次老师的教导便是要我认真学习、反复阅读吕叔湘先生的《中国文法要略》，尤其是下卷中的"表达论"，要从中发现值得研究的课题。在老师的指导下同门师兄师姐在语义范畴方面的研究如下选题："选择范畴"（周有斌）、"比较范畴"（刘焱）、"递进范畴"（周静）、"工具范畴"（徐默凡）、"并列范畴"（马清华）、"等同范畴"（刘雪春）、"致使范畴"（周红）、"程度范畴"（吴立红）、"虚拟范畴"（罗晓英）、"方式范畴"（王丽彩）、"估测范畴"（李振中）、"相似范畴"（刘杰）。

老师在教导我们仰望星空的同时也要训练脚踏实地。比如他特别重视文献综述的写作，他说写文献综述不是简单的事情，不是把文献简单地按照时间顺序罗列起来，这是一个考查作者的眼光的过程，要能评价文章好在哪里，作了什么贡献，发现了什么，隐藏遮盖了什么，为什么会遮盖，是有意的还是无意的，这是一个锻炼归纳能力、概括和眼光的过程。

老师不仅是著名的语言学家还童心未泯，我记得当时师生们为了出行方便，都会买辆自行车，没想到邵老师买的自行车没多久就被人偷走了，我的自行车一直骑了三年。有一次老师问我："你的自行车为什么没有被偷走呢？"我说："老师，我的车没被偷走的诀窍就是我每次都把车停在一个比我的车更好、更贵的车旁边。"老师和师母听了都哈哈大笑起来。

老师把我们都当作了他的孩子。在毕业后找工作时,老师不仅亲笔写了推荐信,还扶上马送一程。还记得当时刚刚到深圳大学,离开熟悉的广州还有些不适应,给老师打电话倾诉时,老师从生活、工作各方面都详细询问,耐心嘱咐。我妈妈在一旁感叹道:"你们导师跟父母一样关心爱护着你啊。"毕业之后老师每每出版新著都必邮寄一份给我,每次收到心中的幸福感都是满满的!

邵老师不仅关心学生的学业,对我们的小家庭也十分关心。我结婚时老师、师母组织各位同门送给了我一份珍贵的结婚礼物,每次打电话邵老师都十分关心我的先生和孩子们。在老师的感召下,近二十年来,我先生和孩子们都很积极参加师门的活动,每次老师来深圳,我先生都会专门当面聆听老师的教诲。博士毕业多年,我仍然记得邵老师家中的电话号码,虽然老师的手机、微信都有,我每次还是会打老师家中的电话,感觉又回到了在老师身边求学的幸福时光。

博士毕业后能听到老师的讲座几乎成了奢侈,2023年金秋深圳大学外国语学院特聘教授陆烁老师邀请邵老师来我校讲学,我和深大语言学专业的学生一起有幸再次重温老师上课的风采。虽然老师自己说身体已大不如从前,但思维敏锐,讲座幽默风趣又干货满满,让在场的年轻学子都钦佩不已!

真性情,大学者,我一生学习和追随的偶像!"莫道桑榆晚,为霞尚满天",老师八十岁仍是少年,仰望星空,尚大步追逐"汉语梦";脚踏实地,潜心探索,学术之路长青!

(王丽彩于2005年在暨南大学跟随邵敬敏教授攻读博士学位)

我与邵敬敏先生的师生缘

李振中

（衡阳师范学院）

在恩师邵敬敏先生八十华诞之际，出生于湘西南山区放牛娃的我，有许多一直想说却未曾说的，要对老师说。

个人的发展，取决于好几个要素，最大的前提，最主要、最关键的要素，是要遇到人生中的恩师、贵人。邵老师，无疑是我人生发展道路上的一位真真切切、地地道道的大恩师、大贵人，何其有幸。

我与邵老师的初遇缘于老师撰写的《汉语语法学史稿》(上海教育出版社，1990年11月，精装，第一版)。1992年6月毕业于邵阳师范高等专科学校中文系的我，在中学任教5年后，1997年9月进入湖南教育学院中文系两年制全脱产进修，取得本科学历学位，决定报考现代汉语语法学方向的研究生，正是邵老师的这一大作指引我迈进了汉语语法学殿堂的门槛。

1999年9月进入广西师范大学读研，学然后知不足的我，开始醉心于邵老师论著的捧读、品读。我的硕士论文《单项定语的性质与"的"的隐现》的选题、框架、理论、方法、论证等，尤其是观点、结论："的"的隐现取决于"五性五合"，即语音的提取性(合拍)、句法的强制性(合法)、语义的先决性(合意)、语用的选择性(合用)、认知的解释性(合理)，无一不直接得益于邵老师论著给我的启蒙、启示、启发、启迪。

2002年5月，因四处求职，人在旅途，答辩前一天才得知邵老师是我硕士论文的评审专家和答辩主席。机缘巧合者，此之谓也。这次终于见到了邵老师的真人真容：菩萨低眉，蔼然叮亲，平易近人；人如其文，好懂易读，滋养心灵。答辩评定中，指出问题，直言不讳；肯定之处，褒赞有加。这是长者对晚辈、老师对学生的激励、鞭策和提携。自此，邵老师的殷切期待，铭刻我心，成为我勇毅前行的动力。

硕士毕业后，在湖南衡阳师范学院中文系工作，教然后知困的我，2005年开年伊始，决定来年报考邵老师的博士生。据了解，每一位博导都有自己的年度招生计划和招生名额。邵老师来年的招生计划怎样，招生名额如何，我都不知道。于是通过电子邮件向邵老师表达了我久有的考博愿望，汇报了我三年的工作业绩，怕邵老师不记得我了，附件上传了硕士论文答辩后硕导范先钢先生带队我们同届同门5位一行陪同邵老师、师母到广西桂林兴安灵渠进行文化考察时留存的一些合影。

电子邮件发出的第二天,就收到了老师的回信。这对我来说,还真有三个没想到:一是没想到邵老师会百忙中挤出时间给我回信;二是没想到邵老师百忙中给我回信如此神速;三是没想到邵老师百忙中给我的回信如此干脆,如此激动人心:"振中,在三年中如此短的时间取得如此多的成绩,很是欣慰,欢迎报考!"收信当晚,辗转反侧,夜不能寐,第二天就开启了长达一年的攒劲备考旅程。寒暑易节,枕戈待旦,通宵达旦。暑时,扇风避暑;寒时,顶被御寒。此情此景,历历在目,犹在眼前。

2006年上半年,考博初试,住在暨南大学本部正门黄埔大道边的国防大厦。初试一结束,我就联系邵老师,想登门汇报初试情况。一接通电话说明来意,邵老师再次一个很干脆:"振中,不要来,我也没时间,如果执意,有机会也不得录取你!"毫无疑问,我得遵命,选择不打扰老师。复试一出来,恰逢复试组的老师们中途休息,在走廊碰到邵老师,老师又是一个很干脆:"振中,大家都很忙,复试一结束,直接回去!"毫无疑问,我再次遵命,选择不打扰老师。

很感激,很幸运,邵老师录取了我(同届还有马喆)。2006年9月15—16日是我博士开学入校的日子。当天,我把家里历年购买的经典专业书全部打包,连同台式电脑一并托运到暨南大学本部兴安超市旁边的真如苑博士生宿舍。迎新站的老师同学见此情景说:"李老师,你这是把家都搬来了!哈哈!"我憨憨一笑:"呵呵!"确实!我特别珍惜邵老师给我的这个难得的读博机会,虽是委培,可我毅然决定三年全脱产驻校学习。

待入学安顿好后,我和马喆一起到邵老师家里汇报读博计划、聆听老师教诲。言谈中,我对邵老师说:"我第一学历是专科,第二学历是成人本科,谢谢老师没嫌弃我,收纳我入了部门;我还天生愚笨,悟性不高,在读博的日子里,还望老师多费心、耐点烦。"听罢,邵老师哈哈一笑:"振中,不要这么说嘛,这是缘分;聪明,不勤奋,等于个零,我看中的就是你的勤奋!"邵老师这分明是在鼓励我:勤能补拙,朽木可雕!

这三年,我在广东广州暨南大学读博,我爱人在桂林广西师范大学读研,我小孩在湖南衡阳市实验小学读小学。可谓一道亮丽的风景线。苦中有乐,学海无涯。高山仰止,景行行止。邵老师是我学习的榜样。三年读博时光,除了2007年邀请老师前往衡阳师范学院讲学,我基本上哪里都没去。在邵老师的指导下,读原典,悟原理,写论文,做课题,评副高,参加学术会议,撰写博士论文,获评2008年度广东省"南粤优秀博士研究生"与2009年度"暨南大学优秀博士研究生"。这无一不是邵老师殷切鼓励、悉心指导的结果。

2009年6月博士毕业后,我回到衡阳师范学院工作。先后获立并完成2项教育部社科课题、1项国家社科课题,获得1项湖南省教育科学研究优秀成果二等奖、1项衡阳市优秀社会科学专家提名奖,获评教授四级到三级,由文学院副院长到学校图书馆馆长。邵老师一直在密切关注、热切关心我的每一步成长和每一个进步。老师年近花甲之时,从上海来到广州,从华东师大来到暨南大学,开启了学术第二春。我的成长与进步,当永远在路上。

人与人之间彼此的相遇、相见、相识、相知、相悦、相友、相亲、相爱,有句网络流行语说得好,起码有七个层级:始于颜值,敬于才华,迷于声音,合于性格,久于善良,醉于深情,终于人品。在学生的眼里心里,邵老师的为学为人,就有这七个层级的高配特质和顶格魅力。我而立之年读研,不惑之年博士毕业,稍逾不惑之年进博士后流动站,根子浅,底子薄,起步晚,起点低。"小器"晚成者,我之谓也。与老师结缘,此生幸甚。

邵老师! 人生贵人,感恩有您!

(李振中于 2006 年在暨南大学跟随邵敬敏教授攻读博士学位)

我眼中的邵老师

马　喆

(广州大学)

一、忐忑求学，收获满满

第一次一对一面见邵老师是在考博前，那日下午我坐在老师家书房侧面角落的折叠椅上，非常局促和忐忑。忐忑之一，是来之前和老师电话沟通，他讲："来的时候千万别带东西。"这让涉世未深的我颇为苦恼：到底是提醒我要带，还是说真的不让我带？我冒了个险，真的没带任何东西。忐忑之二，是读书的时候，就听说过"南邵北马"的江湖传言。邵老师从上海来到暨大后，先是在"非典"时期举办了一次高端学术会议，后又和中山大学施其生、唐钰明两位先生共同发起"汉语语法南粤论坛"。这样一位有胆识、有影响力、学术上又非常活跃的大专家，对我这样在学术圈外转了三年的学生能否满意，我心里实在没底。幸运的是，我居然顺利考到老师门下。

读博期间，因为是工作后又回到校园，所以格外珍惜。彼时我住在华南师范大学新建好的教师公寓，暨大和华师隔着条宽宽的马路，看起来虽近，但走到上课的文科楼还是要颇花些时间，我们上课的地点就在文科楼二楼的会议室。上老师的课常有惊喜，他有新书出版，就在课堂上现场签名赠书，我们这一届博士每个人都收到过好几本。老师真是高产，让人羡慕不已。工作以后听说某些高校老师在课堂上现场兜售自己的著作，让学生出钱购买，我感到非常诧异。两相对比，高下立见。邵老师总是带着新鲜出炉的文章来到博士生的课堂，印象最深的有关于"V 一把"的讨论，后来文章发表在《中国语文》；还有关于复句的讨论，邵老师提出了平等与轻重、推理与违理的分类方法，后来文章发表在《世界汉语教学》；还有一次我们讨论"连 A 也/都 B"框式结构，文章发表在《语言科学》上，并且获得了第六届高等学校科学研究优秀成果奖(人文社会科学)三等奖。老师很愿意和我们讨论他的新想法、新观点，总是兴致盎然。和同届的李振中同学到邵老师家里谈论文的时候，他会拿出一个"神奇的小本本"，本子薄薄的，看起来平常无奇，但老师说里面记的都是他想到的论文选题。我一直很好奇本子里到底都记了什么，希望有一天能够酣畅淋漓地浏览一番。

求学期间收获甚多,非常感谢老师不断地鞭策与鼓励,才使我能够顺利完成学业。我至今还保留着毕业时老师为我手写的推荐信。对外他总是想方设法地夸赞我们,抓住我们身上为数不多的闪光点,就像找到了语法特征一样,精准提炼并且充分论述,这封信里面有很多溢美之词,但对我来说一直是个激励。

二、提携后辈,胸怀学界

我的先生林华勇也从事语言学研究,邵老师每次见到他也分外亲切。华勇发了论文、拿了项目,他也都非常开心,尤其是聚餐时常常拉着他的手,安排华勇坐在他的身边,天南海北地聊,我常说邵老师见了华勇比见了我还亲。2008 年华勇受邀到香港城市大学短暂访学,得知消息后,邵老师主动帮他联系,刚好浙江大学彭利贞老师离开香港,华勇就接着彭老师的房子租住下去,老师的一通电话就省去了华勇找房的奔波与烦恼。老师关心青年学者的成长,华勇只是其中的一个代表。老师聊天时会不经意流露,推荐 A 到哪里工作,劝 B 做事不要急躁,关心 C 的教授职称怎么还没上。这里的 A、B、C 都不是师门的人,他心里其实装的是整个语法学界的发展和青年一代学人的成长。邵老师是现代汉语语法国际研讨会的召集人,联合国内多家知名高校联合举办,搭建语法学界的交流平台。这个会议平台,资助青年学者,联系海内外语言学人,老师以民间的身份,以自身的学术自觉和学术责任心来做这样的事情,让人钦佩。常常有人请邵老师到这里开会,到那里做讲座,一是因为他的学术影响力,一是因为《现代汉语通论》教材的知名度,更重要的是他与人为善,常常帮人,而且不计回报。邵老师常常谈起当年吕叔湘先生、朱德熙先生对他的提携与肯定,他又常常毫无保留地帮助更年轻的学者,这大概就是学术的传承吧。

三、做我的学生,哪能不会办会?

我 2010 年来到广州大学工作,至今也有十多年了,邵老师始终支持我的工作,支持广州大学的发展。有一次我们举行一个小型圆桌会议,特别邀请了邵老师和春利师兄来指导。因为大学城离暨南大学本部有一定距离,有时会堵车,很难预计时间,邵老师早早就出发了。结果他们两位嘉宾到了我们还没到,当时真是手忙脚乱,很是抱歉。邵老师一届不落地支持广州大学举办的语言服务高级论坛,他为人亲和,讲话幽默,没有一点大学者的架子,还时常替我们着想,颇受我的同事和学生的欢迎。尤其是邵老师的《现代汉语通论》读者颇多,每次来开会就是凭实力圈粉的过程。在茶歇的时候,常常是很多学生围着邵老师合影,老师好像在充当合影的背景板,只有合影的伙伴在不断更换。每次看到这样的场景,作为学生的我也感到很有颜面,学生在我面前最多的反馈就是"邵老师太可爱了"。

邵老师常说,做我的学生,哪能不会办会? 所以我们这些学生分布在各个高校,也都不约而同成为了办会的主力军。在广州大学举办的各类会议中,2019 年的省语言学会给我留下了很深的印象。邵老师担任了两届广东省中国语言学会的会长,这一届的语言学会不仅是年会,也是换届大会,邵老师在担任会长期间,带领团队,甘于奉献,广东语言学的影响力越来越大。许是将要移交给下一任会长,这次会议邵老师格外轻松,也格外愉快,在校园里拍照,走到哪里拍到哪里。邵老师说我这个会长是在广州大学上任的,也是在广州大学卸任的。能够协助广东省中国语言学会办好换届大会,也是作为学生,作为省语言学会的一分子应该做的。

四、积极向上,快乐人生

邵老师倡导的四大人生,不少人反复引用。但其实一般人还是难学到其精髓,但我们作为学生其实是受益于邵老师的生活观念。他始终对生活报以热情,比如老师喜欢出门到处走走。疫情前,几乎每个月都在外面参加会议或者讲学,因此他始终保持着旺盛的学术精力。因为都在广州,每每遇到假期,老师就会喊着我们几家人一起出门,我们都喜欢跟着邵老师一起出游,他简直就是最佳旅友。跟他在一起,可以完全让大脑休息,他是以办会的心态来组织出游的,安排好大家都分别坐什么车,住哪家酒店,去什么地方走。印象最深的是,有一年我们集体出游,目的地是佛山,四五辆车,一大家子人,热闹得不得了。还在上幼儿园的儿子每到停车休息的节点,就要换车坐,一会儿坐赵叔叔(春利师兄)的车,一会儿坐周叔叔(日安师兄)的车,一会儿又坐周大姨妈(周静师姐)的车,我们自己的车倒是不太受欢迎了,小孩子乐此不疲。每次对他说"邵爷爷叫你一起吃饭""邵爷爷叫你一起出去玩儿",孩子都非常开心乐意。第三代的小孩子也都受益于邵爷爷的生活态度,在师门的大家庭里快乐成长。

有一年暑假在解放军外国语学院(昆山校区)开完会,刚好有个空闲的时间,我和邵老师约着一起去苏州走一走,当然又是邵老师安排酒店和路线。那两天苏州特别热,我陪着老师冒着 38 度的高温,在"夜半钟声到客船"的寒山寺吃素食,在拙政园、狮子林信步漫游。逛山塘街的时候,邵老师还专门请我吃了"马迭尔"冰棍儿,一老一少师徒二人很是惬意。对于我来说,再美的风景,不过是和老师聊天的背景。邵老师有时会聊起小时候坐着船从宁波来到上海,天刚蒙蒙亮,举着火把上岸的情景,有时候会讲在北大求学的故事,有时会讲到学界一些趣事。讲到高兴时,会唱几句评弹,那是我第一次听,真是颇为惊艳,老师不愧是在文化部工作过的文艺爱好者。还记得我们在某个园林坐下时,他讲到一个人黑夜里走路时"笃、笃、笃、笃",略带吴方言口音的拟声词相当生动,园林里非常空旷,我们坐在回廊上,似乎那个人就在我们身边走过。

邵老师会讲故事是出了名的,吃饭时就会有人要求"邵老师来一段儿"。他经历丰富,走南闯北,开口就可以是口述语言学史,有人物有细节,相当吸引人。我们总说想看邵老师的回忆录,但他还在忙着词典编纂和国家社科重大项目,他表示还没到写回忆录的年龄。那我们只能再等等才能看到老师的大作了,实在让人期待。不过从出版形式上来说,由衷建议配以有声书,要不精彩程度要少了三分。

人的经历难免起伏,有如意也有不如意,但邵老师有生活的大智慧,总能化解掉生活中的各种问题,留下的都是快乐,这也感染了我们,以积极向上的心态面对生活中的各种问题。

五、心系家国的大先生

邵老师在我们的心目中永远都是精力充沛的。他差不多 10 年前就跟我们预告打算收山了,不发文章了,但始终还是保持着学术的活跃度。2020 年疫情暴发足不出户的日子里,邵老师从上海发来的照片,是他身穿红色的上衣,坐在书桌前认真工作的样子。他借着那段时间全情投入到虚词词典的编撰中。我的生活当时是一地鸡毛,既要学着如何线上授课,又要指导孩子线上听课,多亏家里电脑多,高峰时期,一家三口都在上网课,此外还要搞定一日三餐,个中痛楚不堪回首。但看到邵老师在书桌前工作的照片,顿觉惭愧。如何能够克服环境的影响做好自己的研究,老师就是最好的榜样。

邵老师研究视野一向开阔,一是他既从事普通话语法的研究,也从事方言语法的研究;既从事本体研究,也从事应用研究。二是由于在香港工作的经历,邵老师是较早关注港式中文以及香港普通话教学等问题的学者之一,发表《香港方言外来词比较研究》《香港社区引文词语夹用现象剖析》(与吴立红合作)、《"港式中文"与语言变体》(与石定栩合作)等文章,出版教材《学好普通话》(香港商务印书馆,1998—1999 年)、《沪港商务普通话教学探索》(浙江教育出版社,2000 年)等著作。邵老师也有文章涉及港台及东南业华人的社区词的问题,如《从"手机"看不同华语社区同义词群的竞争与选择》(与刘杰合作)、《华语社区词的典型性及其鉴别标准》(与刘宗保合作)。三是老师始终关注海外汉语语法学界的研究,和海外学者保持着密切的联系,因此国家社科基金重大项目"境外汉语语法学史及数据库建设"的申请成功其实也是水到渠成。四是老师有创建中国学术理论、形成汉语语法中国话语体系的意识。邵老师在 2004 年发表《"语义语法"说略》,旗帜鲜明地提出了语义语法,与马庆株先生提出的"语义功能语法"南北呼应。两位学者基于汉语事实,都强调语义的重要性,并且都坚持形式和意义两手抓。作为优秀的语言学家,老师有在世界语言学学术领域发出中国声音的意识和决心,并且亲自践行。

我的导师邵敬敏先生并没有任何官职,也没有什么人才帽子的头衔,更没有享受当下一些令人羡慕的人才待遇,但是他始终是以传承学术思想,研究汉语问题,促进汉语和汉语研究走向世界为己任,是当之无愧的国家级人才,是当之无愧的大先生,值得我们后辈学人学习。

虽然我学业未精,还未及老师之一二,但老师的言传身教让我受益终身。我和我的先生都在老师的关怀下得以成长,我们只能再继续加油,希望能够追上老师创新不止的脚步。

(马喆于 2006 年在暨南大学跟随邵敬敏教授攻读博士学位)

感 恩 与 缘 分

刘 杰

（阜阳师范大学）

让我对语法研究有了初步兴趣的是 2005 年在首都师大举办的全国语言学暑期高级讲习班,那次充电学习促使我开始准备报考语法方向的博士研究生。2006 年我报考了华中师范大学、上海师范大学、中国社会科学院语言研究所和暨南大学,都没有被录取。2007 年再次报考被暨南大学录取。报考邵敬敏先生的博士研究生,主要是系统阅读学习了论文,当时手头并没有邵先生的纸质专著,便搜集了所有能搜集到的论文,一篇一篇看,做读书笔记。总体来说,看得还是比较系统的。

当时面试的一些细节现在都记不太清楚了,邵老师第一次深深触动我的是,当时面试过以后,想到邵先生家拜访一下,也想当面请教,询问一些与博士生考试有关的事情。邵先生在电话里用非常严肃的口吻说,我欢迎你到我家来坐坐,但是刘杰你要是拿东西的话,我一定不会录取你。这样的话,邵先生前前后后说了三遍。其实,按照我们老家的规矩和习惯,到老师家一般不能空着手的,多多少少要拿一些礼物的,就是表达尊敬,并没有其他想法和意思的。但是听了邵先生反复这样说,我确实不能不按照邵先生说的去做,但是心里当然不情愿,感觉过意不去。

成了邵先生的弟子后,就有机会经常联系了,最多的是邮件,老师每次回复都很及时,即使很忙,也会看到就回复,从不拖延一刻。有时是电话,一般是临时有急事的时候才会用手机联系。单独到老师家看望老师的次数不多,老师平时太忙了,准备上课、评阅研究生的小论文和学位论文、外出讲学、参加学术会议、组织学术会议、撰写论文专著、出版修订教材、担任各类评委,等等等等。即便如此,跟老师见面讨论论文次数可不少,不管是平时的小论文的修改,还是博士论文,基本上每次面谈都不下一个小时。很多时候,尤其在撰写修改博士论文期间,面谈都是两三个小时。老师很是认真,每次谈话,老师都会把论文全部打印出来,把需要讨论的部分圈点出来,并在旁边详细批注,以此作为讨论的基础。

老师平时非常关心我,我在暨南大学读书期间,学习中的种种问题,生活中的大大小小的琐事,甚至我家里的一些事情,老师都会时时关注,心里牵挂着,让我感觉到温暖和踏实。记得我读书期间,师母有时会回上海住上一段时间,老师一个人住在广州,那时经常跟老师一块在教工食堂吃饭、聊天。老师日常生活中真的相当本真、可爱。每次跟老师单独聊天都是在开心、放松中收获满满,能跟老师这样的长者、智者单独聊天,我总是感觉自己是何等荣幸、幸运。

老师平时总是乐乐呵呵,慈眉善目。但是,老师身上潜藏的严厉和威严有时也会释放出来一点点。记得有一次,老师让我谈论文。我因为想带点新鲜水果给老师,当时超市人多,耽误了一点时间,去老师家晚了几分钟。我慌慌张张进门坐定后,就看到老师脸色不大对,因为平时老师不这样的,此刻我心里有点忐忑了。没错,老师非常严厉批评了我,并警告下不为例。其实即使老师不说,我也不会再迟到的。但是,这次我第一次看到了老师的严厉之处,心里只有敬畏。

（刘杰于 2007 年在暨南大学跟随邵敬敏教授攻读博士学位）

师 道 恒 长
——感恩我的导师邵敬敏先生

郑娟曼

(温州大学)

每当我回想起与先生的师生缘分,心中总会涌现出一股温暖的感慨。那些日子,无疑是我学术旅程中最为珍贵的记忆。

在认识先生之前,他已是学术界一位颇具声望的语法学家。他的著作《现代汉语疑问句研究》《汉语方言疑问范畴比较研究》《汉语语法的立体研究》《汉语语义语法论集》,都是我书桌上必不可少的读物。《著名中年语言学家自选集——邵敬敏卷》我每年总会研读一两遍,每一次都有剖蚌得珠的快感,每一篇都让我受益良多。

2006年那个金色的秋天,在银杏叶缓缓飘落的浙师大校园里,我终于有幸亲眼见到了这位在学术领域耕耘多年的智者,并亲耳聆听了先生的讲座。阳光透过窗户洒在他身上,那一刻,仿佛我在图书馆中阅读的文字都鲜活了起来。他的讲解深入浅出,让我对现代汉语语法有了更加深刻的理解,复杂的语法概念在他的阐述下变得清晰易懂。就在那个阳光明媚的讲堂,先生的身影在我的心中逐渐变得鲜明。自那以后,我更加坚定了追随先生的决心。我仔细研读先生的每一篇论文,他的观点在我心中引发了强烈的共鸣,仿佛有一种力量在引领我走向更广阔的学术天地。

一年后,我如愿以偿地成为了暨南大学的博士生,并有幸成为邵老师的学生。在先生严格的指导下,我不仅学会了如何"斟字酌句",更重要的是学会了"深思熟虑"。先生特别强调,研究语法要深入到语言使用的实际场景中,关注语言是如何在特定的社会文化背景下发挥作用的。语法研究不应仅仅局限于书本上的规则,而应结合实际语言使用的情景进行动态研究。先生不仅是一个积极的知识创造者,也是一个终身学习者和知识的整合者。先生特别关注语法学界发展的新动向,对语法学史以及语法学评论都相当重视。这种持续的自我更新和对学术新动态的敏感,使他的研究始终保持着前沿性和创新性。在先生看来,好的语法理论应当能够解释现实中的语言现象,同时对语言教学和学习有所指导。这让我在后来的教学和研究中,始终致力于将理论知识应用于实际,努力使我的工作既有学术深度,又有实践意义。

在读期间,先生也非常注重培养我们的独立思考能力。他经常提出挑战性的问题,鼓励我们去查阅资料,自己动手做研究。在他的课堂上,没有绝对的权威,每个人的观点都值得尊重和讨论。这种开放的学术氛围深深影响了我,让我学会了如何在尊重传统的基础上,勇于创新。

即便毕业后没有了先生的直接指导,但先生的言传身教仍是我教学生涯中的重要灯塔。在我的教学和研究中,我经常引用邵老师的话语,将先生对现代汉语语法的深刻见解传授给我的学生们。他的教诲和影响一直伴随着我,照亮了我前进的道路。

衷心感谢邵敬敏先生,感谢他给予我的一切。在我的心中,他永远是那座令人敬畏又亲近的学术高峰,不断指引着我攀登,探寻学术的真理。

（郑娟曼于 2007 年在暨南大学跟随邵敬敏教授攻读博士学位）

感恩时节话师恩

何继军

(华南理工大学)

又到了感恩节,心中充满感恩:感恩父母,感恩所有帮过我的人。邵老师与我父亲同岁,与我博士导师袁宾教授曾是同事,是我的博士后合作导师,自然是我首要感恩的人。

我硕士在读时,就听过邵老师的大名,也读过不少他的论著。邵老师的论著总是那么大气,充满灵性与逻辑。博士答辩结束的时候,导师袁宾教授亲自给邵老师打电话,为我联系到暨南大学博士后进站事宜,我也想跟邵老师学习现代汉语语义语法理论,于是放弃即将入职的高校,奔赴广州邵老师门下。

记得从上海来暨南大学的前一天晚上,邵老师给我打电话:"来广州后晚上不要外出,待在学校内很安全。"第二天,当我到达广州火车东站的时候,邵老师的在读博士李振中先生早就在火车站等我。我已成人,也工作过,下车后打个车就可以到暨大了。我多次说不必麻烦了,但邵老师执意不肯,说我第一次到广州,对广州情况不熟……中午自然是与邵老师和振中兄一起聚餐。

想起在暨南大学博士后流动站的时光,我非常愉快,也特别难忘。两年中,除了听邵老师和暨大各位博导的课之外,就是泡暨南大学图书馆,我在图书馆内申请了隔间,隔间里有电脑、桌椅和密闭空间,无人打扰;当时暨大图书馆的很多语言类书籍、杂志我都知道放在哪个位置。除了听课、泡图书馆外,最多的就是参加"广州邵门"的聚餐。刚进暨南大学中国语言文学博士后流动站的时候每月到手2千多元的工资,这些工资需要支付孩子上暨大幼儿园的费用,交付父母、孩子和我一家四口的生活费,还要适当补贴一下远在上海读博士的爱人,生活的艰苦程度可见一斑。但邵门聚餐,邵老师总是邀请我与孩子一起参加,打打牙祭,聊聊学问。一次,邵老师听说暨大博士后流动站配给的电视老旧,图像模糊,就把自己的电视搬给我用,这台电视从暨南大学搬家到华南理工大学时还在用。

在站期间,邵老师一直为我的工作操心,他跟广州一所师范类大学的校领导多次沟通,也在暨南大学、华南师范大学给我寻找机会,尽管最终都没有上岸,只能说有缘无分,但邵老师的行动一直温暖着我。

从2009年进入华南理工大学工作至今,十多年来风风雨雨,邵老师总是关心我的工作、生活以及健康,还一直邀请我参加广州邵门的各种活动。

2023 年 11 月 22 日,感恩节前夕,邵老师和我都参加了在华工大学城中心酒店举办的"第八届语言服务高级论坛暨粤港澳语言生活与语言服务建设论坛"。晚饭后我专门陪邵老师在华南理工大学琴湖散步,散步后回到邵老师住的房间聊了半个多小时工作、生活以及琐事,接着就是二十多分钟的静默。这是家的感觉,我每次跟父母团聚时,总是先聊一会儿家常,接着就是静默,静听彼此心跳的声音和心灵的流淌。在我要回去的时候,邵老师微笑着送我出门。那微笑是那么熟悉、那么温暖,我永远难忘。

邵老师与我父亲是同龄人。看到邵老师就会想到我父亲,看到我父亲就会想到邵老师。父亲给了我自然生命,邵老师给了我学术生命。我继承了我父亲的血脉,延续了邵老师的学脉。

感恩节夜晚是感恩时节,我想到了很多帮过我的人,想到了邵老师,想到了明年是邵老师八十大寿,不禁心潮澎湃,感慨万千:岁月静逝,一路有您真好!

2023 年 11 月 23 日初稿,2024 年 2 月 4 日修改

(何继军于 2007 年在暨南大学跟随邵敬敏教授做博士后研究)

师 恩 绵 绵

丁 倩

（黄埔海关）

2014 年邵老师七十大寿,邵老师和我们同门欢聚一堂的情景还历历在目,邵老师还那么年轻活力,转眼就要八十大寿了。从 2007 年拜入邵老师门下,一日为师,终身为父,我感受邵老师的师恩至今已经 16 年了,回忆起当年求学的点点滴滴,仿佛回到青葱岁月,真是百感交集。

一、落其实者思其树,饮其流者怀其源

2007 年以前,我在湖南任高中语文教师,湖南高中补课风气较盛,特别是我这样的高三语文老师,一个月连续上班 28.5 天,才能休息一天半;同时因为本地经济原因,当时湖南老师收入也不高。怀着改变命运、跳出小县城的想法,教课之余,我鼓足了劲儿,和我的高三学生们一起考大学。学着邵老师的《现代汉语通论》,只觉教材编得清晰、清楚,深入浅出,特别有水平。报考的时候,看到暨南大学导师名录上有邵敬敏教授的姓名,当时就暗暗期许,要是能拜在邵老师这样的语法界泰斗门下就好了。

何其有幸,经过笔试、复试几轮筛选,最后结果下来,我真的成为了邵老师的学生! 还记得开学确定导师后,我和袁志刚、马婧一起,第一次到邵老师家里见老师,我的心情非常兴奋和紧张,但面上还是尽力保持平静。谈话中发现老师非常和蔼可亲,说到高兴处还发出爽朗的笑声,我的心情也渐渐跟着放松下来,我在邵老师门下的三年求学之路正式开启。因为邵老师选择了我,从湖南到广东,从高中老师到政府公务员,我的命运轨迹也就此被改变,感谢邵老师给了我改变命运的机会!

二、师者,所以传道授业解惑也

三年的研究生求学生活里,邵老师学术思维之敏捷、定位论题之敏感、应答反应之快

速、创新想法之层出不穷,给我留下了深刻的印象。邵老师的教学方式是启发式、询问式、实践式、头脑风暴式的,当我跟上节奏后,觉得非常实用和受益。这样的学习生活,让以往经受多年的填鸭式教学的我,思维方式发生了很大的变化,从以前倾向于单方面学习吸收,书上说什么就是什么,到慢慢倾向于独立思考,学会怀疑,用自己的眼睛和脑袋探索世界。后来虽然因为家庭原因,我最后没能走上学术研究的道路,但这种思维方式的培养,让我在后面的工作、生活中都大受裨益。

在求学期间数次论文的写作过程中,每写一稿,我都拿去给邵老师看,不论多忙,邵老师总是认认真真给我仔仔细细一段段地指出问题,提出修改意见。如果有哪一稿哪一段老师觉得写得不错,爱吃甜食的邵老师,还会笑眯眯地从柜子里拿出他私藏的巧克力,奖励我们吃一颗。邵老师在书房让我们三个同届的学生围坐一圈,一边讨论论文如何写作,一边请大家一起吃巧克力的和谐温馨场景,现在还经常在我的脑海中浮现。现在毕业多年,每次我回校看邵老师,还都会带一盒巧克力,师生一起畅享当年,仿佛又回到跟着老师求学的那些学生岁月。

三、经师易求,人师难得

除了学术上对我们的教导,邵老师在生活上也关心着我们。当时因为我有教师资格,还有过一些教学经验,加上作为成年人我不想向家里人要生活费,我在暨大上研究生的同时,也经常为暨大华文学院当代课老师、代理班主任,以挣取一些费用补贴生活,甚至有时候某位老师临时有事师资不够的时候,华文学院也会让我去临时顶班。邵老师听说以后,主动和我交流起了上课心得,教我在这种临时去上课的时候,如何最快进入状态,如何上好一堂课,邵老师说只有我上课质量高,人家才会一直请我,我才能一直有好的收入来源。

邵老师对我们精神和心灵上的滋养,更令我受益。我永远记得邵老师和我说的,要用健康人生、快乐人生、充实人生、富裕人生支撑起幸福人生! 我永远记得邵老师教导过我,凡事要全力以赴,但结果不必在意! 感谢邵老师用积极、乐观、豁达的人生态度,在我迷茫之际,指引了我!

天涯海角有尽处,只有师恩无穷尽。在老师八十大寿即将到来之际,祝愿邵老师身体康健,继续这样活力满满,做出更多成就。祝愿同门师兄师姐师弟师妹都事业有成,百尺竿头,更进一步!

(丁倩于 2007 年在暨南大学跟随邵敬敏教授攻读硕士学位)

恩　师

王宜广

（鲁东大学）

（一）

岁月如歌,悠扬动听,
年近八旬,气贯长虹。
夜幕降临,星光璀璨,
邵师吾师,智者谦逊。

您的声音,洪亮如雷,
引领我们,追逐智慧之船。
您的智慧,火焰燃烧,
照亮我们,前行的路途。
您的笑声,温暖人心,
如春风拂面,如阳光般明亮。

八十年华,岁月坚定,
您的坚持,成就非凡。
教诲如泉,润物无声,
您的智慧,滋养心田。
乐观向前,笑口常开,
您的信念,快乐人生。
吾师邵师,
浩瀚学海,您横跨世纪,
学识渊博,您闪耀智慧。

吾师邵师，
曾经的辅导，让我们获益良多，
曾经的点拨，深藏心底的感动。

愿您健康长寿，快乐开怀，
充满幸福，一生充实。
感谢您的教导和关怀，
我们将铭记，直至永远。

（二）

岁月流转，时光荏苒，
十载往事，历历在眼。
睿智导师，气贯长虹，
犹如乐龄，正当壮年。

聪明才智，卓然于世，
纵横学海，碧波万顷。
知识湛深，洞若观火，
言传身教，启迪人生。

快乐人生，理念如一，
阳光向上，不向下移。
心怀大爱，关怀众徒，
豁达开朗，无形岁月。

邵师吾师，领路先锋，
祝贺您老，八十生辉。

（王宜广于2008年在暨南大学跟随邵敬敏教授攻读博士学位）

从邵老师的教诲中汲取人生智慧之泉
——我的导师邵敬敏先生

崔少娟

（广东茂名幼儿师范专科学校）

我第一次见到邵老师，是 2008 年参加暨南大学硕士研究生复试的那天。邵老师面容慈祥，温和睿智，说话时尚风趣，我一见到邵老师就被他的人格魅力所深深吸引，内心充满了渴望，期待能成为邵老师的研究生。后来得知考上邵老师的硕士研究生，我怀着非常激动的心情写了一封邮件发给邵老师，谁知因为太高兴，竟然不知道什么时候把正文全删掉了，只发了一个标题给邵老师。没想到第二天就收到了邵老师的回信，我在欢喜中打开邮件，邵老师在信中鼓励我要好好学习，脚踏实地做学问。邵老师的回信让我感到无比温暖和感动，从这一刻起，邵老师成为了我心目中的人生榜样。

邵老师的学术造诣、人格魅力和生活理念，深深地影响着我。研究生阶段，邵老师给我们开设的专业课程是汉语语法学专题研究。邵老师风趣幽默的谈吐和卓越的专业水平，让我们每一次听课都成为一种享受。邵老师讲课总是充满激情，让我们的目光无法从他身上移开。无论是深入讲解汉语语法理论，还是分享语言实例，他都能以独特的视角和独到的见解，引领我们走进美妙的汉语语法学世界。邵老师的智慧与热情，如同磁石般吸引着我们，让我们在汉语语法学的知识世界里不断学习和进步。邵老师的课堂不仅充满了学术气息，更弥漫着轻松愉快的氛围，让我们在轻松愉悦的环境中不断学习和成长。听邵老师讲课就像是享受一场场高级精神盛宴，我们既能领略到汉语语法学知识的广度和深度，又能感受到其中蕴含的艺术与人文情怀。邵老师引导我们如何发现语言新现象，如何收集语料，注重培养我们的思辨能力和解释语言的能力，引导我们树立动态的语言变化观。通过这门课程的学习，我不仅对汉语语法学有了更深入的了解，也对语言学有了一个全新的认识。

跟我同年考上邵老师研究生的同学是黄燕旋，研究生的三年时光，我和燕旋经常相约一起去邵老师家，在交谈中邵老师给了我们很多宝贵的指导和帮助。邵老师非常注重培养我们学术研究的能力。他总是耐心地倾听我们学习和研究的计划及进展，并给予中肯的建议和指导，教导我们如何进行深入的研究和分析。邵老师还经常跟我们分享他的研究成果和经验,让我们更好地了解学术前沿和动态。除了学术成长,邵老师还非常关心我们的个人成长。每次邵老师都会很亲切很热情地和我们分享他当下工作与生活中的趣事,还有宝贵的人生经验。邵老师常以自己的亲身经历和研究成果为话题内容,教导我们要保持勤奋和坚持的态度,要有独立思考的能力,要勇于探索未知领域。我和燕旋每次都听得津津有味,意犹未尽,大开眼界。这一次次交谈中,我们收获的不仅仅是汉语研究的专业知识,还有做学问、做人、做事的智慧和经验。其中邵老师所倡导的"四个人生"对我影响很大,邵老师的"四个人生"分别是健康人生、快乐人生、充实人生和富裕人生。"四个人生"理念如同我人生道路上的指引灯塔,不仅帮助我更好地认识和理解人生的本质和意义,也引导我在生活和工作中追求健康、乐观、充实和富裕的人生,让我在人生的道路上走得更加坚定和自信。

三年的读研时间一晃而过,毕业后我进入了广东茂名幼儿师范专科学校(原广东石油化工学院高州师范学院)工作,主讲现代汉语课程。工作后,虽然不能像在学校时那样经常见到邵老师,邵老师却一如既往地关心着我的工作和生活,时常给予我鼓励和指导。每当我在工作中获得荣誉奖项时,邵老师都会第一时间对我表示祝贺和肯定,话语间总是充满着温暖和鼓励,让我倍感亲切并深受鼓舞。每当我遇到困难或迷茫时,邵老师的建议和鼓励总会给我带来启示和勇气,让我更加坚定了自己的职业信念和追求。如今邵老师年事已高,但精神矍铄,身体硬朗,依然保持着对学术研究的热爱和热情,经常参加国内外的学术活动,不断推出有分量的新研究成果,为学术界作出了重要的贡献。邵老师这种坚定执着和不断探索的学术精神也一直激励着我在工作中不断追求卓越,勇往直前。

邵老师是我人生道路上的引路人,是我的人生榜样。感谢邵老师一直以来对我的教诲和指导,我会一直铭记在心。从邵老师的教诲中汲取人生智慧之泉,在未来的道路上我会不断努力追求自己的梦想,成为一名对社会有价值的人。

(崔少娟于2008年在暨南大学跟随邵敬敏教授攻读硕士学位)

师 恩 难 忘

黄燕旋
（中山大学）

2007 年，我怀着敬仰之心报考了邵老师语法学方向的硕士研究生，没想到顺利通过了笔试和面试，于次年 9 月如愿成为邵老师的学生。

邵老师是《现代汉语通论》的主编，是暨南大学特聘一级教授，是汉语学界德高望重的学者。本来他已经多年不带硕士生只带博士生了，但由于师资紧缺，2007 年至 2009 年又连续三届招收硕士研究生，我有幸成为其中一员，得以加入邵门大家庭。那个时候，邵老师便已桃李满天下，邵门里的很多师兄师姐都已经是高校教师。于是，我暗暗下定决心，要在这里好好儿地跟师长们学习做学问的本领和为人处世的道理。

研一的时候，邵老师为我们开设了"语法学专题研究"课程，本以为语法研究课难免"枯燥晦涩"，但邵老师却用有趣的例子、生动的描述、抑扬顿挫的语调，一下子引起了大家的兴趣。老师给我们讲"连 A 也/都 B"框式结构的特点，给我们讲"V 一把"的泛化，给我们讲"副＋名"的特殊组合……从如何发现语言新现象，到如何收集语料，再到如何论证观点，老师深入浅出又不乏风趣的讲解逐渐把我引入语法学的大门，使我发现了一个七彩斑斓的语言学世界。一学期下来，我初步了解了现代汉语语法的一些基本研究方法，并尝试去发现语言问题，寻找论文题目，写成了《"刀"字新用》这一短文，发表在《语文月刊》上，虽然只是一本普通的刊物，但是对于一个硕士生来说，也算是小小的鼓励了。后来我在中山大学学习汉语方言语法时，比较得心应手，也得益于在邵老师门下打下的坚实的语法学基础。

邵老师对每个学生都非常负责，他虽然很忙，但会时不时约谈我们，询问生活近况、论文进展等，为我们答疑解惑。那时候，暨大的硕士研究生必须发表一篇核心论文才能够毕业，因此在邵老师的指导下，我写了人生第一篇正儿八经的学术论文。讨论论文的时候，老师经常把我和同门少娟一起叫到家里，详细地给我们分析讲解问题，循循善诱，总能让我们茅塞顿开。有时候老师还会跟我们讲学界的故事，翻阅他到处游学拍下的照片，推心置腹地跟我们聊人生的经历与感悟……

不仅在学术上，在为人处世上老师也给了我诸多启发，记得老师第一节课就给我们讲了"健康人生、快乐人生、充实人生、富裕人生"的人生观,教会了我以从容乐观的态度去对待人生的起伏。每次遇到挫折的时候,老师总会安慰我,并跟我讲述自己的经历,告诉有所起伏是人生的必然,然后帮我分析原因,鼓励我继续尝试或者另辟蹊径。

邵老师非常了解学生的特点。记得硕士毕业在即准备找工作时,我打算报考公务员。邵老师虽然也支持我的选择,但是却明确地指出我并不适合公务员的工作,希望我能够继续深造,并告诉我他有意推荐我去澳门大学翻译专业读博,然而当时我考虑到家境问题,父母也年事已高,想出来工作。不过后来果如邵老师所料,我并不适合公务员系统,一年之后,我辞去公务员职务,准备考博,邵老师非常支持,二话不说帮我写了推荐信,并在备考、面试等各个环节给我出谋划策,使我最终顺利成为中山大学李炜老师的博士生。

读博之后,邵老师也一直非常关心我,包括学习、工作和生活的方方面面,在人生的每个关键时刻给我建议。在中大非升即走的六年里,压力非常大,邵老师一方面鼓励我专心做学问,一方面也帮我留意其他就业机会,减轻我的心理压力。我性格比较内向,不善交际,是典型的"社恐",老师常常鼓励我打开心扉,多与人交流,并在各个方面加以提点。

从2008年入学至今,转眼间已经十五年了,得遇良师,春风化雨,在老师的教导和提点下,如今我也成为一名高校教师。回忆起一路走来的点点滴滴,提笔之际,感念不已,老师的教诲之恩,我终生难忘!值此老师八十寿辰之际,我衷心祝福老师身体健康,福乐绵长!

（黄燕旋于2008年在暨南大学跟随邵敬敏教授攻读硕士学位）

由"关门"到"开门"
——记向恩师取经问道之点滴

刘宗保

（安徽大学）

我第一次见到邵老师还是在南京师范大学读研听讲座的时候，当时觉得可能就是平常的一场讲座，听完就散了，人生如戏，缘散缘聚。我考博的时候仰慕邵老师的大名，选择了南下广州，投奔邵老师。老师不弃我生性不灵，收了我，我也幸运地成了老师的"关门"弟子，结了师生缘。

当然，老师后来还一直有招博士后，关的只是招博士的门。"关门"于老师而言是不再招博士了，于我而言，则是打开了另外一扇门，是如何为人、为学之门，是如何生活之门。读博三年及毕业后，我一直在老师给我打开的门里取经问道。

一、问为人之道

问学当先学为人，向邵师问道的第一便是学处世之道。当时我虽已是攻读博士的大龄青年了，但在处世方面有时还是不及格的学生，还需要老师不时地耳提面命。

一问做事思虑之道。记得复试面试当天早上和老师打招呼，那是第一次面对面和老师交流。老师当时很和蔼热情地回应了，但之后又不失严肃地问，昨天到广州后怎么没打个电话说下。因为就我一个人来参加复试，万一我没来，名额就浪费了。当时可能只是老师的随意一问，但也不经意间给我上了读博的第一课，让我明白了做事要思虑周全。

二问为人守信之道。博一老师给我们上课的时候，有位师姐因为在日本没办法来上课，就委托我用录音笔在老师上课的时候帮她录音。有一次可能因为上课赶时间忘记带录音笔了，后来老师注意到我桌子上没放录音笔，就问我怎么没带，说别人委托帮忙的事答应了就要做好。当时很有感触，一是钦佩老师的细心和对学生的责任心，二是让学生明白做人守信在老师心中的分量。

当然学生明白，老师很多时候责之深亦是爱愈切。有些类似的小插曲可能老师都忘了，但让学生时刻想起老师传授的为人之道，心中是百倍感激。

三问爱人关怀之道。老师特别关心爱护学生，很多点滴关怀都融在与学生的日常往来中。记得在暨大读书的时候，有时晚上下课和老师一起走，到了路口的地方，老师没有直接走回家，而是说陪我多走一段路，多聊聊。我不善言谈，路上都是老师说的多，我听的多。有时在外地和老师相约见面也都是老师请客。比如我在香港城大访学时，老师去香港有事，和老师约了见面是老师请的客。工作后暑假去上海开会，知道老师也在上海就约了去见老师，老师说要尽地主之谊请我吃饭。诸如这些，老师一直像父辈亲人一样关心爱护着学生，每念及此，学生心里都暖意融融。

二、问为学之道

求学之要，当为问学。能拜入邵师门下是学生的一大幸事，如能从老师那里悟出一二为学之道，也不枉老师的教诲了。老师的学问很深，学生感悟得比较浅，有体会的大概有二。

一学思辨质疑之道。老师办的会多，也给我们提供了很多长见识开眼界的机会。老师常和我们说，开会一是要以文会友，同时听会还要认真学习。和老师一起参会我们都不敢偷懒，不仅因为老师每场都不落，从头听到尾。更重要的是老师听会都会发言提问，而且非常敏锐。我想这也是老师给我们树立的榜样，让我们听会多发言，锻炼发现问题的能力。所以后来我只要参加学术会议，就尽量多提问，多参与，锻炼自己的思辨质疑能力。

二学开拓创新之道。我的博士论文选题是造词法研究，老师寄希望我的研究能够像朱彦师姐的构词研究一样，有所突破，有所创新。我还依然记得毕业照相的路上，老师殷殷嘱咐我要把毕业论文继续做下去，挖下去。惭愧的是，毕业后这个题目没有做出很像样的成果来。因此，在我工作几年后准备以博士论文出书向老师索序时，我还比较诚惶诚恐。但老师欣然应允，在百忙中抽时间为拙作写序。老师在序中特别提到希望我的研究能"敢于开拓、勇于创新、善于总结"。我想这也是老师对学生问学之道的殷切之词。

三、问生活之道

邵师给我们上课的第一讲就是"四个人生"观，即"健康人生、快乐人生、充实人生、富裕人生"。我感触比较大的是其中的"快乐人生"，因为老师给我们传递的一直都是快乐的人生状态。每次在邵门群里看到老师发的一些照片，看上去都是精神矍铄，还那么有活力。老师爱学术、爱生活，工作和生活完美合一，我想这也许就是快乐的源泉吧。

老师乐观的心态也感染着学生。记得今年老师在我毕业后第一次来我工作的单位安徽大学开会。激动之情自不待言,因此就想着好好规划下陪老师在合肥转转。可惜第二天天公不作美,下起了雨,感觉着实有点扫兴。但在"赏雨"过程中,老师总能找到乐趣,还为我开解道雨中也有景。陪老师在雨中漫步,看着老师拿着手机寻找隐藏在草丛、河边的美景,还不时地展示摄影佳作,开心之情溢于言表,下雨的扫兴之情也在老师的笑容中消退了。

师者,传道授业解惑,而学生取经问道无止境。老师的道德文章、学术文章、人生文章犹如老师书房里满书架的书,虽看得清清楚楚,但读不完,也学不尽。

（刘宗保于 2009 年在暨南大学跟随邵敬敏教授攻读博士学位）

得意三年伴恩师　不觉亦成追梦人

张寒冰

（南宁师范大学）

2022 年 12 月某日，老师生日的同天，小女火苗儿出生，这一奇妙的缘分令我欣喜不已。若说起像这样的幸运，大概够我吹一辈子的。大三的时候，我正为选择考研的学校纠结，有一天偶然听见朱斌老师建议我们班第一保研的同学考暨南大学去跟邵老师学习，然而这位同学觉得广州太远，我当即便决定我要去考。后来在面试时，我把这件事说与邵老师听，老师哈哈一笑，我心中暗喜，最后真的如愿成为了老师的一名小硕士。我至今还记得回到学校后，老师同学们恭喜我时，我心中的那份小得意。

2012 年 9 月，我正式来到暨南读书，在明湖苑老师的书斋里得到了快速成长。作为老师的关门硕士，自是一件十分荣耀的事，但却也遗憾不能再跟随老师继续读博。后来，在老师的推荐下，我考取了浙江大学，在老师读硕士的美丽杭州，成为了彭利贞老师的第一个博士，这是我一生的幸运。

我喜爱看金庸先生的小说，尤其爱《射雕》与《神雕》两部，常常被"为国为民，侠之大者"的精神震撼。跟随老师读书多年，在我人生的每一个阶段，老师的教诲与提携都令我受益匪浅。而老师潜移默化，真正影响我一生的，是几十年来为建立具有中国特色的汉语语法体系倾尽心血，是对中国梦、汉语梦的不懈追求。这些年来，随着"四个自信"的提出与推进，我切身感受到越来越多的学者开始认同这样的信念，这让我更加敬佩老师的坚持与远见。

每当被问起自己的师从，我总想起金庸先生在小说中常常写道的："弟子学艺不精，不敢报家师名号，恐损家师声誉。"我资质有限，尽管多得老师教诲与提携，仍然成绩平平，于汉语追梦之路无所贡献。但当自己也作为老师站在讲台上时，哪怕只有微薄之力，也要十分坚定地把这种信念传递下去。老师当年给我们讲汉语语法的特点，讲如何把"缺乏形态变化"转变为"不依赖形态变化"，我印象极为深刻。现在每当我讲到此，总会用上一节课的时间认真讲清楚它的来龙去脉，学生也总会听得很认真、很有感慨。

2019 年，恰逢祖国七十华诞，老师来南宁讲学，雨后天晴，青秀山的菊花开得十分灿烂。国庆当天，阅兵过后，我记得老师很是激动地向我们表达了对祖国的热爱与感谢，对未来的期待与展望。这样的热忱,就是我心中无比敬佩的"侠之大者"。转眼几年过去了,老师奋进的脚步从未停止,为了汉语梦,同为中国梦!

（张寒冰于 2009 年在暨南大学跟随邵敬敏教授攻读硕士学位）

青城相伴遇机缘　恩师教诲开新篇

王　涛

(四川大学)

一、初　次　相　遇

2015 年,邵老师来成都开会,那是我第二次在台下感受邵老师的幽默和博学。会后,我有幸陪同邵老师出游,青城山白云悠悠,都江堰水声欸乃,一路上我聆听了语言学界的许多掌故,也无数次地被邵老师身上泱泱大家的气度与风范所折服。

机缘巧合,一年后我博士毕业,带着兴奋的心情远赴广州,拜师进入邵老师的门下。

二、入　门　求　学

广州不仅是一座美丽的城市,还是一个充满学术活动的地方。老师鼓励我积极参加各类学术会议:汉语语法国际研讨会、社科院语法学术会、"境外汉语语法学史"开题及子课题组会、现代汉语教学研讨会、广东省语言学会年会、南粤论坛,等等。借助这些难得的机会,我得以与其他学者不断交流思想,不断拓宽视野。尤其是 2018 年初赴台湾访学期间,我亲历见识了形式、功能等不同语法流派和真知灼见,收获了一笔不可复制的精神财富。

三、老　师　指　导

博士期间我更关注词汇学,非常注重细致和积累。而在邵老师指点下,我感受到了语法学的真正魅力。

从文科楼走到老师家,一路要经过图书馆,路过礼堂,走过招待所外的荷塘,进入明湖苑小区,走上坡道,上二楼……在广州三年,这条路我走了许多遍,已经成为我深层记忆的一部分。后来时常在梦中回忆。

……按门铃,老师的声音从里面传出:"来了!"进门,书桌旁坐下,随即就是老师那高纯度高密度的知识经验亲授。古往今来,极高明而问道学;南北中外,致广大而尽精微。在老师身上,我时常能体会到深切的古典人文关怀,与此同时,也惊叹于他细致的观察和敏锐的分析。

老师从语法学指引我,让我从宏观的视角俯瞰语言的整体面貌,这种气势令我沉迷。而更令我觉得神奇的,是老师那种融合了传统厚重学风与新锐理论视角的独特气质。

四、人 生 启 发

与老师相处的三年,不仅有学术上的收获,更多的是人生的启发。老师的坚韧和毅力教会了我面对困难时要坚持不懈,不断前进。他的慷慨和关怀也让我明白,在成功的背后,温暖和人际关系同样重要。

回到成都后,我不时回忆在广州,在老师身边的三年。回忆中满是学术和人生的点滴滋养。

值老师八十寿诞,我感恩老师知遇,感恩老师教导,这将为我一生所铭记。但我更感恩的,是老师给我,和我今后的学生留下的宝贵的精神财富,它们将历久弥新,代代相传。

（王涛于2017年在暨南大学跟随邵敬敏教授做博士后研究）

可敬可亲的邵老师

刘亚男

（暨南大学）

邵老师居然八十岁了！真不敢相信！他皮肤白皙、面色红润、头发微黄、牙齿齐全、精神矍铄，看上去比实际年龄要年轻很多！但邵老师终究到了八十岁了，我在慨叹岁月如梭的同时，跟邵老师交往这些年的点点滴滴也如电影般在脑海中闪现。

我2010年到中山大学中文系读硕士，之后在中文系举办的一些学术活动中也见过邵老师几次，但第一次跟邵老师有密切的交流是缘于2013年在中山大学举办广东省中国语言学会年会，那时邵老师是学会会长，李炜老师是副会长兼秘书长，我在李炜老师门下读博士，协助李老师做这届年会的会务工作。李老师那时还是中山大学中文系主任，公事繁忙，有一次在晚上11点多听我汇报完会务工作之后，跟我说："很好！你明天跟邵老师汇报一下，听听他老人家的意见。"我听完内心惶恐，邵老师在我眼里是高山仰止般的存在，能直接跟邵老师这样的人物说话，我还是有一些紧张。不过，后来才觉得我多虑了，邵老师非常和蔼可亲，平易近人。之后，我便因这次年会跟邵老师熟悉了起来。在办会的过程中，我不断地想：这么一位学术界的大咖，也操心这么琐碎的会务工作，也让我体会到在追求卓越的过程中，不仅要关注大局，也要关注细节，这样才能更好地完成工作。

2014年，邵老师七秩芳华，李炜老师由于在外地出差，委托我去给邵老师送贺寿花架。邵老师看到我，亲切地招呼我，并留我坐下来吃饭。盛情难却，我忝列其中，听着大家诉说着邵老师一件件一桩桩有趣的事情，一阵阵欢声笑语，让我觉得这是个温暖友爱的大家庭。

那时，我还没想到过后面我会跟邵老师有这么大的师生缘分！

2017年6月，我从中山大学博士毕业。之后的半年里，我一边帮李老师带首届"一带一路"国际职业汉语班，一边找工作，中间有诸多波折。到了年底，在我找工作的迷茫之际，邵老师接纳我来他这里做博士后，这对于当时的我来说，可谓雪中送炭。自从入了邵门，我才意识到我有多么幸运！

在学术上，邵老师是我的领路人和指引者，无论是写项目申报书还是写论文，邵老师都给了我无尽的帮助和支持。

记得我 2019 年申请教育部人文社科青年项目,课题为"清末河间府方言文献语法研究",我把项目申报书拿给邵老师看,邵老师却抓住我写的河间府方言文献跟北京话文献对比的一部分内容,问了我很多问题,最后建议我改为"从清末河间府方言文献看北京话语法的演变轨迹",理由是"北京话显示度高",后来果然我很幸运地中了。2021 年我申请国家社科基金青年项目的时候也一样,在邵老师的建议下,我把原课题"基于清末河间府方言文献的河北方言语法演变研究"改为了"基于传教士文献的河北方言语法演变研究",也很幸运地中了。邵老师虽然对历时语法着力不多,但他就是有这种敏锐的眼光,就是能这么高瞻远瞩、高屋建瓴!真真让我佩服!

邵老师指导我写论文,印象最深的是有一篇论文《从清末河间府方言文献再看句末助词"哪"的来源》,从论文结构到内容再到语言表达甚至例句,邵老师前前后后修改了 10 多稿,他自己写文章都没有改过这么多稿。我一方面愧于自己学业不精,一方面感动于邵老师对后辈无私的提携和帮助。

在生活上,邵老师的关爱和帮助也如春风化雨,滋润着我的心田。2019 年下半年女儿要在暨大上幼儿园了,但上半年我心情沉郁,心思和精力主要在陪护生病的李炜老师,直到送走他。当我意识到该给女儿报名上幼儿园的时候,才发现我早已错过了报名时间!我一下子慌了!我第一想到的是我得找邵老师帮忙。我又急又慌去找邵老师,邵老师立马停下手头的工作,一边安慰我,一边帮我联系主管部门。得知还没满额,还可以补报名,我才松了一口气。邵老师放下电话,笑眯眯地说:"看吧,遇事不要慌,要沉着冷静,总会有办法的。"生活中像这样大大小小的事情,也不知麻烦邵老师多少回了。我还常常接到邵老师的电话:"亚男,家里有一些……你来拿吧!"于是,四川的大石榴、山东的大樱桃和大苹果、广东的大荔枝、广西的百香果等等带着邵老师的关爱,从他家来到我家。我深切感受到邵门是一个温暖友爱的大家庭,邵老师是大家长,永远呵护和帮助着我们,同门之间就像兄弟姐妹般互相关心、互相帮助。

从 2017 年底我来到暨南大学做博士后,到 2021 年初我留校工作,再到如今,在邵老师身边已经 6 年了,对邵老师的为学、为人也有了更深的了解,越了解也越觉得邵老师的可敬可亲。

我始终认为邵老师对现代汉语语法的研究有一种责任感和使命感。他的汉语梦——汉语走向世界,汉语研究登上国际舞台,汉语应用服务于全人类,这么多年始终如一。他致力于建立具有中国特色的语法理论,倡导的"语义语法理论"更是一张汉语研究走向世界的"中国名片"。这种责任感和使命感,让他退休后跟退休前没什么两样,退休以后他一直被返聘,主持国家社科基金重大项目"境外汉语语法学史及数据库建设"、编写《新编现代汉语虚词词典》、修订《现代汉语通论》教材等等,每天忙个不停。除了外出开会、讲学,他每天"三段"(上午、下午、晚上)八九个小时的工作时间,雷打不动,我们年轻人都自愧不如!直到去年,邵老师才在我们的强烈要求下答应晚上不工作。2023 年 11 月,在澳门大学举办的第十二届现代汉语语法国际研讨会上,邵老师当场宣布个人捐赠 100 万元人民币,创立"追梦汉语基金",支持这一国际研讨会继续举办,助力汉语研究登上国际舞台,并奖掖后学。邵老师这一决定,我们一点儿也不感到意外,这就是我们敬爱的邵老师! 深深热爱着他的现代汉语语法研究事业!

我的笔记本上零零散散记了邵老师说过的很多话,这是邵老师留给我的精神财富。除了那些论文修改要点,更宝贵的是他那丰富的人生经验和对我的鼓励。他说,"要找到适合自己的方向,要有自己的研究阵地"。"最幸福的是职业即事业即兴趣,三者合一"。"立足高点、放眼长远"。当我论文发表不顺利陷入自我怀疑的时候,邵老师鼓励我,"不要轻视自己,梦想的实现总有一个过程,任何时候都要相信自己"。"做学问天分、机遇固然重要,但后天的努力、坚持以及长期的积累也不可或缺"。看到这些记录,我的眼前又浮现出邵老师那永远笑眯眯、和蔼可亲的模样,内心也顿觉暖暖的,这就是我们亲爱的邵老师。

邵老师为学界津津乐道的还有他的"四大人生"——健康人生、快乐人生、充实人生、富裕人生。每当我们把"四大人生"的顺序说错时,邵老师都会纠正我们并阐述理由:健康人生必须排第一,身体健康是第一位的,是基础,是根本;第二是快乐人生,必须笑傲江湖,人生总会碰到各种各样的难题,会遇上形形色色的不痛快的事情,关键是自己要善于化解;第三是充实人生,必须有人生的追求,有志气,有理想,有事业,这样才能活得实在,活得舒坦;第四是富裕人生,这是一个基本保证,有一定经济实力,可以免除许多不必要的烦恼,活得有滋有味。有了这四根支柱,才能撑起一个幸福人生,或者叫作快乐人生。邵老师的"四大人生"影响了包括我在内的学界很多很多人,是他留给学界的又一笔宝贵的财富。

不知不觉,邵老师迎来了他的八十岁! 尽管他跟古稀之年、耳顺之前没什么两样,依然面色红润、精神矍铄、思维敏捷,但毕竟要迈入耄耋之年了,我们这些学生无一不希望他减少工作、好好享受生活。我们还想陪伴老师度过期颐之年,以及期颐之后很多很多年!

愿邵老师在八十大寿的喜庆时刻,感受到我们对他无尽的敬意和感激。祝愿邵老师生命之树常绿常新,晚年生活充满幸福和快乐!

(刘亚男于 2017 年在暨南大学跟随邵敬敏教授做博士后研究)

为学、谋事、为人：后学之楷模
——谨祝贺邵敬敏师杖朝之年

丁新峰

（韶关学院）

2020 年 6 月，我有幸进入暨南大学开始跟邵先生做博士后研究。与老师合作已有三个年头，年头不长，但共事颇多，交流频繁。先生对我的影响无疑是巨大的，师生感情也是深厚的。正如我出站时感谢老师时说，"跟您学习，我提升的不仅是学术能力、勤恳坚持的工作态度、坦荡真诚的处世待人，更有乐观豁达的人生观"。

一、敏锐犀利的学术气

先生出生于江浙地区，头脑聪慧，思维活跃，16 岁就考上北京大学，可见其天资聪颖，天赋异禀。先生毕业于北大，后读浙大，师从王力、吕叔湘、朱德熙、陆俭明和王维贤等语言学大家，后又长期在香港工作，与国际汉语学界保持着密切的合作关系，这也成就了先生敏锐的学术眼光，犀利的学术洞察力，特别是在语法学史领域更是异军突起。

作为学术新兵的我，彼时尚没有明确的研究领域，有很多庞杂的想法，一时难以取舍，就像一棵胡乱生长的小树。先生对我个人的很多学术想法曾旗帜鲜明地指出问题，明确哪些是"死胡同"，应立刻止损；哪些是"增长点"，大有可为。这对于一个学术好奇心强，哪都想试一试的学界"新兵"来讲，无疑指明了发展方向，节省了试错成本。先生多次说我是"一根筋儿"直击要害，生活中的"死脑筋"可能在学术上也应该活泛一点儿。

二、擘画度势的将帅才

暨大的现代汉语方向是先生带动起来的，来暨大以后培养的弟子们奋战在广东乃至全国的现代汉语研究领域，成绩突出。培养人才的同时，先生也高屋建瓴，不断完善学科建设,在教学(《现代汉语通论》)、辞书(《新编现代汉语虚词词典》)、学术史(《汉语语法学史》)和会议(现代汉语语法国际研讨会)等方面为暨大的现代汉语研究和学科发展构建了基本框架,将既有研究成果和新成果,不断整合。

先生的擘画筹划能力不仅体现在学术上,也体现在人生和生活的方方面面。和先生每一次出行都是先生亲自安排,每一个细节:从车票预订、游览线路、住宿地点、参观地都提前做好功课,事无巨细可见一斑。无论什么时候,先生就像一位大家长把每一个细节都谋划到位。

三、旺盛恒久的精气神

早在入站之前我就感受到先生的精力非凡。老师经常提前给我发微信:"新峰,晚上7点方便的话给我打微信。"谈话经常一谈就是几个小时。到了广州,先生也经常让我们到家里聊天,介绍学术背景、研究工作、谈及学问和亲身经历等等。长见识、长知识。有一次早上10点去,晚上11点回来,基本不停地讲话讲了13个小时。我至今仍清楚地记得中午招待所的豆腐肉片饭,晚上老师煮的两个五芳斋的肉粽子,那也是我第一次吃咸肉粽,觉得味道甚是奇特。

先生自嘲说"自己是属猴子的,安静不下来",先生的"好动"在学术活动上有所呈现。疫情暴发之前,先生一年要参加十多场学术会议,场场都有发言(还不能讲重复的内容),所以先生总有新成果、新想法。这对我们年轻人来说也是个巨大的督促。

我曾有幸和先生一块参加党建(封开县)活动,一路坐车三四个小时,之后用大半天时间去了三个地点,不同的谈话对象(高三同学、高中教师、政府领导)、不同的场合(工作餐、咨询会、讨论会)、不同的谈话内容。且不说不同讲话的周全性、建设性,单就这样的行程,年轻人都很累,先生不但挑大梁并且非常出色。

经常有机会跟先生出去开会,先生每每对待后学也都是非常热情地打招呼,关照生活,往往几句话就让人感觉特别亲切。

先生热爱生活,坚持写日记,记事儿。在各种陈旧的纸张上都能找到各种故事。先生还集邮票、收集地图。有一次谈到杭州和绍兴,碍于手机屏幕太小不方便,随手一下子竟从书堆里拿出了两张地图。

四、阳光幽默的行事风

先生爱旅游,四处走走看看,先生也爱拍照,总能在不经意间发现美景,如:回头看。

后来我们有几次单独地再去看同样风景,怎么都不对劲儿,觉得少了点什么。后来游览哈尔滨的伏尔加庄园,我终于发现了问题:风景就在那儿,但是经过先生一解读,风景立马就不同了,看来风景不仅要"看",还要"听"才有味道。跟着先生游览总会有些美好的经历和一些美好的照片。

先生做事周全周到,估计每个接触过的人都能感受到。先生常说,我们做事儿都放到桌面上来说,喜欢就喜欢,不喜欢也要当面讲,这样大家不用乱猜,都舒服。坦荡阳光才长久。因而才有了"四个人生"(健康人生、快乐人生、充实人生、富裕人生)。

人生常有不如意,老师也提及过他的失意之时和应对之策。下放浦江、户迁上海、课题失利等等,一个个小故事都历历在目,这些故事让我看到"大人物"依然不能事事如愿,而"小挫折"也终究不能阻挡人的成长,所以倒不如面对挫折时坦然一些,凡事总有安排。有了先生的人生作为参考坐标,生活反倒多了一份轻松和自信。

先生就像一本大书,随手翻翻,总有收获,认真查找,总有答案;后来,慢慢地发现,先生还是像一本大书,但是已经不太关心书里写了什么,只要时常"拂拭"一下就很心安。谨祝先生:健康长寿,充实快乐。

(丁新峰于 2020 年在暨南大学跟随邵敬敏教授做博士后研究)

师恩难忘　桃李芬芳

左乃文

（广州大学）

博士毕业之际，正值疫情。承蒙恩师栽培，横跨千里赴粤，开启自己全新的人生。书册林林育桃李，门生四海满园春。邵老师不仅在学术上、教学上作出了卓越贡献，更具有独特的人格魅力，与老师之间的深厚情谊影响着我们每一个人。

第一次到广州，是2019年参加广东省的研究生论坛。那是第一次见到恩师，书本中的大咖人物在主席台前侃侃而谈，幽默风趣又寓意深邃。那时的我，从没想过毕业后会在这里扎根，更没想过会在今后的日子有幸跟随恩师学习。我想，师生之情大体也可归结为"缘分"两字。因为缘分，我跨越山海加入了"邵门"这个温暖的集体。

在广州没有任何的亲属，同时离家甚远，家人对未进入过社会工作的我颇为担心。而让我义无反顾做出继续深造的决定，是源于邵老师在这里。恩师带着我与新峰去畔溪酒家吃广式点心，在荔枝湾感受广州文化，去沙面领略当地风情。尽管老师已来过多次，只是让初来乍到的我们更快地融入广州生活。我领第一笔工资后，他教导我要有理财的想法。在我迷茫不知所措时，为我指点迷津。对幼稚的、不成熟的我多有包容和提点。老师常跟我说："乃文啊，来做博士后，就不能把自己当学生了，而是一名老师。"虽然如此，在暨大的这几年，我依然觉得自己像学生一样，受老师的教导，被老师鼓励和保护着。我们有时谈及现在的年轻人在高校中有诸多不易，每每此时，老师一方面鼓励我们不要放弃，坚持到底，终能见到曙光；另一方面讲述自己求学工作的经历，以过来人的视角带我们从更高处看待工作和生活。2022年出站之时又临小宝宝出生，工作生活的压力扑面而来。老师不时打电话询问我的近况，鼓励我相信自己。在那段特殊的日子里，老师的期望成为了我的动力，支撑我渡过难关。

受到老师的关照太多，已无法一一用言语表达。生活中的每一个细节、每一件小事都传递着温暖。广州，这个曾经对我来说陌生的城市，因为老师的缘故，成为了我努力留下来，安家奋斗的地方。如今看来，选择南下或许是当时做的最正确的选择。

"四大人生"是老师的座右铭，行胜于言，富贵功名不入眼，心底无私天地宽。在传道授业中的真知灼见与妙语连珠，都深深烙印在学生们的脑海里。感念恩师出自本心的言传身教,感谢恩师爱生之意的真情流露,感怀恩师爱生之心的殷殷可鉴。从求学到生活处世,皆从恩师处获益良多。每当自己想停下来休息,就会不经意间联想到老师还在电脑前修改词条,研读文章。而我作为年轻人又怎好懈怠,停滞不前。老师从不曾多言自己的付出,却像灯塔一样指引着我们前行。而今,恩师已到八十高龄,依然笔耕不辍,是兴趣热爱,也是责任担当。

　　天涯海角有尽头,而师恩无穷。在此祝愿邵老师南山之寿,日日长新,如少年!

　　　　　　　（左乃文于2020年在暨南大学跟随邵敬敏教授做博士后研究）

第五章

学术扫描

一、论著目录(1981—2024 年)

1. 论文(319 篇)

1981 年(1 篇)

(1) 拟声词初探[《语言教学与研究》,1981 年第 4 期]

1982 年(2 篇)

(2) 关于"在黑板上写字"句式分化和变换的若干问题[《语言教学与研究》,1982 年第 3 期]

(3) 基础短语析句法[《杭州大学学报增刊》,1982 年]

1983 年(3 篇)

(4) 谈比喻引申句在语义上的双关性[《修辞学习》,1983 年第 1 期]

(5) "把"字句与"被"字句合用小议[《汉语学习》,1983 年第 2 期]

(6) 标点符号的修辞活用[《修辞学习》,1983 年第 4 期]

1984 年(4 篇)

(7) "动+个+形/动"结构分析[《汉语学习》,1984 年第 2 期/《现代汉语补语研究资料》]

(8) 两种不同性质的虚语素"头"[《中国语文通讯》,1984 年第 3 期]

(9) 拟声词的修辞特色[《修辞学习》,1984 年第 4 期]

(10) 句型的分类及其原则[《杭州大学学报增刊》,1984 年]

1985 年(7 篇)

(11) 说"又"——兼论副词研究的方法[《语言教学与研究》,1985 年第 2 期]

(12) 评《汉语语法学史》[《徐州师范学院学报》,1985 年第 3 期]

(13) 辞典编写和 ABB 式形容词的处理[《辞书研究》,1985 年第 4 期]

(14) 汉语句型研究述评[《语文导报》,1985 年第 4 期/《现代汉语语法研究的现状和回顾》,语文出版社]

(15) 汉语语法研究现状述略[《语文导报》,1985 年第 5 期]

(16) 关于歧义结构的研讨[《语文导报》,1985 年第 10 期/《现代汉语语法研究的现状和回顾》,语文出版社]

(17) 把字句及其变换句式[《研究生论文选集·语言文字分册》,江苏古籍出版社]

1986 年(6 篇)

(18) "同语"式探讨[《语文研究》,1986 年第 1 期]

(19) "不要白不要,要了白要"是悖论吗?[《汉语学习》,1986 年第 5 期]

(20) 广告语言正误谈[《修辞学习》,1986 年第 6 期]

(21) 1986 年上海市高考语文试题总体设计(合作者:何伟渔)[《语文学习》,1986 年第 7 期]

(22) 两份高考语文试卷得失谈[《语文学习》,1986 年第 7 期]

(23) 1986 年上海市高考语文试卷命题的改革[《中学语文教学参考》,1986 年第 9 期]

1987 年(8 篇)

(24) 八十年代副词研究的新突破[《语文导报》,1987 年第 2—3 期/"人大复印资料"1987 年第 4 期全文转载/《现代汉语语法研究的现状和回顾》,语文出版社]

(25) 吕叔湘语言风格初探[《语言教学与研究》,1987 年第 3 期]

(26) 评《语法研究和探索(二)》[《中国语文》,1987 年第 3 期]

(27) 从语序的三个平面看定语的移位[《华东师范大学学报》,1987 年第 4 期/"人大复印资料"1987 年第 11 期全文转载]

(28) 疑问代词活用例解[《逻辑与语言学习》,1987 年第 4 期]

(29) 把字句研究纵横观[《语文导报》,1987 年第 7 期]

(30) 意义分类与形式验证[《语文导报》,1987 年第 8 期]

(31) 状语后置的条件制约[《汉字与文化》(一),光明日报出版社]

1988 年(6 篇)

(32) 说"V 成"结构的性质[《汉语学习》,1988 年第 1 期]

(33) "非 X 不 Y"及其变式[《中国语文天地》,1988 年第 1 期]

(34) 毛茸茸的感性与下意识的力量[《修辞学习》,1988 年第 3 期]

(35)《现代汉语》教材改革向何处去?[《语文建设》,1988 年第 5 期]

(36) 关于汉语语法学史研究的若干问题[《华东师范大学学报》,1988 年第 5 期]

(37) 形式与意义四论[《语法研究和探索》(四),北京大学出版社]

1989 年(8 篇)

(38) 论汉语语法学发展的历史趋势[《语言学通讯》,1989 年第 1 期]

(39) 话语的失误及其补正[《中国语文天地》,1989 年第 1 期]

(40) "什么"非疑问用法研究(合作者:赵秀凤)[《语言教学与研究》,1989 年第 1 期]

(41) 叹词疑问句语义层面分析[《语文研究》,1989 年第 2 期]

(42) 语气词"呢"在疑问句中的作用[《中国语文》,1989 年第 3 期]

(43) 广告的语言锤炼[《汉语学习》,1989 年第 4 期]

(44) 广告口号的魅力[《修辞学习》,1989 年第 5 期]

(45) 拟声词的摹拟性与结构义[《逻辑与语言学习》,1989 年第 5 期]

1990 年(15 篇)

(46) ABB 式形容词动态研究[《世界汉语教学》,1990 年第 1 期]

(47) 广告标题中成语谚语的妙用[《语文学习》,1990 年第 2 期]

(48) 说"言外之意"[《华东师范大学学报》,1990 年第 4 期]

(49) "语文研究"十年来语法论文观感[《语文研究》,1990 年第 4 期]

(50) "X 不 X"附加问研究[《徐州师范学院学报》,1990 年第 4 期]

(51) "V 成"句式分析[《逻辑与语言学习》,1990 年第 5 期]

(52) 比字句替换规律刍议[《中国语文》,1990 年第 6 期]

(53) "XY"的学术研究风格及创新派意识[《汉语学习》,1990 年第 6 期]

(54) 广告标题比较趣谈[《应用写作》,1990 年第 9 期]

(55) 评徐青主编《现代汉语》(师专本)[《语文月刊》,1990 年第 10 期]

(56) 副词在句法结构中的语义指向[《汉语论丛》,华东师范大学出版社]

(57) 汉语的话语话题[《语文论文集》,百家出版社]

(58) 上海店名文化心理分析[《现代语言学》,延边大学出版社]

(59) 试析上海方言的虚语素"头"[《语文论丛》(四),上海教育出版社]

(60) 论中国理论语言学史研究(合作者:方经民)[《语言学与语言教学》,北京语言学院出版社]

1991 年(11 篇)

(61) 歧义分化方法探讨[《语言教学与研究》,1991 年第 1 期/《九十年代的语法思考》,北京语言学院出版社]

(62) 探索九十年代汉语语法研究的新路子[《中文自学指导》,1991 年第 1 期]

(63) 辞格研究之我见[《修辞学习》,1991 年第 2 期]

(64) 说中国文化语言学的三大流派[《汉语学习》,1991 年第 2 期/"人大复印资料"1991 年第 2 期全文转载]

(65) 80 年代汉语语法研究的回顾与今后的任务[《世界汉语教学》,1991 年第 3 期/《80—90 年代中国现代汉语语法研究》,北京语言学院出版社]

(66) 汉语话语语言学研究述略[《中文自学指导》,1991 年第 3 期]

(67) 评对外汉语新编教材《中国家常》[《语言教学与研究》,1991 年第 4 期]

(68) "省略句"与"非主谓句"新说[《语文学习》,1991 年第 7 期]

(69) 看广告　学汉语[《学汉语》,1991 年第 7—8 期]

(70) 国内心理语言学研究概述[《中文自学指导》,1991 年第 8 期]

(71) 国内计算语言学研究概述[《中文自学指导》,1991 年第 10 期]

1992 年(9 篇)

(72)《始得西山宴游记》赏析[《中文自学指导》,1992 年第 1 期]

(73) 回声问的形式特点和语用特征分析[《华东师范大学学报》,1992 年第 2 期/"人大复印资料"1992 年第 10 期全文转载]

(74) 关于中国文化语言学的反思[《语言文字应用》,1992 年第 2 期/"人大复印资料"1992 年第 5 期全文转载/《文化与语言》,外语教学与研究出版社]

(75) 八十年代汉语研究的回顾[《宏观语言学》,1992 年第 2 期]

(76) 语义对"比"字句中助动词位置的制约[《汉语学习》,1992 年第 3 期]

(77)"贰于 X"格式的辨析[《中文自学指导》,1992 年第 3 期]

(78) 简评林祥楣主编《现代汉语》[《语文建设》,1992 年第 4 期]

(79) 仿造词与生造词[《语文学习》,1992 年第 4 期]

(80) 关于语法研究中三个平面的理论思考——兼评有关的几种理论模式[《南京师大学报》,1992 年第 4 期/"人大复印资料"1993 年第 3 期全文转载]

1993 年(15 篇)

(81) 从新的角度研究广告语言[《语言学通讯》,1993 年第 1—2 期]

(82) 评邢福义《语法问题发掘集》(合作者:周有斌)[《语言研究》,1993 年第 1 期]

(83) 量词的语义分析及其与名词的双向选择[《中国语文》,1993 年第 3 期]

(84) 汉语心理动词及其句型(合作者:周有斌)[《语文研究》,1993 年第 3 期]

(85) 儿童语言研究的最新成果——评《汉族儿童问句系统习得探微》(合作者:关敏航)[《汉语学习》,1993 年第 3 期]

(86) 汉语口语失误研究[《语言文字应用》,1993 年第 4 期/"人大复印资料"1994 年第 1 期全文转载]

(87) 现代语言学的现代意识——读《赵元任语言学论文选》[《语文研究》,1993 年第 4 期]

(88) 1992 年中国文化语言学研究述评[《语文建设》,1993 年第 5 期]

(89) 七年磨一剑——读《汉语集稿》有感[《汉语学习》,1993 年第 6 期]

(90) 现代汉语课程教学方法改革刍议[《语文建设》,1993 年第 9 期]

(91) 面向 21 世纪的语言学——读《当代跨学科语言学》有感[《语言学通讯》,1993 年第 3—4 期]

(92) 汉语的结构句型与功能句型——评《中国句型文化》[《语言与文化多学科研究》,北京语言学院出版社]

(93) 1991 年现代汉语研究综述(与人合作)[《中国语言学年鉴 1992》,语文出版社]

(94) 难忘恩师哺育情[《朱德熙先生纪念文集》,语文出版社]

（95）汉语语法学在理论与方法上的十大贡献[《中国语文研究四十年纪念文集》,北京语言学院出版社]

1994 年（10 篇）

（96）《从新的角度研究广告语言》[《语言学通讯》,1994 年第 1—2 期]

（97）对外汉语教学生成语法系统刍议[《语法研究与语法应用》,北京语言学院出版社]

（98）现代汉语选择问研究[《语言教学与研究》,1994 年第 2 期]

（99）口语与语用研究的结晶——评《口语习用语功能词典》[《世界汉语教学》,1994 年第 2 期]

（100）打开语言学宝库的金钥匙[《汉语学习》,1994 年第 3 期]

（101）广告视点移动带来的变化[《语文学习》,1994 年第 8 期]

（102）广告的"名句"效应[《交际与口才》,1994 年第 8 期]

（103）间接问句及其相关句类比较[《华东师范大学学报》,1994 年第 5 期]

（104）《汉语动词和动词性结构》读后（合作者:朱晓亚）[《中国语文》,1994 年第 6 期]

（105）疑问句群语义关系分析[《第三届现代语言学讨论会论文集》,语文出版社]

1995 年（18 篇）

（106）道路与榜样——评《陆俭明自选集》[《语言教学与研究》,1995 年第 1 期]

（107）简评梅立崇《汉语与汉语教学探索》[《世界汉语教学》,1995 年第 3 期]

（108）对外汉语教学语法体系改革的新蓝图——评吕文华《对外汉语教学语法探索》[《汉语学习》,1995 年第 5 期]

（109）"怎么"疑问句的语法意义及功能类型[《语法研究和探索》(七),商务印书馆]

（110）"吧"字疑问句及其相关句式比较研究[《第四届国际汉语教学讨论会论文选》,北京语言学院出版社]

（111）现代汉语正反问研究[《汉语研究》第 4 辑]

（112）设问句的类型与问答框架语义关系[《庆祝吕叔湘先生九十华诞讨论会论文集》,商务印书馆]

（113）动量词的语义分析及其与动词的选择关系[《中国语文》,1996 年第 2 期]

（114）双音节"V＋N"的配价分析[《现代汉语配价语法研究》,北京大学出版社]

（115）"成语广告"趣谈[《宏观语言学》]

（116）《语法专词的界定与使用》读后[《语文建设通讯》(香港),1995 年第 4 期]

（117）幽默在广告语创作中的作用[《中文自学指导》,1995 年第 1 期]

（118）广告语创作的怀旧心理[《中文自学指导》,1995 年第 1 期]

（119）论广告语创作的定位策略[《语言文字应用》,1995 年第 1 期]

（120）请注意:省缺广告[《交际与口才》,1995 年第 5 期]

(121) 广告语创作的误区[《语文建设》,1995 年第 6 期]

(122) 广告语研究的现状与我们的对策[《汉语学习》,1995 年第 3 期]

(123) 问答广告[《交际与口才》,1995 年第 7 期]

1996 年(7 篇)

(124) 春江水暖鸭先知[《汉语学习》,1995 年第 5 期]

(125) "句法向"、"语义价"及其相互关系[《汉语学习》,1996 年第 4 期/"人大复印资料"1997 年第 2 期全文转载]

(126) 评沈阳《现代汉语空语类研究》(合作者:任志萍)[《语言教学与研究》,1996 年第 3 期]

(127) 论汉语语法的双向选择性原则[《中国语言学学报》(八),商务印书馆]

(128) 关于"功能"和"解释"的几点思考[《华东师范大学学报》,1996 年第 4 期]

(129) 复句研究的一个新突破——评《现代汉语复句新解》(合作者:胡宗哲)[《语文研究》,1996 年第 2 期]

(130) 抬头是山　路在脚下——评萧国政《现代汉语语法问题研究》(合作者:关敏航)[《汉语学习》,1996 年第 1 期]

1997 年(11 篇)

(131) 香港报纸用语的层次等级及其对策[《1997 与香港中国语文学术研讨会论文集》]

(132) 香港词语规范化与多元标准[《香港词库建设通讯》,1997 年总第 11 期]

(133) 中文应用写作与语言问题[《中国语文通讯》,1997 年第 6 期总 42 期(香港中文大学)]

(134) 上海方言的"辣、辣辣、辣海"的比较研究(合作者:徐烈炯)[《方言》,1997 年第 2 期]

(135) 从北京话、上海话、香港话看语言渐变的走势(合作者:鲍懋振)[《语文建设通讯》(香港),1997 年第 3 期]

(136) 试谈香港地区普通话教学中的"儿化"和"轻声"问题(合作者:沈阳)[《方言》,1997 年第 3 期]

(137) 从"才"看语义与句法的相互制约关系[《汉语学习》,1997 年第 3 期]

(138) 上海方言形容词重叠式研究(合作者:徐烈炯)[《语言研究》,1997 年第 2 期/"人大复印资料"1998 年第 2 期全文转载]

(139) 评香港的色情暧昧广告[《香港普通话》,1997 年]

(140) "非疑问形式＋呢"疑问句研究[《语言学论丛 17 辑》,商务印书馆]

(141) 双宾语句的语义分析[《语言论丛 2》,上海辞书出版社]

1998 年(6 篇)

(142) 漫而有序　博且见深——谈《中外语言文化漫议》[《语言文字应用》,1998 年第

2 期]

(143) 建立以功能点为核心的三维普通话教学系统[《香港普通话报》,1998 年第 4 期]

(144) 普通话教学应该以交际功能为核心[《香港星岛日报》,1998 年 4 月 18 日]

(145) 关于"赤鱲角"的"鱲"的音、形、义[《语文建设通讯》(香港),1998 年第 3 期]

(146) 更上一层楼——评《汉语集稿二》[《语言教学与研究》,1998 年第 3 期]

(147) 八十到九十年代的现代汉语语法研究[《世界汉语教学》,1998 年第 4 期]

1999 年(6 篇)

(148) 关于"轻声词"的若干疑难问题[《语文建设》,1999 年第 1 期/"人大复印资料"1999 年第 5 期全文转载]

(149)《数里乾坤》序[《世界汉语教学》1999 年第 2 期/《数里乾坤》,北京大学出版社]

(150) 歧义——语法研究的突破口[《语法研究入门》,商务印书馆]

(151) 关于疑问句的研究[《语法研究入门》,商务印书馆]

(152)"阿 V"及其相关疑问句式比较研究(合作者:徐烈炯)[《中国语文》,1999 年第 4 期/"人大复印资料"1999 年第 8 期全文转载]

(153) 上海方言与北京方言疑问代词比较研究(合作者:徐烈炯)[《中国语言学的新拓展》,香港城市大学,1999 年]

2000 年(6 篇)

(154) 动词重叠核心意义、派生意义和格式意义(合作者:吴吟)[《汉语学报》,2000 年第 1 期/湖北教育出版社]

(155) 借用广告语　巧学普通话[《沪港商务普通话教学探索》,浙江教育出版社]

(156)《HSK 汉语水平考试词典》编写的原则与方法[《第六届国际汉语教学讨论会论文选》,北京大学出版社]

(157) 我记忆中的石安石老师[《文教资料》,南京师范大学出版社]

(158) 香港方言外来词比较研究[《语言文字应用》,2000 年第 3 期/"人大复印资料"2000 年第 10 期全文转载]

(159)"一面 P,一面 Q"的语义类型及相关句式(合作者:王伟丽)[《语言教学与研究》,2000 年第 3 期]

2001 年(6 篇)

(160) 试论名词重叠 AABB 式语法意义及其他(合作者:吴吟)[《语文研究》,2001 年第 1 期]

(161)"v＋满"的句法语义分析(合作者:税昌锡)[日本《现代中国语研究》,2001 年第 2 期/《从语义信息到类型比较》,北京语言文化大学出版社]

(162)《现代汉语口语句法特点研究——序言》[香港鹭达出版公司,2001 年 5 月]

(163) 汉语语法研究必须走向世界(合作者:胡建华)[《世界汉语教学》,2001 年第 2 期]

(164) 论名词的动态性及其鉴别标准(合作者:刘焱)[《汉语学习》,2001年第6期]

(165) 说新崛起的汉语语法学史评学(合作者:税昌锡)[《浙江教育学院学报》,2001年第6期]

2002年(7篇)

(166) 胡裕树先生走了……[《语言文字周报》,2002年3月6日]

(167) "或者"单用、双用与多用的条件制约(合作者:周有斌)[《语文研究》,2002年第2期]

(168) "产品"和"商品"的异同[《语言文字周报》,2002年7月31日]

(169) "是不是VP"问句的肯定性倾向及其类型学意义(合作者:朱彦)[《世界汉语教学》,2002年第3期/"人大复印资料"2003年第1期全文转载]

(170) 比字句强制性语义要求的句法表现(合作者:刘焱)[《汉语学习》,2002年第5期]

(171) 现代汉语课程教材的改革与创新意识[《中国大学教学》,2002年第12期]

(172) 谈中学语文课程的目标以及语言点的设置[《语言理论与语言教学》,香港教育学院出版,2002年]

2003年(6篇)

(173) 陕北方言的正反是非问句(合作者:王鹏翔)[《方言》,2003年第1期]

(174) 汉语虚词研究的一个新起点——评"现代汉语虚词丛书"[《汉语学习》,2003年第4期]

(175) "宁可"格式研究及其方法论意义(合作者:周有斌)[《语言教学与研究》,2003年第5期]

(176) 关于新世纪汉语语法研究的几点思考[《语言科学》,2003年第4期]

(177) 填补空白的力作——《标题语法》(合作者:周娟)[《语文研究》,2003年第4期]

(178) "人家"的指代功能与语义分析[《语法研究和探索》(十二),商务印书馆,2003年]

2004年(8篇)

(179) 现代汉语通论教材编写的创新意识[《语文论丛》(八),上海教育出版社,2004年1月]

(180) "语义语法"说略[《暨南学报》,2004年第1期/"人大复印资料"2004年第5期全文转载]

(181) "语言学理解论"刍议(合作者:赵春利)[《修辞学习》,2004年第1期]

(182) 动宾组合中的制约与反制约关系[《暨南大学华文学院学报》,2004年第1期]

(183) 当前汉语语法研究的特点与发展趋势[《21世纪的中国语言学》(一),商务印书馆,2004年5月]

(184) 功能主义与汉语语法研究(合作者:罗晓英)[《汉语学习》,2004年第5期/"人

大复印资料"2005 年第 4 期全文转载]

(185)"别"字句语法意义及其对否定项的选择(合作者:罗晓英)[《世界汉语教学》,2004 年第 4 期]

(186)"也"字句与相似性原则(合作者:刘焱)[《庆祝〈中国语文〉创刊 50 周年国际研讨会纪念文集》,商务印书馆]

2005 年(9 篇)

(187)论从意义到形式的语法研究新思路(合作者:吴立红)(《南京师大学报》,2005 年第 1 期)

(188)汉语方言语法研究的现状与思考(合作者:周芍)[《暨南学报》,2005 年第 1 期]

(189)语义特征的界定与提取方法(合作者:周芍)[《外语教学与研究》,2005 年第 1 期]

(190)"致使把字句"和"省隐被字句"及其语用解释(合作者:赵春利)[《汉语学习》,2005 年第 4 期]

(191)"好"的话语功能及其虚化轨迹(合作者:朱晓亚)[《中国语文》,2005 年第 5 期]

(192)香港词语比较研究[浸会大学《人文中国》(11)]

(193)语法本体研究与对外汉语语法教学(合作者:罗晓英)[《暨南大学华文学院学报》,2005 年第 3 期]

(194)"副＋名"组合与语义指向新品种(合作者:吴立红)[《语言教学与研究》,2005 年第 6 期/"人大复印资料"2006 年第 2 期全文转载]

(195)香港社区英文词语夹用现象剖析(合作者:吴立红)[《语言文字应用》,2005 年第 4 期]

2006 年(10 篇)

(196)关于语义范畴的理论思考(合作者:赵春利)[《世界汉语教学》,2006 年第 1 期]

(197)试探介词"对"的语法化过程(合作者:周芍)[《语文研究》,2006 年第 1 期]

(198)汉语谓宾动词的配价研究(合作者:王伟丽)[《语言学问题论丛》,三联书店]

(199)《语义的多维研究》序[《语义的多维研究》,语文出版社]

(200)港式中文与语言变体(合作者:石定栩)[《华东师范大学学报》,2006 年第 2 期]

(201)副词"可"的语义分化及其语用解释(合作者:罗晓英)[《暨南学报》,2006 年第 2 期]

(202)《汉语语法的动态研究》序言[《汉语语法的动态研究》,北京大学出版社]

(203)含动名词组合的语义分析(合作者:周日安)[《湘潭大学学报》,2006 年第 5 期]

(204)浙江学者对汉语语言学研究的贡献及其特色[《汉语史学报》(6),上海教育出版社]

(205)"把字句""被字句"的认知解释[《汉语被动表述问题研究新拓展》,华中师范大学出版社]

2007 年(11 篇)

(206) 说"V 一把"中 V 的泛化与"一把"的词汇化[《中国语文》,2007 年第 1 期]

(207) 论"太"修饰形容词的动态变化现象[《汉语学习》,2007 年第 1 期]

(208)《汉语递进范畴研究》序言[《汉语递进范畴研究》,中国传媒大学出版社,2007 年 1 月]

(209) 汉语方言正反问的类型学比较(合作者:周娟)[《暨南大学学报》,2007 年第 2 期]

(210) 港式中文的变异特点及其形成机制(合作者:石定栩)[《山高水长——丁邦新 70 寿庆论文集》]

(211) 美英式原型标记"-门"的类化和泛化(合作者:周日安)[《外国语》,2007 年第 4 期]

(212)"NP1 有 NP2 很 AP"歧义格式的分化规则(合作者:赵春利)[《语言研究》,2007 年第 2 期]

(213) 上海方言的话题疑问句与命题疑问句[《华东师范大学学报》,2007 年第 4 期]

(214) 建立以语义特征为标志的汉语复句教学新系统刍议[《世界汉语教学》,2007 年第 4 期]

(215) 林焘先生追忆[《林焘先生纪念文集》,商务印书馆]

(216)《生成语言学背景下的汉语语法及翻译研究》序言[《生成语言学背景下的汉语语法及翻译研究》,北京大学出版社]

2008 年(12 篇)

(217) 探索新的理论与方法,重铸中国修辞学的辉煌[《修辞学习》,2008 年第 2 期]

(218) 网络时代汉语嬗变的动态观(合作者:马喆)[《语言文字应用》,2008 年第 3 期]

(219)"动+介+宾"结构的语义模式及认知场景(合作者:周娟)[《语言教学与研究》,2008 年第 3 期]

(220) 由"是"构成的三种附加问比较研究[《甘肃社会科学》,2008 年第 4 期]

(221)"连 A 也/都 B"框式结构及其框式化特点[《语言科学》,2008 年第 4 期/"人大复印资料"2008 年第 11 期全文转载]

(222) 从"手机"看不同华语社区同义词群的竞争与选择(合作者:刘杰)[《语文研究》,2008 年第 4 期/《新华文摘》2009 年 3 月全文转载]

(223)"责怪"义标记格式"都是 NP"(合作者:郑娟曼)[《汉语学习》,2008 年第 5 期]

(224) 试论新兴的后附否定标记"好不好"(合作者:郑娟曼)[《暨南学报》,2008 年第 4 期]

(225) 教材的精品意识与精品课程建设[《中国大学教学》,2008 年第 5 期]

(226) 徐通锵先生二三事[《徐通锵先生纪念文集》,商务印书馆]

(227) 几回回梦里回北大[《未名湖之恋》,吉林人民出版社]

(228) 港式中文与语言接触理论[《佛山科学技术学院学报》,2008 年第 4 期]

2009 年(9 篇)

(229) 从准定语看结构重组的三个原则[《山西大学学报》,2009 年第 1 期]

(230) 21 世纪汉语语法研究的宏观思考[《澳门语言学学刊》,2009 年第 1 期]

(231) 论反义方位复合词的约量表达(合作者:马喆)[《学术研究》,2009 年第 5 期]

(232) 说框式结构"想 x 就 x"(合作者:丁倩)[《暨南大学华文学院学报》,2009 年第 2 期]

(233) 新兴组合"X 一下"的泛化趋势及其修辞价值(合作者:马婧)[《修辞学习》,2009 年第 2 期]

(234) 香港地区大学普通话教学与考核的互动(合作者:王玲玲)[《中国大学教学》,2009 年第 8 期]

(235) 上海方言疑问句近百年来的演变和特点[《现代中国语研究》(日本),2009 年]

(236) 从"V 给"句式的类化看语义的决定性原则[《语言教学与研究》,2009 年第 6 期/"人大复印资料"2010 年第 3 期全文转载]

(237)"美女"面称的争议及其社会语言学调查[《语言文字应用》,2009 年第 4 期]

2010 年(9 篇)

(238) 析一种新兴的主观强加性贬义格式(合作者:刘杰)[《语言与翻译》,2010 年第 1 期]

(239)"A 到 O"结构的语义类型及认知模式(合作者:王宜广)[《暨南学报》,2010 年第 2 期]

(240)"没 A 没 B"框式结构的语义增值及贬义倾向(合作者:袁志刚)[《语文研究》,2010 年第 3 期]

(241)"不是 A,而是 B"句式假性否定的功能价值(合作者:王宜广)[《世界汉语教学》,2010 年第 3 期]

(242)"一 A 一 B"框式结构的位序原则及语义(合作者:崔少娟)[《当代修辞学》,2010 年第 4 期]

(243)《新时期汉语语法学史》自序[《汉语学习》,2010 年第 4 期]

(244) 汉语反递句式的语义信息结构分析(合作者:周静)[《宁夏大学学报》,2010 年第 6 期]

(245)《名名组合的句法语义研究》序[《名名组合的句法语义研究》,中国社会科学出版社]

(246) 北大,我心中永不枯竭的源泉[《我们的学友》,北京大学出版社]

2011 年(9 篇)

(247) 新时期汉语语法研究的特点和趋势[《汉语学习》,2011 年第 1 期]

（248）"半 A 半 B"框式结构研究(合作者:黄燕旋)[《陕西师范大学学报》,2011 年第 2 期]

（249）"幸亏"类副词的句法语义、虚化轨迹及其历史层次[《语言教学与研究》,2011 年第 4 期]

（250）汉语框式结构说略[《中国语文》,2011 年第 3 期]

（251）评《汉语语法论》的历史地位兼论其"句型"学说[新疆《克拉玛依学刊》,2011 年第 3 期]

（252）上海话句末助词"快勒"新解[《南方语言学》(3),暨南大学出版社]

（253）华语社区词的典型性及其鉴定标准[《语文研究》,2011 年第 3 期]

（254）寻求歧义研究的解释力度:从认知视角到社会视角——评《现代汉语歧义识别与消解的认知研究》[《当代修辞学》,2011 年第 3 期]

（255）两岸汉语"男生""女生"的指称比较(杨海明合作)[《语言文字应用》,2011 年第 4 期]

2012 年(13 篇)

（256）制约移动动词"来"的会话策略及其虚化假设(合作者:张寒冰)[《暨南学报》,2012 年第 1 期]

（257）《汉语趣说丛书》总序[《语言文字周报》,2012 年 1 月 11 日]

（258）"罢了"的语法化进程及其语义的演变(合作者:刘晓晴)[《古汉语研究》,2012 年第 2 期]

（259）"语言服务业"与"语言服务学"[《北华大学学报》,2012 年第 2 期]

（260）是非问内部类型的比较以及"疑惑"的细化[《世界汉语教学》,2012 年第 3 期/"人大复印资料"2012 年第 11 期全文转载]

（261）新兴框式结构"X 你个头"及其构式义的固化[《汉语学报》,2012 年第 4 期]

（262）上海现代语言学讨论会(XY)活动给我们的启示意义[《东方语言学》(17),上海教育出版社]

（263）我的读书梦,我的写作梦[《作文世界》(香港)创刊号]

（264）关于描绘流水的拟声词比较[《语言文字周报》,2012 年 4 月 25 日]

（265）论语气词"啊"在疑问句中的作用暨方法论的反思[《语言科学》,2012 年第 6 期]

（266）估测副词群的功能比较[《汉藏语学报》(六),商务印书馆]

（267）《现代汉语形名组合研究》序[《现代汉语形名组合研究》,暨南大学出版社]

（268）《现代汉语动量词与动词组合研究》序[《现代汉语动量词与动词组合研究》,暨南大学出版社]

2013 年(4 篇)

（269）疑问句的结构类型与反问句的转化关系研究[《汉语学习》,2013 年第 2 期/"人

大复印资料"(8)全文转载]

(270) 论汉语语法研究的北大精神[《走向当代前沿科学的现代汉语语法研究》,商务印书馆,2013]

(271)《汉语虚词框架词典》编撰的创新思路[《语言文字应用》,2013 年第 3 期]

(272) 框式结构"A 了去了"[《语文研究》,2013 年第 4 期]

2014 年(7 篇)

(273) 我对北大《现代汉语》的感情与感觉[《中国语言资源动态》(3),商务印书馆]

(274) 建构汉语句式系统的价值与意义[《汉语学习》,2014 年第 1 期]

(275) 近义量词"条、根、道"的三维解释与组合机制(合作者:周芍)[《语言教学与研究》,2014 年第 1 期]

(276) 汉语语法研究的战略思考[《河南大学学报》,2014 年第 4 期/《高等学校文科学术文摘》(5)全文转载]

(277) 关于汉字使用及其对策的几点思考[《繁简并用相映成趣》,中华书局]

(278) 时代性与针对性的有机结合——简评一部通行于港澳台地区的现代汉语教材(合作者:江蓝生)[《中国语文》,2014 年第 5 期]

(279) 汉语语法的动态研究[《互动与共鸣》,世界图书出版公司]

2015 年(4 篇)

(280) "包括 NP 在内"的语义功能及其焦点凸显作用(合作者:马喆)[《汉语学习》,2015 年第 1 期]

(281) 关于框式结构研究的理论与方法[《语文研究》,2015 年第 2 期]

(282) "说 X(也)不 X"的主观情态义及其方法论思考(合作者:杨海明)[《语言科学》,2015 年第 5 期]

(283) 追梦琐记[《现代汉语语法国际研讨会 30 周年纪念文集》,上海教育出版社,2015 年 10 月]

2016 年(7 篇)

(284) 两岸汉语轻声词异同比较研究[《语言文字应用》,2016 年第 1 期]

(285) 副词释义的精准度及其方法论探讨[《暨南学报》,2016 年第 1 期]

(286) "大不了"的极性估测及其意志力[《汉语学习》,2016 年第 6 期]

(287) 谈独词句跟词类、句类及语境的依存关系(合作者:罗晓英)[《语法研究和探索》(第 18 辑),商务印书馆]

(288) 论汉语形容词重叠与变量的关系[《中国语言学报》(第 17 辑),商务印书馆,2016 年]

(289) 国家层面上汉语研究的战略眼光与创新思路[《中国语言战略》,2016 年第 1 期]

(290) "一不小心 X"构式与反预期主观情态(合作者:王玲玲)[《语言科学》,2016 年第

6 期]

2017 年(5 篇)

(291) 是非特指双层问的功能及其话语策略[《语言教学与研究》,2017 年第 1 期]

(292) "除了"句的语法意义新解及其启示[《语文研究》,2017 年第 3 期/"人大复印资料"(12)全文转载]

(293) 主观性的类型与主观化的途径[《汉语学报》,2017 年第 4 期]

(294) 柔性语法的奠基人[《语言学研究的多元视野》,商务印书馆国际有限公司]

(295) 语言能力的层次、类型及其科学化前景[《澳门语言文化研究》]

2018 年(2 篇)

(296) 国际汉语教学中近义虚词辨析的方法与理据[《语言文字应用》,2018 年第 1 期]

(297) 2000—2018 中国汉语虚词研究的回顾与前瞻[《中国语学》(日本)]

2019 年(3 篇)

(298) 关于汉语虚词研究的几点新思考[《华文教学与研究》,2019 年第 1 期/"人大复印资料"(7)全文转载]

(299) "一 V 了之"框式的结构特点及其语义倾向[《语文研究》2019 年第 4 期]

(300) 《认知视野下汉语定中复合名词造词研究》序[《认知视野下汉语定中复合名词造词研究》,东南大学出版社]

2020 年(6 篇)

(301) 创建语义分析为主的汉语语法国际教学新体系[《华文教学与研究》,2020 年第 2 期]

(302) 语义语法和中国特色的语法理论构建[《汉语学报》,2020 年第 3 期]

(303) 从"AA 的"移位看结构重组的制约原则[《汉语学习》,2020 年第 4 期]

(304) 春风化雨润心田[《胡裕树先生 100 周年诞辰纪念文集》,复旦大学出版社]

(305) 汉语学界一侠女[《田小琳先生八秩荣庆纪念文集》,香港和平图书有限公司]

(306) 从戴遂良《汉语入门》看副词"净"的语法化与主观化(合作者:刘亚男)[《语言研究集刊》(第二十五辑),复旦大学出版社]

2021 年(3 篇)

(307) 构建以情态为标志的句子新系统"句态"[《华文教学与研究》,2021 年第 1 期]

(308) 中国台湾地区七十年汉语语法研究回顾和展望(王涛合作)[《华文教学与研究》,2021 年第 4 期]

(309) "算了"的词汇化语法化路径探讨(刘晓晴合作)[《汉语语言学》(第一辑),社会科学文献出版社]

2022 年(5 篇)

(310) 重新认识汉语和汉字的核心价值[《华文教学与研究》,2022 年第 2 期]

(311) 汉语疑问范畴研究的再思考[《汉语学习》,2022 年第 3 期]

(312) 我与商务好有缘[《商务印书馆 125 年》,商务印书馆]

(313) "比 Y 更 W 的是 X"的关联特征与事件性比较(左乃文合作)[《汉语学习》,2022 年第 5 期]

(314)《中国语文》伴我追逐汉语梦[《〈中国语文〉创刊七十年纪念文集》,商务印书馆]

2023 年(3 篇)

(315) 路在脚下,志向高山——为缅怀邢福义邢先生而作[《语言战略研究》(3)]

(316)《语言战略服务》卷首语[《语言战略研究》(5)]

(317) 论语气与情态、语气词与句类的关系[《汉语学报》,2023 年第 4 期]

2024 年(2 篇)

(318) 上海方言程度补语的超夸张贬义倾向及其解释[《中国语言学报》(21 辑)]

(319) 汉语副词分类与归类的方法与策略[《语法研究与探索》(22 辑)]

2. 著作(62 本)

独著/合著 24 本

(1) 汉语语法学史稿[上海教育出版社,1990 年;修订本,商务印书馆,2006 年]

(2) 广告实用写作[华东师范大学出版社,1991 年]

(3) 中国理论语言学史(邵敬敏/方经民)[华东师范大学出版社,1991 年]

(4) 现代汉语自学考试必读[语文出版社,1993 年]

(5) 广告语创作透视[北京语言学院出版社,1996 年]

(6) 现代汉语疑问句研究[华东师范大学出版社,1996 年;增订本,商务印书馆,2014 年]

(7) 上海方言语法研究(徐烈炯/邵敬敏)[华东师范大学出版社,1998 年]

(8) 汉语语法浅说[香港商务印书馆,1999 年]

(9) 标点符号要诀[香港商务印书馆,1999 年;汉语大词典出版社,2000 年]

(10) 汉语语法的立体研究[商务印书馆,2000 年]

(11) 著名中年语言学家自选集——邵敬敏卷[安徽教育出版社,2002 年]

(12) 汉语语言学评论集[浙江教育出版社,2003 年]

(13) 现代汉语自学考试精读[语文出版社,2003 年]

(14) 汉语广视角研究[东北师范大学出版社,2006 年]

(15) 港式中文与标准中文的比较(石定栩/邵敬敏/朱志渝)[香港教育图书公司,2006 年]

（16）汉语语义语法论集[上海教育出版社,2007年]

（17）汉语方言疑问范畴比较研究(邵敬敏/周娟等)[暨南大学出版社,2010年]

（18）新时期汉语语法学史[商务印书馆,2011年]

（19）汉语语法趣说[暨南大学出版社,2011年]

（20）汉语语法动态研究[商务印书馆,2013年]

（21）汉语追梦人[上海教育出版社,2014年]

（22）汉语追梦录[上海教育出版社,2014年]

（23）汉语语义语法论稿(税昌锡/邵敬敏)[浙江大学出版社,2019年]

（24）汉语语法的多维研究[上海教育出版社,2020年]

主编38本

（1）现代汉语自学问答和练习(合著,语法部分主笔)[上海教育出版社,1987年]

（2）现代汉语自学要点与方法(主编)[华东师范大学出版社,1988年]

（3）中学生百科(合著,语言部分主笔)[浙江教育出版社,1990年]

（4）九十年代的语法思考(主编)[北京语言学院出版社,1994年]

（5）语法研究与语法应用(主编)[北京语言学院出版社,1994年]

（6）文化语言学中国潮(主编)[语文出版社,1994年]

（7）句法结构中的语义研究(主编)[北京语言文化大学出版社,1998年]

（8）教好学好普通话资料集(主编)[香港商务印书馆,1998年]

（9）学好普通话(中一)(第一作者兼编审)[香港商务印书馆,1998年;修订本,2002年]

（10）学好普通话(中二)(第一作者兼编审)[香港商务印书馆,1999年;修订本,2002年]

（11）学好普通话(中三)(第一作者兼编审)[香港商务印书馆,1999年;修订本,2002年]

（12）沪港商务普通话教学探索(邵敬敏/唐世陶主编)[浙江教育出版社,2000年]

（13）继承与创新(主编)[浙江教育出版社,2000年]

（14）HSK汉语水平考试词典(主编)[华东师范大学出版社,2000年]

（15）现代汉语通论(主编)[上海教育出版社,2001年;第二版,2007年;第三版,2016年]

（16）现代汉语通论教学指导(主编)[上海教育出版社,2002年;第二版,2008年;第三版,2017年]

（17）现代汉语通论参考文献精选(主编)[上海教育出版社,2002年;第二版,2018年]

（18）汉语语法研究的新拓展(一)(徐烈炯/邵敬敏主编)[浙江教育出版社,2002年]

（19）汉语语法专题研究(邵敬敏、任芝瑛等合作)[广西师大出版社,2003年;修订本,

北京大学出版社,2009 年]

(20) 汉语语法研究的新拓展(二)(邵敬敏/陆镜光主编)[浙江教育出版社,2004 年]

(21) 南珠集:语言学卷(詹伯慧/邵敬敏主编)[暨南大学出版社,2005 年]

(22) 中国社会科学 100 年语言卷(潘悟云/邵敬敏主编)[上海人民出版社,2005 年]

(23) 汉语语法研究的新拓展(三)(邵敬敏/张先亮主编)[东北师范大学出版社,2007 年]

(24) 汉语方言语法研究的新拓展(主编)[暨南大学出版社,2008 年]

(25) 汉语语法研究的新拓展(四)(邵敬敏/谷晓恒主编)[北京大学出版社,2009 年]

(26) 现代汉语通论精编(主编)[上海教育出版社,2011 年;第二版,2021 年]

(27) 汉语趣说丛书(主编)[暨南大学出版社,2011 年]

(28) 汉语语法研究的新拓展(五)(邵敬敏/石定栩主编)[北京大学出版社,2011 年]

(29) 汉语语法研究的新拓展(六)(邵敬敏/黄宝珊主编)[上海教育出版社,2013 年]

(30) 现代汉语语法国际研讨会 30 周年纪念文集(主编)[上海教育出版社,2015 年]

(31) 汉语语法研究的新拓展(七)(邵敬敏/陆镜光主编)[上海教育出版社,2015 年]

(32) 新时期语言文字规范化问题研究(沈阳/邵敬敏主编)[商务印书馆,2016 年]

(33) 汉语语法研究的新拓展(八)(邵敬敏/彭利贞主编)[上海教育出版社,2017 年]

(34) 暨南大学文学院语言学论文精选(詹伯慧/邵敬敏主编)[商务印书馆,2017 年]

(35) 汉语语法研究的新拓展(九)(邵敬敏/金炫哲主编)[上海教育出版社,2019 年]

(36) 汉语语法研究的新拓展(十)(邵敬敏/靳卫卫/张黎主编)[上海教育出版社,2021 年]

(37) 《现代汉语通论》习题集(主编)[上海教育出版社,2021 年]

(38) 汉语语法研究的新拓展(十一)(邵敬敏/殷树林主编)[上海教育出版社,2023 年]

二、科研项目(1992—2019 年,共 20 项)

(1) 1992 年承担国家社科基金科研项目"现代汉语特殊疑问句研究",出版《现代汉语疑问句研究》(华东师范大学出版社,1996 年)。

(2) 1993 年承担国家对外汉办科研项目"以字识词速成词典",出版《HSK 汉语水平考试词典》(华东师范大学出版社,2000 年)。

(3) 1996 年主持香港政府"大学研究基金"研究项目"汉语三种方言——广东话、上海话和普通话——的参数变化"子课题研究,出版《上海方言语法研究》(与徐烈炯合作,华东师范大学出版社,1998 年)。

(4) 1999—2001 年承担现代汉语课程教材改革项目,出版《现代汉语通论》(上海教育出版社,2001 年)以及配套的《〈现代汉语通论〉教学指导》和《〈现代汉语通论〉参考文献精选》(上海教育出版社,2002 年),至今已经出了第三版,合计印刷 30 多万册。先后入选教育部"十一五""十二五"规划教材,获得广东省教育科研一等奖。

(5) 2001 年承担香港文化研究院的研究项目《成语》网络版,完成并且上网。

(6) 2003 年承担暨南大学引进人才项目"汉语语义语法理论探索"(批文号:002JXY0016),出版《汉语语义语法论集》(上海教育出版社,2006 年)。

(7) 2003 年承担国家社科基金科研项目"汉语方言疑问范畴比较研究"(批准号:03BYY029),出版《汉语方言疑问范畴比较研究》(暨南大学出版社,2007 年)。

(8) 2004 年承担香港理工大学合作科研项目(石定栩等)"港式中文与标准中文比较研究",出版专著《港式中文与标准中文比较》(香港教育图书公司,2006 年)。

(9) 2005 年承担广东省教育厅重点项目"新时期汉语语法学史"(批文号 04ZD74001),出版《新时期汉语语法学史(1978—2008)》(商务印书馆,2011 年)。

(10) 2007 年承担香港公开大学语法教材科研任务,出版教材《语法卷》。

(11) 2009 年上海教育出版社立项"《现代汉语通论教材》改革研究"。

(12) 2010 年暨南大学教务处立项《〈现代汉语通论〉精编》(上海教育出版社 2011 年第一版,2016 年第二版)。

(13) 2012 年承担国家社科项目"汉语虚词词典编撰的方法论创新及其实践"(批准号:12BYY101),结题获得"优秀",即将出版《新编现代汉语虚词词典》(商务印书馆,2025 年)。

（14）2013 年获批教育部重点项目"两岸（港澳台和大陆）语文状况和发展趋向比较研究"，沈阳领衔，邵敬敏为首席顾问（南京大学与暨南大学合作）。

（15）2013 年《现代汉语通论》第三版修订，暨南大学教务处立项。

（16）2013 年《现代汉语通论》第三版修订，上海教育出版社立项。

（17）2014 年《现代汉语通论》第三版，获批广东省精品教材建设专项立项。

（18）2016 年底承担国家社科重大研究项目"境外汉语语法学史及数据库建设"（批准号：16ZDA209），任首席专家。

（19）2019 年邵敬敏为首席专家的"境外汉语语法学史及数据库建设"获批国家社科重大项目中期资助。

（20）2019 年暨南大学教务处重点项目：《现代汉语通论》（第四版）。

三、历年获奖(1992—2021 年)

1．科 研 奖

(1) 著作《汉语语法学史稿》(上海教育出版社,1990 年;修订版,商务印书馆,2006 年)

① 1992 年获华东地区优秀图书奖

② 1993 年获上海市哲学社会科学优秀著作奖

③ 1995 年 12 月获首届国家教育委员会全国高等学校人文社会科学研究优秀成果奖著作类二等奖

(2) 著作《汉语语法的立体研究》(商务印书馆,2000 年)

2003 年 7 月获第三届高等学校科学研究优秀成果著作三等奖

(3) 论文《"好"的话语功能及其虚化轨迹》(邵敬敏、朱晓亚,《中国语文》2005 年第 5 期)

2007 年 4 月获得第二届广东省哲学社会科学优秀成果(论文)二等奖

(4) 著作《汉语语义语法论集》(上海教育出版社,2007 年)

2009 年获第三届广东省哲学社会科学优秀成果(著作)二等奖

(5) 论文《"连 A 也/都 B"框式结构及其框式化特点》(《语言科学》2008 年第 4 期)

2013 年获第六届高等学校科学研究优秀成果论文三等奖

(6)《汉语语法的动态研究》(商务印书馆,2013 年)

2015 年 12 月获得广东省哲学社会科学优秀成果著作一等奖

(7) 国家社科一般项目"汉语虚词词典编撰的方法论创新及其实践"(批准号:12BYY101)2018 年结题获得"优秀"

(8) 论文《论汉语形容词重叠与变量的关系》(《中国语言学报》,商务印书馆,2016 年)

2019 年获广东省哲学社会科学三等奖

(9) 论文"关于汉语虚词研究的几点新思考"(《华文教学与研究》,2019 年第 1 期,人大复印资料《语言文字学》2019 年第 10 期)

2021 年获广东省哲学社会科学论文一等奖

2. 教 学 奖

(1)《现代汉语通论》(第二版)(邵敬敏主编,上海教育出版社,2007 年)

① 2007 年获批"十一五"国家级规划教材

② 2010 年获第六届广东省高等学校省级教学成果一等奖

③ 2011 年获暨南大学本科教材建设优秀奖

④ 2012 年获批"十二五"国家级规划教材

(2) 2007 年领衔"现代汉语"获广东省精品课程称号

(3) 2009 年领衔"现代汉语语法专题研究"获暨南大学研究生精品课程称号

3. 个 人 奖

(1) 2004 年获国务院特殊津贴

(2) 2007 年获暨南大学科研先进工作者称号

(3) 2010 年获暨南大学"十一五"优秀科研工作者光荣称号

(4) 2013 年获暨南大学全校唯一校长奖"杰出教学贡献奖"

四、学术会议(1981—2024年,共306次)

1. 1980年代(16次)

(1) 1981年6月,浙江语言学会第一届年会(浙江师院)

(2) 1983年8月,浙江语言学会第二届年会(舟山师专)

(3) 1984年8月,华东修辞学会第三次年会(烟台师院)

(4) 1986年8月,华东修辞学会第四次年会(厦门大学)

(5) 1986年9月,首届青年现代汉语语法研讨会(华中师范大学)

(6) 1986年10月,中国社科院语言所现代汉语语法第四次讨论会(北京八大处)

(7) 1986年11月,浙江语言学会第三届年会(浙江天台)

(8) 1987年8月,第二届国际生成语法讨论会(黑龙江大学)

(9) 1987年10月,语法修辞方法讨论会(复旦大学)

(10) 1987年10月,首届文学语言研讨会(华东师范大学)

(11) 1987年10月,中国语言学发展方向研讨会(江西师范大学)

(12) 1988年5月,中国社科院语言所现代汉语语法第五次讨论会(北京槐树岭)

(13) 1988年8月,上海现代语言学首届讨论会(山西太原)

(14) 1988年11月,浙江语言学会第四届年会(宁波大学)

(15) 1989年8月,辽宁师院语言与文化首届学术年会(大连黑石礁)

(16) 1989年11月,中国语言学会第五届年会(杭州大学)

2. 1990年代(39次)

(1) 1990年5月,现代汉语语法第二届研讨会(青年)(华东师范大学)

(2) 1990年10月,中国社科院语言所现代汉语语法第六次讨论会(安徽大学)

(3) 1991年11月,中国语言学会第六届年会(厦门大学)

(4) 1991年12月,语言与文化第二届学术年会(广州师院)

(5) 1992 年 4 月,第三届现代语言学讨论会(上海大学)

(6) 1992 年 4 月,现代汉语语法第三届研讨会(青年)(南京师范大学)

(7) 1992 年 4 月,语用所第二届社会语言学研讨会(西安外院)

(8) 1992 年 4 月,语言所中国语文四十年纪念讨论会(北京)

(9) 1992 年 10 月,华东修辞学会第七次年会(扬州师院)

(10) 1993 年 7 月,语言所现代汉语语法第六次讨论会(南开大学)

(11) 1993 年 8 月,世界汉语教学学会第四届年会(北京香山饭店)

(12) 1993 年 8 月,首届宏观语言学研讨会(华东师范大学)

(13) 1993 年 10 月,上海现代语言学第四届研讨会(北京理工大学)

(14) 1993 年 10 月,庆祝吕叔湘九十华诞讨论会(中国社科院)

(15) 1993 年 10 月,中国语言学会第七届年会(北京语言学院)

(16) 1994 年 4 月,现代汉语语法第四届研讨会(青年)(安徽师范大学)

(17) 1994 年 10 月,中国社科院语言所现代汉语语法第八次讨论会(苏州大学)

(18) 1995 年 6 月,语言研究现代化研讨会(上海师范大学)

(19) 1995 年 7 月,中国对外汉语教学学会第五届年会(深圳大学)

(20) 1995 年 8 月,中国语言学会第八届年会(贵州贵阳)

(21) 1995 年 12 月,香港中国语文学会 1997 与香港中国语文研讨会

(22) 1995 年 12 月,第一届配价语法研讨会(北京大学)

(23) 1995 年 12 月,语用所首届语言文字应用研讨会(北京香山)

(24) 1996 年 11 月,现代汉语语法第五届研讨会(华中师范大学)

(25) 1996 年 12 月,香港语言学会年会(香港中文大学)

(26) 1997 年 2 月,香港国际语文教育研讨会(香港大学)

(27) 1997 年 3 月,多语多文化研讨会(香港大学)

(28) 1997 年 3 月,香港汉语能力测验编制研讨会(香港大学)

(29) 1997 年 4 月,香港中国语文学会语文教学与语法系统研讨会

(30) 1998 年 3 月,香港中学普通话教学研讨会(香港商务印书馆)

(31) 1998 年 6 月,沪港商务普通话研讨会(香港科技大学)

(32) 1998 年 8 月,第十次现代汉语语法讨论会、现代汉语语法第六届研讨会(合并,北京大学)

(33) 1999 年 1 月,对外汉语教学研讨会(上海对外服务公司)

(34) 1999 年 7 月,中国语言学会第十届年会(福建师范大学)

(35) 1999 年 8 月,世界汉语教学学会第六次讨论会(德国汉诺威)

(36) 1999 年 11 月,第一次现代汉语通论编写会(华东师范大学)

(37) 1999 年 12 月,第二届配价语法研讨会(复旦大学)

(38) 1999 年 12 月,上海语文学会上海与香港语文学会联合年会

(39) 1999 年 12 月,语文教学国际研讨会(华东师范大学)

3.2000 年(2 次)

(1) 2000 年 1 月,汉语重叠国际研讨会(华中师范大学)

(2) 2000 年 1 月,第二次《现代汉语通论》编写会(浙江杭州)

4.2001 年(7 次)

(1) 2001 年 2 月,第一届现代汉语语法国际研讨会(香港城市大学)

(2) 2001 年 3 月,首届亚太地区中文教学研讨工作坊(香港教育学院)

(3) 2001 年 8 月,《现代汉语通论》教材教法研讨会(华东师范大学)

(4) 2001 年 8 月,第一届肯特冈语言类型学国际讨论会(新加坡国立大学)

(5) 2001 年 9 月,英国汉语教学学会年会(牛津大学)

(6) 2001 年 11 月,中国语言学会第十一届年会(扬州大学)

(7) 2001 年 12 月,第四届中国语文课程教材教法国际研讨会(香港城市大学)

5.2002 年(9 次)

(1) 2002 年 1 月,语言学出版基金发布会(商务印书馆)

(2) 2002 年 2 月,学好普通话高级研讨会(香港商务印书馆)

(3) 2002 年 3 月,第一届中国语言文字国际研讨会(香港大学)

(4) 2002 年 3 月,上海语文学会沪港语文建设与语文教学研讨会

(5) 2002 年 4 月,中国社科院语言研究所第十二次现代汉语语法讨论会(湖南师大)

(6) 2002 年 6 月,中国社科院语言研究所《中国语文》创刊 50 周年研讨会(南昌大学)

(7) 2002 年 8 月,世界汉语教学学会第七届国际研讨会(复旦大学)

(8) 2002 年 9 月,教育部语信司信息时代的语言标准化建设研讨会(武汉)

(9) 2002 年 11 月,第一届语言学科建设高峰论坛(暨南大学)

6. 2003 年(6 次)

(1) 2003 年 4 月,第二届现代汉语语法国际研讨会(暨南大学)

(2) 2003 年 9 月,第二届语义功能语法学术研讨会(鞍山)

(3) 2003 年 10 月,汉语被动表述问题国际学术研讨会(华中师范大学)

(4) 2003 年 11 月,第三届全国语言文字应用研讨会(浙江教育学院)

(5) 2003 年 12 月,广东省中国语言学会 2002—2003 年会(梅州嘉应学院)

(6) 2003 年 12 月,中国语文学会第九届粤方言国际学术研讨会(澳门)

7. 2004 年(9 次)

(1) 2004 年 6 月,中国社科院语言研究所纪念吕叔湘 100 周年诞辰

(2) 2004 年 7 月,第三届现代汉语通论教材教法研讨会(暨南大学)

(3) 2004 年 8 月,第二届(朝)汉语教学国际研讨会(延边大学)

(4) 2004 年 10 月,语用所第四届社会语言学研讨会(中国传媒大学)

(5) 2004 年 11 月,第二届语言学科建设高峰论坛(暨南大学)

(6) 2004 年 11 月,语言学科发展咨询会(深圳大学)

(7) 2004 年 11 月,中国社科院语言研究所第十三次现代汉语语法讨论会(福建师范大学)

(8) 2004 年 12 月,第二届国际汉语方言语法学术研讨会(华中师范大学)

(9) 2004 年 12 月,第一届应用语言学科建设高级专家研讨会(暨南大学)

8. 2005 年(10 次)

(1) 2005 年 1 月,普通话水平测试词汇暨汉字等级大纲审定会(香港教育学院)

(2) 2005 年 3 月,21 世纪中国语言学论坛(广西大学)

(3) 2005 年 4 月,中国语言学发展战略高级论坛(河北师范大学)

(4) 2005 年 4 月,纪念汉语词类问题大讨论 50 周年专家座谈会(安徽师范大学)

(5) 2005 年 6 月,第三届汉语语法国际研讨会(浙江师范大学)

(6) 2005 年 10 月,新世纪汉语研究暨语言学研究国际高级论坛(浙江大学)

(7) 2005 年 11 月,动词与宾语国际学术研讨会(华中师范大学)

(8) 2005 年 11 月,现代汉语通论修订会(暨南大学)

(9) 2005 年 12 月,第十届粤语国际研讨会(香港中文大学)

(10) 2005 年 12 月,广东省中国语言学会 2004—2005 年会(深圳大学)

9. 2006 年(14 次)

(1) 2006 年 3 月,第四届吴语国际研讨会(宁波大学)

(2) 2006 年 4 月,第二届虚词研究与对外汉语教学研讨会(上海师范大学)

(3) 2006 年 4 月,广东省中国语言学会第一届汉语语法南粤论坛(韶关学院)

(4) 2006 年 4 月,汉语形式与功能研讨会(解放军外大)

(5) 2006 年 5 月,语言政策国际研讨会(香港理工大学)

(6) 2006 年 5 月,华南地区修辞学座谈会(暨南大学华文学院)

(7) 2006 年 7 月,香港陆陈汉语学校揭牌仪式(深圳)

(8) 2006 年 8 月,中国语言学会第十四次年会(河北秦皇岛)

(9) 2006 年 11 月,中国社科院语言研究所第十四次汉语语法讨论会(上海财经大学)

(10) 2006 年 11 月,汉语语体学研讨会(暨南大学华文学院)

(11) 2006 年 11 月,中国修辞学研究与教学研讨会(暨南大学华文学院)

(12) 2006 年 11 月,上海方言研讨会(深圳大学)

(13) 2006 年 12 月,第三届汉语方言语法国际研讨会(暨南大学)

(14) 2006 年 12 月,台湾华语文教学学会第八届年会(台北)

10. 2007 年(7 次)

(1) 2007 年 1 月,现代汉语通论修订会议(暨南大学)

(2) 2007 年 5 月,继往开来的语言学发展之路(天津师范大学)

(3) 2007 年 5 月,第三届海外中国语言学者论坛(徐州师范大学、新疆大学)

(4) 2007 年 7 月,暨南大学中文系精品课程会议(惠州巽寮湾)

(5) 2007 年 7 月,《大百科全书——方言卷》编写会议(暨南大学)

(6) 2007 年 8 月,第四届现代汉语语法国际研讨会(青海民族学院)

(7) 2007 年 11 月,庆祝王维贤先生 85 华诞(浙江大学)

11. 2008 年(14 次)

(1) 2008 年 1 月,首届望道修辞学论坛(复旦大学)
(2) 2008 年 3 月,第六届中国社会语言学国际学术研讨会(香港理工大学)
(3) 2008 年 4 月,中国传统语言学在当代的发展研讨会(四川师范大学)
(4) 2008 年 4 月,精品课程评审会议(惠州学院)
(5) 2008 年 5 月,语言应用研讨会(北京语言大学)
(6) 2008 年 7 月,第一届海外方言研究会(暨南大学)
(7) 2008 年 7 月,纪念胡裕树先生诞辰 90 周年研讨会(复旦大学)
(8) 2008 年 8 月,中国语言学会第十五次年会(温州大学)
(9) 2008 年 9 月,中原文化与语言学研究(南阳理工学院)
(10) 2008 年 11 月,广东省中国语言学会第二届汉语语法南粤论坛(肇庆学院)
(11) 2008 年 11 月,第四届汉语方言语法国际研讨会(泉州学院)
(12) 2008 年 12 月,世界汉语教学研讨会第九届年会(北京)
(13) 2008 年 12 月,庆贺詹伯慧教授从教五十五周年学术研讨会(暨南大学)
(14) 2008 年 12 月,上海方言国际研讨会(上海大学)

12. 2009 年(8 次)

(1) 2009 年 6 月,现代汉语问题研讨会(台湾师范大学)
(2) 2009 年 7 月,“语言教学与研究”创刊三十周年纪念会(北京语言大学)
(3) 2009 年 9 月,第十届世界华人学生作文大奖赛香港赛区颁奖典礼(香港陆陈国际汉语)
(4) 2009 年 8 月,中国语言应用学会第六届全国语言文字应用研讨会(江苏连云港)
(5) 2009 年 10 月,“句子功能”国际学术研讨会(华中师范大学)
(6) 2009 年 11 月,第五届现代汉语语法国际研讨会(香港理工大学)
(7) 2009 年 12 月,广东省中国语言学会 2008—2009 年会(韩山师范学院)
(8) 2009 年 12 月,台湾华语文教育学会第九届华语文国际研讨会(台北)

13. 2010 年(10 次)

(1) 2010 年 4 月,广东粤语地图集研讨会(暨南大学中文系方言研究中心)

(2) 2010 年 6 月,跨文化交际国际研讨会(华南理工大学)

(3) 2010 年 8 月,中国语言学会第十五届年会(内蒙古大学)

(4) 2010 年 8 月,纪念朱德熙诞辰 90 周年庆祝陆俭明从教五十周年大会(北京大学)

(5) 2010 年 8 月,第四届虚词研究与对外汉语教学研讨会(上海师范大学)

(6) 2010 年 9 月,《汉语学习》创刊三十周年研讨会(延边大学)

(7) 2010 年 10 月,台湾华语拓进会年会(高雄)

(8) 2010 年 11 月,广东中国语言学会第三届汉语语法南粤论坛(澳门大学)

(9) 2010 年 12 月,第五届海峡两岸现代汉语问题学术研讨会(广州大学)

(10) 2010 年 12 月,第五届现代汉语教学研讨会(暨南大学)

14. 2011 年(10 次)

(1) 2011 年 1 月,大专中文教学与教材研讨会(香港城市大学)

(2) 2011 年 3 月,高名凯先生 100 周年诞辰纪念会(北京大学)

(3) 2011 年 4 月,对外汉语师资培训研讨会(扬州大学)

(4) 2011 年 6 月,庆祝詹伯慧教授 80 华诞暨从教 58 周年研讨会(暨南大学方言研究中心)

(5) 2011 年 10 月,《语法修辞讲话》发表 60 周年学术研讨会(天津外国语大学)

(6) 2011 年 11 月,广东省中国语言学会 2010—2011 年年会(湛江师范学院)

(7) 2011 年 10 月,汉语副词研究学术研讨会(广西师范大学)

(8) 2011 年 11 月,第六届现代汉语语法国际研讨会(高雄义守大学)

(9) 2011 年 12 月,语言学高层次人才培养高级论坛(华南师范大学)

(10) 2011 年 12 月,第四届海外中国语言学者论坛(徐州师范大学)

15. 2012 年(12 次)

(1) 2012 年 1 月,语言服务研究高级论坛(广州大学)

(2) 2012 年 3 月,上海现代语言学沙龙活动三十周年纪念会(复旦大学)

(3) 2012 年 5 月,汉语语言学与语言教学研究国际研讨会(美国夏威夷大学)

(4) 2012 年 6 月,第六届平话土话国际学术研讨会(韶关学院)

(5) 2012 年 7 月,全国高等师范院校现代汉语教学研究会第十三届年会(山东日照)

(6) 2012 年 8 月,中国语言学会第十六届学术年会(云南大学)

(7) 2012 年 10 月,语序问题国际研讨会(华中师范大学)

(8) 2012 年 10 月,第九届全国汉语词汇学学术研讨会(山东大学)

(9) 2012 年 10 月,当代语言科学创新与发展国际研讨会暨《语言科学》创刊十周年庆典(江苏师范大学)

(10) 2012 年 11 月,广东省中国语言学会第四届汉语语法南粤论坛(梅州嘉应学院)

(11) 2012 年 12 月,汉语语言文字学国际研讨会(香港中文大学)

(12) 2012 年 3 月,《现代汉语通论》第三版修订研讨会(解放军外语学院昆山校区)

16. 2013 年(13 次)

(1) 2013 年 5 月,第一届汉语句式研讨会(南昌大学)

(2) 2013 年 5 月,汉语里"量"的表达及其教学(法国东方语言文化学院)

(3) 2013 年 6 月,第二届语言科技高层论坛暨《语言科技文库》发布仪式(南京师范大学)

(4) 2013 年 8 月,北京大学"现代汉语"教材出版 50 周年纪念会(商务印书馆)

(5) 2013 年 8 月,汉语句末语气助词的历史与现状国际研讨会(香港理工大学)

(6) 2013 年 8 月,世界华人儿童作文大奖赛颁奖典礼(香港陆陈汉语)

(7) 2013 年 10 月,第三届现代汉语副词研讨会(重庆师范大学)

(8) 2013 年 10 月,澳门语言学会两岸汉字使用情况国际学术研讨会(澳门理工大学)

(9) 2013 年 11 月,台湾世界华语教学学会 40 周年庆典(台北)

(10) 2013 年 12 月,第三届华语国际研讨会(台南)

(11) 2013 年 12 月,广东省中国语言学会 2012—2013 学术年会暨历时与共时交叉研究国际研讨会

(12) 2013 年 12 月,第十七届汉语方言国际研讨会(暨南大学)

(13) 2013 年 12 月,第七届现代汉语语法国际研讨会(新加坡南洋理工大学)

17. 2014 年(8 次)

(1) 2014 年 6 月,台湾第八届海峡两岸现代汉语问题学术研讨会(台湾华语文教学研究会)

(2) 2014 年 7 月,汉语跨文化传播国际研讨会(复旦大学)

(3) 2014 年 7 月,第六届虚词与对外汉语教学研讨会(上海师范大学)

(4) 2014 年 9 月,中国语言学会第十七届年会(北京语言大学)

(5) 2014 年 10 月,汉语词类问题国际学术研讨会(华中师范大学)

(6) 2014 年 10 月,中国社科院语言研究所现代汉语语法讨论会(澳门大学)

(7) 2014 年 11 月,第七届现代汉语教学研讨会(暨南大学)

(8) 2014 年 12 月,广东省中国语言学会第五届汉语语法南粤论坛(香港中文大学)

18.2015 年(10 次)

(1) 2015 年 3 月,中国民族语言学会第十一次年会(暨南大学)

(2) 2015 年 3 月,应用语言学高层论坛(浙江科技学院)

(3) 2015 年 6 月,第五届海外语言学家高层论坛(徐州、呼和浩特)

(4) 2015 年 8 月,教育部中国语言学发展报告会(江苏师范大学)

(5) 2015 年 11 月,第八届现代汉语语法国际研讨会暨 30 周年庆典(浙江大学)

(6) 2015 年 11 月,第三届汉语副词研究学术研讨会(湖南师大)

(7) 2015 年 11 月,广东省中国语言学会 2014—2015 年会(华南理工大学)

(8) 2015 年 11 月,描写与解释会议(复旦大学)

(9) 2015 年 12 月,国家语言战略高层论坛(南京大学)

(10) 2015 年 12 月,第二届现代汉语句式研讨会(复旦大学)

19.2016 年(15 次)

(1) 2016 年 3 月,现代汉语慕课建设会议(南京大学)

(2) 2016 年 5 月,首届汉语史南粤高端论坛(岭南师范学院)

(3) 2016 年 5 月,台湾声韵学国际会议(台北教育大学)

(4) 2016 年 7 月,第七届现代汉语虚词研究与对外汉语教学学术研讨会(江苏昆山)

(5) 2016 年 8 月,第二届主观化理论与语法研究学术研讨会(锦州渤海大学)

(6) 2016 年 9 月,中国语言学高峰论坛(暨南大学华文学院)

(7) 2016 年 10 月,全国语言学研究生论坛(暨南大学)

(8) 2016 年 10 月,句式语义国际研讨会(华中师范大学)

(9) 2016 年 10 月,语言能力与语言服务(澳门理工大学)

(10) 2016 年 11 月,第 49 届汉藏语国际研讨会(暨南大学华文学院)

(11) 2016 年 11 月,广东中国语言学会第六届汉语语法南粤论坛(深圳大学)

(12) 2016 年 11 月,第三届语言学科建设高峰论坛(暨南大学)

(13) 2016 年 12 月,第 12 届客家方言研讨会(中山大学)

(14) 2016 年 12 月,全国现代汉语教学研究会第 14 届年会(广西师范大学)

(15) 2016 年 12 月,第一届语言服务高峰论坛(广州大学)

20. 2017 年(11 次)

(1) 2017 年 1 月,语言文学学科建设推进会(北京语言大学)

(2) 2017 年 3 月,境外汉语语法学史国家社科重大课题开题会(暨南大学)

(3) 2017 年 4 月,第十届两岸现代汉语问题会议(澳门大学)

(4) 2017 年 4 月,汉语研究与汉语教学研讨会(四川外国语大学)

(5) 2017 年 6 月,第六届海外中国语言学家高层论坛(徐州、成都)

(6) 2017 年 9 月,广东省中国语言学会 2016—2017 年会(中山大学)

(7) 2017 年 10 月,第九届现代汉语语法国际研讨会(韩国延世大学)

(8) 2017 年 10 月,第二届国际华文教学研讨会(华侨大学)

(9) 2017 年 10 月,第二届语言服务高峰论坛(广州大学)

(10) 2017 年 11 月,日本中国语学会年会(东京中央大学)

(11) 2017 年 12 月,第四届汉语副词研究学术研讨会(华侨大学)

21. 2018 年(12 次)

(1) 2018 年 3 月,重大课题港澳台卷研讨会(香港理工大学)

(2) 2018 年 3 月,重大课题东南亚与大洋洲卷研讨会(新加坡南洋理工大学)

(3) 2018 年 6 月,第十六届全国高校现代汉语教学年会(贵阳师范学院)

(4) 2018 年 7 月,第八届汉语虚词与对外汉语教学研讨会(泉州师范学院)

(5) 2018 年 8 月,重大课题美国卷研讨会(美国南加州大学)

(6) 2018 年 10 月,中国社会科学院语言研究所第二十次汉语语法讨论会(暨南大学)

(7) 2018 年 10 月,重大课题日韩卷研讨会(大阪产业大学)

(8) 2018 年 11 月,中国语言学会第十九届年会(中山大学)

(9) 2018 年 11 月,第三届语言服务高峰论坛(广州大学)

(10) 2018 年 11 月,第三届华文教学研讨会(暨南大学华文学院)

(11) 2018 年 11 月,广东省中国语言学会第十届汉语语法南粤论坛(华侨大学)

(12) 2018 年 12 月,第三届汉字文化圈国际汉语教学研讨会(越南河内国立大学外国语大学)

22.2019 年(18 次)

(1) 2019 年 1 月,"语言学的发展方向与学科增长点"专家座谈会(广外外国语言学及应用语言学研究中心)

(2) 2019 年 1 月,生成语法的汉语研究与新时代汉语语法理论创新开题会(广东外语外贸大学)

(3) 2019 年 3 月,第二届美国子课题国际研讨会(惠州)

(4) 2019 年 3 月,香港中文大学深圳分校大湾区中文论坛(线上)

(5) 2019 年 6 月,第七届海外中国语言学家高峰论坛(徐州、南宁)

(6) 2019 年 6 月,重大课题欧洲子课题研讨会(巴黎城市大学)

(7) 2019 年 7 月,第八届现代汉语教学研讨会(青岛)

(8) 2019 年 9 月,澳门语言学会庆祝澳门回归 20 周年庆典(澳门科技大学)

(9) 2019 年 9 月,《语言教学与研究》创刊 40 周年庆典(北京语言大学)

(10) 2019 年 10 月,《华文教学与研究》编委会(惠州)

(11) 2019 年 10 月,第十届现代汉语语法国际研讨会(日本关西外国语大学)

(12) 2019 年 11 月,第七届句法语义研讨会(广东外语外贸大学)

(13) 2019 年 11 月,广东省中国语言学会 2018—2019 年会(广州大学)

(14) 2019 年 11 月,第五届汉语副词研究学术研讨会(上海外国语大学)

(15) 2019 年 11 月,跨文化会议(复旦大学)

(16) 2019 年 11 月,第四届汉语句式国际学术研讨会(广西师范大学)

(17) 2019 年 12 月,第三届功能语言学与汉语研究高层论坛(华东师范大学)

(18) 2019 年 12 月,评审国家社科项目(广西民族大学)

23.2020 年(8 次)

(1) 2020 年 1 月,纪念张斌先生诞辰 100 周年学术研讨会(上海师范大学)

(2) 2020 年 10 月,第九届现代汉语虚词研究与对外汉语教学国际研讨会(宁波大学)

(3) 2020 年 11 月,第三届功能语言学融合、创新与发展高端论坛(线上)

(4) 2020 年 11 月,广东省中国语言学会第八届汉语语法南粤论坛(五邑大学)

(5) 2020 年 11 月,第五届语言服务高层论坛(广州大学)

(6) 2020 年 11 月,第三届功能语言学与汉语研究高层论坛(线上)

(7) 2020 年 12 月,中国社科院语言研究所第 21 次现代汉语语法讨论会(线上)

(8) 2020 年 12 月,"两岸统一进程中的语言政策研究"开题报告会(厦门大学)

24.2021 年(8 次)

(1) 2021 年 4 月,《现代汉语大词典》审读咨询会(安徽绩溪)

(2) 2021 年 4 月,语言功能研讨会(深圳大学外语学院)

(3) 2021 年 7 月,詹伯慧教授九十华诞暨从教六十八周年座谈会(暨南大学文学院)

(4) 2021 年 7 月,第十届现代汉语语法国际研讨会(哈尔滨友谊宫)

(5) 2021 年 10 月,第 17 届中国功能语言学研讨会(韩山师院)

(6) 2021 年 11 月,第五届华文教育国际学术研讨会暨《华文教学与研究》创刊 20 周年学术研讨会(暨南大学华文学院)

(7) 2021 年 11 月,广东省中国语言学会 2020—2021 年会(广东外语外贸大学)

(8) 2021 年 11 月,澳门中国语言学会多元环境中的语言研究和中文教育(澳门理工学院)

25.2022 年(10 次)

(1) 2022 年 1 月,国家重大课题汇报会(线上)

(2) 2022 年 1 月,《现代汉语通论》第四版修订会(暨南大学)

(3) 2022 年 5 月,虚词新词典第二次审读会(线下/线上)

(4) 2022 年 9 月,中国语言学会第 21 届年会(陕西师范大学)

(5) 2022 年 10 月,虚词新词典第三次审读会(江门)

(6) 2022 年 11 月,汉语语气问题国际学术研讨会(线上)

(7) 2022 年 11 月,纪念王维贤先生诞辰一百周年(浙江大学)

(8) 2022 年 12 月,虚词新词典第四次审读会(暨南大学)

(9) 2022 年 12 月,《华文教学与研究》编委会会议(暨南大学华文学院)

(10) 2022 年 12 月,第七届语言服务高峰论坛(线上)

26.2023 年(12 次)

(1) 2023 年 3 月,东亚语法学近现代化进程国际研讨会(线上)

(2) 2023 年 3 月,大湾区汉语言接触及地域扩散国际合作项目会议(香港教育大学)

(3) 2023 年 4 月,中国社科院语言研究所第 22 次现代汉语语法讨论会(安徽大学)

(4) 2023 年 5 月,第 29 届国际中国语言学会年会(澳门科技大学)

(5) 2023 年 6 月,第四届国际汉语教学研讨会(华侨大学)

(6) 2023 年 7 月,国家重大课题清末民国汉语五大方言比较研究开题报告会(中山大学)

(7) 2023 年 8 月,赵元任先生诞辰 130 周年纪念会(线上)

(8) 2023 年 11 月,2023 年度国际中文教学研讨会(浙江科技学院)

(9) 2023 年 11 月,广东省中国语言学会 2022—2023 年会(惠州)

(10) 2023 年 11 月,第八届语言服务高峰论坛(广州大学)

(11) 2023 年 11 月,第 12 届现代汉语语法国际研讨会(澳门大学)

(12) 2023 年 12 月,第五次虚词词典编撰会议(增城)

27.2024 年(8 次)

(1) 2024 年 6 月,第八届海外中国语言学者论坛(江苏师范大学)

(2) 2024 年 6 月,大湾区汉语语法论坛(香港中文大学)

(3) 2024 年 6 月,第十届方言语法博学论坛(香港中文大学)

(4) 2024 年 9 月,第 22 届中国语言学会年会(吉林大学)

(5) 2024 年 10 月,汉语虚词问题国际学术研讨会(华中师大)

(6) 2024 年 11 月,第十届现代汉语教学研讨会暨"追梦汉语基金"启动仪式(暨南大学)

(7) 2024 年 11 月,第八届汉语语法南粤论坛(广州理工学院)

(8) 2024 年 12 月,第二十三次现代汉语语法学术讨论会暨纪念吕叔湘先生诞辰一百二十周年国际学术研讨会(南京大学)

五、学术演讲(1994—2024年,共254场)

1.1994—2000年(10场,括号中人名为组织人、主持人或邀请人等,下同)

(1) 1994年6月,徐州师范大学中文系(张爱民)

(2) 1995年12月,香港城市大学中文、翻译及语言学系(徐烈炯)

(3) 1996年12月,香港大学中文系(单周尧)

(4) 1997年2月,香港中国语文学会(姚德怀)

(5) 1997年5月,香港浸会大学语文中心(黄月圆)

(6) 1998年3月,香港商务印书馆(李家驹)

(7) 1998年4月,香港商务印书馆(李家驹)

(8) 1998年6月,香港中文大学语文中心(赵淑华)

(9) 2000年3月,浙江教育学院讲学(王建华)

(10) 2000年7月,青岛第二届现代语言学讲习班(石锋)

2.2001年(8场)

(1) 2001年4月,中山大学国际交流学院(周小兵)《语法研究的方法论》

(2) 2001年4月,华南师范大学中文系(吴辛丑)《当前现代汉语语法研究的特点》

(3) 2001年4月,暨南大学华义学院(班昭)《现代汉语教材的改革》

(4) 2001年6月,浙江教育学院(王建华)《句法结构中的语义问题》

(5) 2001年9月,英国汉语教师学会(叶步青)《汉语语法教学中的若干疑难问题》

(6) 2001年9月,华东师范大学《现代汉语通论的编写思想》(校庆报告会)

(7) 2001年10月,浙江师范大学(张先亮)《汉语语法研究的历史与现状》

(8) 2001年12月,香港城市大学中文、翻译及语言学系(徐烈炯)《"宁可"格式研究及方法论意义》

3.2002 年(11 场)

(1) 2002 年 1 月,哈尔滨黑龙江大学龙港语言学讲习班(邹韶华)《汉语语法研究的热点课题》

(2) 2002 年 3 月,香港城市大学中文翻译及语言学系(徐烈炯)《语法教学与中文水平的提高》

(3) 2002 年 3 月,暨南大学中文系(詹伯慧)《新世纪汉语语法研究的特点与发展趋势》

(4) 2002 年 4 月,河南商丘师范学院(庞可慧)《语法教学与语文教学》

(5) 2002 年 4 月,河南大学中文系(张宝胜)《汉语语法研究方法论》

(6) 2002 年 4 月,河南教育学院(张宝胜)《现代汉语的教学》

(7) 2002 年 8 月,第三届中外文化比较研讨会(潘文国)《汉语语法研究的流派》

(8) 2002 年 9 月,华中师范大学(邢福义)《21 世纪现代汉语语法研究的展望》

(9) 2002 年 10 月,日本明海大学中文学科(史有为)《香港词语比较研究》

(10) 2002 年 10 月,日本明海大学研究生(史有为)《把字句研究》

(11) 2002 年 10 月,日本中国语学会(张国宪)《现代汉语语法研究的现状》

(12) 2002 年 10 月,日本神奈川大学(徐峰)《现代汉语语法研究的特点》

4.2003 年(6 场)

(1) 2003 年 3 月,广东佛山大学中文系(周日安)《关于语文教学的思考》

(2) 2003 年 3 月,暨南大学(全校学术讲座)《论语感的培养》

(3) 2003 年 6 月,华南师范大学中文系(方小燕)《汉语方言语法研究漫谈》

(4) 2003 年 11 月,韶关学院中文系(岳中奇)《培养语感的途径》

(5) 2003 年 11 月,暨南大学华文学院(曾毅平)《关于语义语法研究》

(6) 2003 年 11 月,广州大学中文系(屈哨兵)《语法研究的历史与现状》

5.2004 年(14 场)

(1) 2004 年 2 月,香港浸会大学(周国正)《我的学术研究之路》

(2) 2004 年 2 月,澳门理工学院(赵永新)《语感与汉语的学习》

(3) 2004 年 2 月,澳门理工学院(赵永新)《关于语义语法的理论》

(4) 2004 年 3 月,香港浸会大学(周国正)《谈谈语感的培养》

(5) 2004 年 3 月,香港商务印书馆(李家驹)《学习比较法,提升普通话教学水平》

(6) 2004 年 3 月,香港理工大学(石定栩)《"副+名"组合的语义特征和语义指向》

(7) 2004 年 4 月,香港城市大学(潘海华)《汉语语法研究的现状与发展趋势》

(8) 2004 年 5 月,香港大学(单周尧/陆镜光)《语义解释的毗邻原则和推理原则》

(9) 2004 年 8 月,东北师范大学文学院(吴长安)《论语言学习的方法》

(10) 2004 年 9 月,深圳大学中文系(汤志祥)《语感培养的方法》

(11) 2004 年 8 月,华东师范大学国际交流学院(潘文国)《汉语语法研究的方法》

(12) 2004 年 10 月,浙江财经学院中文系(汪化云)《当前汉语语法研究的回顾》

(13) 2004 年 10 月,浙江师大文学院(张先亮)《"动+介+宾"结构的语义模式及认知场景》

(14) 2004 年 11 月,闽江学院中文系(王昌茂)《"非给予动词+给"格式的语义分析》

6. 2005 年(9 场)

(1) 2005 年 4 月,暨南大学文学院(研究生部)《人生的十大选择》

(2) 2005 年 4 月,洛阳军事外语学院基础部(李宗江)《语言能力和语言素质》

(3) 2005 年 4 月,温州师范学院中文系(马清华)《语感的培养》

(4) 2005 年 4 月,温州师范学院讲学(马清华)《汉语语法研究的现状与发展趋势》

(5) 2005 年 6 月,浙江大学文学院(池昌海)《当前汉语语法研究的趋势》

(6) 2005 年 6 月,绍兴文理学院中文系(王建华)《谈语言素质的提高》

(7) 2005 年 8 月,香港中文大学进修学院(刘英林)《港式中文和标准中文的比较》

(8) 2005 年 9 月,中山大学国际交流学院演讲(周小兵)《语法研究方法论之一》

(9) 2005 年 10 月,上海师范大学对外汉语学院(齐沪扬)《语法研究的方法论之二》

7. 2006 年(14 场)

(1) 2006 年 2 月,香港特区政府公务员局(欧阳惠娥)《港式中文的变异特点及其形成机制》

(2) 2006 年 3 月,南师大国际交流学院(段业辉)《"连……也/都"框式结构的争议及其语法化进程》

（3）2006 年 3 月,南师大语言学与应用语言学系(李葆嘉)《"太"修饰形容词的几点思考》

（4）2006 年 4 月,河南信阳师范学院文学院(陈伟琳)《在比较中学习语言》

（5）2006 年 4 月,郑州师专(张宝胜)《热爱语言,学习语言》

（6）2006 年 7 月,香港陆陈语言学校(陆陈)《汉语的动态变化》

（7）2006 年 8 月,南开大学(现代语言学讲习班/石锋)《网络时代的语言嬗变的动态观》

（8）2006 年 10 月,暨南大学华文学院(班昭)《快乐人生,快乐研究》

（9）2006 年 10 月,河南大学中文系(张宝胜)《"V 一把"的历时与共时动态考察》

（10）2006 年 10 月,复旦大学中文系(戴耀晶)《21 世纪汉语语法研究的特点》

（11）2006 年 11 月,暨南大学(珠海学院)《网络时代的语言嬗变的动态观》

（12）2006 年 12 月,浙江师范大学文学院(张先亮)《快乐人生,快乐研究》

（13）2006 年 12 月,浙江师范大学文学院(张先亮)《21 世纪汉语语法研究的特点》

（14）2006 年 12 月,浙江师范大学文学院(张先亮)《"连……也/都"框式结构的争议及其语法化进程》

8. 2007 年(14 场)

（1）2007 年 1 月,高雄第一科技大学语文中心(王幼华)《网络时代的语言嬗变的动态观》

（2）2007 年 4 月,厦门大学海外教育学院(沈蒲娜)《对外汉语教学中的语法困惑与解惑思路》

（3）2007 年 4 月,福建师范大学文学院(谭学纯)《21 世纪汉语语法研究的几点思考》

（4）2007 年 4 月,福建师范大学海外教育学院(沙平)《对外汉语教学中的语法问题》

（5）2007 年 5 月,湖南衡阳师院(李振中)《快乐人生,快乐研究》

（6）2007 年 7 月,暨南大学中文系(研究生班)《网络时代的汉语语法嬗变的动态观》

（7）2007 年 8 月,青海民族学院文学院(谷晓恒)《现代汉语通论编写的原则和思路》

（8）2007 年 8 月,香港特区政府公务员局(欧阳惠娥)《香港词语的纵横比较》

（9）2007 年 8 月,香港中文大学(进修学院)《网络时代的语言嬗变的动态观》

（10）2007 年 8 月,香港特区政府公务员局(欧阳惠娥)《港式中文语法特点透视》

（11）2007 年 10 月,武汉大学文学院(萧国政)《21 世纪汉语语法研究的几点思考》

（12）2007 年 10 月,阜阳师院(刘杰)《当代汉语及其发展趋势》

（13）2007 年 10 月,阜阳师院(刘杰)《人生十大选择》

（14）2007 年 11 月,浙江大学(池昌海)《网络时代的语言嬗变的动态观》

9. 2008 年(20 场)

(1) 2008 年 1 月,上海外国语大学《21 世纪汉语语法研究的几点思考》

(2) 2008 年 1 月,陆陈语言学校(陆陈)《教学与自身修养的提高》

(3) 2008 年 4 月,乐山师院文学与新闻学院(任志萍)《魅力汉语》

(4) 2008 年 4 月,四川大学文学院(肖娅曼)《网络时代汉语语法嬗变的动态观》

(5) 2008 年 4 月,香港商务印书馆(李家驹)《香港内地汉语对比与普通话教学的深化》

(6) 2008 年 4 月,惠州学院(中文系)《魅力汉语》

(7) 2008 年 4 月,惠州学院(中文系)《教材的精品意识和精品课程建设》

(8) 2008 年 11 月,香港特区政府(公务员局)《现代汉语语法(一)》

(9) 2008 年 11 月,香港特区政府(公务员局)《现代汉语语法(二)》

(10) 2008 年 11 月,香港特区政府(公务员局)《现代汉语语法(三)》

(11) 2008 年 11 月,香港特区政府(公务员局)《现代汉语语法(四)》

(12) 2008 年 11 月,香港特区政府(公务员局)《现代汉语语法(五)》

(13) 2008 年 11 月,香港特区政府(公务员局)《网络时代汉语嬗变的动态观》

(14) 2008 年 11 月,肇庆学院(孟建安)《语感和语言能力的培养》

(15) 2008 年 11 月,暨南大学(文学院)《港式中文与标准中文的比较》

(16) 2008 年 11 月,暨南大学(华文学院)《向当代汉语转型的参数和标记》

(17) 2008 年 11 月,福建莆田学院(黄国城)《语感与方法》

(18) 2008 年 11 月,福建莆田学院(黄国城)《向当代汉语转型的参数和标记》

(19) 2008 年 12 月,华东师大(徐默凡)《21 世纪汉语语法研究的特点和趋势》

(20) 2008 年 12 月,复旦大学(戴耀晶)《向当代汉语转型的参数和标记》

10. 2009 年(12 场)

(1) 2009 年 5 月,南开大学(石锋)《正反问句的类型学研究》

(2) 2009 年 5 月,南开大学(石锋)《向当代汉语转型的参数及其标记》

(3) 2009 年 5 月,浙江大学(池昌海)《从准定语看结构重组的原则》

(4) 2009 年 5 月,浙江师范大学(张先亮)《向当代汉语转型的参数及其标记》

(5) 2009 年 5 月,浙江师范大学(张先亮)《"美女"面称的争议及其社会语言学调查》

(6) 2009 年 5 月,陕西师范大学(韩宝育)《21 世纪汉语语法研究的展望》

(7) 2009 年 6 月,台湾高雄文藻外国语学院(林景苏)《关注当代语言生活》

(8) 2009 年 6 月,暨南大学(文学院)《以培养能力为核心的互动教学创新模式》

(9) 2009 年 11 月,香港大学中文系(李家树)《大学生写作能力与语言》

(10) 2009 年 12 月,韩山师范学院(中文系)《向当代汉语转型》

(11) 2009 年 12 月,台湾嘉义中正大学语言研究所(戴浩一)《港式中文与语言接触》

(12) 2009 年 12 月,台湾暨南大学(华语中心)《说华语语法的研究》

11. 2010 年(12 场)

(1) 2010 年 1 月,台湾昆山科技大学华语中心(庄守山)《生活中学习语言》

(2) 2010 年 1 月,台湾义守大学华语文中心(黄宝珊)《语法困惑及其解惑思路》

(3) 2010 年 8 月,上海师大对外汉语学院(齐沪扬)《制约移动动词"来"的会话策略及其虚化假设》

(4) 2010 年 9 月,延边大学(汉语言学院)《汉语框式结构及其理论探讨》

(5) 2010 年 10 月,华南师范大学文学院(张玉金)《网络时代汉语转型的参数与标记》

(6) 2010 年 10 月,台湾清华大学(蔡维天)《"幸亏"类副词的句法语义、虚化轨迹及其历史层次》

(7) 2010 年 10 月,台湾中正大学(戴浩一)《中国大陆 30 年来汉语语法研究的特点和趋势》

(8) 2010 年 10 月,台湾义守大学(黄宝珊)《制约移动动词"来"的会话策略及其虚化假设》

(9) 2010 年 10 月,华语拓进会年会(王幼华)《国际华语教育的前景》

(10) 2010 年 11 月,浙江大学人文学院(彭利贞)《"幸亏"类副词的句法语义虚化轨迹及其历史层次》

(11) 2010 年 11 月,福建师范大学文学院(马重奇)《新时期汉语语法研究的特点和趋势》

(12) 2010 年 11 月,福建师大海外教院(沙平)《"幸亏"类副词的句法语义、虚化轨迹及其历史层次》

12. 2011 年(15 场)

(1) 2011 年 3 月,北京语言大学人文学院(华学诚)《汉语框式结构说略》

(2) 2011 年 4 月,南京师范大学国际交流学院(段业辉)《向当代汉语转型的特点与动因》

(3) 2011 年 4 月,南京师范大学语言学系(李葆嘉)《新时期汉语语法研究》

(4) 2011 年 4 月,扬州大学文学院(张亚军)《当代汉语的特点》

(5) 2011 年 4 月,华东师范大学国际交流学院(吴勇毅)《向当代汉语转型的特点与动因》

(6) 2011 年 4 月,华东师范大学中文系(徐默凡)《汉语框架结构》

(7) 2011 年 4 月,上海师范大学文学院(张谊生)《是非问疑问句的类型比较》

(8) 2011 年 4 月,浙江师范大学文学院(张先亮)《框式结构"X 你个头"》

(9) 2011 年 4 月,浙江师范大学国际交流学院(张先亮)《是非问疑问句的类型比较》

(10) 2011 年 5 月,南京大学中文系(马清华)《汉语语法研究的趋势》

(11) 2011 年 5 月,南京师范大学国际交流学院(段业辉)《做人与做学问》

(12) 2011 年 7 月,日本大阪产业大学(张黎)《汉语是非疑问句研究》

(13) 2011 年 7 月,日本神户外国语大学(任鹰)《汉语"啊"字疑问句研究》

(14) 2011 年 7 月,日本京都外国语大学(刘晓晴)《谈汉语语感的培养》

(15) 2011 年 11 月,香港公务员局(香港图书馆)《汉语语感培养及其方法》

13. 2012 年(11 场)

(1) 2012 年 3 月,洛阳军事外语学院昆山校区(史金生)《向当代汉语转型的特点与动因》

(2) 2012 年 3 月,浙江大学国际教育学院(王明华)《说新兴框式结构"X 你个头"及其语义的固化》

(3) 2012 年 5 月,江西师范大学(饶思中/刘楚群)《汉语语法研究的回顾与展望》

(4) 2012 年 5 月,南昌大学(徐阳春)《说"A 了去了"的主观不满义及其历史演变》

(5) 2012 年 8 月,北京语言大学(华学诚)《汉语语法研究的宏观与微观思考》

(6) 2012 年 10 月,武汉大学文学院(赵世举)《"A 了去了"的主观不满义及其历史演变》

(7) 2012 年 10 月,安徽阜阳师院中文系(刘杰)《汉语语法研究的回顾与展望》

(8) 2012 年 10 月,安徽淮北师范大学文学院(周有斌)《汉语研究与课题申报》

(9) 2012 年 11 月,广东嘉应学院文学院(温昌衍/魏宇文)《语感的培养及其方法》

(10) 2012 年 11 月,香港教育学院(朱庆之)《语气词"啊"在疑问句中的作用暨方法论的反思》

(11) 2012 年 11 月,暨南大学社科处(闫月珍)《申报国家社科项目的思考》

14.2013 年(15 场)

(1) 2013 年 3 月,华南师范大学国际交流学院(吕副院长)《语法研究的动态观》

(2) 2013 年 3 月,宁波大学文学院(陈君静/卢植)《汉语语法研究的动态观》

(3) 2013 年 3 月,浙江师范大学文学院(张先亮)《汉语虚词框架词典编撰方法论的创新意识》

(4) 2013 年 3 月,浙江大学文学院(彭利贞)《汉语语法研究的动态观》

(5) 2013 年 4 月,北京大学中文系(陈保亚/郭锐)《汉语虚词框架词典编撰方法论的创新意识》

(6) 2013 年 4 月,北京师范大学中文系(王宁/刁晏斌)《汉语语法研究的动态观》

(7) 2013 年 4 月,中央民族大学语言研究所(丁石庆/罗自群)《汉语语法的战略思考》

(8) 2013 年 10 月,四川外国语大学中文系(谭代龙/张松林)《向当代汉语转型的特点与动因》

(9) 2013 年 10 月,西南大学文献研究所(张显成/喻遂生)《汉语语法研究的动态观》

(10) 2013 年 10 月,大庆师范学院文学院(颜力涛)《语感培养及其方法》

(11) 2013 年 11 月,黑龙江大学文学院讲学(殷树林)《汉语语法的战略思考》

(12) 2013 年 11 月,黑龙江大学文学院讲学(吴立红)《副词释义的精准度及其方法论探讨》

(13) 2013 年 11 月,吉林大学文学院讲学(徐正考)《汉语语法的战略思考》

(14) 2013 年 12 月,台湾大学文学院(徐富昌)《虚词词典释义的方法论探讨》

(15) 2013 年 12 月,华南理工大学国际文化学院(安然)《国际汉语疑问句教学专题研究》

15.2014 年(10 场)

(1) 2014 年 4 月,上海师范大学(曹秀玲)《框式结构"说 X(也)不 X"的构式义及其认知机制》

(2) 2014 年 4 月,华东师范大学(左思民)《副词释义的精确度及其方法论》

(3) 2014 年 4 月,复旦大学国际交流学院(吴中伟/张豫峰)《国际汉语疑问句教学专题研究》

(4) 2014 年 4 月,浙江科技学院/浙江外语学院(王建华/赵则玲)《框式结构研究的理

论与方法》

    (5) 2014 年 4 月,浙江大学(彭利贞)《副词释义的精准度及其方法论》

    (6) 2014 年 5 月,华南理工大学(安然)《副词释义的精确度及其方法论》

    (7) 2014 年 5 月,暨南大学华文学院(研究生学生会)《做人与做学问》

    (8) 2014 年 5 月,湛江师院(朱城)《副词释义的精确度及其方法论》

    (9) 2014 年 11 月,暨南大学华文学院(曾毅平)《副词释义的精确度及其方法论》

    (10) 2014 年 12 月,浙江大学(彭利贞)《汉语语法研究漫谈》

16. 2015 年(8 场)

    (1) 2015 年 6 月,四川大学文学院(俞理明/肖娅曼)《副词释义的精准度及其方法论》

    (2) 2015 年 7 月,台湾新竹清华大学(蔡维天/曹逢甫/连金发/许慧娟)《大陆汉语语法学史研究回顾》

    (3) 2015 年 7 月,暨南大学教务处(品位教学 14 期)《做人与做学问》

    (4) 2015 年 10 月,浙江师范大学国际交流学院(郑娟曼)《漫谈汉语语法研究》

    (5) 2015 年 10 月,浙江师范大学文学院(陈青松)《汉语三大主体词的互动关系研究》

    (6) 2015 年 10 月,浙江师范大学文学院(张先亮)《"一不小心 X"构式与反预期机制》

    (7) 2015 年 11 月,复旦大学国际交流学院(吴中伟/张豫峰)《"一不小心 X"构式与反预期机制》

    (8) 2015 年 12 月,南京师范大学国际交流学院(段业辉/钱玉莲)《副词释义的精准度及其方法论》

17. 2016 年(10 场)

    (1) 2016 年 3 月,浙江科技学院人文与国际交流学院(胡云晚)《追梦之路》

    (2) 2016 年 4 月,浙江科技学院人文与国际交流学院(税昌锡)《提升副词释义精确度的原则与方法》

    (3) 2016 年 4 月,上海大学国际交流学院(黄友)《提升副词释义精确度的原则与方法》

    (4) 2016 年 4 月,广西梧州学院文法学院(黄美新)《汉语语法研究漫谈》

    (5) 2016 年 4 月,广西梧州学院文法学院(黄群)《提升副词释义精确度的原则与方法》

    (6) 2016 年 4 月,广东技术师范学院中文系(李冬香)《汉语语法研究漫谈》

    (7) 2016 年 5 月,中山大学中文系(名师讲坛/李炜)《提升虚词释义精确度的原则与方法》

(8) 2016 年 10 月,全国语言学研究生论坛(暨南大学)《虚词释义及虚词框架词典编撰的创新》

(9) 2016 年 10 月,武汉大学文学院(萧国政)《主观性的类型与主观化的途径》

(10) 2016 年 10 月,湖北师范学院文学院(黄石/张道俊)《虚词释义及虚词框架词典编撰的创新》

18. 2017 年(15 场)

(1) 2017 年 5 月,韩国延世大学中国研究院(金炫哲)《汉语虚词框架词典的方法论研究》

(2) 2017 年 6 月,暨南大学文学院(境外博士生)《汉语语法研究的理论与方法》

(3) 2017 年 6 月,南京师范大学国际交流学院(段业辉)《追梦之路》

(4) 2017 年 6 月,南京师范大学文学院(李葆嘉)《汉语虚词框架词典编撰的方法论创新》

(5) 2017 年 8 月,扬州大学文学院(张亚军)《汉语语法研究的理论与实践》

(6) 2017 年 9 月,华南师范大学文学院(邵慧君)《汉语虚词框架词典的方法论研究》

(7) 2017 年 10 月,韩国加图立大学中文系(文贞惠)《汉语虚词框架词典编撰的创新意识》

(8) 2017 年 10 月,福建华侨大学华文学院(胡培安/胡建刚)《近义虚词辨析的方法与理据》

(9) 2017 年 11 月,大阪产业大学孔子学院(张黎)《近义虚词辨析的方法与理据》

(10) 2017 年 11 月,东京大学(石村广)《虚词释义的精准度》

(11) 2017 年 11 月,华南师大文学院(方小燕)《近义虚词辨析的方法与理据》

(12) 2017 年 12 月,华侨大学华文学院(胡建刚)《汉语虚词框架词典编撰的创新意识》

(13) 2017 年 12 月,武汉大学文学院(萧国政)《语义语法的创立与具有中国特色的语法理论的探索》

(14) 2017 年 12 月,湖南理工学院文学院(曾炜)《追梦汉语》

(15) 2017 年 12 月,湖南理工学院(曾炜)《申报博士点的几点注意事项》

19. 2018 年(9 场)

(1) 2018 年 1 月,四川外国语大学中文系《汉语梦与追梦之路》

(2) 2018 年 3 月,新加坡国立大学中文系(李子玲)《汉语虚词框架词典编撰的创新意识》

(3) 2018 年 4 月,浙江科技学院(税昌锡)《汉语语法研究漫谈》

(4) 2018 年 4 月,浙江大学人文学院(彭利贞)《语义语法的创立和具有中国特色语法理论的思考》

(5) 2018 年 7 月,澳门大学理工学院(周荐)《国家社科重大项目申报的思考》

(6) 2018 年 8 月,美国哥伦比亚大学东亚语系(刘乐宁)《虚词框架词典的编撰及其方法论》

(7) 2018 年 9 月,香港陆陈汉语教育集团(陆陈)《〈现代汉语通论〉的编撰思路及其特点》

(8) 2018 年 11 月,广州大学/语言服务青年论坛(屈哨兵)《做人与做学问》

(9) 2018 年 11 月,厦门大学中文系(李无未)《关于汉语副词研究的新思考》

20. 2019 年(6 场)

(1) 2019 年 1 月,广外中国语言文化学院对外汉语系(王媛媛)《学科发展与展望》

(2) 2019 年 3 月,浙江师范大学(陈青松)《关于汉语虚词研究的几点新思路》

(3) 2019 年 4 月,宁波大学(聂仁发)《汉语梦与追梦之路》

(4) 2019 年 10 月,暨南大学(全国研究生论坛)《汉语虚词的重新定位及研究方法的改进》

(5) 2019 年 11 月,暨南大学(文学院博士生)《汉语梦与追梦之路》

(6) 2019 年 12 月,华东师范大学(徐默凡)《汉语语法研究漫谈》

21. 2020 年(3 场)

(1) 2020 年 10 月,华南师范大学国际交流学院(方清明)《汉语梦与追梦之路》

(2) 2020 年 10 月,暨南大学华文学院(李军)《汉语梦与追梦之路》

(3) 2020 年 11 月,中国语言学岭南书院(林华勇)《语气词系统与情态互动》

22. 2021 年(6 场)

(1) 2021 年 4 月,安徽黄山学院(刘杰)《四个人生》

(2) 2021 年 4 月,深圳大学师范学院(王丽彩)《追梦汉语和追梦之路》

(3) 2021 年 9 月,暨南大学外语学院(宫齐)《汉语梦与追梦之路》

(4) 2021 年 9 月,复旦大学中文系(陈振宇)《汉语副词分类的困境及解决思路探讨》(线上)

(5) 2021 年 10 月,上海外国语大学(朱建军/邵洪亮/叶兰)《追梦汉语》

(6) 2021 年 11 月,中国语言学岭南书院(林华勇)《汉语副词的分类与归类》

23. 2022 年(6 场)

(1) 2022 年 6 月,韩国延世大学(金炫哲)《汉语语法研究的动态观》(线上)

(2) 2022 年 6 月,东莞理工大学(宫齐)《走进汉语》(线上)

(3) 2022 年 11 月,浙江科技学院(胡云晚)《汉语语法研究的动态观》

(4) 2022 年 12 月,华侨大学(胡建刚)《关于副词研究的若干思考》

(5) 2022 年 11 月,南开大学(石锋)《追逐汉语梦的战略思考》(线上)

(6) 2022 年 12 月,大湾区语言学论坛(邓思颖)《说虚词词典编撰的若干原则与方法》(线上)

24. 2023 年(7 场)

(1) 2023 年 4 月,嘉兴学院文法学院(曲正林)《追梦汉语之路》

(2) 2023 年 7 月,华侨大学华文学院(胡建刚/孙利萍)《汉语追梦之路》

(3) 2023 年 7 月,福建师大(蔡英杰/沙平)《汉语追梦之路》

(4) 2023 年 8 月,深圳大学外语学院(陆烁)《汉语语法研究的动态观、多维度、双向性》

(5) 2023 年 11 月,澳门大学中文系(袁毓林)《追梦汉语的战略思考》

(6) 2023 年 12 月,岭南师范学院(朱习文)《汉语追梦之路》

(7) 2023 年 12 月,广东海洋大学(安华林)《追梦汉语的战略思考》

25. 2024 年(3 场)

(1) 2024 年 4 月,上海师大对外汉语学院(曹秀玲)《汉语追梦之路》

(2) 2024 年 4 月,浙江科技大学(叶院长/胡云晚)《国际中文教学与人工智能的对接》

(3) 2024 年 4 月,宁波大学(聂仁发)《语言教学与写作教学》

附　　录

汉语追梦人:邵敬敏

丁新峰

（韶关学院）

他有个汉语梦,那就是:汉语走向世界,汉语研究登上国际舞台,汉语应用服务于全人类。他,就是暨南大学文学院特聘一级教授邵敬敏。

邵敬敏16岁考入北京大学中文系,师从王力、吕叔湘、朱德熙、陆俭明等先生。他是"文革"结束后的第一批研究生,师从语言学家、逻辑学家王维贤。他作为暨南大学语言学科带头人,获国务院政府特殊津贴。曾任广东省中国语言学学会第七届、第八届会长,中国语言学会常务理事,兼任浙江师范大学、华中师范大学等9所大学兼职教授。现任全国高校现代汉语教学研究会名誉会长,广东省中国语言学会荣誉会长,《汉语学习》《汉语学报》《语言科学》等8家杂志编委,《华文教学与研究》编委会主任,香港商务印书馆、香港教育图书公司、上海教育出版社语言文字出版中心顾问。主持10余项省部级科研项目(国家社科项目4项),获国家社科奖及省部级奖项多项,出版著作(含主编)50多本,发表论文400余篇。

一、坎坷成长历程:时代冲击,不懈奋斗

1944年,邵敬敏出生于宁波乡下。上海解放后不久随母亲迁至上海,入读人民路四明公所小学。1950年转学至宁波旅沪同乡会第五小学,两年之后因为搬家多次转学。1955年考入上海敬业中学(江阴街分部)。1958年再次考入敬业中学,入读高中部。

1961年,只有16岁的邵敬敏考入北京大学中文系。当时进入中文系本怀揣着文学梦,却不想文学梦没能做成,却做起了奇妙的汉语梦。1966年因"文革"推迟毕业,被迫暂时留校。两年之后的1968年,他终于得到了自己的第一份工作,去中央文化部艺术局做了公务员。没过多久,命运却跟他开了个玩笑,在那个特殊年代里,居然"连降四级",下放到浙西山区的浦江县成为文艺组组长。

这一干就是 8 年! 直到 33 岁,时来运转,乘着 1978 年改革开放的春风,飞临美丽的西湖之畔,幸运之神再次降临,邵敬敏作为新时期首批硕士研究生,步入杭州大学(现浙江大学)的学术殿堂,继续从事汉语研究。命运就这样又一次改变了。

2002 年,此时的邵敬敏已成为中年语言学家,蜚声学界。正值壮年,学术成果颇丰,此时他毅然决定南下,加入暨南大学,成为文学院的一名"新兵"。邵敬敏至今在暨南大学耕耘已有近 20 年,在他带领下的现代汉语语法研究成果颇丰,而他也早已成为广东现代汉语语法研究的一面旗帜。

二、立志汉语研究:继承传统,发扬光大

借用一个特别的词,邵敬敏在语言学界可谓"根正苗红"。他在上海读的中学,是有着两百多年历史的著名的敬业中学。他抱着要上就上最好的大学这样的决心报考了中国最高学府北京大学,成为当年北大中文系本科生中最年轻的"小不点儿"。历史的机遇让他有机会追随我国语言学界的大师王力、吕叔湘、朱德熙、陆俭明等先生学习,研究生又师从语言学家和逻辑学家王维贤先生。当别人还在彷徨之际,邵敬敏已经有了坚定不移的选择:把汉语语法研究作为自己未来的主攻方向。

他以优异的成绩获得硕士学位,并且放弃留校机会,受聘华东师范大学,从此正式踏上汉语研究的学术之路。当年他会同上海的年轻学者,创建了我国第一个民间语言学学术沙龙"现代语言学"(简称 XY),并且在全国产生巨大影响。各地年轻朋友纷纷组织类似的学术研讨会,一时成为上世纪 80 年代我国语言学界一道亮丽的风景线。邵敬敏在这种欣欣向荣的学术氛围中,汇合了京派和海派的优势,迅速成长,1988 年晋升副教授,1994 年晋升教授,1998 年领衔申报博士点获得成功。他迅速成长为当时年轻语言学家的代表,并且入选全国《著名中年语言学家自选集》十名作者之一。当年语法学界戏称"南邵(敬敏)北马(庆株)",后又称为"三驾马车"(加上沈家煊)。

三、汉语研究推广:提倡中国特色语法理论

1996 年,邵敬敏受邀赴香港从事上海方言语法研究,也由此开启了汉语研究推广的国际化之路。他先在香港城市大学担任客座教授,其间见证了香港回归祖国的庄严时刻,后又担任香港商务印书馆编审,主编香港中小学教材《学好普通话》。他先后在香港浸会大学、香港中文大学、香港大学、香港理工大学等学校讲课或从事研究活动,参加了在美国、德国、法国、英国、新加坡、日本、韩国、越南等国家举行的诸多国际学术会议,还多次到

我国台湾和澳门地区,在高雄第一科技大学、台湾大学、台湾师范大学、台湾政治大学、台湾暨南国际大学、台湾中正大学、台湾义守大学等做学术演讲与交流。

由于历史原因,以往的汉语研究基本局限在国内,国际合作交流比较少。"不仅研究要'走出去讲',会议还要'拿出去办'。"邵敬敏强调要主动到境外开展学术活动,将汉语语法研究的成果推向世界。用邵敬敏的话来讲:国际接轨不是单纯的"单向输入",而是"有进有出"的双向互动。汉语的推广不应限于孔子学院的教学和推广,要让汉语研究登上国际舞台,以此扩大汉语和汉语研究的影响力。由邵敬敏担任总召集人的"现代汉语语法国际研讨会"作为我国有国际影响的会议之一,已成为国际国内学术交流的重要平台。自2001年起,这一国际研讨会先后在新加坡、韩国、日本以及我国的香港和台湾举办,而且越办越红火。虽然因疫情之故,原拟于法国、美国、俄罗斯等地举办的会议暂时推迟,但是国际化的脚步不会停止。作为国家重大社科项目"境外汉语语法学史及数据库建设"的首席专家,邵敬敏始终与国际汉语学界同仁保持着密切的合作关系,有力地推广汉语研究,并成为国际汉语学界颇有影响的学者之一。其倡导的语义语法理论更是汉语研究走向世界的一张"中国名片"。现在,越来越多的海外学者开始主动和中国学者对接,更多的国际研究开始聚焦汉语,有力地推动了汉语研究的国际化进程。

四、培养后辈人才:让汉语事业生生不息

提起邵敬敏,无论是前辈同仁还是后辈学子,无不赞赏有加。语法学史研究是邵敬敏众多研究领域中的一大特色。多年来对语法学史的关注和研究赋予他强烈的使命感和责任感。作为汉语学界的常青树之一,早过古稀之年的他依然是目前中国语言学界最活跃的学者之一,是各类学术研讨会和讲座论坛的常客。邵敬敏的讲座常常是线下人心"振奋",线上"刷屏"热烈,极受年轻人的喜欢。

邵敬敏为人热情、亲善、幽默、睿智,乐于提携后辈,扶持新人。每每出去开会,都会有晚辈同仁请教各种问题,交流情感。特别是他主编的教材《现代汉语通论》被列为教育部"十一五""十二五"国家级规划教材,历经三版,印数几十万册,为诸多国内知名大学所使用,成为国内使用面最广的本科现代汉语教材之一,获2010年第六届广东省教学成果一等奖。在国内高校庞大的中文系学子中,拥有极大的影响力。

教师的根本任务是教书育人,邵敬敏不仅立足于推广汉语研究,同时也积极培养人才,邵先生指导的硕士、博士、博士后累计六十多名,供职于北京大学、南京大学、四川大学、中山大学、华东师范大学、华南师范大学、暨南大学、北京语言大学、浙江师范大学等高校和知名研究机构,其中不少已经晋升为教授、博导,成长为汉语研究队伍中的中坚力量。

回顾往事,邵敬敏总结出"四个人生":健康人生、快乐人生、充实人生、富裕人生。这也是先生为人、为学、为师的真实写照。

暨南大学

2021 年 7 月

原载公众号"追梦汉语"

师者为师亦为范

——汉语追梦人邵敬敏

赵春利　张　博

（暨南大学）

邵敬敏，男，1944 年 12 月生于浙江宁波，16 岁考入北京大学中文系，1966 年毕业，师从王力、朱德熙、陆俭明等著名学者。1981 年获杭州大学(现浙江大学)文学硕士学位，师从王维贤教授。1981—2002 年在华东师范大学中文系工作，2002 年调入暨南大学中文系，任特聘一级教授，汉语言文字学学科带头人，获国务院政府特殊津贴。兼任广东省中国语言学会第七届、第八届会长，中国语言学会常务理事，现代汉语语法国际研讨会总召集人，《汉语学习》《汉语学报》《语言科学》等八家杂志编委。兼任浙江师范大学、华中师范大学、福建师范大学、黑龙江大学等高校兼职教授。主持国家社科基金重大项目"境外汉语语法学史及数据库建设"，主持国家社科基金一般项目 4 项，主持多项省级科研项目，获国家社科奖及省部级奖项多项，出版著作(含主编)近 70 本，发表论文近 400 篇。

邵敬敏先生是汉语学界的常青树，他一直怀揣这样一个"汉语梦"："汉语走向世界，汉语研究登上国际舞台，汉语应用服务于全人类。"邵先生的"汉语梦"就是让学术成果服务国家和人民，把汉语研究和汉语应用推向世界，"把中华优秀传统文化传播到五湖四海"。

一、学术服务学生:为语言学培养后备人才

师者匠心，止于至善;师者如光，微以致远，老师的根本任务便是教书育人。邵敬敏先生不仅立足于推广汉语研究，在汉语教学上同样奉献了自己的智慧和心血，在人才培养上更是尽心尽力、尽职尽责。他十分注重让学术成果服务于广大学生，特别是以培养和提高学生的汉语能力作为目标。早在上世纪八九十年代，他就开始编写了一系列现代汉语教学辅导与广告应用的著作。21 世纪前后，又先后编写了两类教材:一是香港中学教材《学好普通话》，二是大学教材《现代汉语通论》。其中，《现代汉语通论》作为现代汉语课程改革成果，被列为教育部"十一五""十二五"国家级规划教材，历经三版，为国内多所知名大

学所使用,成为国内使用面最广的本科现代汉语教材之一,获 2010 年第六届广东省教学成果一等奖。这本教材在国内高校庞大的中文系学子中具有极大的影响力,被学界评为"适应新世纪要求的一本好教材",是暨南大学入选教育部首批国家级线下一流课程"现代汉语"的指定教材。可以说,现代汉语教材建设是语言学科蓬勃发展的重要支柱,为汉语研究培养了大批后备人才。

二、学术服务社会:学以致用为国为家为民

学术界很重视本体理论,而应用是科学的初始原动力,是推动社会发展的引擎。邵敬敏先生有着强烈的社会使命感和责任感,他所追求的"汉语梦"不局限于纯学术层面的研究,而十分关注将学术成果服务国家、服务人民、服务社会的应用问题。众所周知,词典作为国家文化事业的重要组成部分,责无旁贷地肩负着普及文化、昌明教育的重要使命,代表着国家的科学文化水平,甚至是一个国家文化软实力的重要标志之一。2012 年,邵敬敏先生毅然决定做虚词研究,编写虚词词典,同年获批国家社科基金一般项目"汉语虚词词典编撰的方法论创新及其实践研究"。于是,他带领广州的邵门弟子开始了虚词的研究工作,结项时获评"优秀"。要编出一本高水平的词典,无疑是一件不容易的事情,除了高瞻远瞩的专业精神,更需要坚韧不拔的意志力。十年磨一剑,出鞘必锋芒,经过十多年的打磨,这本 70 多万字的《新编现代汉语虚词词典》终于在 2023 年杀青,并将于 2024 年出版。这本厚重的词典凝聚着邵敬敏先生持之以恒的学术追求和学以致用的家国情怀,必将成为汉语虚词研究的里程碑成果。

三、坚持理论自信:中国特色屹立世界之林

邵敬敏先生致力于让汉语研究登上国际舞台。他曾表示,我们不但要为现代汉语语法研究,要为中国语言学的崛起贡献自己的一份力量,而且要在世界语言学之林里树立起自己独特的气质。他自始至终坚持理论自信。他认为,语法研究要允许各种理论方法并存,每一种理论方法都只能解决局部问题,都不可能包打天下。所以他采取一种包容的态度——"博采众长、多元创新",主张多元、立体的研究,并倡导要构建基于汉语事实的、具有中国特色的汉语语法理论。1995 年他首次提出一个新的理论解释框架"双向解释语法",后来进一步把这个理论框架正式定名为"语义语法"。可以说,"语义语法理论"的提出是以汉语事实为基础,在吸取了传统语法等众多语法理论的基础上建立起来的语法理论,是经过大量汉语语法研究实践证实,具有语言规律挖掘能力、验证能力和解释能力的

语法理论。它影响了一大批年轻人对汉语语法研究产生兴趣,也使更多的国际研究开始聚焦汉语,有力地推动了汉语研究的国际化进程,成为汉语语法学作为独立的理论形态屹立于世界语法理论之林的标志,更是汉语研究走向世界的一张"中国名片"。

四、坚持史学自信:以史为鉴胸怀浩瀚世界

以人为鉴可知得失,以史为鉴可知兴替。作为国际汉语学界颇有影响的中国学者之一,邵敬敏先生对海内外汉语语法学史的研究倾注了许多心血。从20世纪90年代开始,邵敬敏先生先后完成并出版了《汉语语法学史稿》、《中国理论语言学史》(与方经民合作)、《新时期汉语语法学史(1978—2008)》等著作,从全球视角勾勒出海内外汉语语法数十年间"研究之起伏波动,人物之承续交替",呈现出一幅汉语语法研究历史浩大而纷繁的工笔画卷,足见先生"胸怀浩瀚世界"的胸襟与"仰观星空宇宙"的视野。邵敬敏先生通过梳理语言学研究史料,记录汉语语法研究的发展与进步,清晰其脉络轨迹,为年轻学者提供了宝贵的借鉴。更重要的是,作为国家社科基金重大项目"境外汉语语法学史及数据库建设"的首席专家,邵敬敏先生始终与国际汉语学界同仁保持着密切的合作关系,早已过古稀之年的他依然活跃在世界语言学界,大力推广汉语研究,致力于使汉语研究走向世界,汉语应用服务全人类,这就是他执着追求的"汉语梦"。

学高为师,身正为范。邵敬敏先生四十余载笔耕不辍,传道授业,教书育人,桃李满天下。为学,先生学问精湛、渊博勤奋;为人,先生坚毅豁达、宽厚待人。借用邵先生的一段比喻:"学术研究,就好比一条长河,跌宕起伏,奔腾不已;千回百转,终归大海。我们的研究,也许只是这条长河里的一滴水,但是千万滴水珠凝聚起来,就形成了浪,后浪推着前浪,风起浪涌,就构成潮。潮起潮落,生生不息。所以,我们不必自卑,也不必骄傲。做一滴浪起潮涌的水珠,足矣"。

(本文2023年10月24日载于暨南大学文学院名师风采"木铎扬声"栏目,
获暨南大学"躬耕教坛 强国有我"师德主题征文二等奖)

影像：

十年寻梦，方寸留痕

七十聚会

开幕式嘉宾（宫齐、张其凡、程国赋、倪列怀）

师生合影

关敏航（新加坡）

何继军（华南理工）

胡建刚（华侨大学）

胡培安（华侨大学）

胡宗哲（克拉玛依市委党校）

黄国城（福建莆田学院）

李振中（湖南衡阳师院）

刘杰（安徽阜阳师大）

刘晓晴（日本京都）

刘焱（上海财大）

罗晓英（暨南大学）

庞可慧（河南商丘师院）

彭文峰（广东青年职业学院）

任志萍（四川乐山师院）

税昌锡（浙江科技大学）

唐善生（浙江师大）

王丽彩（深圳大学）

吴立红（黑龙江大学）

徐天云（广东肇庆学院）

张寒冰（广西南宁师大）

郑娟曼（温州大学）

周红（上海财大）

周日安（佛山大学）

周苟（华南师大）

朱彦（北京大学）

朱晓亚（北京大学）

顾影自乐

2015 年 9 月，暨南大学

2016 年 1 月，上海师大

2016 年 10 月，香港公园

2017 年 10 月，韩国首尔

2018 年 7 月，
在国际邮轮上

2018 年 8 月，
美国纽约

2019 年 6 月，法国巴黎

2019 年 12 月，日本京都

2020 年 10 月，宁波大学

2020 年 10 月，广东云浮

2020 年 12 月，厦门大学

2021 年 8 月，牡丹江镜泊湖

2021 年 10 月，潮州韩公祠

2021 年 12 月，珠江公园

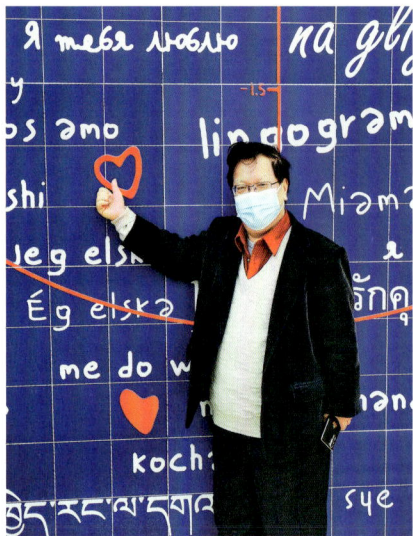

2022 年 1 月，顺德华侨城

2022 年 9 月，陕西西安

2023 年 10 月，广东中山

2023 年 11 月，澳门渔人码头

2023 年 12 月，惠州广东学会年会

2024 年 2 月，春节花都

家人融融

2014 年 11 月，赠书二弟夫妇

2018 年 1 月，春节欢聚

2020 年 1 月，探望慈母

2021 年 7 月，牡丹江镜泊湖

2022 年 7 月，绍兴柯桥

2021 年 12 月，广州生日

2024 年 1 月，广州

2024 年 2 月，儿子邵延亮和儿媳王晶

2024 年 2 月，大孙子敏辉

2024 年 1 月，小孙子敏祺

师生同心

1992 年，率朱晓亚、周有斌、张桂宾南开大学参会

1998 年，与朱晓亚、吴吟、王伟丽北京大学参会

2011 年 4 月，与马清华在南京鸡鸣寺

2017 年 10 月，韩国大邱，与文贞惠

2017 年 12 月，与税昌锡、胡云晚夫妇和曾炜在岳阳洞庭湖

2018 年 1 月，与王涛、刘亚男在广州聚会

2018 年 9 月，广州聚会

2018 年 9 月，香港，与刘雪春、王宜广

2019 年 11 月，与崔少娟、
黄燕旋在华南师大

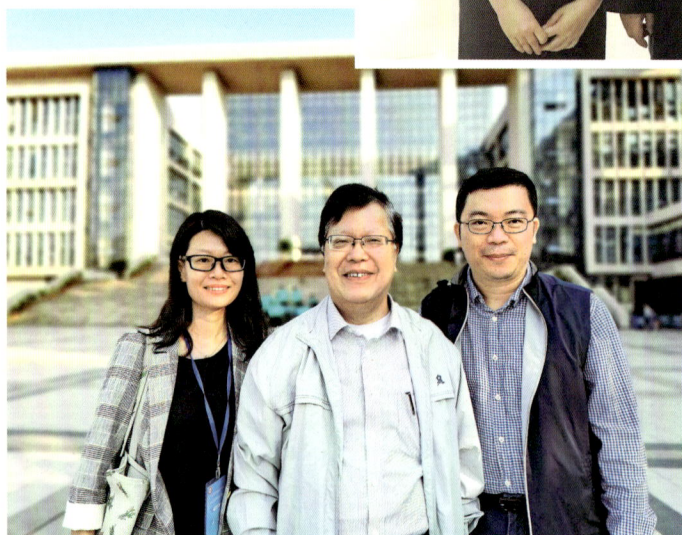

2019 年 11 月，与马喆、
林华勇夫妇在广州大学

2019 年 12 月，与徐默凡、李明洁等在华东师大闵行校区

2021 年 1 月，广州沙面，与左乃文、丁新峰

2021 年 7 月，牡丹江路餐

2021 年 12 月，生日宴请

2023 年 2 月，清远过春节

2023 年 7 月，
与丁倩在暨南大学

2023 年 12 月，澳门会议暨南大学团队

2024 年 5 月，广州团队在南沙邮轮码头

友众谊长

2014 年 4 月，复旦大学，与张豫峰、吴中伟等

2014 年 10 月，澳门大学，与李炜

2014 年 10 月，澳门大学，与张黎

2014 年 12 月，香港中文大学，与潘悟云、江蓝生

2015 年 11 月，华南理工大学，与胡范铸、石定栩、屈哨兵、崔希亮

2016 年 7 月，越南胡志明机场，
与陈春玉兰、杨海明

2016 年 10 月，深圳，与陆陈

2016 年 10 月，香港，与谭成珠、罗海玲、李家驹

2017 年 6 月，呼伦贝尔，与黄正德

2017 年 7 月，华东师范大学，与胡范铸、潘文国、巢宗琪

2017 年 8 月，扬州大学，与郭锡良

2017 年 10 月，华侨大学，
与贾益民、胡建刚

2017 年 10 月，韩国首尔，
与郭晶晶、萧国政等

2017 年 11 月，日本京都，
与汪国胜、赵春利、匡鹏飞

353

2018 年 3 月，暨南大学明湖苑，与邢向东夫妇

2018 年 3 月，香港，与田小琳

2018 年 3 月，新加坡国立大学，与彭睿

2018 年 4 月，老杭大，与吴洁敏

2018 年 5 月，惠州，与庄初升

2018 年 5 月，暨南大学，与石定栩、石毓智

2018 年 7 月，澳门，与周荐

2018 年 7 月，福建泉州，
与戴庆厦

2018 年 8 月，洛杉矶，与张德鑫夫妇

2018 年 10 月，澳门大学，与程祥徽

2018 年 10 月，香港沙田，与阮黄英

2019 年 3 月，惠州，与李艳惠

2019 年 6 月，广西，
与丁邦新夫妇

2019 年 8 月，浙江大学，
与池昌海、彭利贞

2019 年 9 月，北京朝内
南小街，与陈章太

2019 年 9 月，北京语言大学，与崔希亮

2019 年 9 月，北京语言大学，与陆丙甫、司富珍等

2019 年 9 月，北京语言大学，与施春宏

2019 年 9 月，国家语言文字工作委员会，与李行健

2019 年 9 月，暨南大学，与邵慧君、邵宜

2019 年 9 月，商务印书馆，与周洪波、余桂林

2019 年 10 月，
日本大阪，与陆俭明

2019 年 10 月，日本大阪，与史有为、石定栩

2019 年 10 月，日本京都，与戴浩一、沈家煊

2019 年 11 月，复旦大学，与萧国政、胡范铸、陈光磊、吴勇毅

2019 年 11 月，广东外语外贸大学，
与张玉金

2019 年 11 月，日本大阪，与戴浩一、史有为、石定栩等

2020 年 11 月，暨南大学方言中心，与甘于恩

2020 年 11 月，溪口，与方林泉

2020 年 11 月，暨南大学，与吕明臣

2020 年 12 月，厦门大学，与李如龙

2020 年 12 月，厦门会议，与苏新春

2021 年 1 月，暨南大学，与张谊生

2021 年 3 月，肇庆封开，与赵春利、甘于恩、陈晓锦、刘新中、曾昭聪、周娟、侯新泉等

2021 年 3 月，绩溪，与何九盈

2021 年 4 月，杭州，与陈文锦夫妇

2021 年 4 月，绩溪，
与鲁国尧

2021 年 4 月，绩溪，与王宁

2021 年 7 月，哈尔滨，
与马庆株、沈家煊

2021 年 4 月，深圳大学，与王文斌、彭宣维

2021 年 10 月，杭州，与浦江老友陈文锦、张其甘、周健男、梁韶山、郭武泉等

2021 年 10 月，暨南大学，
与方小燕

2021 年 10 月，暨南大学，
与詹伯慧夫妇

2021 年 10 月，
日本大阪，与古川裕

2021 年 11 月，与曹秀玲、朴珍玉、
安丰存等

2022 年 1 月，广州大学城，
与史金生、赵金铭、李宗江等

2023 年 3 月，香港，
与王聪、施仲谋、邓思颖、
黄居仁、徐杰

2023 年 3 月，香港，与于克凌、
贝罗贝、齐冲、王聪

2023 年 4 月，香港教育学院，
与齐冲、徐杰

2023 年 5 月，澳门科技大学，与沈力、李宇明、张洪明

2023 年 5 月，嘉兴大学，与曲正林、王唯玲、洪坚

2023 年 5 月，澳门科技大学，
与王士元、李宇明

2023 年 6 月，福建师范大学，与林玉山、马重奇、谭学纯、沙平、李小龙、林志强、王进安等

2023 年 7 月，广州珠江，与唐钰明、施其生、江蓝生

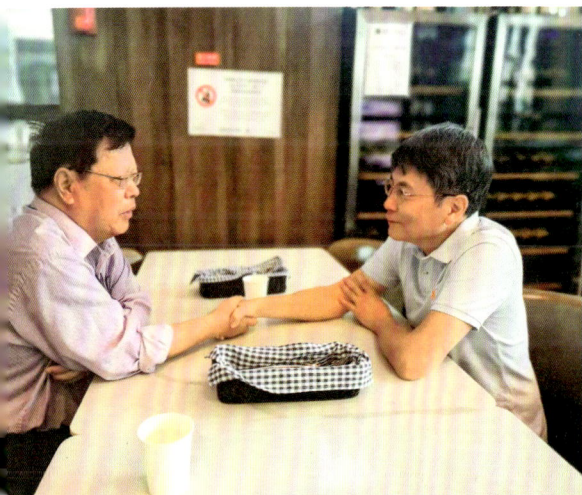

2023 年 11 月，澳门，与陆镜光

2023 年 11 月，澳门大学，
与蔡维天、完权

2023 年 11 月，澳门大学，与李湘

2023 年 11 月，澳门大学，与刘彬

2023 年 11 月，澳门大学，与袁毓林

2023 年 11 月，澳门大学，
与周韧

2023 年 11 月，浙江杭州，
与金炫哲

2023 年 12 月，广东海洋大学，与安华林、赵春利、董国华

2023 年 12 月，明湖苑，与李云飞、魏霞

2023 年 12 月，明湖苑，与李宗江

2024 年 4 月，上海世纪出版园，与张荣、徐川山

2024 年 4 月，宁波东钱湖，与聂仁发和夏焕乐

2024 年 6 月，香港中文大学，与邓思颖、石定栩、李亚非

2024 年 6 月，重返香港商务印书馆，与罗海玲

语坛掠影

2000 年 4 月，华东师范大学《现代汉语通论》第一次编写会议

2014 年 9 月，北京语言大学，中国语言学会第十七届学术年会

第十八次現代漢語語法學術討論會　澳門大學　2014年10月

2014年10月，澳门大学，第十八次现代汉语语法学术讨论会

全国高等院校现代汉语教学研究会第十四届学术研讨会合影　浙江师范大学　2014年11

2014年11月，浙江师范大学，全国高等院校现代汉语教学研究会第十四届学术研讨会

2019 年 6 月，法国巴黎，国家社科重大课题欧洲会议

2019 年 10 月，惠州，《华文教学与研究》编委会会议

2020 年 10 月，宁波大学，第九届现代汉语虚词研究与对外汉语教学国际学术研讨会

2020 年 11 月，江门，汉语语法南粤论坛

2021年11月，广东外语外贸大学，中国语言学高端论坛暨广东省中国语言学会年会

2021年7月，哈尔滨，第十一届现代汉语语法国际研讨会

2021 年 12 月，暨南大学，《现代汉语虚词新词典》审读会

2023 年 4 月，安徽大学，第二十二次现代汉语语法学术讨论会

2023 年 11 月，澳门大学，第十二届现代汉语语法国际研讨会

2023 年 11 月，广州大学，第八届语言服务高峰会议

广东省中国语言学会2022-2023学术年会

2023年11月11日 广东惠州

2023 年 11 月，惠州学院，广东省中国语言学会学术年会